Mein eigener eBay-Shop

Ingo Böhme / Patricia Böhme

Mein eigener eBay-Shop

Markt+Technik Verlag

Bibliografische Information Der Deutschen Bibliothek
Die Deutsche Bibliothek verzeichnet diese Publikation in der Deutschen Nationalbibliografie; detaillierte bibliografische Daten sind im Internet über <http://dnb.ddb.de> abrufbar.

10 9 8 7 6 5 4 3 2

09 08 07

ISBN-13: 978-3-8272-4022-4
ISBN-10: 3-8272-4022-0

Lektorat: Birgit Ellissen, bellissen@pearson.de
Herstellung: Claudia Bäurle, cbaeurle@pearson.de
Einbandgestaltung: Marco Lindenbeck, WEBWO GmbH (mlindenbeck@webwo.de)
Satz: text&form GbR, Fürstenfeldbruck
Druck und Verarbeitung: Bosch Druck, Ergolding
Printed in Germany

Inhaltsverzeichnis

	Vorwort	13
1	**Anleitung zu Buch und Webseite**	15
1.1	Der Leitfaden von der Gründung bis zum laufenden Business	16
1.2	Internet statt CD	18
	www.321-buch.de	18
1.3	eBay-Tracking – die kostenlose Statistik	20
2	**Das Prinzip eBay**	21
2.1	Die Idee	22
2.2	Das eigene eBay-Konto	22
2.3	Erste Schritte	24
	Mitglieder erkennen und einstufen	25
	Artikelsuche	30
	Die Angebotsarten	30
	Auf einen Artikel bieten	32
	Einen Artikel sofort kaufen	33
	Kaufabwicklung	34
	Artikel bezahlen	34
	Artikel versenden	36
3	**Das eigene Business-Modell**	39
3.1	Sondierung und Produktrecherche	40
	Langlebige Produktarten	40
	Schnell drehende Trendprodukte	41
	Do it yourself – Werden Sie zum Hersteller	49
3.2	Produktanalyse	52
	Die Tabellenkalkulation: Ein Muss!	52
	Ist-Analyse	53
3.3	Statistikrecherche	58
	So überwachen Sie Ihre Auktionen	59
	Kostenlose Statistik bei utrack.de	59

3.4 Produktbeschaffung 65
Auktionen, Restposten, Lagerüberhänge und Konkursware 65
3.5 Handelslogistik 66
Lagerplatz 66
Verpackung 68
Transport zum Kunden 69
3.6 Zahlungssysteme 70
Banküberweisung 71
Verrechnungsscheck 71
Lastschrift 71
Zahlung per Kreditkarte 72
ePaying mit PayPal und Moneybookers 72
3.7 Aufwands- und Kostenkalkulation 81
Die Tabellenkalkulation 82
Kalkulationsgrundlagen 82
Abschreibung 83
Bürokosten 85
Verkaufskosten 86
Ihr Geschäftsmodell simulieren 89
Einkommensberechnung 89
3.8 Kapitalbeschaffung 90
Nutzen Sie eBay 91
Staatliche Förderungen 92
Finanzierung 95
Sonstige Förderprogramme 96

4 Rechte und Pflichten 99
4.1 Verträge bestimmen unser Leben 100
4.2 Ihr erster Vertragspartner: eBay 101
Einstellen eines Angebots 102
Sofort-Kaufen-Angebote 102
Rücknahme eines Angebots 103
Umgehen der eBay-Gebühren 104
Künstliches Hochsteigern 104
Sniper – Die Scharfschützen unter den Bietern 106
Verbotene Artikel 107
Schutz vor Spam 107
Denunzianten für den freien Marktplatz 108

4.3 Das B und C im Handel 109
Gewährleistungspflicht bei Mängeln 109
Gewährleistung ausschließen 110
Haftung beim Versand 111
Das Fernabsatzrecht 111
4.4 Besondere Regelungen 115
Missbrauch von Markennamen 115
Urheberrechtsverletzung 116
Eigene Allgemeine Geschäftsbedingungen 117
Das Bewertungssystem 118
4.5 Nachbemerkung von RA Jörg Dittrich und RA Dr. Uwe Schlömer 119

5 Behörden, Ämter und Steuern 121
5.1 Die Gewerbe-Anmeldung 122
5.2 Gewerbe-Anmeldung beim Finanzamt 123
5.3 Die Umsatzsteuer 125
5.4 Belege sammeln 128
5.5 Rechnungen schreiben 130
Das Rechnungsformular anpassen 131
Die Artikelverwaltung 132
Eine neue Rechnung schreiben 133
5.6 Einnahmen und Ausgaben erfassen 134
Einnahmen und Ausgaben mit Excel 135
Einnahmen und Ausgaben mit Quicken 137
5.7 Die Umsatzsteuer-Voranmeldung (UStVA) 140
Befreiung von der Mehrwertsteuer 141
Umsatzsteueranzeige in der Excel-Verwaltung 141
Umsatzsteueranzeige in Quicken 142
Das UStVA-Formular richtig ausfüllen 143
5.8 Die Einkommensteuererklärung 146
Datev-Übernahme Ihrer Quicken- oder Excel-Buchungen 146
5.9 Die Gewerbesteuer 147
5.10 Nachbemerkung von Steuerberater Markus Ferchland 149

6 Produktfotografie 151
6.1 Typische Fehler bei der Produktfotografie 152
Ich kenne Ihren Fußboden! 152
Copyright – nein danke! 153
Aufnahmen mit der Webcam 153
Teils scharf, teils unscharf 154

	Licht und Schatten	155
	Alles so schön gelb hier	156
	Haste mal ´ne Lupe?	157
	Völlig überladen	158
6.2	Die Grundausstattung	158
	Die richtige Digitalkamera	160
	Entscheidungskriterien für den Kauf einer Digitalkamera	161
	Digitalkamera Entscheidungshilfen im Internet	168
	Sonstiges Zubehör	170
6.3	Grundlegende Einstellungen	173
	Auflösung und Kompression	173
	Vollautomatik versus Zeitautomatik	174
	Weißabgleich mit Vorwahl	177
	Manueller Weißabgleich	178
6.4	Das heimische Fotostudio	179
	Professionelle Fototische	179
	Das mobile Fotostudio	181
	Das Fotolabor im Eigenbau	182
	Licht – Die Quelle guter Fotografie	183
6.5	Fotoshooting Schritt für Schritt	185
	Hintergrund und Position	185
	Das richtige Licht	187
	Der Weißabgleich	188
	Kameraeinstellung	189
	Checkliste fürs Fotoshooting	191
6.6	Software für die digitale Fotografie	192
	Kameraabgleich mit Cam2PC	192
	Die digitale Dunkelkammer: Das Retuscheprogramm	194
6.7	Bilder nachbearbeiten mit Ability Photopaint	196
	Die Installation von Ability Photopaint	196
	Beschneiden	197
	Automatische Korrektur	199
	Weißabgleich und Farbstich entfernen	199
	Helligkeit und Kontrast	200
	Flecken, Staub und Spiegelungen retuschieren	201
	Schärfen	203
	Größe anpassen	203
	Details einbinden	204
	Bilddatei fürs Internet speichern	206

7	**Artikel verkaufen und Angebote gestalten**	209
7.1	Auswahl der Kategorie	210
	Kategoriesuche mit eBay	211
7.2	Artikel einstellen	212
7.3	Angebot formulieren – Sprachtraining	213
7.4	Angebot gestalten	215
	HTML-Tags einbetten	216
	Bilder und Darstellung	217
	Bilder mit HTML kostenlos einbetten	219
7.5	Angebotsvorlagen	221
7.6	Zusatzoptionen	221
	Galerie	221
	Hervorhebungen	222
	Top-Angebot	222
	Besucherzähler	223
7.7	Zahlen und Versenden	223
	Zahlungsmethoden	223
	Versandkosten	223
	Zusätzliche Informationen und Zielorte	225
7.8	Überprüfen des Angebots	225
8	**Angebote mit dem Turbo Lister erstellen**	227
8.1	Das erste Angebot mit Turbo Lister	228
8.2	Angebote zu eBay übertragen	233
8.3	Ordnung und Sicherheit mit dem Turbo Lister	235
	Ordner strukturieren	235
	Datenbanken sichern und laden	235
	Das Aktivitätsprotokoll	236
8.4	Mehrere Mitglieder verwalten	237
9	**After-Sales-Management**	239
9.1	Verkaufsabwicklung mit dem Verkaufsmanager	240
	Einrichten des Verkaufsmanagers	241
	Aktualisieren des Verkaufsmanagers	242
	Transaktionen verwalten	243
	Artikel erfolgreich verkauft	245
	Umgang mit unzuverlässigen Käufern	250
	Nicht verkaufte Artikel	252
	Angebot vorzeitig beenden	253

9.2	Versand der Ware	254
	Verpackungsmaterial	254
	Versand	256
	Protokollieren des Versands	258
9.3	Bewertung abgeben	259
9.4	Daten archivieren	261
9.5	Verkaufsmanager Pro	261
	Postenverwaltung	261
	Automatisierte E-Mails	263
	Berichtswesen	264
9.6	Professionelle Powerseller Tools	265
9.7	Komplettes Fullfillment	265
10	**Der eBay Shop**	267
10.1	Was ist ein eBay Shop?	269
	Voraussetzungen	269
	Shop-Arten und -Kosten	270
	Einstellgebühren und Laufzeit der Artikel	273
	Suchfunktion	275
10.2	Shop eröffnen	276
	Anmelden	276
	Shop modifizieren	280
10.3	Shop vermarkten	285
	Verlinkungen	285
	Cross-Promotion	286
	Vermarktung über Dritte	290
	Fit für Google & Co.	291
	Besucherstatistiken	291
10.4	Shop schließen	292
11	**Promotion Ihrer eBay Angebote**	293
11.1	Ihre eigene Website	294
	Suche nach dem passenden Domainnamen	294
	Domainnamen und Website einrichten	295
	Zugriff auf Ihren Webserver	296
	Ihr eBay Shop auf Ihrer Webseite	297
	Impressum nicht vergessen!	299
11.2	Suchmaschinen Optimierung	299
	Google – Die Nr. 1	300

	Die Google Toolbar	302
	Wichtige Suchphrasen ermitteln	303
	eBay-Shop-Seite und eigene Seite optimieren	306
	Bei Google anmelden	307
	Mit gekauften Partnerlinks das Google-Ranking verbessern	308
	Bei weiteren Suchmaschinen anmelden	308
	Linklisten und Shop-Verzeichnisse	309
11.3	Marketingmaßnahmen	309
	Partnerprogramme nutzen	309
	Partnerprogramme im Überblick	310
	eBay-Partnerprogramm	311
11.4	Weitere Marketing-Maßnahmen	314
	Google-Anzeigen	314
	Newsletter und Banner-Marketing bei eBay	314
	Anhang	317
A.1	HTML-Grundlagen	318
A.1.1	Zeichenformatierung	319
A.1.2	Zeilenschaltungen und Leerzeichen – 	321
A.1.3	Horizontale Linie – <hr>	322
A.1.4	Zentriert, Blocksatz und rechtsbündig	322
A.1.5	Überschriften – <h1> bis <h6>	323
A.1.6	Bilder und Hyperlinks – <img> und <a>	323
A.1.7	Das Statistik-Tag von utrack.de	324
A.1.8	Weitere HTML-Tipps online	324
A.2	Externe Bilder auf kostenlosem Webspace im eBay-Angebot	325
A.3	eBay-Software und -Tools	329
A.4	Die eBay University	329
	Stichwortverzeichnis	331

Vorwort

Liebe Leserin, lieber Leser,

ein Vorwort ist normalerweise ein Ort, an dem man sich über die Vorzüge und Besonderheiten des vorliegenden Buchs auslässt. Wir haben eine solche Einführung bei der ersten Auflage weggelassen, weil das Kapitel *Anleitung zu Buch und Webseite* diese Aufgabe bereits ausreichend erledigt. Für diese zweite aktualisierte Auflage gibt es nur hinzuzufügen, dass wir Probleme mit einem Mitbewerber sowie mit eBay hatten und deshalb einige Passagen umschreiben mussten, um uns unnötigen Ärger zu ersparen.

Doch scheint dies alles wie eine Lappalie, in Anbetracht der Ereignisse, die im Sommer 2005 unsere Familie getroffen haben. So ist Patricia, Mitautorin dieses Buchs, Mutter meiner Zwillinge, geliebte Frau und der beste Freund, den ich je hatte, nach kurzer, aber sehr schwerer Krankheit im August 2005 an Krebs gestorben. Wie es so ihre Art war, musste sie auch hier das Extrem wählen.

Kurz vor ihrem Tod unterhielten wir uns auch über dieses Buch, obwohl es thematisch natürlich nicht wirklich an erster Stelle stand. Gemeinsam haben wir beschlossen, das gesamte Autorenhonorar ab der zweiten Auflage an die *José Carreras Stiftung für krebskranke Kinder* weiterzuleiten. Für mich hat dieser Schritt des Honorarverzichts zum Ziel, Patricia ein – wenn auch bescheidenes und ihrer Person keineswegs gebührendes – Denkmal zu setzen. Für sie war es der innige Wunsch, Kindern zu helfen, diese furchtbare Krankheit besser zu meistern.

Und falls Sie – einmal abgesehen von Ihrem Beitrag, den Sie mit dem Kauf dieses Buchs geleistet haben – den Drang verspüren, auch etwas in diese Richtung zu tun:

www.carreras-stiftung.de

Es grüßt Sie aus dem Norden Münchens

Wenn Sie Fragen, Anregungen oder weiterführende Informationen zu den Inhalten dieses Buches im Allgemeinen und der Thematik »Selbständig mit eBay« im Besonderen haben, schauen Sie doch mal ins Forum unserer Webseite *www.321-buch.de*. Dort finden Sie Schwarze Bretter zu sämtlichen Themengebieten und können mit uns und anderen Lesern Informationen austauschen.

I

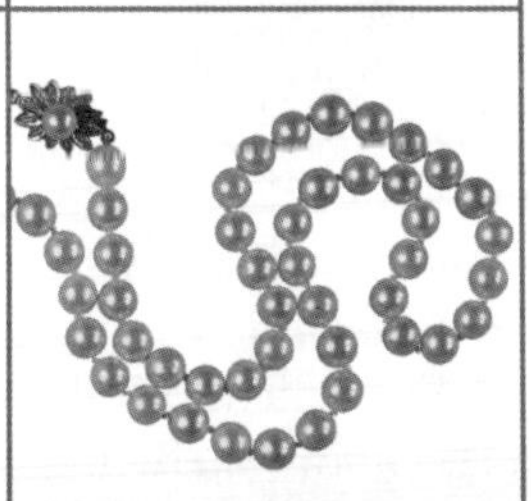

Anleitung zu Buch und Webseite

Mit diesem ersten Kapitel wollen wir Ihnen einen Leitfaden an die Hand geben, wie Sie mit diesem Buch umgehen können, um den größtmöglichen Nutzen daraus zu ziehen. Wir wollen Ihnen unsere Gedanken beim Konzipieren und Schreiben näher bringen, so dass Ihr Schritt in die Selbstständigkeit mit eBay erfolgreich verläuft.

1.1 Der Leitfaden von der Gründung bis zum laufenden Business

Wer ein eigenes eBay-Business gründen will, braucht mehr als nur ein paar Produkte, die er in Auktionen versteigert. So können Sie natürlich anfangen, aber auf Dauer wird das nicht zu einem echten Geschäft im Internet genügen. Denn spätestens, wenn der erste Käufer klagt, wenn ein Mitbewerber Sie beim Finanzamt anschwärzt, weil Sie offensichtlich nicht als Unternehmer, sondern auch nach 100 Verkäufen noch als Privatperson auftreten, wenn Sie am Ende des Jahres merken, dass die Gewinne doch nicht so hoch waren, wie Sie es Pi mal Daumen überschlagen haben ... spätestens dann also werden Sie wünschen, Sie hätten Ihr Business auf solide Füße gestellt.

Dabei wollen wir Ihnen helfen. Da wir uns seit den ersten Tagen des Internet-Booms mit dem Thema Online beschäftigen und seit Jahren in den Bereichen Suchmaschinen-Optimierung und eMarketing tätig sind, und da wir stets ein waches Auge für die Aktivitäten bei eBay haben, haben wir beschlossen, dieses Buch zu schreiben. Es soll nicht ein weiteres Buch sein, bei dem es nur um Tricks geht, wie man Produkte besser an den Mann bringt oder besondere Schnäppchen macht. Es soll auch nicht nur ein Buch sein, in dem die Funktionsweise von eBay erklärt wird. Zu diesen Themen gibt es im Internet und in gedruckter Form schon so viel zu lesen, dass man sicher keine weitere Lektüre braucht. Zudem sind viele Tricks bereits veraltet, sobald sie in Buchform vorliegen!

Was aber bleibt und woran sich im Prinzip nichts ändert, ist das Aufziehen und das Betreiben eines Geschäfts. Es ist egal, ob Sie in der Fußgängerzone Ihrer Heimatstadt einen Teeladen eröffnen oder ob Sie auf weltweiten Flohmarkt eBay ein virtuelles Standbein im Internet gründen. Ab dem Moment, in dem Sie sich entscheiden, den Kauf und Verkauf gewerblich zu betreiben, kommen zahlreiche Pflichten und Aufgaben auf Sie zu. Sie müssen wissen, welche Rechte Ihre Kunden haben. Sie müssen wissen, wie und wo Sie Ihr Gewerbe anmelden und in welchem Rahmen dies geschieht. Sie müssen wissen, welche Steuern Sie bezahlen müssen und wie die Kommunikation mit Behörden und Finanzamt abläuft. Und Sie müssen vor allem wissen, wie Sie vernünftig kalkulieren, damit Sie am Ende nicht draufzahlen. Genau das ist unser Ansatzpunkt. Wir wollen all das, was im »normalen« Business gilt, aufzeigen und Ihnen darlegen, wie Sie es auf Ihr eBay-Geschäft anzuwenden haben.

Wie baut man ein solches Buch auf? Wir haben uns für die chronologische Variante entschieden. So beginnen wir mit einem Überblick über eBay. Wenn Sie bereits einen Mitgliedsaccount haben und wissen, was Powerauktionen sind, wie Agenten arbeiten, welche Auswirkungen das Bewertungssystem auf Ihren Umsatz hat und worin sich die verschiedenen Powerseller unterscheiden, können Sie das folgende Kapitel überschlagen. Denn das Kapitel *Das Prinzip eBay* hat lediglich das Ziel, dass der Leser einen Überblick über das eBay-Modell gewinnt. Bei der Konzeption Ihres Business-Modells hingegen geht es um die Planung. Damit Sie nicht irgendwann feststellen müssen, dass Sie viel Arbeit hatten, aber nichts übrig geblieben ist. Hier wird geprüft, ob Ihre Geschäftsidee überhaupt aufgehen kann. Hier wird die Marktsituation eruiert, werden Lieferanten im In- und Ausland gesucht und Sie werden für verschiedene Probleme und Eigenheiten von eBay sensibilisiert. Am Ende wissen Sie anhand von reproduzierbaren Zahlen ganz konkret, ob Sie es versuchen oder noch einmal zur Planungsphase zurückkehren sollten.

Haben Sie Ihr Betätigungsfeld gefunden, geht es um Ihre Rechte als gewerblicher Verkäufer. Aber auch die Grundzüge der Rechte, die der Käufer beim Onlinehandel besitzt, sollten Sie kennen. Ansonsten kann es sein, dass Sie in teure und langwierige Rechtsstreite verwickelt werden, an deren Ende nur einer verdient – der Anwalt.

Hat Sie auch dieses Kapitel nicht abgeschreckt, schreiten Sie endlich zur Tat. Sie melden Ihr Gewerbe an und erlernen die grundlegenden Techniken, wie Sie die anfallenden buchhalterischen und steuerlichen Arbeiten so einfach wie möglich erledigen.

Häufig vernachlässigt wird in Büchern über eBay die Fotografie. Diesen Fehler möchten wir nicht begehen. Denn schließlich sind es die Augen, die den Reiz zum Kauf weiterleiten. Und ein gut dargestelltes Produktfoto ist mehr wert als ein ellenlanger Text.

Im ersten Anlauf zeigen wir Ihnen, wie Sie die einzelnen Angebote formulieren und online stellen. Hierbei kommt es uns besonders darauf an, dass Sie Ihre Produkte so präsentieren, dass sie auch gefunden werden. Dazu gehört gleichermaßen die Wahl der richtigen Kategorie wie die perfekte Beschreibung. Wir zeigen Ihnen, welche Informationen wichtig sind, damit Sie und Ihre Produkte aus der Masse hervorstechen.

Wer gewerblich bei eBay verkauft, verwendet natürlich nicht die normale Browser-Oberfläche, sondern nutzt Tools wie das kostenlose Programm Turbo Lister, mit dem viele Routineaufgaben beim Einstellen der Auktionen automatisiert erledigt werden. So zeigen wir Ihnen in einem separaten Kapitel, wie Sie dieses mächtige Werkzeuge einsetzen, um Ihre Auktionen möglichst effizient zu verwalten.

Wenn die Auktion beendet ist, ist das Geschäft noch lange nicht abgeschlossen. Zunächst ist da die Zeitspanne, bis das Geld eingegangen ist, dann der Versand, dann gegebenenfalls Reklamationen, Bewertungen und Storno. So ist das 9. Kapitel ganz dem Thema *After-Sales-Management* gewidmet. Dass wir die Arbeitsschritte am Beispiel des eBay-eigenen kommerziellen Tools *Verkaufsmanager Pro* erklären, hat seinen Grund: Es gibt keine bessere Alternative für den schnellen Einstieg. Doch auch andere professionelle Produkte, mit denen Powerseller arbeiten, die täglich viele hundert Päckchen versenden, werden wir in diesem Kapitel darstellen. Schließlich wollen Sie doch hoch hinaus, oder?

Oft verkannt und doch ein wichtiges Instrument, um unabhängig von Auktionen stets präsent zu sein, sind die eBay Shops. Welche Varianten es gibt, wie Sie Ihre Shop-Angebote verwalten und welche Marketingmöglichkeiten Ihnen mit einem Shop offen stehen, erfahren Sie im 10. Kapitel.

Was für den Teeladen um die Ecke die Handzettel sind, sind Banner und Suchmaschinenoptimierung für den Online-Shop. Wir zeigen Ihnen, wie Sie Ihren eBay Shop über die Grenzen von eBay hinaus promoten können. Das beginnt beim suchmaschinenorientierten Aufbau Ihrer Angebote, geht über eine eigene Webseite bis hin zur Schaltung von Anzeigen in Partner- und Pay-per-Click-Programmen.

Damit ist die Chronologie der Entwicklung eines eBay-Business beendet. Natürlich werden viele Bereiche immer wieder auftreten, und Sie haben jederzeit die Möglichkeit, Ihr Business in die eine oder andere Richtung zu lenken. Wir sind der Meinung, dass alle Themen in den wesentlichen Zügen und – so hoffen wir zumindest – verständlich in diesem Buch abgehandelt werden. Sollten Sie speziellere Fragen zu Themen wie Onlinerecht, Finanzen oder auch Suchmaschinen-Optimierung haben, hilft Ihnen die Fachliteratur weiter, um im jeweiligen Bereich zum Profi zu avancieren.

1.2 Internet statt CD

Bei der Planung dieses Buchs hatten wir lange Diskussionen darüber, ob es eine CD enthalten soll oder nicht. Dafür hätte gesprochen, dass es optimal wäre, wenn die Vorlagen für Rechnungen, für die Buchhaltung oder auch die Tools rund um eBay dem Buch beilägen. Dagegen sprach jedoch das Problem der Aktualität. So ändern sich die Tools fast monatlich. Auch könnte sich die Rechtslage ändern, wodurch eine Anpassung der Rechnungsvorlagen oder Buchungstabellen notwendig würde. Und zu guter Letzt kostet eine Buch-CD, bis sie fertig konfektioniert im Buchladen steht, in der Produktion so viel, dass das Buch unverhältnismäßig viel teurer hätte werden müssen.

So haben wir uns dafür entschieden, sämtliche Informationen online zur Verfügung zu stellen. Das bietet uns, den Autoren, die Möglichkeit, die Daten aktuell zu halten und jederzeit zu erweitern. Auch fällt die Mauer zwischen Verfasser und Leser, sodass wir für die nächste Ausgabe noch intensiver auf die Wünsche unserer Leser eingehen können.

1.2.1 www.321-buch.de

Hinweis: Da eBay der Meinung war, dass wir mit dem ursprünglichen Namen unserer Webseite *www.Mein-eigener-eBay-Shop.de* gegen Markenrecht verstoßen hätten, haben sie uns die Seite sperren lassen. Wir sind kurzerhand zur Domain *www.321-buch.de* umgezogen. Gleiches gilt für *www.utrack.de*, woraus *www.utrack.de* wurde. Die Seite *www.321-buch.de* ist in zwei Bereiche unterteilt. Im allgemeinen Bereich erhält jeder Besucher Informationen zum Thema eBay Shops. Dazu gehört beispiels-

weise eine Sammlung von Adressen im Internet, wie etwa Restpostenmärkte, Webverzeichnisse oder Exporteure aus Asien. Auch das Forum ist natürlich für jedermann frei zugänglich. Die Vorlagen aus dem Buch, beispielsweise eine automatisierte Rechnungsschablone, eine Excel Arbeitsmappe zur Kalkulation Ihrer Geschäftsidee (siehe Kapitel 3) und das Einnahmen-Ausgaben-Buch in Excel, die Formulare zur Gewerbe- und Finanzamt-Anmeldung und nicht zuletzt die uns zur Verfügung gestellte Vollversion der Retuschesoftware *Ability Photopaint Essentials*, gibt es ausschließlich für Leser dieses Buchs. Die Überprüfung erfolgt dabei über eine Frage im Stil von »Wie lautet das zweite Wort auf Seite 55?«.

Abbildung 1.1: Unserer Webseite zum Buch ist das stets aktualisierte Medium mit zusätzlichem Nutzen.

1.3 eBay-Tracking – die kostenlose Statistik

Im Rahmen dieses Buchs ist auch das eBay-Statistiksystem *www.utrack.de* entstanden. Dabei handelt es sich um ein kostenloses Statistikmodul, mit dem sich Auktionen, aber auch der eBay Shop überwachen lässt. Anhand der gewonnenen Informationen erfahren Sie, woher Ihre Besucher kommen und zu welchen Tageszeiten und viele weitere Details. Auf diese Weise haben Sie – wie detailliert in Kapitel 3 beschrieben – die Möglichkeit, den optimalen Zeitpunkt für eine Auktion zu bestimmen und gegebenenfalls das Angebot auch bei eBay-Vertretungen in anderen Ländern zu platzieren.

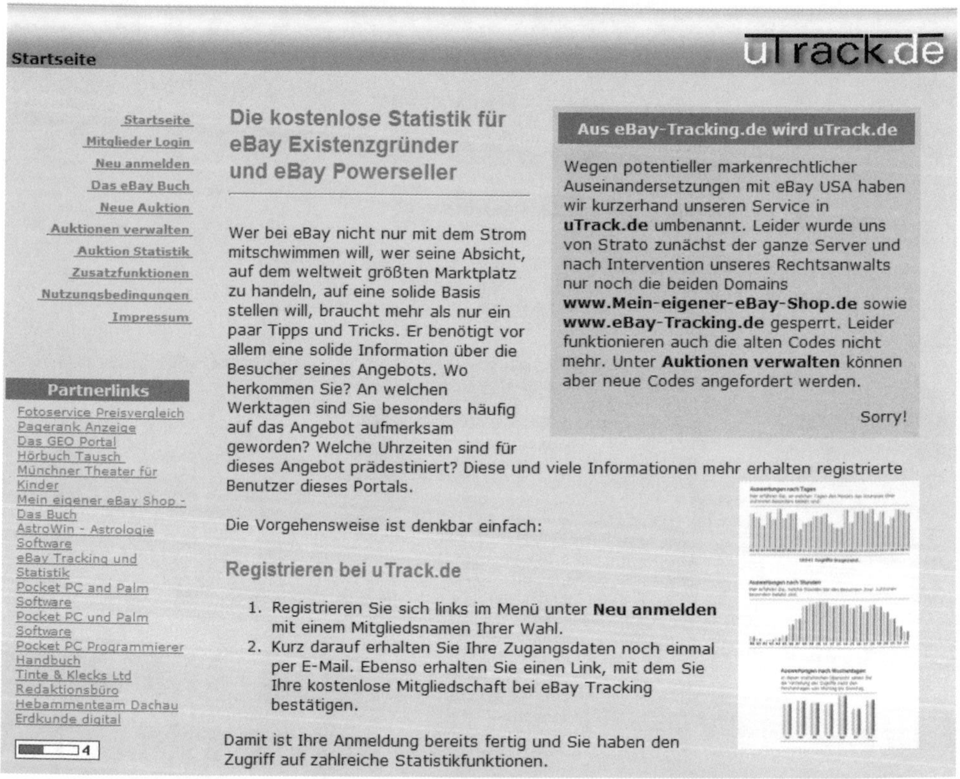

Abbildung 1.2: Mithilfe unseres kostenlosen Statistik-Service utrack.de können Sie Ihre Auktionen und Ihren eBay Shop überwachen.

2

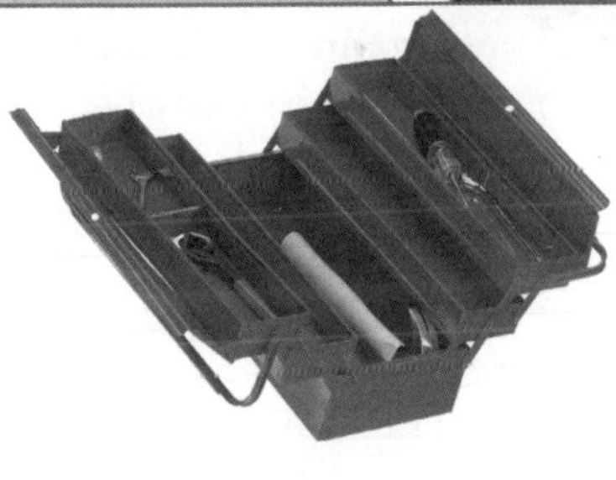

Das Prinzip eBay

2.1 Die Idee

1995 reifte in Pierre Omidyar in Kalifornien die Idee eines Internet-Marktplatzes. Was einmal daraus entstehen sollte, hätte sich der Amerikaner wohl in seinen kühnsten Träumen nicht vorstellen können. Mittlerweile handeln weltweit mehr als 95 Millionen registrierte Nutzer und kaufen und verkaufen Waren im Wert von mehr als 24 Milliarden US-Dollar. Und täglich werden es mehr, die das eBay-Fieber packt. Abgesehen von wenigen verbotenen Ausnahmen, auf die wir in Kapitel 4 eingehen, gibt es nichts, was bei eBay nicht zu finden ist. Dabei sind die Verkäufer sowohl Firmen als auch Privatpersonen.

Mittlerweile ist eBay in aller Munde. Fast schon gehört ein Mitgliedsname auf diesem Online-Handelsplatz genauso zum Standard wie eine E-Mail-Adresse. Insbesondere für Existenzgründungen ist eBay ideal, da die Anfangskosten sehr überschaubar und Experimente, welche Produkte sich für das Onlinegeschäft gut eignen und welche weniger, ohne großes Risiko möglich sind. Alles, was Sie zunächst brauchen, ist ein eigenes Konto bei eBay.

Aber was genau ist eigentlich eBay? Was sind Powerseller, was geprüfte Mitglieder? Was bedeutet die Bewertung der Mitglieder? Wie unterscheiden sich Auktionen von einem eBay Shop? Und vor allem: Wie wird man überhaupt Mitglied?

Solche Fragen beantworten wir Ihnen in diesem Kapitel. Sie erfahren alles Wissenswerte über den weltweit größten Online-Marktplatz, Sie legen einen Account an, um für künftige Geschäfte gerüstet zu sein, und Sie werden die ersten Testkäufe tätigen. Darüber hinaus erfahren Sie alles Wissenswerte über die verschiedenen Symbole und Termini, die Ihnen bei eBay begegnen.

2.2 Das eigene eBay-Konto

1. Starten Sie eBay und klicken Sie ganz oben auf der Seite auf den Link *Anmelden*.
2. Da Sie ein Geschäft gründen bzw. gegründet haben, wählen Sie auf der folgenden Seite den Link *Möchten Sie ein Unternehmen anmelden?*.
3. Nun gelangen Sie zur Registrierung für Firmenkunden. Geben Sie die geforderten Informationen ein und achten Sie darauf, einen eindeutigen eBay-Namen zu wählen, der weder das Wort »eBay« enthalten noch aus einer E-Mail- bzw. Internetadresse bestehen darf.
4. Haben Sie alle Angaben gemacht und ist der von Ihnen gewünschte eBay-Name noch frei, gelangen Sie über *Weiter* auf die nächste Seite, wo Sie aufgefordert sind, die Kenntnisnahme der Allgemeinen Geschäftsbedingungen mit *Ich akzeptiere und willige ein* zu bestätigen.

Auf der nächsten Seite erfahren Sie, dass eBay Ihnen brieflich einen Registrierungscode mitteilen wird, mit dessen Hilfe Sie die Anmeldung abschließen. Des Weiteren haben Sie die Möglichkeit, Ihre Umsatzsteuer-Identifikationsnummer zu hinterlegen. Das hat den Vorteil, dass Sie keine Mehrwertsteuer auf die eBay-Gebühren zahlen müssen. Was genau eine Umsatzsteuer-Identifikationsnummer ist und wo Sie sie erhalten, erfahren Sie in Kapitel 5.

Hinweis

Lassen Sie sich von eBay Nettorechnungen ausstellen. Da die Dienstleistung von eBay außerhalb der EU erbracht wird, können Gewerbetreibende mit Sitz in einem EU-Mitgliedsstaat in der Regel nicht, wie sonst üblich, die auf eBay-Gebühren bezahlte Mehrwertsteuer als Vorsteuer geltend machen.

Als vorsteuerabzugsberechtigter Verkäufer sollten Sie daher Ihre gültige Umsatzsteuer-Identifikationsnummer (USt.-IdNr.) bei eBay hinterlegen. Sie erhalten dann von eBay Nettorechnungen.

Nach zirka ein bis zwei Tagen erhalten Sie einen Brief von eBay, in dem Ihre Anmeldedaten bestätigt werden und in dem der Bestätigungscode genannt ist.

1. Um Ihre Anmeldung abzuschließen, gehen Sie zu *www.ebay.de/anmeldung* und geben in den folgenden Dialog Ihre E-Mail-Adresse und Ihren Bestätigungscode ein.
2. Ein Klick auf *Weiter* komplettiert Ihre Anmeldung; ab sofort können Sie bei eBay Ihre Handelsaktivitäten aufnehmen – wenn Sie auch vorläufig nur kaufen können. Da Sie aber insbesondere als Verkäufer aktiv werden möchten, ist es nötig, zusätzliche Informationen für eBay zur Verfügung zu stellen. Klicken Sie daher auf den Link *Verkäuferkonto einrichten*. Damit gelangen Sie in den Bereich *Mein eBay*, Ihre ganz persönliche eBay-Seite. Nachdem Sie erneut Ihre Logindaten bestätigt haben, entscheiden Sie sich, ob Sie Ihre eBay-Verkäufer-Rechnung künftig per Lastschrift oder mit Ihrer Kreditkarte zahlen möchten.

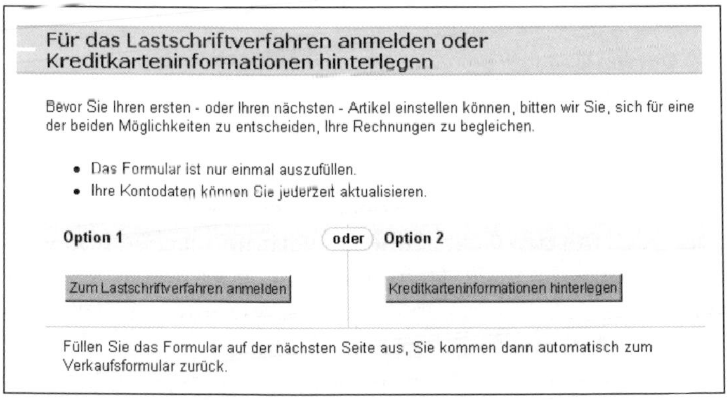

Abbildung 2.1: Entscheiden Sie, ob Sie die eBay-Gebühren für Verkaufsaktivitäten lieber mit Kreditkarte oder per Lastschrift begleichen.

3. In unserem Beispiel melden wir uns zum Lastschriftverfahren an. Geben Sie dazu in dem folgenden Dialog einfach Ihre Kontodaten ein. Möchten Sie künftigen Kunden diese Daten nach einer abgeschlossenen Transaktion zur Verfügung stellen, damit die Überweisung sofort erfolgen kann, aktivieren Sie am Ende der Seite das entsprechende Kontrollkästchen. Nur Käufer haben Zugang zu diesen Daten. Dieses Verfahren nennt eBay *Überweisung+* – haben Sie auch die Versandkosten korrekt angegeben, ersparen Sie sich mit diesem Vorgehen die Mail mit Ihren Daten an den Käufer.

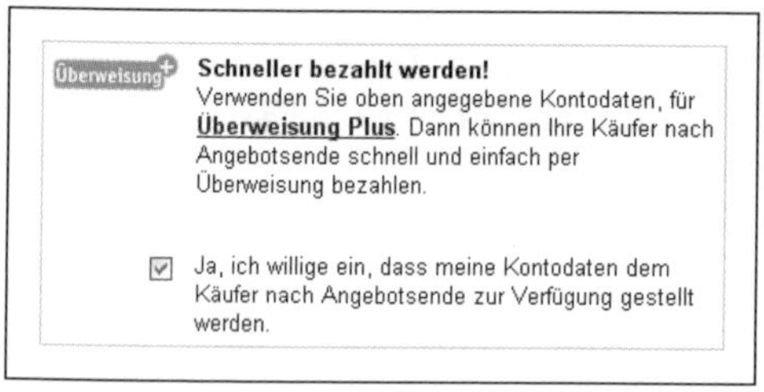

Abbildung 2.2: Aktivieren Sie das Kontrollkästchen, stehen dem Käufer nach einem Kauf automatisch Ihre Bankdaten für die Überweisung zur Verfügung.

4. Bestätigen Sie Ihre Angaben mit *Weiter* und klicken Sie auf der folgenden Seite auf *Ich bin einverstanden.*

Ab sofort können Sie auf dem Online-Marktplatz nicht nur kaufen, sondern auch verkaufen. Klicken Sie oben im eBay-Menü auf *Mein eBay*, dann sehen Sie Ihren Namen mit einer Null in Klammern – das bedeutet, dass Sie noch keine Handelsaktivitäten bei eBay durchgeführt haben – sowie ein kleines Männchen, das Sie als neues Mitglied ausweist. Diese Figur bleibt für 30 Tage neben Ihrem Namen stehen.

Abbildung 2.3: Die Null verrät, dass Sie noch nicht bei eBay gehandelt haben, das Männchen weist Sie als neues Mitglied aus.

2.3 Erste Schritte

Um ein Gefühl für spätere Verkaufsaktivitäten zu bekommen, sollten Sie sich erst einmal bei eBay umschauen, sich mit den Gegebenheiten vertraut machen und vielleicht als Käufer auftreten. Das gibt Ihnen ein Gefühl dafür, wie Sie behandelt werden möchten, und Sie können diese Erfahrungen später als Verkäufer für sich nutzen. Außerdem bekommen Sie als Käufer bereits erste Bewertungspunkte, die Ihre Seriosität als Handelspartner unterstreichen, doch dazu später mehr.

2.3.1 Mitglieder erkennen und einstufen

Gerade anfangs fällt es schwer, sich in dem schier unüberschaubaren Angebot zurechtzufinden. Nicht allein die Start- und Sofort-Kaufen-Preise der einzelnen Anbieter unterscheiden sich zum Teil ganz erheblich, sondern auch die kleinen Zahlen und Logos, die hinter den eBay-Namen angegeben sind.

Das eBay-Bewertungssystem

Ein wesentlicher Teil von eBay ist das Bewertungssystem. Jede Transaktion wird von Verkäufer und Käufer gewertet, und zwar mit einer positiven, einer negativen oder einer neutralen Bewertung. Zusätzlich gibt es noch die Möglichkeit, einen Kommentar zu schreiben.

Für jede positive Bewertung geht der Zähler des bewerteten Handelspartners eins nach oben, für jede negative Bewertung eins nach unten. Bei neutralen Bewertungen bleibt der Stand unverändert. Wichtig zu wissen ist, dass sich nur unterschiedliche Handelspartner bewerten können. Haben Sie also immer wieder mit den gleichen Personen Kontakt, werden diese Bewertungen zwar auf Ihrer »Visitenkarte« gezählt, aber beim Punktestand nicht berücksichtigt. Klicken Sie bei Ihrem – potenziellen – Handelspartner doch mal auf die Bewertungszahl nach dem Namen. Sie erhalten so seine persönliche Visitenkarte und sehen beispielsweise, seit wann Ihr Partner eBay-Mitglied ist und wie sich im Laufe des letzten Jahres seine Bewertungen zusammensetzen. In der blauen Zeile unter *Alle erhaltenen Bewertungen* sehen Sie auch, wie viele Bewertungen die Person insgesamt erhalten hat – und dazu zählen auch die von identischen Handelspartnern.

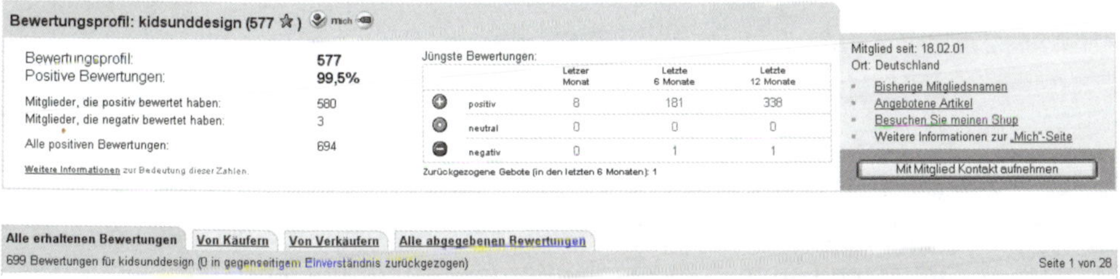

Abbildung 2.1: Zwar gehen nur 577 Bewertungspunkte in die offizielle Statistik ein, tatsächlich hat das Mitglied aber über knapp 700 Bewertungspunkte.

Interessant sind in diesem Zusammenhang die Register *Von Verkäufern* und *Von Käufern*. Hat ein Mitglied negative Bewertungen als Käufer, empfiehlt es sich, die passende Transaktion auch beim Verkäufer zu betrachten. Leider ist es schlechter Usus, dass viele Verkäufer, die negativ bewertet wurden, auch über den Käufer schlecht urteilen, sozusagen als Rache. Steht also im Kommentar nicht explizit dabei, dass es sich um eine lange verschleppte Zahlung etc. handelt, sollten Sie solche Bewertungen nicht allzu stark gewichten. Anders sieht es aus, wenn das Mitglied häufig als Verkäufer schlecht bewertet wird. Dann sollten Sie die Kommentare genau lesen und sich bei Beschwerden in puncto Qualität oder Lieferzuverlässigkeit lieber einen anderen Handelspartner suchen.

Hinweis

Seien Sie vorsichtig mit neutralen Bewertungen! Diese sind eigentlich gleichbedeutend mit einer schlechten. Gerade Anfänger neigen dazu, eine »normal« abgelaufene Transaktion neutral zu bewerten mit dem Zusatzkommentar »alles okay«. Das ist ärgerlich für den Handelspartner, da er mit einer neutralen Bewertung sein Profil nicht verbessert. Sind Sie mit einer Transaktion zufrieden, gilt daher immer: Bitte positiv bewerten!

Übrigens steht es Ihnen frei, jede erhaltene Bewertung zu kommentieren. Bei den positiven werden Sie das wahrscheinlich nicht in Anspruch nehmen, bei einer negativen Bewertung kann eine Erklärung für künftige Handelspartner sinnvoll sein.

Netter Kontakt ,gerne wieder !	Käufer [redacted] 19)	14.09.03 16:13	3427292064
schnelle Lieferung, VIELEN DANK	Käufer [redacted] (559)	13.09.03 19:43	3427291983
Top Ware. Alles gut angekommen. Gerne wieder bei Ihnen kaufen	Käufer [redacted] (46)	12.09.03 19:38	3546554644
alles bestens, netter Kontakt	Käufer [redacted] (90)	12.09.03 10:25	3544970932
superschöne Kombi, prompt geliefert, gerne wieder ; o))	Käufer [redacted] (774)	11.09.03 07:10	3427292008
Kaputt wegen miserabler Verpackung - interessiert aber nicht !!!!!	Käufer [redacted] (71)	10.09.03 18:18	3528863716
Antwort von kidsunddesign: laut schriftl. Best. von DPD ohne Defekte zugestellt!!!! MIESE UNTERSTELLUNG!!!!		11.09.03 19:19	
KLASSE !!! Schnelle Lieferung und super gepflegte Ware !!! *** DANKE ***	Käufer [redacted] (546)	10.09.03 09:31	3428217095
Top Ware, einfach super	Käufer [redacted] (25)	03.09.03 22:10	Privat
sehr schnell, netter Kontakt, gerne wieder	Käufer [redacted] (104)	02.09.03 21:12	3427292127

Abbildung 2.5: Kommentieren Sie schlechte Bewertungen – das gibt einem Handelspartner die Chance, sich ein Bild von dem Vorgang zu machen.

Hinweis

Seien Sie fair! Sind Sie Käufer eines Produkts und absolut unzufrieden mit dem, was Sie erhalten, geben Sie dem Verkäufer eine Chance, das Produkt zurückzunehmen oder den Preis zu mindern. Setzen Sie sich auf jeden Fall mit dem Verkäufer in Verbindung, ehe sie zu einer negativen Bewertung schreiten. Nimmt der Verkäufer das Produkt zurück oder gewährt Ihnen einen Preisnachlass, sollten Sie auf jeden Fall positiv bewerten, da das Verhalten nur so gewertet werden kann.

Sind Sie Verkäufer, machen Sie es sich zur Gewohnheit, Ihre Partner nach Geldeingang zu bewerten. Haben Sie Ihr Geld zügig erhalten, ist von Ihrer Seite aus die Transaktion ein Erfolg und einer Bewertung steht nichts mehr im Wege. Als Verkäufer von soliden, vernünftig beschriebenen Produkten brauchen Sie sich die Möglichkeit eines »Rache-Negativ« ja auch nicht offen zu halten ...

Zusätzlich zu den eigentlichen Zahlen machen auch die kleinen bunten Sterne hinter der Zahl sofort deutlich, wie viele Punkte sich ein Mitglied bereits »erarbeitet« hat.

Gelbes Sternchen ( ) = 10 bis 49 Punkte
Blaues Sternchen ( ) = 50 bis 99 Punkte
Türkisfarbenes Sternchen ( ) = 100 bis 499 Punkte
Violettes Sternchen ( ) = 500 bis 999 Punkte
Rotes Sternchen ( ) = 1.000 bis 4.999 Punkte
Grünes Sternchen ( ) = 5.000 bis 9.999 Punkte
Gelbe Sternschnuppe ( ) = 10.000 bis 24.999 Punkte
Türkisfarbene Sternschnuppe ( ) = 25.000 bis 49.999 Punkte
Violette Sternschnuppe ( ) = 50.000 bis 99.999 Punkte
Rote Sternschnuppe ( ) = 100.000 oder mehr Punkte

Überprüftes Mitglied

Wenn Sie sich bei eBay mit einer Freemail-Adresse (z.B. web.de und gmx.de) anmelden, überprüft eBay die Korrektheit der Anschrift mit einem Brief; das gilt auch, wenn Sie sich als gewerblicher Benutzer anmelden. Registrieren Sie sich mit einer eindeutigen E-Mail-Adresse, verzichtet eBay auf weitere Überprüfungen. Um den Handelstreibenden dennoch größtmögliche Sicherheit zu bieten, haben Sie die Möglichkeit, sich als *geprüftes Mitglied* auszuweisen. Geprüfte Mitglieder haben durch das so genannte PostIdent-Verfahren (bei Unternehmen das PostIdent Special-Verfahren) ihre Identität überprüfen lassen. Das bedeutet, dass anhand Ihres Personalausweises in einer Postfiliale Ihre persönlichen Daten offiziell bestätigt werden. Bei Gewerbetreibenden ist u.a. auch die Gewerbeanmeldung in diese Prüfung eingeschlossen. Das genaue Prozedere erfahren Sie detailliert in Link *http://pages.ebay.de/services/buyandsell/verified-user-special.html* direkt bei eBay, dort stehen Ihnen auch alle benötigten Formulare als PDF-Dateien zur Verfügung.

Sobald Ihre Daten bestätigt wurden und der verifizierte Beleg an eBay gegangen ist, erhalten Sie ein *Geprüftes Mitglied*-Symbol auf Ihrer Visitenkarte und hinter Ihrem Mitgliedsnamen. Abgesehen von dem Vertrauensbonus der anderen Mitglieder haben Sie als geprüftes Mitglied auch einige konkrete Vorteile: Sie können *Sofort-Kaufen*-Artikel oder Auktionen mit dem Zusatz *Sofort-Kaufen* anbieten, ohne ein Bewertungsprofil von 10 haben zu müssen, und Sie können Powerauktionen (als Auktion oder Festpreisangebote) einstellen, ohne 14 Tage eBay-Mitglied sein und 20 Bewertungspunkte haben zu müssen.

Zur Anmeldung für Gewerbetreibende gelangen Sie unter *http://pages.ebay.de/services/buyandsell/verified-user-special.html.*

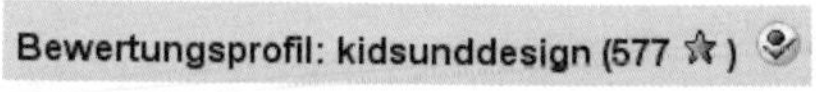

Abbildung 2.6: Das Häkchen nach den Bewertungspunkten verrät: Sie sind geprüftes Mitglied.

Das *mich*-Logo

Dieses Symbol führt Sie auf die eBay-eigene Homepage des Mitglieds. Hier finden Sie teilweise wichtige Informationen zu Versandkosten und Rückgaberecht, auf privaten Seiten erfahren Sie in der Regel eher private Infos zu dem entsprechenden eBay-Partner.

Shop

Das kleine Etikett neben dem Mitgliedsnamen macht auf einen Blick deutlich, dass das Mitglied neben seinen aktuellen Auktionsangeboten auch über einen eBay Shop verfügt, in dem sich weitere Artikel befinden.

Abbildung 2.7: Das mich-Symbol führt Sie zu der eBay-eigenen Homepage, das Etikett verweist auf die Shop-Angebote des Mitglieds.

Powerseller

Um das Powerseller-Logo hinter Ihrem Namen zu erhalten, müssen Sie schon ein bisschen was bei eBay geleistet haben. Sie werden – automatisch – in das Powerseller-Programm aufgenommen, wenn Sie mindestens 100 Bewertungspunkte haben und Ihr Bewertungsprofil zumindest 98% positiv ist. Darüber hinaus gilt es, bestimmte Umsätze zu erzielen, die je nach Powerseller-Programm (Bronze, Silber, Gold oder Platin) variieren.

Bronze	Silber	Gold	Platin
3.000	10.000	25.000	150.000

Abbildung 2.8: Um am Powerseller-Programm teilnehmen zu können, müssen unter anderem bestimmte Umsätze erbracht werden.

Die Umsatzangaben beziehen sich auf die durchschnittlich erzielten Umsätze der letzten drei Monate, die sich aus jeweils mindestens vier Transaktionen pro Monat zusammensetzen müssen. Entfällt eines dieser Kriterien, kann der Titel des Powersellers auch wieder aberkannt werden.

Power Seller

Abbildung 2.9: Begehrt: Das Powerseller-Logo hinter dem eBay Mitgliedsnamen

Powerseller haben – abgesehen von dem guten Ruf – auch einige Vorteile. So dürfen sie Logos des entsprechenden Powerseller-Programms in ihre Auktionen einbinden, erhalten Zugang zu besonderen Foren und Telefon-Hotlines und erfahren Wissenswertes und Neuerungen per Newsletter im Vorfeld und nicht durch das eBay-eigene schwarze Brett.

Zum Powerseller-Programm werden Sie automatisch eingeladen, wenn Sie die oben genannten Kriterien erfüllen; es gibt keine Möglichkeit, sich selbst um dieses Programm zu bewerben.

Verkaufsagenten

Dieses Logo finden Sie zwar nicht direkt hinter dem Mitgliedsnamen, aber auf manchen Angebotsseiten. Dahinter verbirgt sich ein Mitglied, das im Auftrag Dritter Artikel bei eBay anbietet und so als Agent auftritt.

Für Sie als Käufer hat das keinerlei Nachteil, Ihr Handelspartner ist das entsprechende Mitglied.

Wollen Sie selbst als Verkaufsagent für andere tätig werden, müssen Sie einige Voraussetzungen erfüllen. So ist es unter anderem erforderlich, in den letzten 30 Tagen mindestens zehn Transaktionen abgewickelt zu haben, über ein Minimum von 49 Bewertungspunkten zu verfügen und zu wenigstens 97% positives Feedback erhalten zu haben.

Möchten Sie Ihrerseits die Dienste eines Agenten in Anspruch nehmen, finden Sie eine große Auswahl an eingetragenen Verkaufsagenten unter *http://contact.ebay.de/aw-cgi/ebayISAPI.dll?GetTAHubPage*.

Beachten Sie bitte, dass der Verkaufsagent als Handelspartner auftritt, nicht Sie selbst. Das heißt, der Agent stellt das Angebot ein, zahlt die Gebühren, bewertet und erhält seinerseits die Bewertung.

Wie hoch die Courtage ist, die der Agent für seine Tätigkeit erhält, ist Verhandlungssache. Darüber hinaus ist im Vorfeld auch exakt zu klären, welchen Preis die Artikel mindestens erzielen sollen, die Sie zum Verkauf anbieten, ob ein Mindestgebot erwünscht ist, wer die Ware versendet und die Kosten dafür trägt und so weiter. Lassen Sie keine Fragen offen! eBay hilft lediglich bei der Vermittlung der Agenten, übernimmt aber keine Haftung!

Abbildung 2.10: Praktisch: Verkaufsagenten erledigen das Einstellen und Verkaufen der Artikel für Dritte.

2.3.2 Artikelsuche

Um bei eBay Ihren Wunschartikel zu finden, haben Sie mehrere Möglichkeiten. Entweder klicken Sie auf die Startseite und dann weiter durch die verschiedenen Kategorien, oder Sie suchen gezielt nach Marke oder Artikelbezeichnung. In unserem Beispiel kaufen wir Akkus und benutzen dafür die Direktsuche. Klicken Sie im Menü auf *Suche* und bleiben Sie im Register *Nach Stichwort*. Geben Sie den gewünschten Suchbegriff ein, in unserem Fall »Akku«. Sie erhalten als Ergebnis eine Liste, in der alle Treffer zu diesem Suchbegriff aufgeführt werden.

Hinweis

Besteht die Wahrscheinlichkeit, dass Sie öfter nach diesem Begriff suchen, klicken Sie rechts über Ihrer persönlichen Suchergebnis-Liste auf den Link *In meine Suche aufnehmen* – damit steht Ihnen genau diese Suchroutine ab sofort in *Mein eBay* auf der Registerkarte *Favoriten* zur Verfügung. Sie brauchen dann später nur noch auf diesen Link zu klicken und sparen sich die Suchanfrage.

2.3.3 Die Angebotsarten

In der Liste mit Ihrem Suchergebnis sehen Sie links gegebenenfalls ein Vorschaubild für das angebotene Produkt, in der Mitte eine Kurzbeschreibung, daneben den aktuellen Preis, die Anzahl der abgegebenen Gebote und die Angebotsart sowie die Zeit, bis die Auktion oder das Angebot endet.

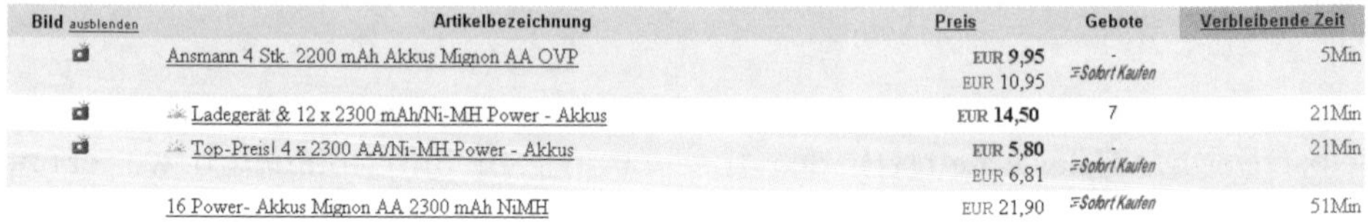

Bild ausblenden	Artikelbezeichnung	Preis	Gebote	Verbleibende Zeit
	Ansmann 4 Stk. 2200 mAh Akkus Mignon AA OVP	EUR 9,95 EUR 10,95	- Sofort Kaufen	5Min
	Ladegerät & 12 x 2300 mAh/Ni-MH Power - Akkus	EUR 14,50	7	21Min
	Top-Preis! 4 x 2300 AA/Ni-MH Power - Akkus	EUR 5,80 EUR 6,81	- Sofort Kaufen	21Min
	16 Power- Akkus Mignon AA 2300 mAh NiMH	EUR 21,90	Sofort Kaufen	51Min

Abbildung 2.11: In der Angebotsübersicht sehen Sie alle relevanten Daten zu dem gewünschten Produkt auf einen Blick.

Klassische Auktionen

Auktionen erkennen Sie daran, dass ein aktueller Preis angegeben ist und sich dahinter die Anzahl der bereits abgegebenen Gebote befindet. Gibt es noch kein Gebot bei einer Auktion, sehen Sie nur den verlangten Startpreis (= Mindestpreis) und bei *Gebote* einen Strich.

Auktionen mit Sofort-Kaufen-Option

Befindet sich neben dem Mindestpreis auch das schwarz-rote Symbol für *Sofort-Kaufen* in der Übersicht, steht es Ihnen frei, ein Gebot für den Artikel abzugeben (und eventuell mehr zu bezahlen, wenn es viele Interessenten gibt) oder aber den Artikel zu dem zweiten angegebenen Preis sofort zu erwerben und damit die Auktion zu beenden. Entscheiden Sie sich dafür, ein Gebot abzugeben, erlischt die Option *Sofort-Kaufen* und der Artikel ist für Sie nur noch ersteigerbar.

Sofort-Kaufen

Neben den Auktionen gibt es auch Angebote, die nicht ersteigerbar sind, sondern nur zu einem festgesetzten Preis erworben werden können. Diese Angebote erkennen Sie daran, dass sich kein Startpreis in der Auflistung befindet, sondern nur das *Sofort-Kaufen*-Logo mit einem entsprechenden Preis. Die Option, Artikel mit *Sofort-Kaufen* anzubieten, haben nur eBay-Mitglieder, die über mindestens zehn Bewertungspunkte verfügen oder geprüftes Mitglied sein. Wie Sie das werden, haben Sie bereits weiter oben in diesem Kapitel erfahren.

Sofort-und-Neu-Option

Noch einen Schritt weiter in Richtung des kommerziellen Handels geht diese Schaltfläche. Mehr noch als die Möglichkeit beim *Sofort-Kaufen* kann sich der Käufer hier sicher sein, dass er Neuware erhält. Das heißt aber nicht zwangsläufig, dass er beim *Sofort-Kaufen* nur Gebrauchtes bekommt. Es bedeutet lediglich, dass es sich beim *Sofort-und-Neu* definitiv um Neuware handelt.

Powerauktionen

Bei so genannten Powerauktionen stehen mehrere identische Artikel in einer Auktion zum Verkauf. Erkennbar wird das erst, wenn auf der eigentlichen Angebotsseite ein bestimmtes Produkt ausgewählt ist. Dort sehen Sie neben *Verfügbarer Menge* eine Zahl größer als eins. Diese Produkte können über *Sofort-Kaufen* angeboten werden – dann unterscheiden sich die Angebote lediglich in der verfügbaren Menge von den typischen Sofort-Kaufen-Angeboten.

Abbildung 2.12: Powerauktionen mit der Option Sofort-Kaufen unterscheiden sich nur in der verfügbaren Menge von typischen Angeboten dieses Genres.

Handelt es sich jedoch um richtige Auktionen, unterscheidet sich das Prozedere ganz erheblich. Das Angebot des Verkäufers richtet sich nämlich nicht nur an den Höchstbietenden, sondern an so viele Bieter wie Artikel zur Verfügung stehen. Das

Gebot eines Bieters erlischt erst dann, wenn für alle verfügbaren Artikel höhere Gebote vorliegen. In letzter Konsequenz bezahlen alle Höchstbietenden denselben Preis – und dieser entspricht dem niedrigsten erfolgreichen Gebot. Das bedeutet zum Beispiel, dass alle Bieter den Startpreis zahlen, wenn keine höheren Gebote für alle verfügbaren Artikel vorliegen. Selbstverständlich steht es potenziellen Käufern frei, auf mehr als ein Exemplar des angebotenen Produkts zu bieten.

Ein konkretes Beispiel: Ein Verkäufer stellt sechs identische Kameras zum Verkauf. Startpreis ist jeweils 25 Euro. Die Gebote verteilen sich folgendermaßen: Ein Käufer bietet auf eine Kamera 50 Euro, ein Käufer will zwei Kameras für je 60 Euro, ein weiterer bietet für drei Kameras 40 Euro und ein vierter hätte gerne eine für 35 Euro. Die ersten drei Bieter erhalten den Zuschlag zum niedrigsten erfolgreichen Gebot, also für je 40 Euro.

Um eine Powerauktion durchzuführen, müssen Sie mindestens 20 Bewertungspunkte haben und seit mindestens 14 Tagen eBay-Mitglied sein oder aber geprüftes Mitglied.

eBay Shops

Jedem Mitglied steht es frei, gegen eine monatliche Gebühr einen eBay Shop zu eröffnen. Die Einstellgebühren sind sehr gering und die Laufzeit deutlich länger als bei den normalen Auktionen. Der Nachteil: Die Produkte in den Shops werden bei der klassischen Suche nicht gefunden, sondern es muss explizit in »Shops« gesucht werden, um dort eingestellte Artikel zu finden.

Ideal sind Shops, wenn Sie beispielsweise Herrenhemden in Auktionen anbieten. Die passenden Krawatten können Sie wunderbar in einem Shop vermarkten. Mehr zum Thema Shops erfahren Sie in Kapitel 10.

2.3.4 Auf einen Artikel bieten

Haben Sie das von Ihnen gewünschte Produkt gefunden und es handelt sich um eine Auktion, können Sie unterschiedlich vorgehen. Bieten Sie einen Betrag, der im Moment realistisch erscheint. Sind Sie damit Höchstbieter, ist alles in Ordnung, ansonsten müssen Sie Ihr Angebot anpassen. Im Bereich *Mein eBay* unter *Ich biete* sind die Artikel aufgelistet, auf die Sie bieten. Dort sehen Sie auch, wenn Sie von einem anderen Interessenten überboten wurden. Dann gehen Sie erneut auf die Angebotsseite des Artikels und geben ein entsprechend höheres Gebot ein, um sich das Objekt zu sichern. Alternativ können Sie aber auch bei Ihrem ersten Gebot den so genannten Bietagenten nutzen. Das bedeutet, dass Sie Ihren absoluten Höchstbetrag eingeben, die Summe also, die Sie auf keinen Fall übersteigen wollen. eBay bietet dann automatisch mit und überbietet gegebenenfalls andere Interessenten, bis Ihr Limit erreicht ist. Dieses Vorgehen empfiehlt sich insbesondere, wenn Auktionen zu »unchristlichen« Zeiten enden, beispielsweise um 3 Uhr morgens.

Bieten Sie nicht zu früh! Wenn Sie einen interessanten Artikel gefunden haben, klicken Sie rechts oben auf *Diesen Artikel beobachten*. Der Artikel wird dann in *Mein eBay* unter *Ich beobachte* aufgelistet, so dass Sie ihn jederzeit schnell wiederfinden. Fangen Sie erst kurz vor Auktionsende an, Beträge einzugeben – das verhindert ein mögliches Sich-Hochschaukeln mit anderen Interessenten. In der Regel ist der Artikel so günstiger zu bekommen, als wenn Sie von Anfang an ständig mitbieten. Je geübter Sie sind, desto später werden Sie Ihr Gebot abgeben. Beachten Sie aber unbedingt, dann einen realistischen Höchstbetrag einzugeben, da Sie bei Geboten auf den letzten Drücker in der Regel keine Chance mehr haben, den Preis noch mal zu korrigieren.

2.3.5 Einen Artikel sofort kaufen

Wir haben nach Akkus gesucht – und auch welche gefunden. Es handelt sich um ein Sofort-Kaufen-Angebot. Möchten Sie einen solchen Artikel erwerben, klicken Sie auf der Angebotsseite auf die Schaltfläche *Sofort-Kaufen*. Bestätigen Sie mit *Weiter* den Preis und gegebenenfalls die von Ihnen gewünschte Menge.

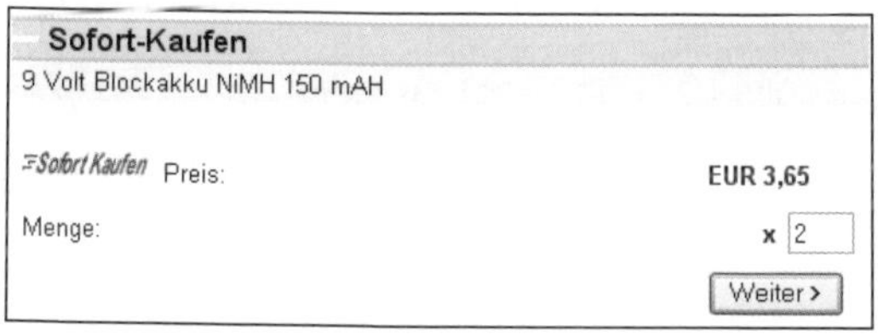

Abbildung 2.13: Mit Sofort-Kaufen gehört das Produkt auf jeden Fall Ihnen.

Sie erhalten auf der folgenden Seite einen kurzen Überblick über die Gesamtsumme inklusive Porto.

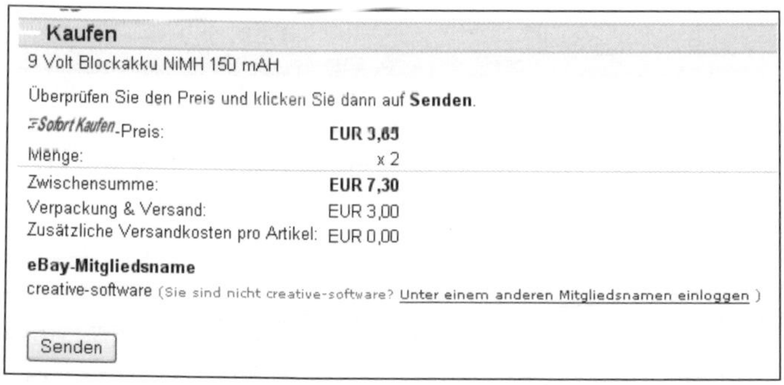

Abbildung 2.14: Vor der Kaufbestätigung erhalten Sie eine kurze Aufstellung der entstehenden Kosten inklusive Porto.

Erst wenn Sie hier auf *Senden* klicken, ist der Kauf rechtskräftig. Je nach Vorgaben des Verkäufers wird Ihnen nun automatisch die Bankverbindung mitgeteilt oder der Verkäufer schickt Ihnen eine Mail mit den entsprechenden Daten. Natürlich können auch Sie sich mit dem Verkäufer in Verbindung setzen – alle dafür nötigen Daten erhalten Sie in einer E-Mail von eBay, die auch die Kaufbestätigung beinhaltet.

Eine Übersicht über Ihre gekauften Produkte finden Sie ebenfalls in *Mein eBay* unter *Ich habe gekauft*.

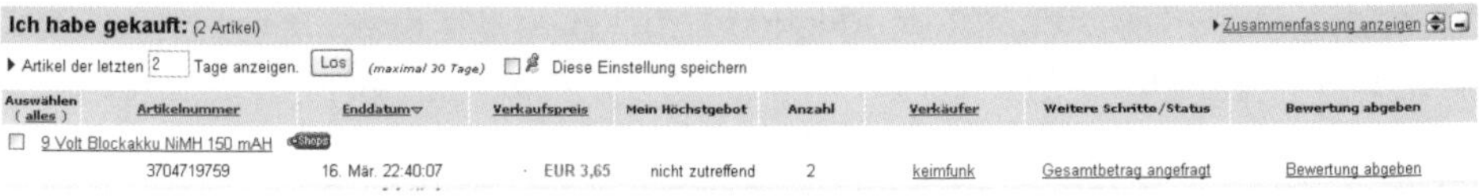

Abbildung 2.15: In Mein eBay finden Sie alle relevanten Informationen zu den von Ihnen gekauften Produkten.

2.3.6 Kaufabwicklung

Haben Sie einen Artikel erworben, gibt es verschiedene Möglichkeiten, mit dem Verkäufer Kontakt aufzunehmen. Am einfachsten ist es, die von eBay integrierte Kaufabwicklung zu benutzen. Sie finden sie, indem Sie im Bereich *Mein eBay* unter *Ich habe gekauft* hinter dem entsprechenden Produkt auf den Link *Bezahlung und Versand* klicken. Hat der Verkäufer seine Bankdaten hinterlegt, erhalten Sie dort direkten Zugriff, des Weiteren sehen Sie alle Einzelheiten zu der Transaktion sowie die E-Mail-Adresse des Verkäufers.

Hinweis

Grundsätzlich gilt: Halten Sie mit Ihrem Handelspartner Kontakt! Es gibt ein gutes Gefühl, wenn man weiß, was »auf der anderen Seite« passiert. Verkäufer freuen sich, wenn sie erfahren, dass die Bezahlung veranlasst wurde, Käufer wollen wissen, dass das Geld angekommen ist und die Ware auf die Reise geht.

Gibt es Probleme bei der Abwicklung, versuchen Sie diese per Mail oder Telefon zu klären. Jemanden ohne jede Nachfrage negativ zu bewerten, ist unfair und verstößt gegen jede Form der Höflichkeit. Wenn etwas nicht zu Ihrer Zufriedenheit läuft, sollten Sie dem Handelspartner immer die Möglichkeit geben, nachzubessern oder in anderer Form angemessen zu reagieren.

2.3.7 Artikel bezahlen

Es stehen verschiedene Varianten offen, einen Artikel zu bezahlen. Der Verkäufer gibt bereits in der Artikelbeschreibung an, welche Möglichkeiten er akzeptiert. Richten Sie sich als Käufer danach. Sollten Sie eine nicht vorgeschlagene Zahlvariante bevorzugen, klären Sie das bitte mit dem Verkäufer, ehe Sie ein Gebot abgeben.

Überweisung

Die gängigste Praxis ist wohl die Vorab-Überweisung. Der Käufer zahlt auf ein vom Verkäufer genanntes Konto den entsprechenden Betrag zuzüglich Portokosten, und der Verkäufer schickt die Ware los, sobald der Betrag auf seinem Konto gutgeschrieben wurde.

Treuhandservice

Besonders sicher – vor allem bei Angeboten mit hochpreisigen Artikeln – ist das Handeln mit dem so genannten Treuhandservice. Auf der Angebotsseite des entsprechenden Produkts weist der Verkäufer mit einem Symbol darauf hin, dass er diesen Service anbietet.

Sie als Käufer zahlen dann den Auktionsbetrag an einen Treuhänder (eBay arbeitet mit dem Dienstleister Iloxx zusammen), dieser informiert den Verkäufer über den Zahlungseingang, der daraufhin das Produkt verschickt. Ist die Ware angekommen, bestätigt der Käufer dies dem Treuhandservice, und erst dann wird dem Verkäufer das Geld überwiesen.

Die Kosten für die Inanspruchnahme dieses Service sind abhängig vom Endpreis, der Mindestbetrag liegt bei 2,50 Euro und wird vom Verkäufer getragen.

Abbildung 2.16: Dieses Logo auf der Angebotsseite unten rechts im Bereich Service macht auf eine besonders sichere Abwicklung des Kaufs aufmerksam.

Hinweis

Der Treuhandservice empfiehlt sich insbesondere bei hochpreisigen Artikeln und wenn Sie noch nicht über viele Bewertungspunkte verfügen. Damit machen Sie deutlich, dass Sie dem Käufer die größtmögliche Sicherheit gewähren und Ihrerseits auf vertrauensvolles Handeln Wert legen.

PayPal

Immer größerer Beliebtheit – insbesondere im internationalen Handel – erfreut sich das sichere Bezahlen mit der E-Mail-Adresse. Diesen Service bietet das eBay-Tochterunternehmen PayPal an. Sie hinterlegen einmal Ihre Bankkonto- oder Kreditkarteninformationen und ab sofort bezahlen Sie mit Ihrer E-Mail-Adresse. Das reine Bezahlen ist für den Käufer kostenlos, Gebühren entstehen nur für den Verkäufer. Abgerechnet wird auf beiden Seiten über das Kreditkartenkonto.

Die Vorteile liegen klar auf der Hand: Die Geldtransaktion geht binnen Sekunden vonstatten und somit kann noch am Tag des Kaufs die Ware auf den Weg gebracht werden. Bei internationalen Geschäften entfallen teure Auslandsüberweisungen oder das Senden von internationalen Schecks. Zudem gilt das Bezahlen per Kreditkarte als sehr sicher, da im Zweifelsfall Geld auch zurückgefordert werden kann.

Hinweis

Fordern Sie niemals Geld zurück, weil Ihnen ein Artikel nicht gefällt! In solchen Fällen gilt es immer, sich mit dem Verkäufer zu einigen! Geld zurückzufordern kann nur der letzte Schritt bei nicht gelieferter Ware sein.

Genaue Informationen zu dem Prozedere finden Sie in Kapitel 3.

Abbildung 2.17: Mit PayPal zahlen Sie bequem mit Ihrer Kreditkarte.

Hinweis

Vorsichtig sollten Sie als Verkäufer bei Käufern aus dem Ausland und der Bezahlung mit Paypal sein. Der so genannte Paypal Treuhandservice erstattet bei Beanstandung des Käufers sehr schnell dessen Zahlung zurück. In unserem Fall hatte eine Käuferin aus Großbritannien angeblich nichts mit der Transaktion zu tun und war selbst Opfer. Und obwohl wir mit DPD-Formularen nachweisen konnten, dass sie es eigenhändig in Empfang genommen und unterzeichnet hatte, beharrte Paypal auf seiner Haltung. Im eigenen Land wäre die Rückforderung sicher kein Problem und mit einem Mahnbescheid erledigt gewesen. Aber wer fängt schon im Ausland einen Rechtsstreit wegen 50 Euro an? Achten Sie bei Paypal-Zahlungen aus dem Ausland immer darauf, welche Bewertungen das Mitglied in der letzten Zeit erhalten hat. Wir hatten das versäumt.

2.3.8 Artikel versenden

Meistens wird der Versand über die Deutsche Post erledigt. Einige eBay-Mitglieder verfügen aber mittlerweile auch über Verträge mit DPD oder ähnlichen Dienstleistern, was den versicherten Versand automatisch beinhaltet. Egal für welchen Versender Sie sich entscheiden – Sie sollten immer den versicherten Versand wählen beziehungsweise als Verkäufer anbieten. Als Gewerbetreibender sollten Sie sich auf gar keinen Fall darauf einlassen, eine unversicherte Versandart zu wählen, da Sie im Fal-

le des Verlusts der Sendung keinerlei Nachweis haben und die Gewährleistung im vollen Umfang zu Ihren Lasten geht. Mehr Details dazu erfahren Sie in den Kapiteln 3 und 4.

Insbesondere bei großen, sperrigen Gütern oder wenn der Versand über Nacht erfolgen soll, empfiehlt sich der eBay-Versandservice, der mit Dienstleistern wie Hermes oder Iloxx zusammenarbeitet. Damit ist es auch kein Problem, ein Bett oder sogar ein Auto zu versenden. Sie erreichen den Versandservice über *www.ebay.de/versandservice*. Dort finden Sie auch einen Preisrechner, der Ihnen Auskunft darüber gibt, welche Versandart die günstigste ist.

3

Das eigene Business Modell

Sie wollen sich selbstständig machen? Schön! Aber wie? Stellen Sie sich vor, Sie treffen abends Freunde in der Kneipe und erzählen ihnen von Ihrem Plan. Sie können sicher sein, dass es Fragen nur so hagelt. »Glaubst Du nicht, dass schon genügend Leute solche Sachen verkaufen?« »Was kostet denn das alles?« »Woher willst Du nur das Geld nehmen?«

Genau diese und noch viele weitere Fragen sollten Sie sich zuerst einmal selbst stellen. Und legen Sie bloß nicht die Euphorie-Scheuklappen an, weil Sie gerade beschlossen haben, selbstständig werden zu wollen. Denn wenn bei einer Analyse herauskommt, dass Ihre Geschäftsidee im Grunde nicht tragbar ist, sollten Sie die Finger davon lassen. Oder zumindest klein einsteigen und das Geschäft erst einmal nebenher betreiben.

In diesem Kapitel wollen wir uns mit sämtlichen Themen rund um die Existenzgründung beschäftigen. Und zwar nicht aus theoretischer Sicht, sondern aus praktischer.

3.1 Sondierung und Produktrecherche

Welcher Typ sind Sie? Investieren Sie in Aktien und Optionsscheine? Oder legen Sie Ihr Geld lieber auf ein Sparkonto? Sind Sie bei neuen Trends zunächst eher skeptisch oder lassen Sie sich schnell von neuen Ideen anstecken? Fahren Sie Ihr Auto, bis es auseinander fällt, oder müssen Sie alle drei Jahre das neueste Modell haben? All diese Fragen zielen darauf hin, welche Art von Produkten Sie am besten verkaufen. Wer den Adrenalinanstieg beim Handel mit Optionsscheinen liebt, wird bei langlebigen Produkten schnell ermüden, weil sich wenig ändert. Digitalkameras wird es auch in fünf Jahren noch geben. Vielleicht ändert sich die Marke, die Sie verkaufen. Vielleicht nehmen Sie irgendwann vom Highend-Geschäft Abstand und verlegen sich auf Consumer-Modelle. Letzten Endes verkaufen Sie jedoch immer Digitalkameras.

Im Gegensatz dazu sind Trendprodukte sehr kurzlebig. Angestachelt durch die Medien geht im Internet die Suche nach derartigen Produkten los, und Sie können in ganz kurzer Zeit sehr große Stückzahlen absetzen. Dann aber fallen die Preise von heute auf morgen und die Nachfrage geht rapide zurück. Wer da nicht aufpasst, wird eventuell weit unter dem Einkaufspreis veräußern müssen, nur um sein Lager leer zu bekommen.

3.1.1 Langlebige Produktarten

Sind Sie Experte für Filzhüte von Zinnsoldaten? Dann kennen Sie sich bei einem wirklich langlebigen Produkt aus! Als Experte in diesem Nischenbereich werden Sie wahrscheinlich sehr lang allein bleiben. Dann gibt es logischerweise keine Konkurrenz. Und wenn es keine Konkurrenz gibt, dann gibt es auch niemanden, der versucht, mit niedrigeren Preisen den Markt für sich zu gewinnen.

Allerdings hat ein Nischenbereich den Nachteil, dass es natürlich auch nur relativ wenig Kaufinteressenten gibt. So werden Sie in diesem Bereich zwar konstante, aber auch überschaubare Umsätze und Gewinne realisieren. Natürlich gibt es langlebige Produktarten nicht nur in Nischenbereichen. Der Vorteil einer solchen Nische ist jedoch, dass Sie dort mehr oder weniger allein agieren und deshalb mit großer Sicherheit vor dem Konkurrenzdruck handeln. Insbesondere wenn Sie Fachmann sind – egal ob für Filzhüte, Antiquitäten, Sportfliegerzubehör oder was auch immer –, wird Ihr Ruf in eBay schnell bekannt werden. Sie präsentieren sich dort mit Ihrem Know-how innerhalb Ihrer Produktbeschreibungen.

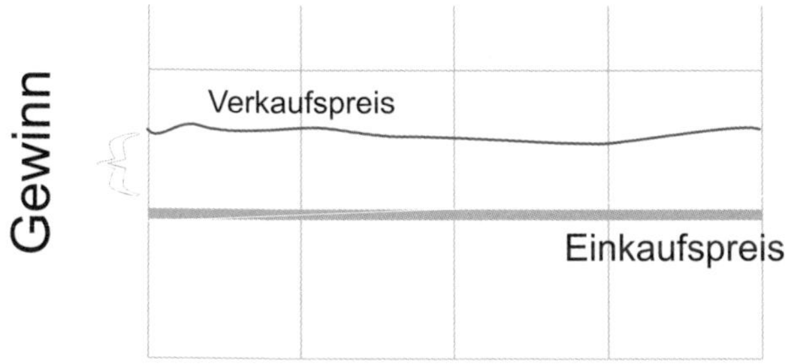

Abbildung 3.1: Umsatzvolumen und Gewinnspannen bei langlebigen Produkten sind gering, aber konstant.

Ist es Ihnen egal, womit Sie handeln, gibt es natürlich zahlreiche Produkte, die immer gefragt sind: Uhren und Küchengeräte aus Fernost, Jeans von Markendesignern und vieles mehr. Allerdings sollten Sie darauf achten, dass die Produkte ein gewisses Preisniveau übersteigen. Eine Wegwerf-Uhr, die im Kaufhaus bereits für fünf Euro zu haben ist, wird zwar gekauft, bringt aber nicht viel. Selbst wenn sie für drei Euro den Besitzer wechselt, kostet sie noch vier bis fünf Euro Versand. Dadurch ist ein solcher Handel für den Verkäufer, der den Aufwand des Verpackens und Verschickens hat, genauso wie für den Käufer nicht lukrativ.

Gehen Sie bei der Suche nach passenden Waren und Produktgruppen einfach mit offenen Augen durch die Welt. Schauen Sie, was in Kaufhäusern gekauft wird. Schauen Sie bei eBay in den unterschiedlichen Rubriken, welche Produkte angeboten und vor allem häufig nachgefragt werden. So gelangen Sie schon einmal zu einer Vorauswahl.

3.1.2 Schnell drehende Trendprodukte

Wer die nötigen Nerven hat und von Zeit zu Zeit auch einen Adrenalinstoß benötigt, sollte auf jeden Fall mit schnell drehenden Trendprodukten handeln. Der große Vorteil ist, dass solche Hype-Produkte über einen relativ kurzen Zeitraum in sehr großen Mengen verkauft werden. Für das Marketing sorgen indirekt die Medien, in denen der Hype aufgebaut und stetig dokumentiert wird (man denke nur an das Tamagotchi!) Dann ebbt der Trend wieder ab, und plötzlich will keiner mehr etwas von dem Produkt wissen. Die meisten Trends kommen – wie kann es anders sein – aus Amerika. Ob Petticoat, Jeans (zugegebenermaßen hat sich dieser Trend gehalten), Hula-

Hoop-Reif oder Walkman: Alles war vorher schon über dem großen Teich ein Schlager und wurde hierzulande nach typisch deutscher Wartezeit übernommen.

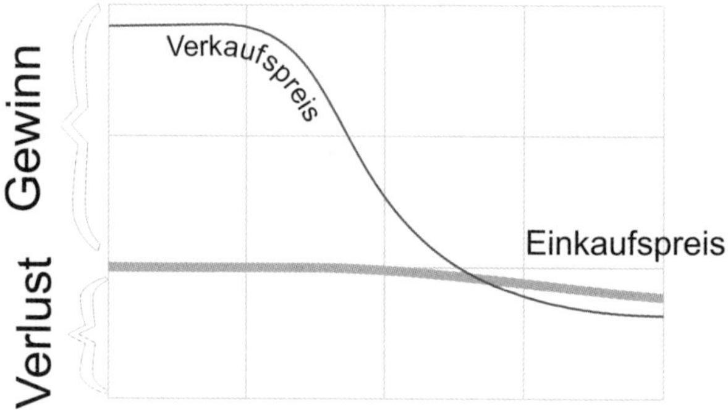

Abbildung 3.2: Hype-Produkte werden über einen kurzen Zeitraum in großen Stückzahlen verkauft, sind aber bald auch schon wieder uninteressant. Der Preis fällt dann häufig unter den Einkaufspreis.

Schauen Sie über den großen Teich

Was früher nur mit Printmedien oder einem Besuch in den Staaten möglich war, ist heute einen Mausklick entfernt. Alles, was Sie tun müssen, ist, sich eine Weile auf eBay.com umzusehen. Dort finden Sie – in der Regel unter den »Featured Items« – jene Produkte, die heute schon in Amerika zu den Bestsellern gehören.

Abbildung 3.3: In Amerikas eBay finden Sie heute schon, was bei uns morgen ein Renner sein wird!

Schauen Sie fern!

Insbesondere die immer populärer werdenden Home-Shopping-Sender bieten nur Dinge an, von denen sie sich große Marktchancen erwarten – Sendezeit ist schließlich teuer! Hier sitzen häufig Trend-Beobachter, die anhand zahlreicher Parameter versuchen, frühzeitig Trends zu erkennen und auch hierzulande in den Absatzmarkt zu schieben.

Einige dieser TV-Kommerz-Shows haben mittlerweile auch recht aufwändige Internetauftritte, die Ihnen bei der Recherche helfen. Schauen Sie bei *www.hse24.de*, *www.rtlshop.de* oder den zahlreichen anderen Sites vorbei, die Sie unter dem Suchbegriff »home shopping« mit *www.google.de* finden. Interessant sind auch die englischsprachigen Sites *www.qvc.com* und *www.hsn.com*.

Abbildung 3.4: Holen Sie professionelle Hilfe: Bei Home-Shopping-Sendern entdecken Sie rasch neue Trends.

Messen, Ausstellungen und Kommerzzentren

Eine ganz konventionelle, aber nach wie vor hervorragende Möglichkeit, um potenzielle Produkte auch gleich einmal in die Hand zu nehmen, sind Messen und Ausstellungen. Der große Vorteil ist, dass Sie hier in der Regel den Hersteller direkt treffen und Verhandlungen mit ihm führen können. Und es gibt Messen für jeden Konsumbereich, von Aquarien bis zu Weinen.

Eine umfassende Übersicht erhalten Sie unter *www.messecenter.de*. Wahlweise chronologisch oder thematisch sortiert, können Sie die Messen in Deutschland oder innerhalb eines Bundeslandes anzeigen lassen. Neben Deutschland schließt *www.netzkalender.ch* auch Österreich und die Schweiz in der Messeübersicht mit ein. Hier erfahren Sie zusätzlich, ob es sich um eine Publikumsmesse, eine Messe für Fachbesucher oder einen Kongress handelt.

Auf Kongressen oder Messen für Fachbesucher müssen Sie nachweisen, dass Sie zu diesem Kreis gehören. In der Regel reicht dazu die Gewerbeanmeldung (siehe Kapitel 5). Genauere Informationen erhalten Sie bei der jeweiligen Messeverwaltung, zu der Sie von beiden oben genannten Seiten gelangen.

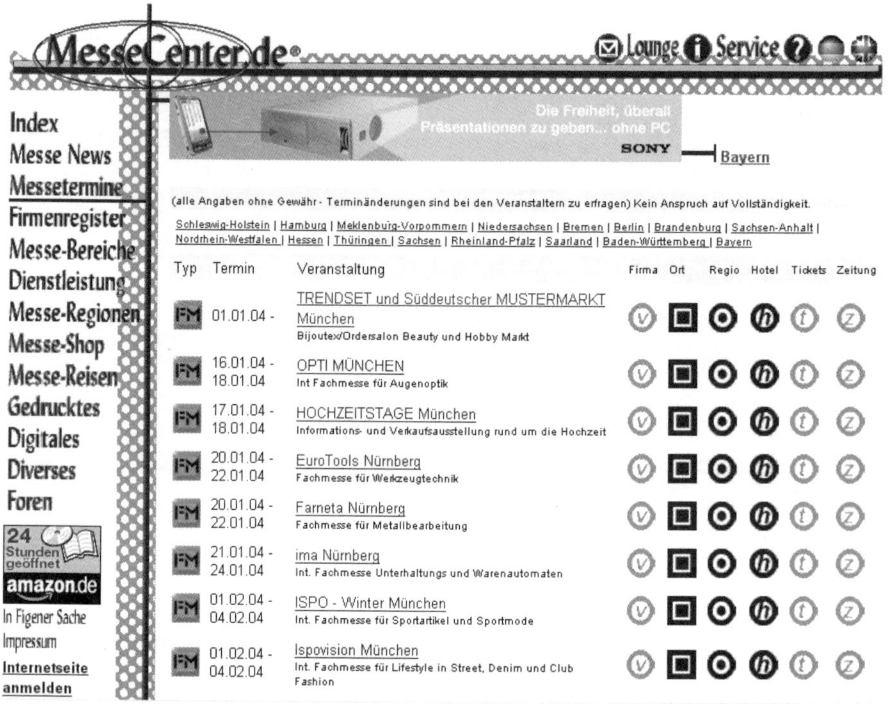

Abbildung 3.5: Bei MesseCenter.de erhalten Sie chronologisch, thematisch oder nach Regionen sortiert eine Übersicht über alle Messen und Ausstellungen.

Handelszeitschriften

Reine »Anzeigenblätter« sind die beiden wöchentlich erscheinenden Zeitungen »Zentralmarkt« und Handels Magazin mit Anzeigen von Großhändlern und Herstellern. Hier erhält man Einblicke in aktuelle Trends. Gerade Produkte, über die Sie jetzt noch mit dem Kopf schütteln, sind morgen vielleicht schon der Hype. Das zu erkennen ist natürlich ein anderes Thema.

Ganz nebenbei sind die beiden Magazine auch eine gute Quelle für Daten von Herstellern und Großhändlern.

Beide Zeitungen können Sie über vier Wochen testen und bekommen sie per Post zugestellt. Aber Vorsicht: Während die Lieferung des »Handels Magazin« nach vier Wochen automatisch eingestellt wird und Sie lediglich noch einige »Wollen Sie nicht Abonnent werden?«-Briefe erhalten, müssen Sie den »Zentralmarkt« explizit kündigen. Und wie es in der Bestätigungsmail zum Probeabo heißt, »genügt vor Zugang der 4. Ausgabe eine

kurze schriftliche Rückmeldung an unseren Kundenservice«. Denken Sie also rechtzeitig daran!

Die Probeanforderung können Sie online an den Verlag schicken. Gehen Sie dazu auf die Seite *www.patzerverlag.de* für das »Handels Magazin« beziehungsweise *www.zentralmarkt.de* für den »Zentralmarkt«.

Info

Zum »Zentralmarkt« gibt es auch noch eine Handelsplattform im Internet (siehe weiter unten) mit dem Namen »Zentrada.de«. Für Onlinehändler ist das dort angebotene Probeabo sehr viel sinnvoller als nur das der Papierausgabe, weil sich hier Onlinezugang und Printmedium in unterschiedlichen Varianten kombinieren lassen.

Abbildung 3.6: Das wöchentlich erscheinende Handels Magazin hält Sie über Trends und Produkte auf dem Laufenden.

Alternativ können Sie natürlich auch telefonisch oder schriftlich ein Abo anfordern:

Handelsmagazin
PATZER VERLAG
Königsallee 65
14193 Berlin
Tel. 030 / 895 90 30

Zentralmarkt
Schimmel Media Verlag
Friedrich Ebert Ring 1
97072 Würzburg
Tel. 0931 / 35 98 10

Da sich Preise schnell ändern, bringt es nicht viel, diese in einem Buch abzudrucken. Sie finden die aktuellen Abopreise auf den entsprechenden Internetseiten. Allerdings gibt es den »Zentralmarkt« in verschiedenen Varianten, von der wöchentlichen über die monatliche bis hin zur reinen Onlineversion. Im Gegensatz dazu ist das »Handels Magazin« nur in der wöchentlichen Version als Abo erhältlich.

Handelsplattformen

Neben der Zeitschrift »Zentralmarkt« unterhält der Schimmel Media Verlag auch eine Handelsplattform namens Zentrada (*www.zentrada.de*). Hier ist eine gigantische Angebotspalette für Wiederverkäufer verfügbar, und Sie können sich tagesaktuell nach Hype-Artikeln umschauen und diese – sofern Sie eine kostenpflichtige Mitgliedschaft abschließen – auch sofort ordern. Auch hier gibt es ein vierwöchiges Probeabo. Sie haben dabei die Wahl zwischen dem reinen Onlinezugang, der zusätzlichen monatlichen Zusendung des Printmediums »Zentralmarkt« oder sogar der wöchentlichen Zusendung. Bei den beiden letzteren Varianten erhalten Sie monatlich noch die Zeitschrift »ProFirma«, die branchenübergreifende Praxisinformationen und Know-how für Selbstständige liefert.

Hinweis

Da eBay-Händler sowieso eher im Internet unterwegs sind, ist die monatliche Zusendung von »Zentralmarkt« und »ProFirma« in Kombination mit der Zentrada.de-Onlinemitgliedschaft sicher die sinnvollste Variante, wenn man sich für dieses Portal interessiert.

Besonders günstig kommt man in der Regel an Restposten heran. Eine sehr übersichtliche Handelsplattform ist *www.restposten.de*. Die Recherche selbst ist völlig kostenlos. Hier können Sie sich über Preise und Details der angebotenen Produkte vorab informieren. Dargestellt wird einerseits die Beschreibung und andererseits neben dem ursprünglichen Preis die noch vorhandene Menge und der aktuelle Restpostenpreis. Nur wenn Sie tatsächlich einen Restposten aufkaufen wollen, müssen Sie sich einloggen. Das kostet einen nicht allzu hohen jährlichen Beitrag, der sich bei häufigem Gebrauch schnell amortisiert.

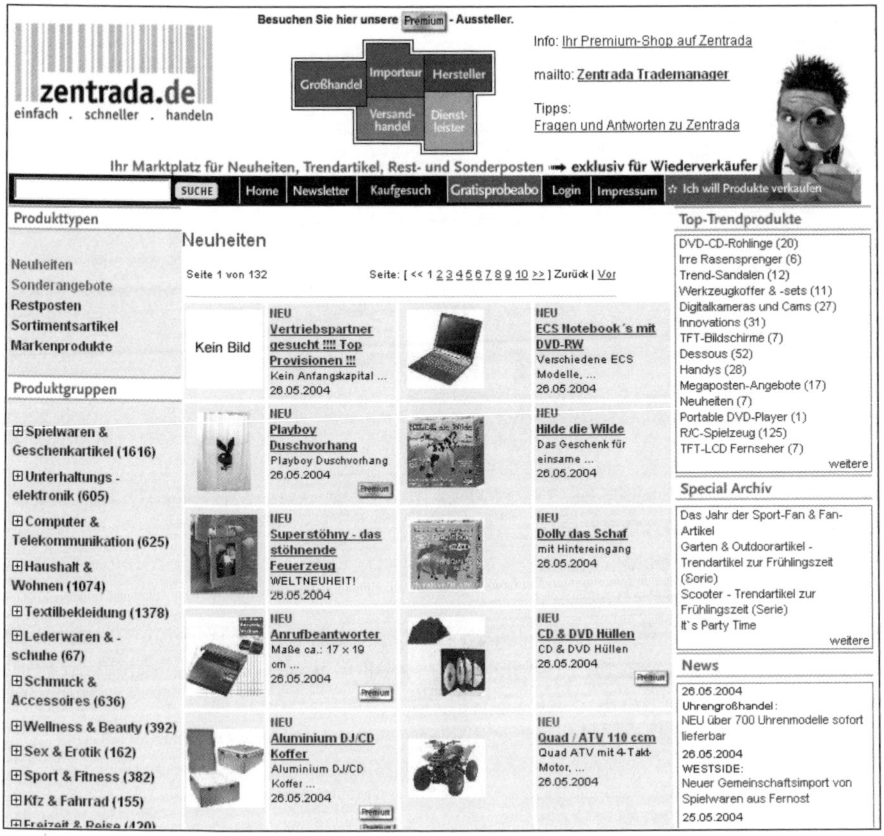

Abbildung 3.7: Auf der Handelsplattform zentrada.de können Gewerbetreibende Hype-Produkte für den Handel bei eBay erwerben.

Ein nettes Gimmick und für die Recherche sehr praktisch ist die stets aktuelle Marktstatistik bei Restposten.de. Geben Sie *www.restposten.de/marktstatistik.php* ein, erscheint nach ca. 30 Sekunden – so lange braucht die Echtzeitstatistik – eine Auflistung sämtlicher Rubriken. Anhand der Nachfrage und des Angebots wird hier ein Index ermittelt, der Aufschluss darüber gibt, ob in diesem Bereich gerade ein Mangel oder ein Überfluss herrscht. Interessant für den Handel sind nach den Gesetzen der Marktwirtschaft natürlich Bereiche, in denen ein Angebotsmangel herrscht. Bei – nach eigener Aussage – knapp elf Millionen Seitenabrufen und 27.000 Handelspartnern können diese Angaben durchaus als repräsentativ angesehen werden. Also eine klare Entscheidungshilfe für den Neueinsteiger!

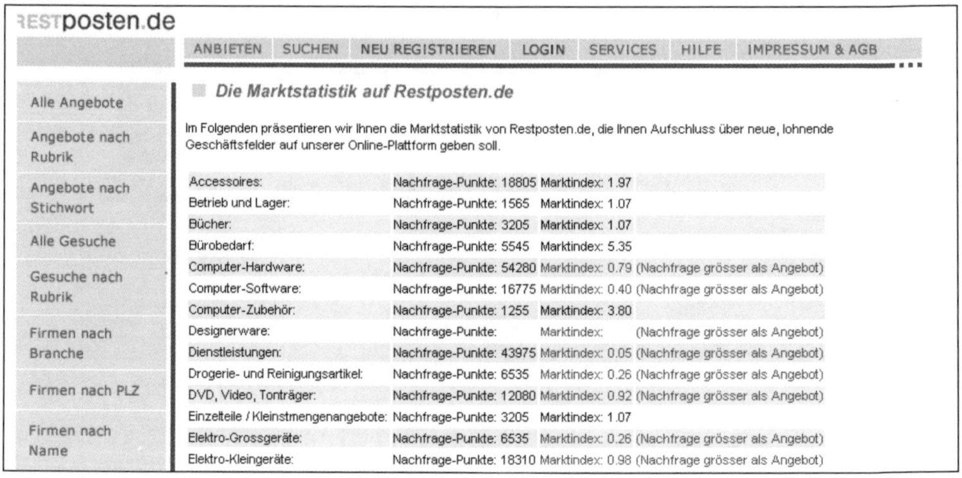

Abbildung 3.8: Auch für Nichtmitglieder: Die Marktstatistik bei Restposten.de zeigt aktuelle Trends und Tendenzen.

Der eBay-Handelsbereich

Wozu in die Ferne schweifen ... Schließlich gibt es auch bei eBay einen Bereich, in dem sich Händler mit günstigen Restposten in großen Stückzahlen eindecken können. Fündig werden sie in der Rubrik »Business & Industrie« und dort in den Bereichen »Großhandel & Großhandelsposten« oder »Geschäfts- & Firmenverkäufe«.

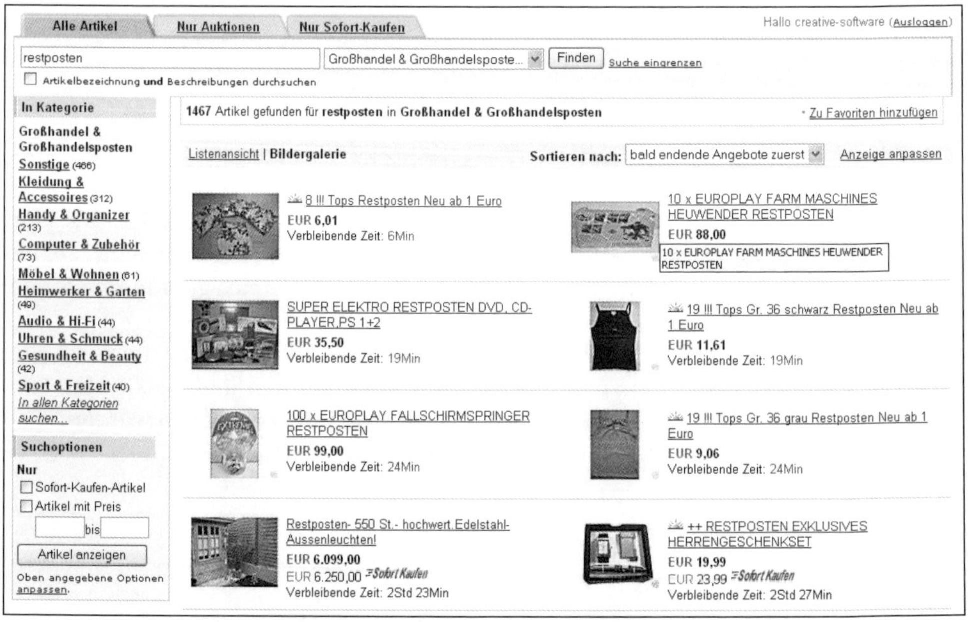

Abbildung 3.9: Restposten bei eBay: In der Rubrik »Business & Industrie« werden die meisten Angebote in großen Mengen versteigert.

Adressübersicht auf www.321-buch.de

Natürlich gibt es auch auf unserer Seite – *www.321-buch.de* – weitere interessante Verweise auf Internetsites, auf denen es um Trendprodukte, Großhändler, Restposten, Warenimport und viele weitere Themen geht.

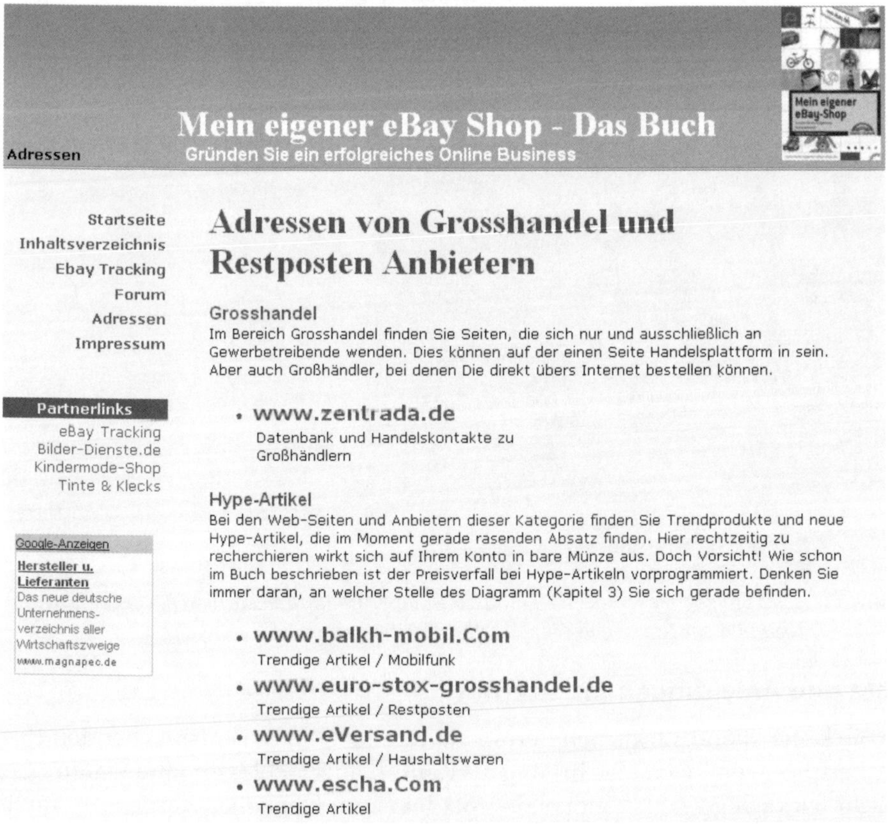

Abbildung 3.10: In unserer Adresssammlung finden Sie viele nützliche Anlaufstellen, um nach neuen Produkten für eBay zu suchen.

3.1.3 Do it yourself – Werden Sie zum Hersteller

Sind Sie Schlosser oder Schreiner? Haben Sie sich schon mal überlegt, sich selbstständig zu machen? Ohne Anzeigen, ohne große Werkstatt, ohne Ladengeschäft! Sie haben sicher einen Hobbyraum, oder? Und dort schon mal das eine oder andere gebastelt? Dann kann eBay das Bindeglied zwischen Ihrem Hobby und einem erfolgreichen und einträchtigen Gewerbe sein.

»Aber was soll ich herstellen, was andere interessiert?« Wie wäre es mit Picknickbänken, Betten, Schränken, Tischen, Surfboards, Flugzeug- und Schiffsmodellen, Kleidung und Schuhen (vorkonfektioniert oder nach Maß), Geschirr, Aquarien oder Terrarien? Ein gutes Beispiel sind auch die Fototische, die in Kapitel 6 vorgestellt

werden. Hierbei handelt es sich um eine einfache Rahmenkonstruktion mit ein paar Schrauben und zusätzlichen Aluminiumstangen. Da eBayer immer häufiger professionelle Fotos brauchen, wird auch die Nachfrage mit jedem weiteren Verkäufer immer größer. Und wenn Sie erst einmal die Pläne und die Konzeption für einen solchen Tisch gemacht haben, ist die Herstellung eine Sache von wenigen Minuten und das benötigte Material für relativ wenig Geld zu haben.

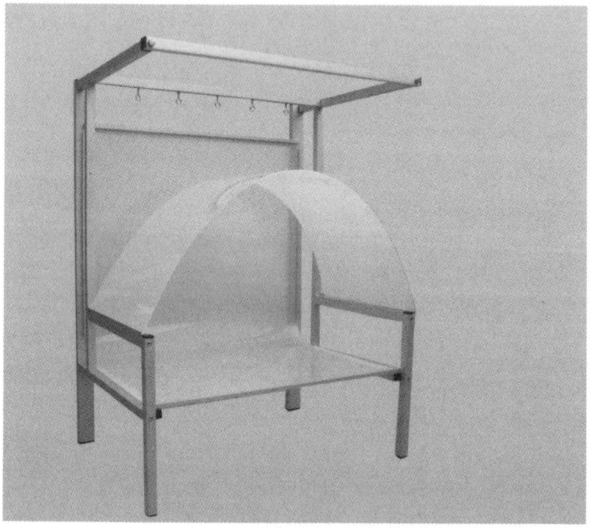

Abbildung 3.11: Der professionell wirkende Fototisch ist aus Aluminiumkantrohren, ein paar Schrauben und der Rückwand schnell selbst konstruiert.

Rezepte und Anleitungen im Internet

Haben Sie keinen handwerklichen Beruf gelernt oder sind die entsprechenden Produkte – beispielsweise wenn Sie bislang als Kampfpanzerschlosser tätig waren – bei eBay nicht wirklich gefragt, können Sie trotzdem zum Hersteller werden. Im Internet finden Sie beispielsweise zahlreiche Rezepte für Spezialreinigungsmittel. Aber auch Produkte aus der Alternativ-, Wellness-, Öko- oder Esoterik-Szene erfreuen sich – insbesondere wegen des guten Absatzes und der Gewinnmarge – immer größerer Beliebtheit. »Kolloidales Silber« – angeblich ein natürliches Breitbandantibiotikum – ist ein solcher Artikel, der recht leicht hergestellt werden kann. Die zugehörigen Maschinen zur Produktion finden Sie bei eBay in der Kategorie »Business & Industrie – Medizin« oder über *www.google.de*, wenn Sie »kolloidales Silber Herstellung« als Suchbegriff eingeben.

Info

Bei eBay ist der Verkauf von Medikamenten nicht erlaubt. Allerdings kommt es hierbei natürlich auf die Sichtweise an. So wird beispielsweise kolloidales Silber auch als Pflanzenschutzmittel verwendet. Die medizinische Wirkung für den Menschen wird in den Angeboten etwa so beschrieben: »Bis in die 30er Jahre war Silber-Kolloid das einzige Antibiotikum, danach ist es durch die Vermarktung von chemischen Antibiotika in Vergessenheit geraten. Es erlebt aber seit einiger Zeit eine Renaissance, da viele Einzeller gegen Antibiotika bereits resistent sind ...« Da weiß jeder, was gemeint ist, und man verstößt trotzdem nicht gegen die eBay-Richtlinien.

Doch bleiben wir im Hier und Jetzt! Geben Sie beispielsweise bei *www.google.de* den Suchbegriff »Rezept Reinigungsmittel« ein. Sie werden sich wundern, wie viele Informationen Ihnen kostenlos zur Verfügung gestellt werden.

Noch übersichtlicher gibt es die Anleitungen unter *www.selbergebaut.de*. Informativ ist dieses Portal, allerdings leider nicht sonderlich übersichtlich. Um zu den Rezepten und Anleitungen zu gelangen, müssen Sie auf der Startseite auf »Baupläne« (ganz oben unter der Werbung) klicken. Nun erscheint eine Übersicht über sämtliche Rezepte und Bauanleitungen.

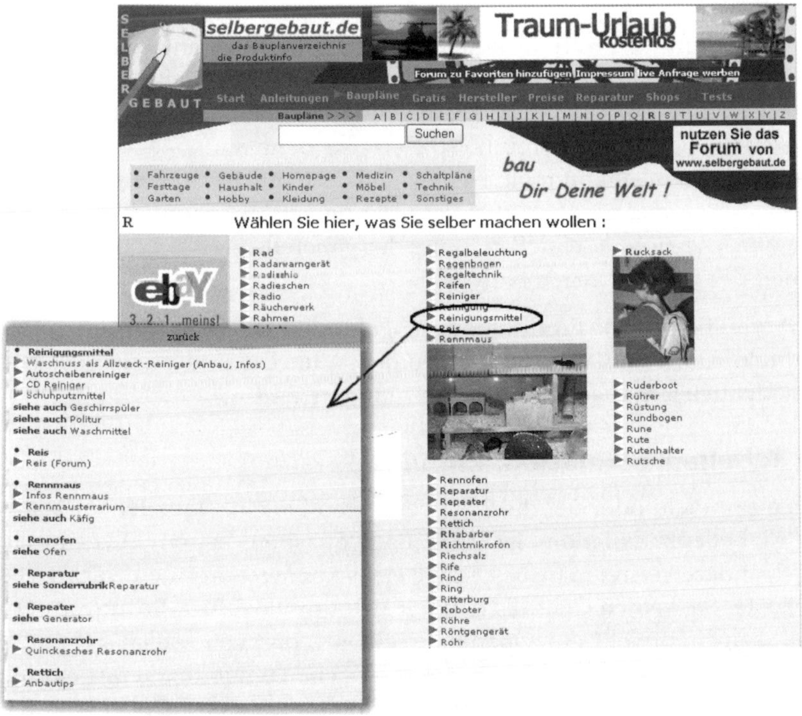

Abbildung 3.12: Unter www.selbergebaut.de finden Sie Hunderte von Rezepten für Reinigungsmittel und Duftöle, aber auch Baupläne für Alarmanlagen.

Haben Sie sich beispielsweise für die Eigenproduktion von Reinigungsmitteln entschieden, liegt es an Ihnen, wie Sie das entsprechende Mittel deklarieren. Ist es etwas, das besonders gut für Felgen geeignet ist? Oder für Silbermünzen? Oder für CDs? Oder für Windschutzscheiben? Auch bei Markenware im Kaufhaus geht es nicht mit Zauberei zu. So können Sie nach einfachen Rezepten ein möglichst haltbares Gebräu herstellen, das die versprochenen Eigenschaften, vom Entfernen der Mücken auf der Windschutzscheibe bis hin zur strahlenden Felge am getunten Manta, auch einhält. Bevor Sie hingehen und irgendwas zusammenbrauen und es verkaufen, sollten Sie genau prüfen, ob es die Versprechen auch hält. Tut es das nicht, werden Sie vielleicht zwei oder drei Stück davon verkaufen, dann aber sicher aufgrund der negativen eBay-Bewertungen keinen Fuß mehr auf den Boden bekommen!

Natürlich müssen Sie das Reinigungsmittel nach der Produktion noch verpacken. Dazu benötigen Sie Kunststoffflaschen oder ähnliche Behälter. Wollen Sie das Produkt in kleinen Mengen vertreiben, eignen sich beispielsweise PE-Sprühflaschen oder Kanister. Wo Sie diese erhalten, erfahren Sie im Gewerbehandel. Alternativ suchen Sie bei *www.google.de* oder in eBay nach »Sprühflaschen«. Auch bei redaktionell betreuten Portalen, wie *de.dir.yahoo.com/Firmen* oder *dmoz.org/World/Deutsch/Wirtschaft* kann eine erfolgreiche Suche nach günstigem Verpackungsmaterial, zum Beispiel nach Sprühflaschen, beginnen.

3.2 Produktanalyse

Haben Sie sich für bestimmte Produkte oder eine Produktgattung entschieden, sollten Sie im nächsten Schritt analysieren, ob sich diese Produkte bei eBay überhaupt verkaufen lassen. Es gibt viele Kriterien, die einen Handel auf dieser Onlineplattform ausschließen. Ein zu geringer Preis beispielsweise, denn dann machen die Nebenkosten (Versand, eBay-Gebühren etc.) jeden Gewinn zunichte. Oder die Größe, denn wenn Ihnen erst einmal fünf Euro für Verpackung entstehen und die Versandkosten in astronomische Höhen schnellen, muss der generelle Preis schon stimmen, da sonst auch hier der Gewinn gegen Null geht.

Haben Sie ein Produkt oder eine Produktgattung gefunden, die Ihnen zusagt, bietet Ihnen eBay indirekt zahlreiche Marketinginstrumente, um zu analysieren, ob, wie und in welchen Mengen sich dieses Produkt vermarkten lässt.

3.2.1 Die Tabellenkalkulation: Ein Muss!

Sobald Sie Daten sammeln oder vergleichen, benötigen Sie eine Tabellenkalkulationsprogramm. »Tabellenkalkulation« ist heutzutage quasi ein Synonym für Excel. Aber es gibt auch andere Vertreter. Insbesondere eines können wir Ihnen wärmstens empfehlen. Es kostet Sie keinen Cent! Es handelt sich um die Office-Lösung OpenOffice, also ein Softwareprojekt auf Open-Source-Basis, das von vielen Programmierern weltweit weiterentwickelt wird. Es umfasst neben einer Textverarbeitung, einem Datenbankprogramm und vielen nützlichen Tools auch eine Tabellenkalkula-

tionen, die Microsofts Excel wie ein Ei dem anderen gleicht. Sollten Sie also nicht ohnehin im Besitz von MS Excel sein, beschaffen Sie sich doch OpenOffice. Sie erhalten es unter *http://de.openoffice.org* zum Download. Allerdings ist das Paket 65 Mbyte groß!

3.2.2 Ist-Analyse

Bei der Ist-Analyse handelt es sich um nichts anderes als um die Betrachtung einer aktuellen Situation. In unserem Falle heißt das, dass Sie sich einige laufende Angebote in eBay anschauen und die Informationen, die Sie dabei gewinnen, interpretieren.

Gehen wir einmal davon aus, dass Sie ein Faible für Digitalkameras haben und mit ihnen Ihren künftigen Lebensunterhalt bestreiten wollen. Suchen Sie sich ein beliebiges Modell heraus, etwa die Z2 von Minolta. Der Suchbegriff könnte »Minolta Z2 neu« lauten, um vergleichbare Angebote von kommerziellen Händlern zu bekommen. Suchen Sie sich dann 20 bis 30 Angebote heraus, die alle an unterschiedlichen Tagen, zu unterschiedlichen Zeiten und mit unterschiedlichen Startpreisen bis hin zum Sofort-Kaufen-Festpreis eingestellt wurden.

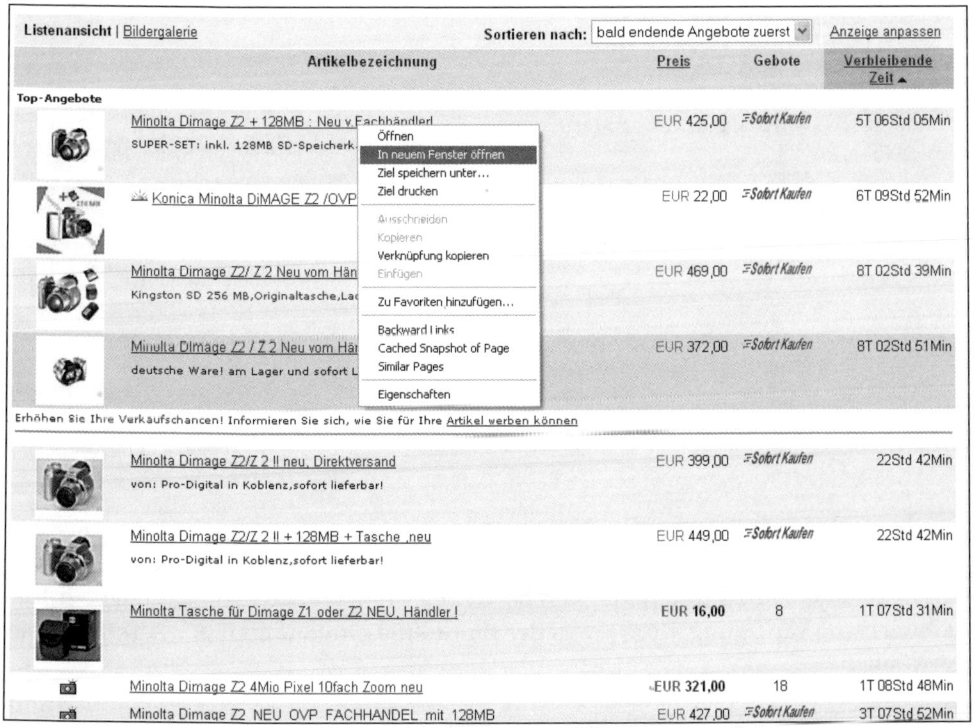

Abbildung 3.13: Sammeln Sie aktuelle Marktzahlen direkt bei eBay, indem Sie bestimmte Angebote suchen und bis zum Verkauf verfolgen.

Bei jedem passenden Ergebnis in der Trefferliste gehen Sie folgendermaßen vor:

1. Klicken Sie mit der rechten Maustaste auf den Link der Produktbeschreibung.
2. Wählen Sie im Kontextmenü den Punkt *In neuem Fenster öffnen*.
3. Klicken Sie in der Detailansicht der Produktbeschreibung auf *Diesen Artikel in Mein eBay beobachten*.
4. Schließen Sie das Fenster und wiederholen Sie diese vier Punkte für jeden interessanten Artikel.

Hinweis

Sollten von dem Beispielartikel nur wenige Angebote vorhanden sein, können Sie auch ähnliche Produkte mit in die Recherche einbeziehen. Bis auf den Preis können Sie dabei alle relevanten Informationen ermitteln.

Auf diese Weise sammeln Sie sämtliche Angebote in Ihrer »Ich beobachte«-Liste unter »Mein eBay«.

Abbildung 3.14: In der »Ich beobachte«-Liste sehen Sie alle überwachten Angebote auf einen Blick.

Am Ende einer Auktion stehen Ihnen bei dem jeweiligen Angebot zahlreiche Informationen zur Verfügung, die Sie aus der Produktbeschreibung in der Auktion ablesen können.

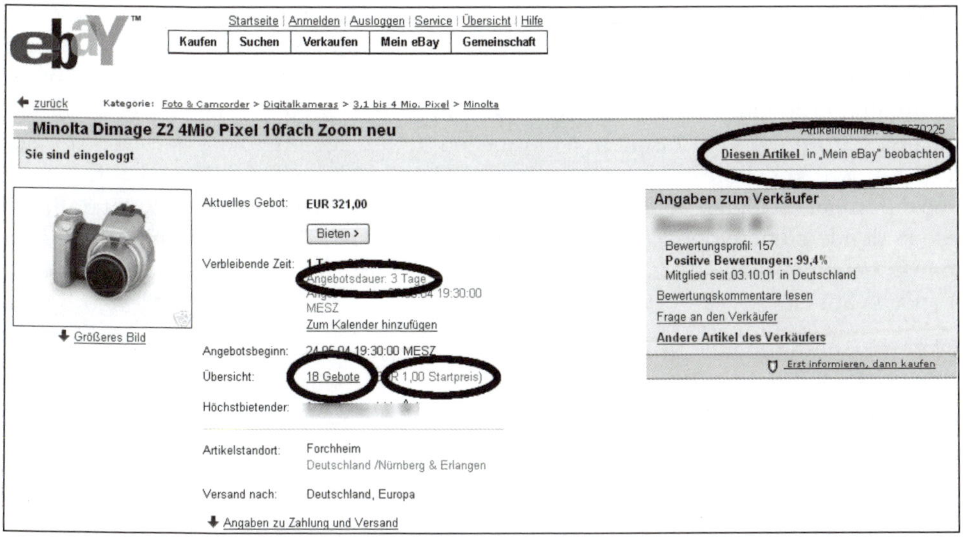

Abbildung 3.15: In der Detailansicht eines Angebots erhalten Sie viele Informationen, die Sie zur Recherche verwenden können.

All diese Informationen tragen Sie dann in Ihre Tabellenkalkulationen ein. Legen Sie dazu ein neues Arbeitsblatt an und tragen die Informationen wie in Abbildung 3.16 dargestellt ein.

Hinweis

Die hier abgebildeten Informationen sind rein theoretischer Natur und dienen nur dazu, Ihnen zu zeigen, welche Schlüsse Sie aus den gesammelten Informationen ziehen können.

	A	B	C	D	E	F	G	H	I	J	K
1	**Produkt**	**Zubehör**	**Zeit**	**WT**	**Laufzeit**	**Start**	**Sofort Kaufen**	**Menge**	**Verkauft**	**Gebote**	**Preis**
2	Minolta Z2		20:00	Do	3 Tage	1,00 €				34	457 €
3	Minolta Z2		18:00	Di	3 Tage	1,00 €				15	399 €
4	Minolta Z2	128 MB	12:00	Mi	3 Tage	1,00 €				26	477 €
5	Minolta Z2		20:00	Mo	10 Tage	400,00 €				15	444 €
6	Minolta Z2	16 MB	18:00	Sa	3 Tage	1,00 €		1	1	5	425 €
7	Minolta Z2		14:00	Mi	7 Tage		459 €	3	3		459 €
8	Minolta Z2	Zweitakku + 256 MB	22:00	Mo	7 Tage		544 €	1	1		544 €
9	Minolta Z2		15:00	Di	10 Tage		448 €	5	5		448 €
10	Minolta Z2		13:00	Fr	3 Tage		452 €	15	12		452 €

Abbildung 3.16: Aus der tabellarischen Übersicht Ihrer Recherche können Sie zahlreiche Informationen ablesen.

In der Spalte *Produkte* tragen Sie die eigentliche Produktbezeichnung ein, bei *Zubehör*, ob der Händler zusätzlich einen Anreiz zum Kauf gibt. Die dritte und vierte Spalte enthalten Uhrzeit und Tag, an dem das Angebot endet, und in der fünften Spalte folgt die Laufzeit des Angebots. Der Startpreis in der sechsten Reihe gilt natürlich nur für echte Auktionen, wohingegen in der siebten Spalte der Preis der Sofort-Kaufen-Angebote eingetragen wird. Wird mehr als ein Produkt verkauft, tragen Sie die Angaben in den Spalten »Menge« und »Verkauft« ein. Zu guter Letzt notieren Sie in den letzten beiden Reihen, »Gebote« und »Preis«, die Anzahl der Gebote und den erzielten Verkaufspreis, wobei natürlich bei Sofort-Kaufen die Anzahl der Gebote irrelevant ist.

Aus den gesammelten Informationen lassen sich verschiedene Schlüsse ziehen. Nicht alle sind richtig. Betrachten Sie die Tabelle in Abbildung 3.16, werden Sie vielleicht auch andere als die nun folgenden Schlüsse daraus ziehen. Daher sollte die folgende Betrachtung auch nur als exemplarisch angesehen werden:

1. Bei geringerem Startpreis (Zeile 2 im Vergleich zu Zeile 5) werden mehr Angebote abgegeben und der realisierte Verkaufspreis ist höher.

Analyse: Trotz der geringeren Laufzeit und ansonsten gleicher Anfangszeit bieten mehr Käufer auf das Angebot mit dem geringeren Startpreis.

Folgerung: Bei diesem Produkt ist die Nachfrage sehr groß, weshalb ohne Bedenken ein geringerer Startpreis angenommen werden kann. Das spart Kosten (eBay-Gebühren). Als Zeitraum reichen drei Tage aus.

2. Die Uhrzeit spielt bei der Anzahl der Angebote und beim erzielten Verkaufspreis eine entscheidende Rolle. 18 Uhr scheint eine schlechte Zeit zu sein, wobei samstags (Zeile 6) noch schlechter ist als dienstags (Zeile 3).

Analyse: Angebote, die zur selben Uhrzeit enden, zeigen sehr ähnliche Charakteristika. Gegen 18 Uhr endende Angebote sind generell schlechter als jene, die am Abend (20 Uhr / 22 Uhr) enden.

Folgerung: Man muss für jedes Produkt herausfinden, welche Uhrzeit und welcher Tag optimal geeignet sind. Um 18 Uhr ist man als Angestellter entweder gerade von der Arbeit nach Hause gekommen oder auf dem Weg nach Hause. Samstags kommt hinzu, dass zu dieser Zeit die Sportschau läuft, was viele Männer und einige Frauen vor den Fernseher bannt. Eine brauchbare Zeit scheint die Mittagspause (12:00 Uhr – Zeile 4) zu sein, wobei immer mehr Firmen den Zugang zu eBay sperren.

Info

Die Endzeit ist so wichtig, weil die meisten Käufer bei eBay die als Nächstes endenden Auktionen zuerst sehen. Das bedeutet, dass der Käufer 20 bis 30 Minuten vor dem Ende Ihrer Auktion in der entsprechenden Rubrik herumstöbert und vielleicht bietet. Ihre Auktionen sollten also zu einer Zeit auf der ersten Seite sein, wenn viele Käufer sich dort tummeln. Wann das ist, ist von Rubrik zu Rubrik unterschied-

lich. Sind Hausfrauen und Hausmänner die Zielgruppe, kann eine Endzeit von 11 Uhr sinnvoll sein, weil um diese Zeit ein Teil der Hausarbeit getan ist und man Zeit hat zu entspannen. Und bei einer Tasse Kaffee und einer Zigarette wird vielleicht auch ein bisschen in den Lieblingsrubriken (Kindermode, Haushaltswaren, Reinigungsmittel, Schmuck usw.) herumgestöbert. Und oft auch gekauft! Bei sportinteressierten Männern als Zielgruppe sollten Sie anstehende Sportereignisse im Auge behalten. Ist ein wichtiges Länderspiel, kann auch die Primetime 20:00 Uhr völlig danebenliegen.

Besonders sollten Sie auf die Wartungsarbeiten von eBay freitags um die Mittagszeit – also etwa um Mitternacht New Yorker Zeit – achten. Da stehen alle eBay-Uhren still. Angebote, die während dieser Zeit enden, können von vielen Interessenten nicht aufgerufen werden und schließen somit mit einem geringeren Verkaufspreis.

3. Zusätze werden vom Käufer nicht immer honoriert.

Analyse: Während einige Angebote mit Zusatznutzen (Zeile 4 und Zeile 8) sehr gute Resultate bringen, schmieren andere (Zeile 6) gänzlich ab.

Folgerung: Zusatzprodukte, die miterworben werden, sollten einen gewissen Nutzwert haben. Eine Kamera dieser Klasse mit einer zusätzlichen 16-MByte-Speicherkarte anzubieten, ist ein Hohn. Etwas Artfremdes (wie ein T-Shirt) kann in die Hose gehen, aber auch als zusätzlicher Anreiz aufgenommen werden. Ersteres scheint hier der Fall gewesen zu sein. Verkaufen Sie hingegen ein Produkt, das der Käufer steuerlich geltend machen kann, kann ein nettes Addon für den Privatgebrauch durchaus als Anreiz wirken, auch mal fünf Euro mehr auszugeben. Das katastrophale Ergebnis bei dem Angebot aus Zeile 6 kommt natürlich auch daher, weil es zusätzlich zu einer sehr schlechten Zeit endet.

4. Es scheint egal zu sein, ob eine Auktion drei oder zehn Tage läuft.

Analyse: Betrachtet man den erzielten Verkaufspreis und die Anzahl der Gebote, macht es kaum Unterschied, ob eine Auktion drei (Zeile 2) oder zehn (Zeile 4) Tage läuft.

Folgerung: Die meisten Besucher bekommt die Auktion in den letzten Stunden. Insbesondere bei Rubriken mit vielen Interessenten und vielen Angeboten ist daher eine lange Laufzeit unnötig, wirkt sich aber auch nicht negativ aus. Sinnvoll ist eine lange Laufzeit in Nischenrubriken, bei denen es wenige Angebote gibt. Da kann es sein, dass Angebote für die nächsten drei bis vier Tage bereits auf der ersten Seite erscheinen. Ebenso sinnvoll ist eine lange Laufzeit natürlich für Einträge mit Sofort-Kaufen-Option.

Achtung

Wie bei allen Analysen im ökonomischen Bereich sind die Ergebnisse natürlich nur statistisch anzusehen. Die Aussage wird genauer, wenn Sie noch mehr Artikel über noch längere Zeiträume beobachten. Eine definitive Aussage kann man daraus allerdings auch nicht gewinnen, sondern lediglich Mutmaßungen, die der Wirklichkeit möglichst nahe kommen. Sie sollten mit Ihren Recherchen jedoch ohnehin nur versuchen, eine Tendenz herauszufinden. Treiben Sie die statistische Betrachtung also nicht zu weit!

3.3 Statistikrecherche

Nachdem Sie hinsichtlich der Produktsondierung, der Wahl des Startpreises sowie den Angebotszeiten schon klüger geworden sind, geht es im nächsten Schritt darum, die Statistik an der Wirklichkeit zu messen. Im Gegensatz zur Recherche nach der optimalen Zeit für den Ablauf Ihrer Auktionen (siehe 3.2.2 Ist-Analyse), die Sie nur einmal durchführen, ist die statistische Überwachung Ihrer Auktionen ein ganz klares Muss. Diese Überwachung sollten Sie in regelmäßigen Abständen überprüfen und in jeder Ihrer Auktionen einsetzen. Da Sie den Statistik-HTML-Code für ähnliche oder gleiche Auktionen immer wieder verwenden können, können Sie ihn gleich in vorgefertigte Angebotstexte einbinden und haben somit kaum Arbeit, aber trotzdem den vollen Überblick.

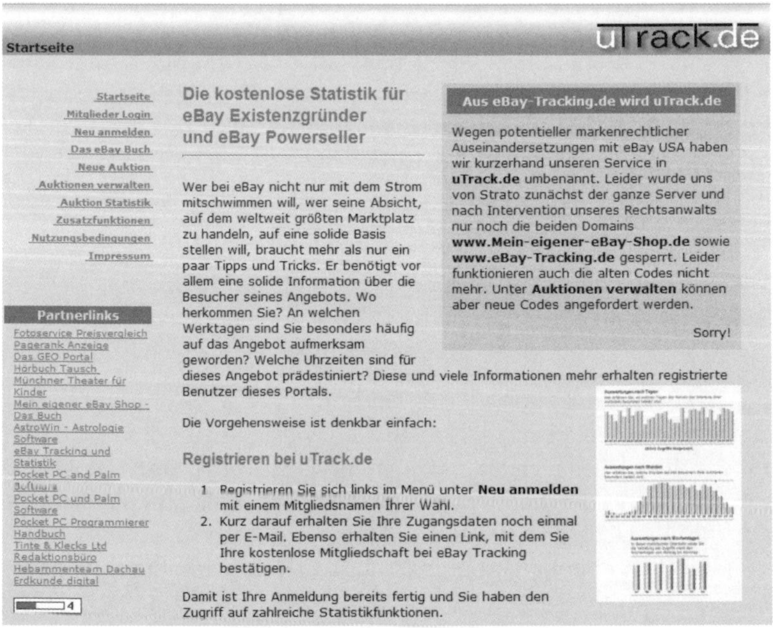

Abbildung 3.17: utrack.de ist ein kostenloser Statistikdienst, der speziell auf eBay-Auktionen ausgelegt ist.

3.3.1 So überwachen Sie Ihre Auktionen

Auktionen lassen sich sehr einfach überwachen. Sie melden sich bei einem entsprechenden – oft kostenlosen – Service an und erhalten einen HTML-Tag. Diesen betten Sie am Ende Ihrer Optionsbeschreibung ein. In der Regel handelt es sich um ein Bild der Größe 1x1 Pixel, das der Besucher nicht sieht, wohl aber der Statistik-Server des Anbieters. Und der ermittelt aus dem Aufruf diverse Informationen, beispielsweise die Nationalität des Besuchers, Datum und Uhrzeit und zahlreiche weitere Informationen, die auf dem Webserver bei jedem Aufruf eines Internetdokuments – egal ob Text oder Grafik – anfallen.

Während der Laufzeit und natürlich nach Ablauf Ihrer Auktionen können Sie sie auf diese Art und Weise überprüfen und gegebenenfalls den immens wichtigen Endzeitpunkt optimieren.

3.3.2 Kostenlose Statistik bei utrack.de

Die meisten Statistiken beziehen sich auf allgemeine Webseiten. Aus diesem Grund haben wir uns entschlossen, einen speziell auf eBay zugeschnittenen Statistikdienst anzubieten. Kostenlos – versteht sich! – und für Leser dieses Buchs noch mit einer Menge Zusatzfunktionen ausgestattet. Zu diesem Service gelangen Sie entweder über unsere Webseite zum Buch *www.321-buch.de* oder direkt über *www.utrack.de*. Die Ähnlichkeit im Layout ist gewollt, damit Sie sich in der Navigation schnell zurechtfinden.

Anmeldung bei utrack.de

Der erste Schritt ist die Anmeldung und Registrierung als neuer Benutzer. Das geht schnell und unbürokratisch.

1. Klicken Sie links im Menü auf *Neu anmelden*.
2. Geben Sie in der Eingabemaske Name und E-Mail-Adresse korrekt an. Es muss sich hierbei um eine gültige E-Mail-Adresse handeln, weil Sie an diese Adresse eine Bestätigungsmail erhalten, mit der Sie Ihren Zugang aktivieren.
3. Suchen Sie sich einen Mitgliedsnamen Ihrer Wahl mit mindestens fünf und höchstens 20 Zeichen aus. Tragen Sie ein Passwort Ihrer Wahl mit fünf bis 15 Zeichen ein und wiederholen Sie es zur Sicherheit im Feld darunter.
4. Markieren Sie das Kontrollfeld, mit dem Sie bestätigen, dass Sie die Nutzungsbedingungen gelesen haben, und klicken Sie auf die Schaltfläche. Bei fehlerhafter Eingabe erscheint das Formular erneut, und Sie können Ihre Angaben korrigieren.
5. Kurz darauf erhalten Sie Ihre Zugangsdaten noch einmal per E-Mail. In dieser E-Mail ist ein Link enthalten, über den Sie Ihre kostenlose Mitgliedschaft bei utrack.de bestätigen. Erst danach können Sie sich einloggen.

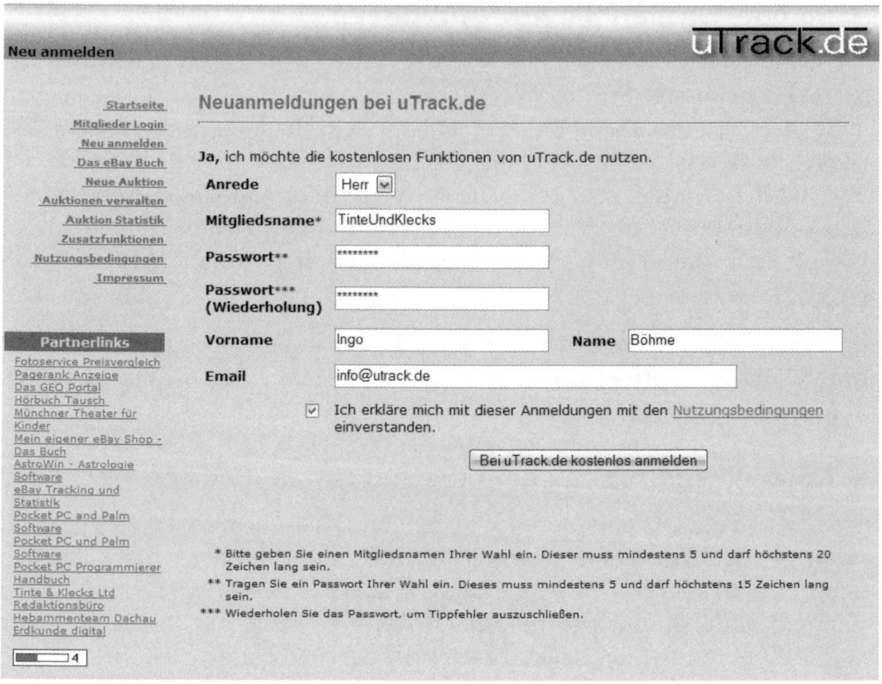

Abbildung 3.18: Als Erstes registrieren Sie sich bei utrack.de mit Ihren persönlichen Daten.

eBay-Auktion überwachen

Um Ihre E-Mail-Auktionen überwachen zu können, müssen Sie diese zunächst bei utrack.de anmelden.

1. Melden Sie sich im *Mitglieder Login* links im Menü mit Ihren persönlichen Zugangsdaten an.
2. Klicken Sie auf *Neue Auktion*, sobald Sie angemeldet sind. Ihre Mitglieds-ID sehen Sie ganz oben links über dem Menü.
3. Geben Sie im Abschnitt *Neuen Auktionscode* rechts neben *Eindeutige Bezeichnung* einen beschreibenden Text für Ihre Auktion ein. Das kann eine einzelne Auktion sein oder auch eine Gruppe von Auktionen, beispielsweise »Kindermode Versace Young«. Letzteres ist dann sinnvoll, wenn Sie die gesamte Kategorie Ihrer Angebote und nicht nur ein einzelnes Angebot überwachen wollen.
4. Wählen Sie dann im Listenfeld *eBay Kategorie* aus der Auswahl die passende Rubrik.
5. Klicken Sie auf die Schaltfläche *Neuen Code* generieren.
6. Sie erhalten nun in einem Textfeld einen individuellen HTML-Code. Markieren Sie den Text im Textfeld und kopieren Sie ihn mit Strg+C in die Zwischenablage.

7. Bearbeiten Sie dann Ihre eBay-Auktionen, können Sie diesen HTML-Code an beliebiger Stelle einfügen. Das Ergebnis ist quasi unsichtbar. Tatsächlich wird ein Bild der Größe 1x1 Pixel dargestellt, das allerdings mit bloßem Auge nicht sichtbar ist.

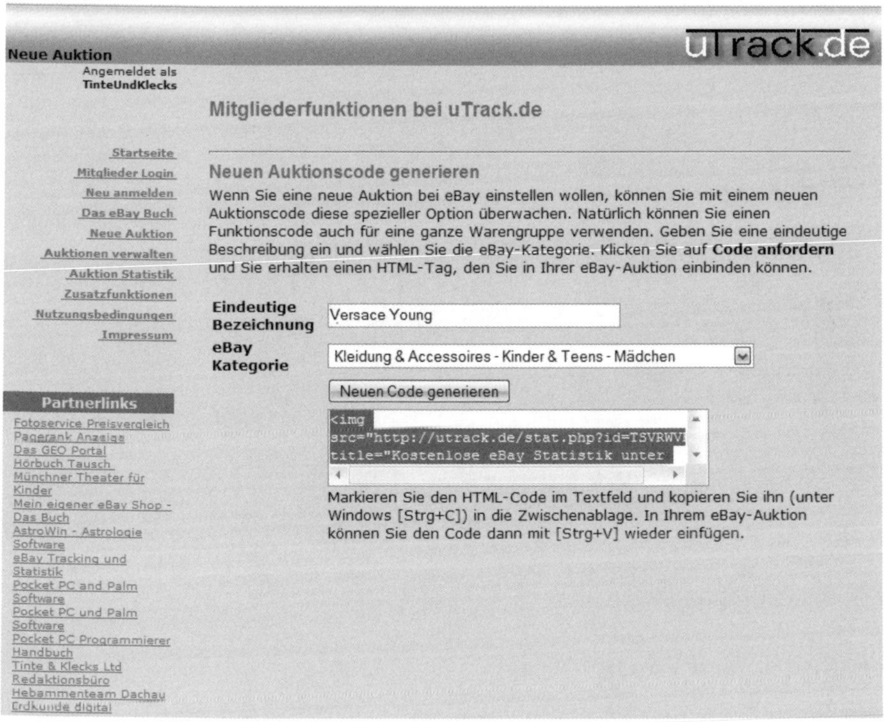

Abbildung 3.19: Für jede Auktion oder jede Gruppe von Angeboten können Sie einen separaten Statistikcode anlegen, den Sie in Ihre eBay-Angebote per Cut&Paste einfügen können.

Statistik anzeigen lassen

Laufen Ihre Auktionen, die Sie mit utrack.de überwachen, können Sie sie jederzeit überprüfen, sobald Sie eingeloggt sind.

1. Klicken Sie bei utrack.de links im Menü auf *Auktion Statistik*.
2. Wählen Sie aus dem Listenfeld Ihre Auktionsbezeichnung, die Sie im letzten Schritt vergeben haben, und klicken Sie auf *Statistik erstellen*.
3. Sie sehen sämtliche verfügbaren Statistiken. Wir gehen im Rahmen dieses Kapitels nur auf drei dieser Statistiken ein. Aber auch die anderen können Ihnen wertvolle Informationen über Ihre Besucher und deren Interessen verraten.

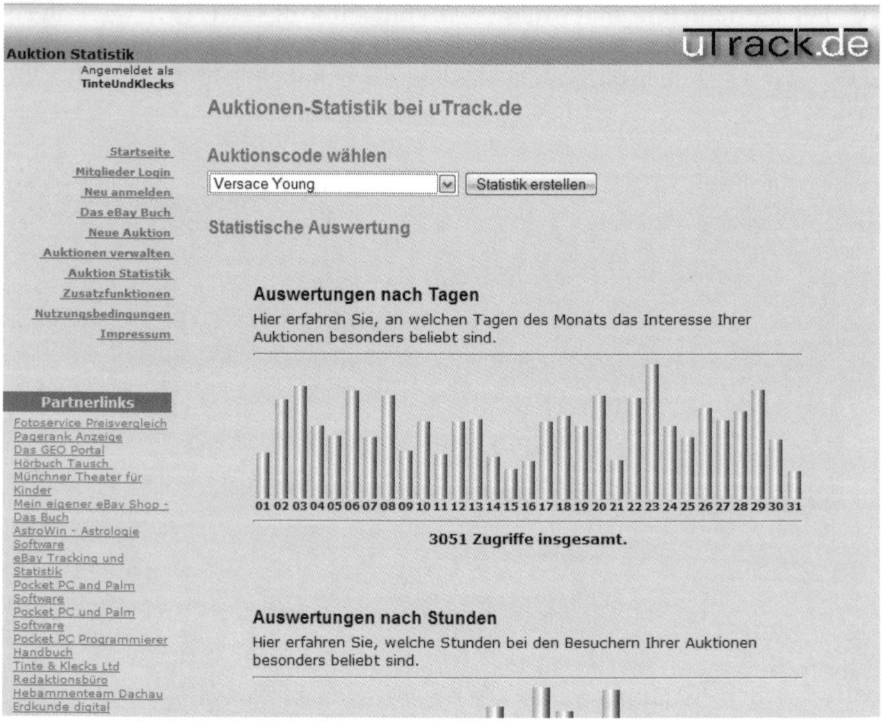

Abbildung 3.20: Unter dem Punkt Auktion Statistik sehen Sie schnell, wann Produkte besonders von Interesse sind.

Auswertungen nach Wochentagen

Mit dieser Statistik können Sie ermitteln, an welchen Tagen ein spezielles Produkt oder eine Artikelkategorie für Besucher besonders interessant ist. Wie schon an früherer Stelle gesagt, ist samstags in der Regel ein schlechter Tag für Sportartikel, weil sehr viele Sportsendungen im Fernsehen laufen. An der Abbildung 3.21 können Sie verschiedene Informationen ablesen:

- Donnerstag ist ein besonders schlechter Tag, diese Auktion auslaufen zu lassen.
- Samstag und Sonntag sind die besten Tage. Setzen Sie Ihre Auktion jedoch nicht mit einem Ablaufdatum von Samstag, sondern eher von Sonntag, weil auch am vorletzten Tag das Interesse sehr groß ist und – je nach Rubrik – Ihre Auktion ja bereits auf den ersten Seiten zu sehen ist. Zu bedenken gilt jedoch, dass an Sonntagen viel mehr Auktionen enden als an anderen Tagen und Ihr Angebot dann eventuell in der Flut von Angeboten untergeht. Hier hilft nur der Praxistest.
- Bei Auktionen in Rubriken, die wenig frequentiert sind, sollten Sie als Ablauftag den Mittwoch wählen. So sammeln Sie sämtliche Besucher, die auch am Wochenende und am Anfang der Woche in eBay unterwegs sind und nach Artikeln aus

Ihrem Bereich Ausschau halten. Dieser Effekt geht leider verloren, wenn es sich um sehr stark frequentierte Kategorien handelt.

- Läuft Ihre Auktion noch nicht lange, müssen Sie aufpassen, das Ergebnis nicht falsch zu interpretieren. So fallen im Mai und Juni viele Feiertage auf einen Donnerstag, wodurch das Ergebnis für diesen Wochentag verfälscht wird. Seien Sie also nicht blind statistikgläubig, sondern interpretieren Sie die Ergebnisse richtig!

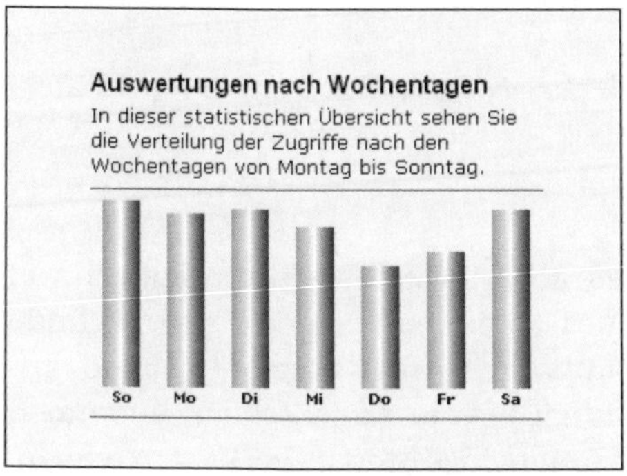

Abbildung 3.21: Aus der Statistik ersieht man, dass donnerstags und freitags viele Leute Besseres zu tun haben, als Ihre Produkte anzuschauen.

Auswertung nach Stunden

Ebenso wichtig, wenn nicht sogar noch wichtiger ist die Analyse, zu welchen Zeiten sich am meisten Besucher Ihre Angebote ansehen. Anhand dieser Ergebnisse sollten Sie auf jeden Fall die Ablaufzeit festlegen. Aus den Ergebnissen dieser Stundenstatistik (Abbildung 3.22) lassen sich diverse Rückschlüsse und Folgerungen ziehen:

1. Diese Produktkategorie ist primär für Leute interessant, die vormittags Zeit zum Surfen haben. Das können beispielsweise Mütter und Hausfrauen sein (wie im Beispiel), die an Kindermode oder sonstigen kinderorientierten Produkten Interesse haben. So beginnt der erste Peek um 9 Uhr, also dann, wenn die Hütte von Kind und Kegel und gegebenenfalls vom ersten Hausstaub befreit ist.
2. Eine besonders gute Zeit zum Bieten erscheint mir aber 11 bis 12 Uhr. Hier schauen all jene, die um 9 Uhr bereits aktiv waren, sicher noch einmal rein. Zudem kommen die Angestellten in der Mittagspause dazu. Sollten zwei Peeks nacheinander kommen, die nur von einer kurzen, nicht besonders attraktiven Phase getrennt sind, sollten Sie immer den zweiten Peek nehmen, weil sich hier das Interesse an Ihrem Angebot konzentriert.
3. Doch auch der leichte Anstieg gegen 19 Uhr sollte Ihnen ins Auge stechen. Um diese Zeit werden in demokratisch organisierten Familien gemeinsame Anschaffungen besprochen. Sie sollten auf jeden Fall Stichproben machen, ob die Vormittags-Peeks für Ihre Produkte besser geeignet sind als die demokratisch gestimmten Frühabend-Bieter.

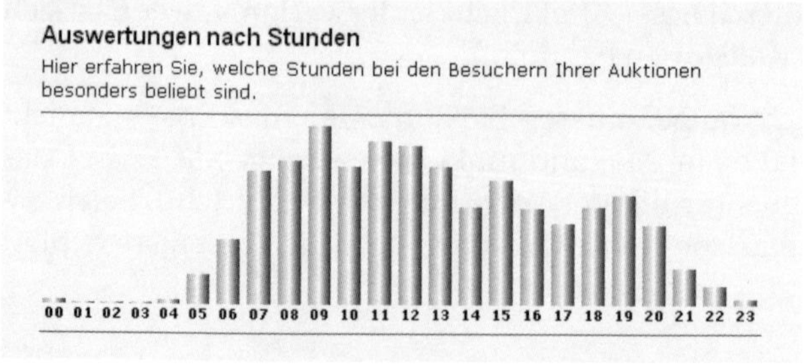

Abbildung 3.22: Anhand der Stundenstatistik sehen Sie, dass die Prime-Time morgens gegen 9 Uhr und am Abend gegen 19 Uhr ist.

Auswertungen nach Tagen des Monats

Am Anfang des Monats hat man – insbesondere als Angestellter – noch ziemlich viel Geld auf dem Konto. Im Laufe des Monats wird es immer weniger, bis gegen Ende das nächste Gehalt wieder zur finanziellen Euphorie beiträgt. So gibt es einige Produkte, die abhängig davon Anfang des Monats häufiger in Augenschein genommen werden. Da Sie aber wahrscheinlich nicht nur Anfang des Monats verkaufen wollen, ist die Auswertungen der Tage des Monats nur von marginaler Bedeutung.

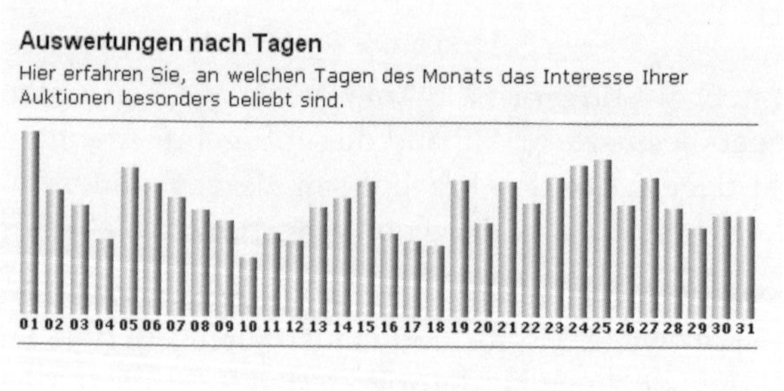

Abbildung 3.23: An der Statistik nach Tagen des Monats erkennen Sie das kontinuierliche Auf und Ab im Monatszyklus.

Weitere Statistiken

utrack.de stellt auch noch weitere Informationen zur Verfügung. Dazu gehört die Aufteilung nach Ländern, nach Sprachen und nach Browser- sowie Javascript-Versionen. Diese Statistiken geben nicht unbedingt Aufschluss über die Zeit, in der Sie Ihre Auktionen auslaufen lassen sollten, sondern vielmehr über die Inhalte. Sollten Sie viele Interessenten aus Amerika haben, scheinen Sie ein Produkt zu versteigern, das dort eine große Nachfrage, aber wenig Angebote erwarten lässt. In einem solchen Fall sollten Sie vielleicht als Lieferort die ganze Welt wählen und den Beschreibungstext zweisprachig verfassen. Das kann man sehr schön nebeneinander mithilfe von HTML-Tabellen. Wie das geht, erfahren Sie im Anhang.

Hinweis

Landen viele amerikanische oder britische Besucher auf Ihren Seiten, sollten Sie überlegen, ob Sie nicht beim US-amerikanischen und britischen eBay eine zweite Mitgliedschaft mit eBay eingehen. So sind beispielsweise europäische Kindermodemarken in Amerika der Renner, aber in amerikanischen Geschäften und auch beim hiesigen eBay nur wenig vertreten. Besonderes Interesse haben neuerdings übrigens Chinesen an deutschen Markenartikeln. eBay hat großes Interesse an einem schnell wachsenden chinesischen Marktplatz und hilft Ihnen sogar dabei, die Beschreibungen zu übersetzen. Setzen Sie sich hierzu mit dem Powerseller-Support in Verbindung.

3.4 Produktbeschaffung

Wollen Sie beim Großhändler einkaufen, können Sie dieselben Quellen zur Beschaffung Ihrer Produkte verwenden, die bereits in Kapitel 3.1.2 beschrieben wurden. Noch größer werden die Margen, wenn Sie Restposten, Lagerüberhänge oder Konkursware aufkaufen. Oder wenn Sie selbst aus Fernost oder anderen billig produzierenden Ländern importieren. Dies ist bei weitem nicht so kompliziert, wie es sich vielleicht anhört. Und auch die Zeiten, in denen man die Ware containerweise kaufen musste, sind längst vorbei, sodass sich auch kleinere Stückzahlen importieren lassen. Immer vorausgesetzt, die Frachtkosten fressen nicht den Gewinn auf. Informationen dazu auf *www.321-Buch.de* in Zusammenarbeit mit dem Powerseller *Vonderpalette_de*.

3.4.1 Auktionen, Restposten, Lagerüberhänge und Konkursware

Eine Möglichkeit, an neue Ware für den Verkauf zu gelangen, sind Auktionen. Das muss nicht immer über eBay laufen! So hat beispielsweise das Bundesministerium der Finanzen unter *www.zoll-auktion.de* ein eigenes Portal, bei dem konfiszierte oder beschlagnahmte Ware wieder an den Mann oder die Frau gebracht werden. Legal diesmal – versteht sich! Zugegebenermaßen ist das Angebot mit knapp 800 Auktionen nicht sehr üppig. Da es aber nur relativ wenige Interessenten gibt – bundesweit zur Drucklegung weit unter 30.000 –, ist doch das eine oder andere Schnäppchen zu machen.

Ebenfalls sehr günstig können Sie in der Regel bei anderen und weniger bekannten Auktionshäusern als eBay kaufen. Die finden Sie, wenn Sie bei *www.google.de* den Suchbegriff »Auktion« oder »Auktionen« eingeben. Rechts neben den eigentlichen Suchbegriffen sehen Sie die Werbung zahlreicher zum Teil sehr ähnlicher, zum Teil etwas anderer Auktionsplattformen.

Restposten und Lagerüberhänge finden Sie auch häufig bei den Internetauftritten der Industrie- und Handelskammern. Suchen Sie einfach bei Google nach »restposten ihk« oder »restposten ihk münchen«, wenn Sie in der Nähe von München wohnen, da Restposten in der Regel nicht versendet, sondern nur abgeholt werden können.

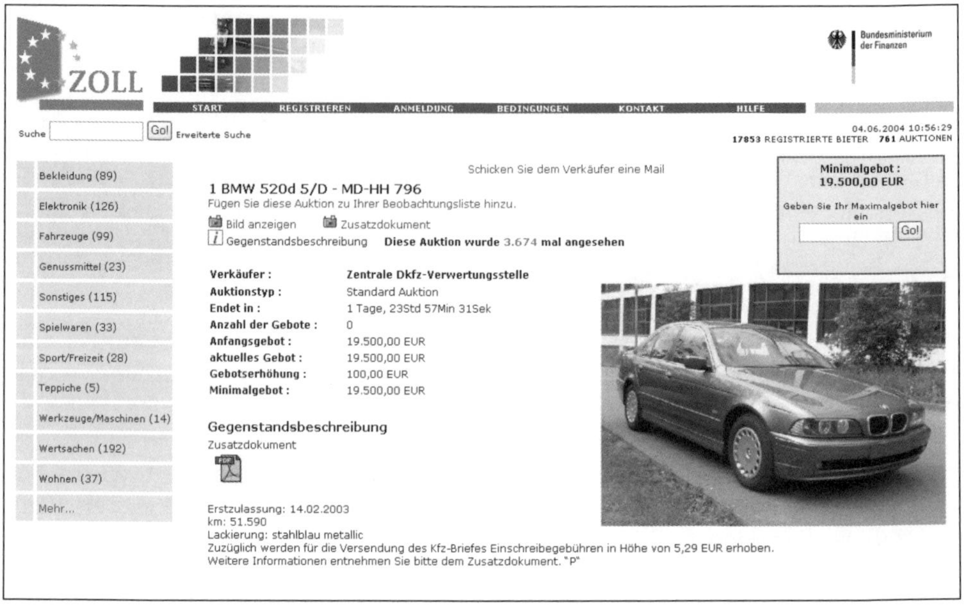

Abbildung 3.24: Direkt beim Zoll (www.zoll-auktion.de) können Sie auf konfiszierte Ware bieten, die ganz legal in Ihren Besitz übergehen kann.

3.5 Handelslogistik

Wissen Sie nun, welche Produkte Sie verkaufen wollen und woher Sie sie bekommen, kommen weiteren Fragen auf Sie zu, bis Sie die erste Transaktion als abgeschlossen ansehen können.

3.5.1 Lagerplatz

Wer gleich den riesigen Schritt wagt und Waren aus Fernost importiert, sollte sich über das Volumen seiner Bestellung im Klaren sein. Wie viel Platz brauchen 50 DVD-Player? Eine kleine Ecke reicht da wohl kaum aus. Haben Sie keinen eigenen Stauraum für Ihr künftiges Lager, stoßen Sie schnell an Grenzen. Doch auch Ihre Garage oder Scheune ist nur bedingt ein geeigneter Lagerort. Zum einen sind insbesondere Scheunen vor einem Diebstahl in keiner Weise gefeit. Und selbst wenn Ihre Garage nur vom Profi geknackt werden könnte, besteht – insbesondere im Herbst und im Frühling – eine erhöhte Luftfeuchtigkeit, was elektronischen Geräten schnell aufs Gemüt schlägt.

Bei Kleidung, aber auch bei unverpackten Waren, ist es wichtig, dass der Lagerraum abgedunkelt werden kann. Sonst werden über kurz oder lang Farbveränderungen auftreten. Damit auch Schimmel keine Chance hat, sollte der Lagerraum zudem stets gut gelüftet sein. Auch ist der Raum direkt neben der Ölheizung nicht unbedingt geeignet, weil sich Gerüche schnell festsetzen.

Tipp

Stellen Sie prophylaktisch in Ihrem Lager einen Geruchskiller auf, auch wenn es vermeintlich nicht riecht.

Zudem sollte Ihr Lager auch der Ort sein, wo Sie Ihre Pakete für den Versand vorbereiten. Dazu benötigen Sie nicht viel mehr als etwas Stauraum für die Verpackungen, eine Schublade für Formulare (Paketaufkleber etc.) sowie eine Arbeitsfläche, auf der Sie die Waren verpacken.

Abbildung 3.25: Ein trockener und dunkler Kellerraum mit genügend Platz zum Verpacken ist optimal als Lager geeignet.

Auch auf den steuerlichen Gesichtspunkt sollten Sie bei der Wahl Ihres Lagerraums achten. Denn nur wenn dieser Raum ausschließlich für Ihr Gewerbe genutzt wird, können Sie die anfallenden Kosten (anteilige Miete und Nebenkosten) von Ihrem zu versteuernden Einkommen absetzen.

Achtung

Schummeln Sie nicht bei der Angabe Ihrer Arbeits- und Lagerfläche. Das Finanzamt ist da sehr genau! Es schickt gerne einmal unangemeldet einen Vertreter vorbei, der sich die Räumlichkeiten anschaut und überprüft, ob die Angaben bezüglich der gewerblich genutzten Fläche auch tatsächlich mit den Vorschriften übereinstimmen. Die Ausrede, dass Sie schnell wegmüssen, wird der Prüfer zwar akzeptieren, allerdings geht dann das Finanzamt von der Vermutung aus, dass Sie etwas zu verbergen haben, und wird Ihnen Arbeits- und Lagerräume rückwirkend aberkennen. Machen Sie sich deshalb selbst das Leben leichter: Dinge des privaten Lebens – vom Sofa über die alten Kleider bis hin zu gelagerten Lebensmitteln oder Getränken – haben in dem gewerblich genutzten Raum nichts zu suchen. Dann werden Sie auch keine Probleme mit dem Finanzamt bekommen!

Der optimale Lagerraum sollte also folgenden Bedingungen entsprechen:

- Er ist vor Einbruch und Diebstahl geschützt.
- Er ist gut belüftet, trocken und geruchsneutral.
- Er wird ausschließlich gewerblich genutzt und kann deshalb steuerlich geltend gemacht werden.
- Er bietet eine Arbeitsfläche für die Verpackung.

3.5.2 Verpackung

Bei der Verpackung hängt es von der von Ihnen versendeten Ware ab, ob Sie zum Supermarkt um die Ecke gehen und überschüssige Kartons abstauben oder ob Sie bei einem darauf spezialisierten Hersteller Verpackungsmaterial kaufen. Weitere Tipps finden Sie auch in Kapitel 9 zum Thema *After-Sales-Management*.

Suchen Sie einen Großhändler für Verpackungsmaterial, finden Sie ihn am leichtesten unter Google. Geben Sie als Suchbegriff »Verpackungsmaterial« ein, erhalten Sie rechts jede Menge Anzeigen von Online-Versendern. Vergleichen Sie auf jeden Fall die Preise, die zum Teil erheblich voneinander abweichen. Da Verpackungsmaterial bei jedem Versand anfällt, ist es wie auch die Portokosten eine fixe Größe und sollte natürlich so gering wie möglich gehalten werden.

Woran Sie auf keinem Fall sparen sollten, ist das Klebeband. Wer mehr als ein Päckchen pro Tag packt, wird sicher Klebeband vom Abroller verwenden, weil damit das Packen deutlich erleichtert wird. Billiges Klebeband hat die Eigenschaft, extrem laut abzurollen. Selbst im ersten Stock eines Einfamilienhauses ist noch zu hören, wenn im Keller eine Sendung verpackt wird. Auch teure Abroller mit speziell gedämpfter Mechanik entlasten deutlich Ihr Gehör.

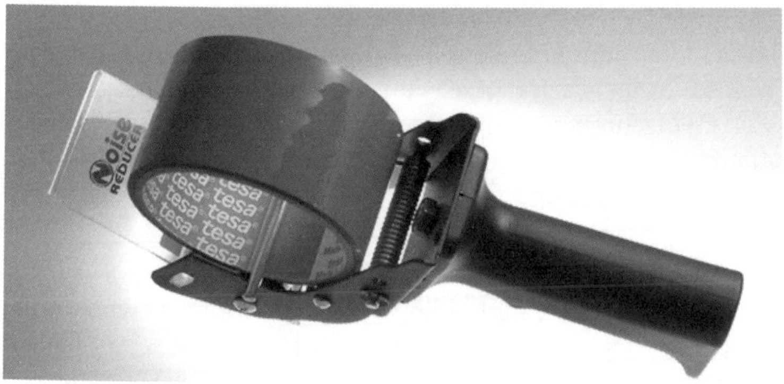

Abbildung 3.26: Teure Noise-Reduction-Abroller und hochwertiges Klebeband reduzieren den Geräuschpegel beim Verpacken.

3.5.3 Transport zum Kunden

Sind Ihre Waren so klein, dass sie als Brief oder Maxibrief mit der Post verschickt werden können, gibt es prinzipiell keine preiswertere Alternative. Allerdings sind Briefe nicht versichert, und ohne Einschreiben haben Sie auch keinen Nachweis über den Versand der Ware. Auf den Seiten der Deutschen Post *www.deutschepost.de* finden Sie den Onlinerechner *Porto / Preise berechnen*. Hier können Sie anhand der Maße Ihrer Sendung den günstigsten Preis berechnen lassen.

Als Gewerbetreibender, der an einen Endverbraucher liefert, sind Sie für den reibungslosen Transport verantwortlich (siehe Kapitel 4). Daher sollten Sie niemals unversichert versenden, auch wenn Sie der Käufer noch so sehr darum bittet!

Sobald Ihre Sendungen jedoch die Größe von Paketen annehmen, ist die Post meist nicht mehr konkurrenzfähig. Lediglich bei Auslandssendungen kommen Sie bei dem ehemaligen Staatsunternehmen in der Regel günstiger weg.

Beim Preisvergleich von Paketdiensten mit der Post müssen Sie immer darauf achten, dass Postgebühren stets ohne Mehrwertsteuer ausgewiesen sind. Das bedeutet, dass Sie auch bei Paketdiensten den Nettopreis als Vergleich heranziehen müssen!

Paketdienste haben jedoch noch einen zweiten Vorteil: Wenn Sie als Gewerbetreibender mit dem entsprechenden Paketdienst einen Vertrag abschließen, werden Ihre Sendungen – je nach Vereinbarung – auf Zuruf oder automatisch täglich abgeholt. Ohne zusätzliche Kosten!

Bei sämtlichen Paketdiensten ist für Gewerbetreibende ein Mindestvolumen pro Monat vertraglich fixiert. Allerdings können wir Sie da beruhigen! Zum einen werden Sie die Mindestanforderung – in der Regel sind es zirka 30 Sendungen – sicher schon nach kurzer Zeit überschreiten. Zum anderen überprüft das kein Mensch! Wenn Sie nicht zwei Jahre lang monatlich nur zwei Pakete verschicken, wird Ihnen sicher kein Paketdienst den Vertrag kündigen.

DPD

Der Deutsche Paketdienst (*www.dpd.de*) gibt online nur die Preise für Privatkunden raus. Gewerbetreibende erhalten die Preislisten per Post. Nachweise sind nicht erforderlich. Die gewerblichen Preise unterscheiden sich deutlich von jenen für Privatkunden! DPD liefert zwar weltweit, ist aber beim Versand nach Übersee im Vergleich teurer als beispielsweise UPS oder FedEx. Prüfen Sie daher genau, wie viele Sendungen Sie in welches Land verschicken.

Deutsche Post / DHL

Beim Paketdienst der Deutschen Post, DHL, ist das gesamte Leistungsspektrum samt Preisliste im Adobe-Acrobat-Format PDF unter *www.dhl.de/dhl?lang=de_DE&xmlFile=40344* online verfügbar.

FedEx

Das amerikanische Unternehmen FedEx liefert von Deutschland aus in die ganze Welt. Die Tarifstruktur ist online (*www.fedex.com*) verfügbar.

German Parcel Service

Auch der German Parcel Service (*www.germanparcel.de*) bietet in Kooperation mit entsprechenden nationalen Diensten im Zielland den internationalen Versand an. Allerdings sind die Preise nicht öffentlich zugänglich und können nur in einem Depot abgefragt werden.

UPS

Beim weltgrößten Versanddienst gibt es ein schier unüberschaubares Angebot unterschiedlicher Dienstleistungen. Die Kosten lassen sich online (*www.ups.com*) anhand der Postleitzahlen im Tarifrechner ermitteln.

3.6 Zahlungssysteme

Die übliche Form der Zahlung bei eBay ist die Vorkasse. Das heißt, dass der Kunde per Überweisung bezahlt, sobald er den Zuschlag bei einer Auktion erhalten hat und der Verkäufer ihm den Gesamtbetrag mitteilt. Aber natürlich gibt es auch andere Zahlungsvarianten, die verschiedene Vor- und Nachteile haben.

3.6.1 Banküberweisung

Die Überweisung ist die gängige Variante, bei eBay zu bezahlen. Der Vorteil für den Verkäufer besteht darin, dass er risikolos versenden kann, weil der Käufer das Geld nicht zurückfordern kann. Der Nachteil für den Käufer ist, dass das Geld erst nach einigen Tagen auf dem Konto des Verkäufers landet und der Versand deshalb etwas auf sich warten lässt.

Die irrige Meinung, man könne Überweisungen zurückfordern und das stünde sogar in den Allgemeinen Geschäftsbedingungen der Banken, hält sich hartnäckig. Die Möglichkeit, ohne Begründung das Geld vom Verkäufer zurückzufordern, existiert nur beim Lastschriftverfahren, nicht aber, wenn der Käufer selbst überwiesen hat!

3.6.2 Verrechnungsscheck

Früher recht gebräuchlich, mittlerweile jedoch von anderen Zahlungssystemen weitgehend verdrängt, ist der Verrechnungsscheck. Dieser kann vom Empfänger nur auf einem Bankkonto eingelöst werden und wird zunächst bloß pro forma gutgeschrieben. Der Vorteil für den Käufer – also den Aussteller des Verrechnungsschecks – liegt darin, dass er im Zweifelsfall den Scheck auch sperren lassen kann, sofern sich die Transaktion als Betrug herausstellt. Kauft er etwa einen PC und erhält nur Kieselsteine, reicht das Sperren des Schecks und das Geld wird vom Konto des Verkäufers auf das des Käufers zurückgebucht. Allerdings liegt hier auch das Problem. Denn viele Scheckaussteller sperren auch, weil ihnen irgendetwas nicht passt. Das Paket kommt nicht an. Die Ware entspricht nicht hundertprozentig den Vorstellungen. Der Käufer hat kein Interesse mehr am Erwerb und will sowieso von seinem Rückgaberecht Gebrauch machen. All das sind jedoch keine Gründe zum Sperren eines Schecks! Im Gegenteil! Der Aussteller macht sich damit sogar strafbar. Um solchen Problemen aus dem Weg zu gehen, sollten Sie auf die Zahlungsart »Verrechnungsscheck« bei eBay verzichten.

3.6.3 Lastschrift

Der Verkäufer muss zur Teilnahme am Lastschriftverfahren einmalig mit seiner Bank einen Vertrag geschlossen haben. In diesem verpflichtet er sich, dass er nur Beträge einzieht, für die er die Einzugsermächtigung besitzt. Das muss nicht zwingend ein handschriftliches Dokument sein, aber zum Nachweis ist natürlich ein Brief oder Fax besser geeignet als eine E-Mail.

Die Lastschrift ist für den Käufer die bequemste und sicherste Art zu bezahlen. Er gibt dem Verkäufer das Recht, den Kaufbetrag – und nur diesen und nur einmal – von seinem Konto abzubuchen. Sollte etwas mit der Abbuchung nicht stimmen, kann er innerhalb von sechs Wochen formlos Einspruch einlegen und den Betrag ohne Angabe von Gründen zurückfordern. Das genau ist der Grund, weshalb Verkäufer sich genau überlegen sollten, ob sie von dieser schnellsten Form, an das Geld des Käufers zu gelangen, Gebrauch machen wollen. Denn weil die Rückbuchung einer Lastschrift so einfach ist und nicht einmal einer Begründung bedarf, machen leider viele Käufer davon Gebrauch. Zudem geht eine Lastschrift auch dann zurück, wenn das zu belastende Konto nicht ausreichend gedeckt ist. Und geht eine Lastschrift zurück, langen die Banken kräftig zu. 10 bis 20 € Gebühren sind keine Seltenheit! Das Tückische an der Sache ist, dass bei einer Lastschrift der Betrag zunächst auf dem Konto des Verkäufers gutgeschrieben wird. Das geschieht jedoch ohne Prüfung des Kreditinstituts. Ist die Deckung dann nicht gegeben, kehrt sich das schöne Plus ganz schnell wieder ins Minus zuzüglich der schon genannten Gebühren, mit denen ebenfalls das Konto des Verkäufers belastet wird!

Info

Bei einer Lastschrift kann man auch noch nach sechs Wochen den Betrag zurückfordern. Allerdings ist dann das Verfahren nicht mehr ganz so einfach, und es muss eine Begründung gegeben werden.

3.6.4 Zahlung per Kreditkarte

Auch die Zahlung per Kreditkarte ist für den Käufer nahezu ohne Risiko. Die Paranoia, die diesbezüglich in der deutschen Zeitungslandschaft geschürt wird, ist nach unserer Meinung völlig unbegründet. So kann eine unberechtigte Abbuchung vom Konto der Kreditkarte mit einem Anruf rückgängig gemacht werden. Und die Ängste wegen der angeblich so problematischen Übermittlung der Kreditkarteninformationen werden lächerlich, wenn man überlegt, wie viele Kreditkartenbesitzer dem Kellner in einem Restaurant die Karte bedenkenlos mitgeben. Was er damit hinter der Theke anstellt, wird selten gefragt. Genauso ist das Diktieren der Kreditkartennummer am Telefon, wenn das Last-Minute-Angebot für den Sommerurlaub bezahlt werden muss, aus Sicherheitserwägungen weitaus kritischer zu betrachten.

Für Verkäufer bei eBay ist jedoch der Einsatz der Kreditkarte in der Regel nicht geeignet. Hier sind die Gebühren der Kreditkarteninstitute zu hoch, insbesondere was die Anschaffungs- und laufenden Kosten angeht. Allerdings gibt es Dienstleister, die sich auf das Zahlen mit Kreditkarte spezialisiert haben. Einer davon gehört sogar zur Firmengruppe von eBay. Mehr dazu im nächsten Abschnitt.

3.6.5 ePaying mit PayPal und Moneybookers

Eine relativ neue Form der Bezahlung ist aus dem Online-Business heraus entstanden, gerade weil viele kleinere Unternehmer und Privatleute übers Internet im Allgemeinen und über den internationalen Marktplatz eBay im Besonderen Waren und Leistungen verkaufen und Gelder transferieren. PayPal (*www.paypal.de*), das – mittlerweile – eBay-eigene Unternehmen, und Moneybookers (*www.moneybookers.com*) sind in Deutschland die bekanntesten Vertreter dieser neuen Art, Geld zu transferieren. Beiden Sites ist gemein, dass sie ihr Angebot in deutscher Sprache präsentieren und dass als Währung – neben anderen – der Euro verwendet wird.

Hinweis

Für den Geldtransfer per *PayPal* oder *Moneybookers* gibt es bis jetzt noch keinen offiziellen Begriff wie etwa *E-Mail-Überweisung* oder *Internettransfer.* Daher verwenden wir in diesem Buch das Kunstwort *ePaying*, da die Bezahlung auf elektronischem Wege per E-Mail stattfindet.

Exkurs

PayPal – Das eBay-eigene Zahlungssystem

Lange Zeit war PayPal für deutsche Kunden nur in englischer Sprache und auch nur mit US-Dollar verfügbar. Das schreckte die gerade in Gelddingen sehr konservativen und vorsichtigen Deutschen ab. Wer einmal mit Amerikanern Handel betrieben hat, hat häufig bei der Frage nach der Bezahlung die Antwort bekommen: »Just paypal it«, was frei übersetzt so viel heißt wie »Du kannst es mir paypalen« – genauso wie man hierzulande nach einem *Tempo* fragt, wenn man ein Papiertaschentuch möchte.

Das verwundert nicht, wenn man bedenkt, dass bereits Ende 2002 über 20 Millionen registrierte Benutzer diesen Dienst zum Geldtransfer verwendeten, und 2004 waren es weit mehr als 45 Millionen!

Im Oktober 2002 übernahm eBay PayPal und integrierte es in die bestehende Infrastruktur des Unternehmens. Fast zeitgleich wurden zur gängigen Dollar-Währung das britische Pfund und der Euro hinzugefügt. Seit Anfang 2004 gibt es die PayPal-Seiten auch auf Deutsch.

Das Prinzip des *ePaying* ist dem einer konventionellen Geldkarte sehr ähnlich. Diese physikalische Karte lädt man – beispielsweise mit einer Überweisung vom Bankkonto – auf und kann dann bei Händlern oder Automaten Waren und Dienstleistungen mit der Karte bezahlen. Die entsprechenden Beträge werden von der Geldkarte abgebucht, wobei die Karte nicht überzogen werden kann.

Das Prinzip beim ePaying

Ganz ähnlich ist die Verfahrensweise beim ePaying. Hier legt der ePaying-Kunde ein virtuelles Konto beim Onlineservice (PayPal, Moneybookers) an und verknüpft dieses mit seinem Bank- oder Kreditkartenkonto. Mithilfe einer Überweisung oder einer Kreditkartenbelastung kann das virtuelle Konto aufgefüllt werden. Wenn dort ein Haben vorhanden ist, können Sie innerhalb des Systems jedem anderen Mitglied desselben Service Geld transferieren, das wiederum auf dessen virtuellem Konto gutgeschrieben wird. Dabei bedienen Sie sich statt einer Kontonummer der E-Mail-Adresse des Mitglieds. Das Prinzip des ePaying sehen Sie schematisch in Abbildung 3.30 dargestellt.

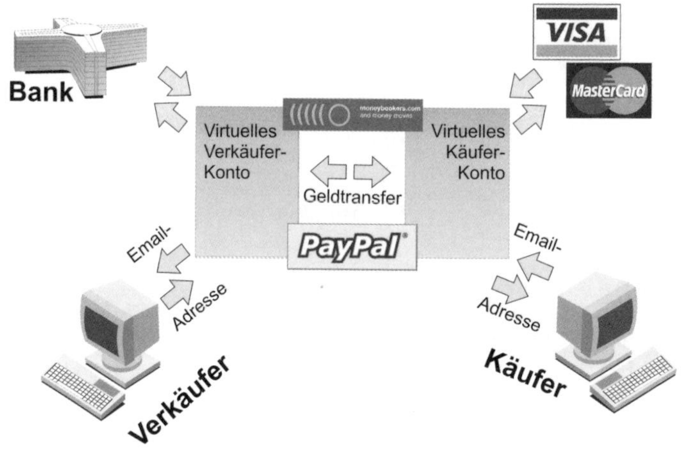

Abbildung 3.27: ePaying-Systeme wie PayPal oder Moneybookers funktionieren wie virtuelle Geldkarten, die über echte Bank- oder Kreditkartenkonten aufgeladen werden.

Info

Da es sich bei PayPal und Moneybookers um zwei konkurrierende Unternehmen handelt, können Sie natürlich nicht von PayPal zu Moneybookers oder umgekehrt überweisen!

Vorteile des ePaying

Wo aber liegt der Vorteil von ePaying-Systemen? Ganz klar und allen voran: Die Geschwindigkeit des Geldtransfers! Denn bei einer Zahlung per PayPal oder Moneybookers ist das Geld binnen kürzester Zeit transferiert. Haben Sie also beispielsweise am Montag um 10 Uhr den Zuschlag bei einer Auktion erhalten und sofort per ePaying bezahlt, kann der Verkäufer die Waren noch am selben Tag verschicken. Bei einer konventionellen Banküberweisung können da schon mal einige Tage bis zu einer Woche ins Land gehen! Aber auch hinsichtlich der Kosten sind die beiden ePaying-Systeme durchaus konkurrenzfähig mit konventionellen Banken. Denn während für Angestellte ein Bankkonto im gewissen Rahmen kostenlos ist, müssen Selbstständige und Gewerbetreibende monatliche Gebühren zahlen und bei jeder Transaktion in die Tasche langen. Moneybookers und PayPal sind zwar nicht komplett kostenlos, bei den Gebühren aber durchaus moderat. Trotzdem muss man das Gebührengebilde erst einmal verstehen!

Kosten für das ePaying-Konto

Das Einrichten und die Kontoführung sind sowohl bei Moneybookers als auch bei PayPal kostenlos. Genauso kostenlos ist die Einzahlung von Ihrer realen Bankverbindung auf Ihr virtuelles Konto bei Moneybookers respektive PayPal. Bei beiden Diensten fallen jedoch Kosten an, wenn Sie Ihr virtuelles Konto mittels Kreditkarte auffüllen. Dies entspricht etwa den Gebühren, die die Kreditkartenunternehmen verlangen. So muss ein Restaurant, bei dem Sie mit Kreditkarte zahlen, zwei bis fünf Prozent des Rechnungspreises an das Unternehmen abführen. Ebenso ein Onlinehändler. Und ebenso PayPal oder Moneybookers! Und diese Gebühren werden weitergegeben.

Info

Die genauen Gebühren von Moneybookers und PayPal erfahren Sie unter *www.moneybookers.com/app/help.pl?s=fees* respektive *www.paypal.com/de/cgi-bin/webscr?cmd=_display-fees-outside*. Alle Angaben in diesem Buch beziehen sich auf Informationen zum Zeitpunkt der Drucklegung.

Hinweis

Auch viele Hersteller in Fernost sind bei PayPal oder Moneybookers registriert. Somit können Sie gegebenenfalls auch Ihre Wareneinkäufe und Importe direkt über diese Zahlsysteme ohne teure Akkreditive oder Auslandsschecks abwickeln.

Sicherheit beim ePaying

Ganz egal was Ihnen irgendjemand erzählt (insbesondere Ihr Bänker): ePaying ist im normalen Rahmen sicher. Genauso sicher zumindest wie jede andere Onlinevariante des Geldtransfers. Was die Unternehmen PayPal und Moneybookers an sich angeht, so sind sie rechtlich mit anderen Kreditinstituten gleichgestellt. Beide sind von der FSA (Financial Services Authority = Finanz- und Kapitalmarktaufsicht) in Großbritannien autorisiert und werden von ihr gemäß den EU-Richtlinien reguliert.

PayPal bietet den Käufern und den Verkäufern bei eBay darüber hinaus noch eine weitere Sicherheit: den PayPal-Käuferschutz. Dieser gilt bei allen Artikeln, die das Paypal-Käuferschutzsymbol im Feld *Verkäuferinformationen* tragen. Mit dem Paypal-Käuferschutz sind Einkäufe, die mit Paypal bezahlt wurden, mit bis zu 400 Euro abgesichert. Der Käuferschutz tritt ein bei

- Artikeln, die der Käufer bezahlt, aber nie erhalten hat.
- Artikeln, die der Käufer bei eBay gekauft hat und die eindeutig von der Beschreibung im Angebot abweichen.

Ganz generell gilt der Verkäuferschutz nur für materielle Güter. Dienstleistungen oder immaterielle Güter sind nicht abgesichert! Zudem gilt er nur, wenn das Angebot auf einer der Plattformen *ebay.com*, *ebay.co.uk*, *ebay.ca* oder *ebay.de* eingestellt wurde.

Abbildung 3.28: Mit dem PayPal-Käuferschutz werden Käufer, die eBay-Auktionen per PayPal bezahlen, bis zu einer Höhe von 400 € geschützt.

Hinweis

Der PayPal-Käuferschutz kann nicht in Anspruch genommen werden, wenn der gelieferte Artikel nicht den Erwartungen entspricht. Bevor PayPal die Käuferschutz-Versicherung auszahlt, wird geprüft, ob überhaupt ein Anspruch besteht. In der Praxis ist der Käuferschutz aber eher käuferfreundlich und überweist zum Teil schneller zurück, als man sich als Verkäufer rechtfertigen und Beweise vorlegen kann.

PayPal in der Praxis

Da PayPal im Allgemeinen und bei eBay im Besonderen in Bezug auf ePaying die größere Rolle spielt, zeigen wir Ihnen im Folgenden Schritt für Schritt, wie Sie ein eigenes PayPal-Konto für Ihren eBay-Handel anlegen.

1. Öffnen Sie im Browser die Seite www.PayPal.de und klicken Sie oben rechts auf *Anmelden*.
2. Wählen Sie zunächst das *Basiskonto* sowie das Land, in dem Sie eine Kontoverbindung haben, und klicken Sie auf *Weiter*. Beginnen Sie in jedem Fall mit einem Basiskonto! Die Hochstufung auf ein Premium- oder Businesskonto ist jederzeit möglich.

Exkurs

Basis-, Premium- und Businesskonto bei PayPal

Bei PayPal stehen drei verschiedene Kontotypen zur Verfügung. Die normale Kontoführung ist bei allen dreien kostenlos. In der Regel reicht das einfache Basiskonto für nationale Transaktionen bei eBay aus. Mit diesem Basiskonto können Sie Geld an andere E-Mail-Empfänger überweisen und von diesen erhalten, sofern keine Kreditkarte im Spiel ist. Denn PayPal-Mitglieder können nur dann Zahlungen von kreditkartenbasierten PayPal-Konten empfangen, wenn sie mindestens ein Premiumkonto besitzen. Andernfalls wird der Betrag der Überweisung nur angezeigt und der Besitzer wird aufgefordert, den Kontostatus von Basis auf Premium zu erhöhen.

Beim Premiumkonto besteht also der Vorteil, dass Sie auch Zahlungen erhalten können, die von einem PayPal-Konto stammen, das über eine Kreditkarte aufgeladen wird. Während in Deutschland knapp 90 Prozent aller PayPal-Konten über ein Bankkonto laufen, ist das im Ausland – insbesondere im kreditkartenwütigen Amerika – eher umgedreht. Allein wegen der »Kreditkartenzahlung« ist also in Deutschland, Österreich und der Schweiz das Premiumkonto nicht so wichtig. Was aber für den Schritt zum Premium-Status spricht, sind die eBay-Auktionstools, doch dazu später mehr.

3. Auf der nächsten Seite geben Sie Ihre persönlichen Daten an. Sollten Sie einzelne Eingaben vergessen, werden Sie nach dem Absenden darauf aufmerksam gemacht und können dies nachholen. Insbesondere die Zustimmung zu den Datenschutzinformationen ist notwendig.
4. Auf der nächsten Seite fügen Sie ein Bankkonto hinzu. Da Sie sich auf einer sicher verschlüsselten Seite befinden, können Sie Ihre Bankdaten – sofern Ihnen niemand über die Schulter schaut – bedenkenlos eingeben. Haben Sie das Bankkonto hinzugefügt, schließen Sie die Seite mit *Abbrechen*.

Achtung

Achten Sie unbedingt darauf, dass Sie keine Zahlendreher in der Bankleitzahl oder der Kontonummer haben. Sollte eine Abbuchung von PayPal von Ihrer Bank zurückgewiesen werden – beispielsweise weil die Kontonummer nicht stimmt –, wird Ihnen eine Rückbuchungsgebühr berechnet, die weit über 20 € liegt.

5. Schauen Sie nun einmal in Ihrem E-Mail-Postfach nach. Dort sollte mittlerweile eine Bestätigungsmail von PayPal liegen. Diese E-Mail enthält den Bestätigungslink *Klicken Sie hier, um Ihr Konto zu aktivieren*. Klicken Sie diesen an, gelangen Sie auf eine Internetseite, auf der Sie Ihr Passwort wiederholen und bestätigen müssen. Danach ist Ihr Konto aktiviert.

Achtung

Passen Sie auf, keinem Betrüger in die Hände zu fallen! Von PayPal erhalten Sie nur einmalig eine E-Mail zur Aktivierung Ihres Accounts. Allerdings sind E-Mails im Umlauf, bei denen angeblich PayPal der Absender ist. Diese leiten Sie auf eine Seite, die sehr ähnlich aussieht wie der Internetauftritt von PayPal und auf der Sie ebenfalls nach E-Mail-Adresse und Passwort gefragt werden. Hierbei handelt es sich um Betrüger! Sie erkennen es an der Adresse im Browser-Adressfeld. Beginnt sie nicht mit *http://www.paypal.com/*, handelt es sich wahrscheinlich um eine Fake-Seite! Achten Sie genau auf die Schreibweise! So hat beispielsweise *http://www.paypal.puco.de/* nichts mit PayPal zu tun. Tatsächlich befinden Sie sich mit dieser Adresse auf einer der Internetseiten der Autoren dieses Buchs, genauer gesagt, einer Unterseite von *www.puco.de*. Sollten Sie eine E-Mail mit einem Betrugsversuch erhalten, melden Sie dies sofort PayPal! Dort hat man Mittel, um gegen derlei Rechtsverletzungen vorzugehen.

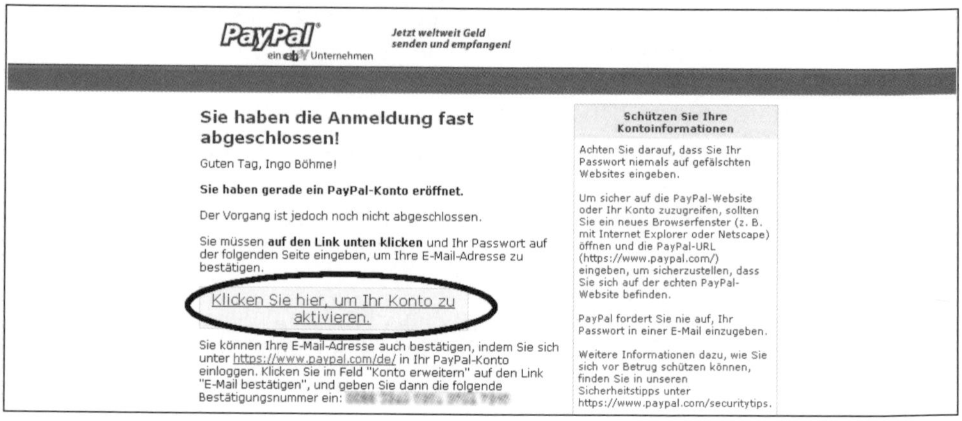

Abbildung 3.29: Erst wenn Sie die E-Mail von PayPal bestätigen, ist Ihr Account für Zahlungen freigeschaltet.

6. Öffnen Sie die Seite *www.paypal.de* und loggen Sie sich mit der E-Mail-Adresse Ihrer Anmeldung sowie dem von Ihnen gewählten Passwort ein. Beim erstmaligen Einloggen erscheint eine zweisprachige Seite, auf der Sie die von Ihnen bevorzugte Sprache wählen. Ganz unten sehen Sie die Schaltfläche *Jetzt auf Deutsch umschalten*. Bestätigen Sie sie zweimal hintereinander.

Nun sehen Sie die Verwaltungsoberfläche von PayPal. Genauso wie ein Windows-Dialog ist diese mit unterschiedlichen Reitern in verschiedene Bereiche gegliedert. Im Bereich *Mein Konto* verwalten Sie Ihr virtuelles PayPal-Konto. Wollen Sie Geld auf Ihren PayPal-Account überweisen, klicken Sie auf *Geld einzahlen*. Haben Sie ein Bankkonto hinterlegt, sehen Sie dort die Kontonummer von PayPal sowie fett gedruckt einen Einzahlungscode. Geben Sie diesen bei Ihren Überweisungen als Betreff an, wird die Einzahlung Ihrem PayPal-Konto gutgeschrieben.

Info

Nachdem Sie erstmalig von Ihrem realen Bankkonto auf Ihr virtuelles einen beliebigen Betrag überweisen haben, gelten Sie als *verifiziertes PayPal Mitglied*. Erst dann hat ein PayPal-Mitglied einen gewissen gesicherten Status. Dies macht auch den Handel in eBay leichter, weil ein verifiziertes PayPal-Mitglied anhand seiner Kreditkarte oder eben seines Bankkontos überprüft wurde.

Automatisches PayPal-Logo in den eigenen Auktionen

Die enge Verbindung zwischen PayPal und eBay wird insbesondere bei den Automatikfunktionen – den so genannten *Auktions-Tools* – sichtbar. Besonders erwähnenswert ist hier das *Automatische Einfügen* des PayPal-Logos.

1. Klicken Sie auf den Reiter *Auktions-Tools* und danach auf den Link *Automatisches Einfügen von Logos.*

Hinweis

Haben Sie noch kein eBay-Konto mit Ihrem PayPal-Account verknüpft, werden Sie aufgefordert, das zu tun. Dazu müssen Sie den eBay-Mitgliedsnamen und das eBay-Passwort angeben und absenden. Da die Unternehmen zusammenhängen, besteht eine Schnittstelle zwischen den beiden Diensten.

Abbildung 3.30: Mit den Auktions-Tools können Sie viele eBay-Funktionen in Zusammenhang mit PayPal automatisieren.

2. In der Liste der Auktionskonten sehen Sie alle eingegebenen eBay-Zugänge. Die drei Funktionen, die automatisch bei jeder neuen eBay-Auktion eingebunden werden können, sehen Sie in den rechten drei Spalten. Standardmäßig sind diese jedoch deaktiviert.
3. Aktivieren Sie *Automatisches Einfügen von Logos*, wenn bei jeder Ihrer Auktionen das Logo *PayPal Verifiziert* erscheinen soll. Diese Einstellung ist sehr sinnvoll, weil sie Ihren Käufern zeigt, dass sie die Transaktion schnell über die Bühne bringen können.
4. Soll nach Ende einer Auktion der Käufer automatisch via PayPal eine Zahlungsaufforderung erhalten, aktivieren Sie *Benachrichtigung an den Käufer.* Er erhält dann sofort nach Auktionsende eine formatierte E-Mail mit einer Schaltfläche, über die er mit einem Klick per PayPal zahlen kann. Wollen Sie bevorzugt über PayPal bezahlt werden, ist dies eine praktische Funktion, um schnell ans Geld zu gelangen.
5. Wollen Sie ganz klar hervorheben, dass Sie Ihr Geld am liebsten per PayPal hätten – schließlich geht es für beide Seiten am schnellsten –, können Sie zusätzlich in Ihren Auktionen PayPal als bevorzugtes Zahlungsmittel hervorheben.

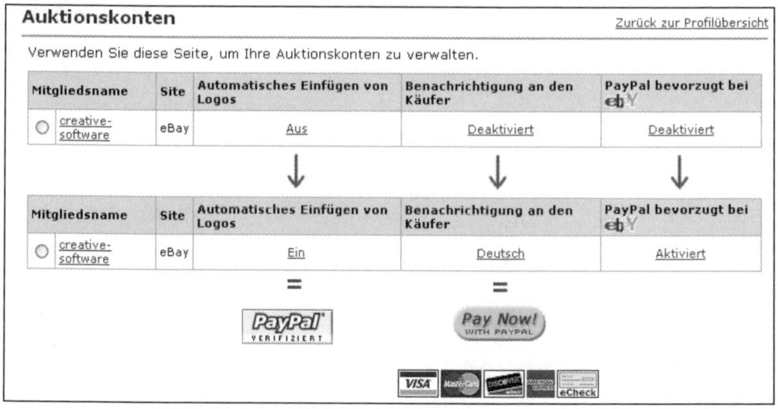

Abbildung 3.31: In PayPal legen Sie fest, welche Zahlungsinfos dem Käufer automatisch präsentiert werden.

Voraussetzungen für den PayPal-Käuferschutz

Der Käuferschutz bietet dem Käufer eine gewisse Sicherheit im ansonsten recht anonymen Online-Business. Dadurch werden Angebote mit Käuferschutz interessanter und somit häufiger beboten. Wollen Sie als eBay-Verkäufer Gebrauch vom PayPal-Käuferschutz für eigene Auktionen machen, müssen Sie zunächst verschiedenen Voraussetzungen entsprechen.

- Sie müssen mindestens 50 eBay-Bewertungen haben.
- Mindestens 98 Prozent aller Bewertungen müssen positiv sein.
- Sie müssen Ihre Kreditkartendaten hinterlegen. Das ist deshalb so, weil im Falle eines von Ihnen verschuldeten »Versicherungsfalls« das Unternehmen die Versicherungssumme bei Ihnen wieder einfordert. Und das ist am einfachsten per Kreditkarte möglich.

Sollten diese Voraussetzungen auf Sie zutreffen, klicken Sie in der PayPal-Übersicht im Bereich *Mein Konto* auf *Mein Profil* und dort auf den Link *Verkäufer-Qualifizierung für den Paypal-Käuferschutz*. Haben Sie bereits einen eBay-Mitgliedsnamen registriert, wählen Sie diesen in der Liste aus. Alternativ müssen Sie sich zunächst mit Ihren eBay-Account-Daten akkreditieren. Das Logo *PayPal Verkäuferschutz* erscheint nach der Anmeldung automatisch bei allen neuen Auktionen. Die einzige Voraussetzung ist, dass Sie in Ihrem Angebot Paypal als Zahlungsweise ausgewählt haben. Schließlich gilt die Versicherung auch nur für Zahlungen, die über PayPal abgewickelt wurden.

Inkassokosten

Exkurs

Bei jedem *normalen* Versandunternehmen stellt das Inkasso, also der Vorgang, bei dem der Verkäufer an das Geld des Käufers für eine von diesem erworbene Leistung oder Ware gelangt, einen nicht unerheblichen Kostenfaktor dar. Wer auf Rechnung liefert, muss gegebenenfalls gerichtliche Schritte einleiten, wenn der Schuldner säumig ist. Beim Einzug per Lastschriftverfahren gibt es in vielen Fällen Rückbuchungen, die leider in der Praxis allzu häufig ebenfalls vor Gericht landen. Inkassounternehmen, die säumige Forderungen eintreiben, arbeiten zwar in der Regel auf Provisionsbasis, doch wenn der Schuldner zahlungsunfähig ist, wird letztlich der Gläubiger zur Kasse gebeten. Die Kosten überschreiten häufig den Wert der Ware. Und den Ärger, den Sie mit der ganzen Sache haben, kann man nur schwer beziffern. Selbst beim eBay-Handel, bei dem der Käufer überweisen muss, kommt es häufig – aufgrund von Faulheit, Vergesslichkeit, Urlaub und 100 weiteren Anlässen – dazu, dass Käufe nicht bezahlt werden. Oder zu spät bezahlt werden. Oder falsche Beträge überwiesen werden, weil beispielsweise der Käufer nur den Kaufpreis ohne Versand angewiesen hat.

All diesen Problemen können Sie entgehen, wenn Sie ein Zahlungsmittel wie PayPal verwenden. Und selbst wenn hier jede Transaktion mit einer Gebühr belegt wird, ist diese nichts im Vergleich zu dem Ärger über falsche Überweisungen, den unzähligen E-Mails an säumige Käufer und all den Nervereien, die bei einer nicht so einfach geregelten Bezahlung anfallen können. Können! Denn natürlich sind die meisten Handelspartner bei eBay – man schaue nur in die Bewertungen – seriös und der Verkauf wird problemlos abgeschlossen. Jedenfalls ist es immer leichter, direkt eine Zahlungsanweisung per PayPal inklusive der Versandkosten zu bekommen und lediglich auf ein Knöpfchen drücken zu müssen statt zur Bank zu gehen oder per Onlinebanking zu überweisen. Und dass Ihnen das Geld noch am Tag der Auktion gutgeschrieben wird, ermöglicht es Ihnen, die Dynamik Ihres Handels enorm zu steigern.

3.7 Aufwands- und Kostenkalkulation

Nun haben Sie recherchiert, welche Waren Sie gerne an den Mann oder die Frau bringen wollen. Sie wissen, wo Sie die Waren am günstigsten beziehen. Sie haben herausgefunden, zu welchen Zeiten Sie Ihre Angebote sinnvoll enden lassen, und auch in Bezug auf Bezahlung und sonstige Logistik sind Sie bestens gerüstet. Aber was würden Sie auf die Frage »Was verdienst du da eigentlich?« antworten? Denn hier liegt die Crux. Es reicht nicht, einfach nur Einkaufs- und Verkaufspreis gegeneinander aufzuwiegen. Auch andere Faktoren müssen einbezogen werden: Die Zeit, die Sie brauchen, um den Artikel zu beschreiben. Der Aufwand, den Sie treiben müssen, um die Fotos zu knipsen. Kosten für Verpackungsmaterial. Abschreibungskosten für Ihre Büroeinrichtung oder für eine Digitalkamera. Und nicht zu vergessen: die Miet- und Nebenkosten Ihres Lager- und Büroraums. Erst wenn Sie alle Faktoren ins richtige Verhältnis zueinander setzen, können Sie sagen, wie viel Ihnen am Schluss als tatsächlicher unternehmerischer Gewinn übrig bleibt. Und geben Sie sich nicht so bescheiden, dass Sie für das Fotografieren und das Beschreiben der Artikel nichts ansetzen, weil ja schließlich Sie selbst alles machen und dadurch keine konkreten Kosten entstehen. Oder dass Sie ja sowieso die Räumlichkeiten für Büro und Lager zur Verfügung haben. Diese Herangehensweise ist falsch! Denn Sie könnten alternativ in der gleichen Zeit auf Stundenbasis irgendwo arbeiten. Oder Sie müssen vielleicht einmal eine Aushilfe einstellen, wenn Sie die Grippe ereilt. Und Büro- und Lagerraum können Sie theoretisch auch anderweitig vermieten. In jedem Falle entstehen Nebenkosten für Strom und Heizung.

In diesem Abschnitt möchten wir mit Ihnen eine kleine Kalkulation aufstellen. Sie wird natürlich bei jedem anders aussehen und soll lediglich dazu dienen, dass Sie nicht der Augenwischerei unterliegen, weil Sie unbedingt noble Kindermode verkaufen wollen und sich schließlich herausstellt, dass der Markt bereits gesättigt ist, die Preise verdorben und Ihr geplantes Handelsunternehmen mehr Selbstzweck ist denn lukratives Geschäft.

3.7.1 Die Tabellenkalkulation

Wie bereits im Abschnitt 3.2 zur Produktanalyse gesagt, ist die Tabellenkalkulationen bei der Analyse einer Situation und beim Sammeln von Informationen ein unabdingbares Werkzeug. Wer nicht im Besitz von Microsoft Excel ist, kann mit der Tabellenkalkulation des kostenlosen Büropakets *OpenOffice* (*http://de.openoffice.org*) sämtliche Anleitungen dieses Kapitels Schritt für Schritt nachvollziehen. Im Folgenden werden wir immer von Excel sprechen, mit OpenOffice funktioniert es jedoch genauso!

Die hier vorgestellte Kalkulation finden Leser des Buchs auf unserer Webseite *www.321-buch.de* im *Leserbereich*, der ihnen vorbehalten ist. Dabei werden Sie nach einer Seitenzahl und Wortkombination gefragt, mit der Sie sich als Besitzer des Buchs ausweisen.

3.7.2 Kalkulationsgrundlagen

Wir bauen nun Schritt für Schritt eine Kostenkalkulation auf. Dabei gehen wir davon aus, dass Sie als Unternehmer natürlich der Umsatzsteuer unterliegen. Das bedeutet, dass Sie die auf einer Rechnung ausgewiesene Mehrwertsteuer direkt vom Finanzamt als Vorsteuer (siehe Kapitel 5) zurückbekommen beziehungsweise sie bei der Umsatzsteuervoranmeldung mit der von Ihnen für Verkäufe abzuführenden Mehrwertsteuer verrechnen. Daher sind alle Beträge, um die es hier geht, so genannte

Nettobeträge, also Beträge ohne Umsatzsteuer. Auf Rechnungen muss jedoch die Mehrwertsteuer explizit ausgewiesen sein, sodass Sie auch gleich die Nettobeträge (Rechnungsendbetrag minus der Mehrwertsteuer) für die Kalkulation ersehen können. Haben Sie gerade die Rechnung nicht vorliegen oder wollen Sie wissen, was bei einem von Ihnen erzielten Kaufpreis (inkl. MwSt.) der Nettopreis ist, berechnen Sie diesen nach der Formel

```
Bruttopreis / 1,16
```

vorausgesetzt, Sie versteuern in Deutschland bei 16 Prozent Umsatzsteuer. Für Bücher und Zeitschriften gilt in Deutschland der ermäßigte Steuersatz von sieben Prozent, wodurch die Formel für den Nettopreis

```
Bruttopreis / 1,07
```

respektive in Österreich mit 20 Prozent Mehrwertsteuer

```
Bruttopreis / 1,20
```

lautet.

Kaufen Sie hingegen gebraucht von Privat, ist im gezahlten Betrag keine Mehrwertsteuer enthalten. Also brauchen Sie nicht umrechnen. Ein gebrauchtes Notebook für 500 € geht auch mit 500 € in die Kalkulation ein!

Hinweis

Achten Sie beim gewerblichen Kauf darauf, dass immer die Mehrwertsteuer ausgewiesen ist. Nur dann erhalten Sie diesen Betrag zurück. Ist einmal die Mehrwertsteuer bei 1200 € ausgewiesen und ein anderes Mal bei 1100 € nicht, sollten Sie auf jeden Fall das teurere Angebote nehmen! Denn 1.200 € sind bei 16 Prozent Mehrwertsteuer netto 1.034,48 €. Die 165,52 € erhalten Sie vom Finanzamt zurück.

Miete und Nebenkosten – immer davon ausgehend, dass Sie nicht extra Arbeitsraum anmieten, sondern vorhandenen Raum in Ihrer Wohnung oder Ihrem Haus nutzen – müssen Sie ebenfalls als Nettobetrag ansehen. Haben Sie eine Wohnung von 100 Quadratmetern und nutzen Sie ein 20 Quadratmeter großes Zimmer davon für Ihre Selbstständigkeit, können Sie ein Fünftel von Miete und Nebenkosten steuerlich Ihrem Unternehmen zuschreiben und natürlich auch konkret in die Kalkulation übernehmen.

3.7.3 Abschreibung

Hinweis

Die in diesem Abschnitt gemachten Angaben, etwa über Abschreibungszeiträume, beziehen sich nur auf die Bundesrepublik Deutschland. Die entsprechenden Informationen für Österreich und die Schweiz können Sie bei einem Steuerberater oder beim Finanzministerium erfragen.

Was immer Sie für den Betrieb Ihres Unternehmens anschaffen, können Sie auch steuerlich geltend machen. Kaufen Sie jedoch beispielsweise einen Schreibtisch für 2000 € können Sie diesen nicht auf einmal absetzen. Vielmehr geht das Ministerium für Finanzen davon aus, dass dieser Schreibtisch auch noch nach einem Jahr etwas wert ist. So hat es eine Tabelle herausgebracht, wie lange – nach Ansicht des Ministeriums – die unterschiedlichen Arbeitsmittel vom PC über den Schreibtisch bis hin zu Kraftfahrzeugen genutzt werden können, bis ihr Wert null ist. Während man beim PC davon ausgeht, dass er bereits nach drei Jahren ersetzt wird, legt man bei einem Schreibtisch zugrunde, dass er 13 Jahre halten sollte. Das bedeutet, dass rein rechnerisch bei einem PC jedes Jahr ein Drittel seines Wertes verloren geht. Bei einem Schreibtisch sind es nur knapp 7,7 Prozent (1 / 13). Die Größe dieses Wertverlusts wird als Abschreibung bezeichnet. Und neben der steuerreduzierenden Wirkung in Ihrer Gewinn- und Verlustrechnung sollten Sie diese auch in ihre Kalkulation miteinbeziehen. Schließlich sind es in letzter Konsequenz Kosten, die Ihnen entstehen.

Info

Eine sehr ausführliche Liste über die Abschreibungsdauer der unterschiedlichsten Wirtschaftsgüter finden Sie unter *www.lexsoft.de/downloads/afatab.pdf*.

Einen besonderen Platz nehmen die so genannten geringwertigen Wirtschaftsgüter ein. Hierbei handelt es sich um Anschaffungen, die netto (also ohne Mehrwertsteuer) den Betrag von 410 € nicht überschreiten. Im normalen Laden dürfen Sie also inklusive der deutschen Mehrwertsteuer 475,60 € kosten. Bei diesen Wirtschaftsgütern geht der Gesetzgeber davon aus, dass sie innerhalb eines Jahres abgeschrieben werden.

Aber beginnen wir nun mit der Kalkulation.

1. Starten Sie Excel und legen Sie eine neue Arbeitsmappe an.
2. Doppelklicken Sie auf den Namen der ersten Tabelle »Tabelle1« und geben Sie ihr den Namen »Abschreibung«.
3. Benennen Sie auf dieselbe Weise »Tabelle2« in »Bürokosten« und »Tabelle3« in »Verkaufskosten« um.
4. Geben Sie die Tabelle aus Abbildung 3.35 ein.
5. Geben Sie in der Zelle F4 die Formel »=WENN(ISTLEER(E4);"";D4/E4)« ein. Kopieren Sie dann den Zellinhalt mit Strg+C in die Zwischenablage, markieren Sie die Zellen darunter und fügen Sie mit Strg+V die Formel wieder ein. Diese passt sich automatisch an.
6. Geben Sie in der Zelle B2 die Formel »=SUMME(F4:F400)« ein.

Hinweis

Eine Abschreibungstabelle in dieser Form müssen Sie sowieso anlegen, damit Ihr Steuerberater am Ende Ihres Geschäftsjahres die Abschreibungen in Ihrer Gewinn- und Verlustrechnung unterbringen kann (siehe Kapitel 5).

	A	B	C	D	E	F
1	**Jährliche Abschreibung**	**828,08 €**				
2						
3	**Beschreibung**	**gekauft am**	**Neu**	**Wert**	**Abschreibungsdauer**	**Abschr. p. a.**
4	Notebook	14.03.04	x	1.200,00 €	3	400,00 €
5	Schreibtisch	01.04.04	x	350,00 €	1	350,00 €
6	Lampe	01.04.04	x	45,00 €	1	45,00 €
7	Regale	10.04.04	x	430,00 €	13	33,08 €

Abbildung 3.32: In der Tabelle »Abschreibung« erfassen Sie sämtliche Geräte, ihren Wert und die Abschreibungsdauer.

Nun können Sie in der Tabelle ab Zeile 4 sämtliche Anschaffungen eintragen. Notieren Sie sich auf jeden Fall, wann Sie das entsprechende Möbelstück oder den Computer gekauft haben und ob er oder es neu war (dies ist für den Steuerberater wichtig). In der Spalte »*Wert*« tragen Sie den Nettopreis (also exklusive MwSt.) ein. In der Spalte »Abschreibungsdauer« geben Sie mithilfe der weiter oben genannten Liste mit der Abschreibungsdauer der unterschiedlichen Wirtschaftsgüter die Anzahl der Jahre ein, über die das entsprechende Mobiliar oder der Computer abgeschrieben werden muss. Beim Schreibtisch und der Lampe ist der jeweilige Nettopreis (also exklusive der 16 Prozent Mehrwertsteuer) vielleicht geringer als 410 €. Dann können diese beiden Einrichtungsgegenstände bereits im ersten Jahr ganz abgeschrieben werden und fallen somit auch im ersten Jahr komplett als Kosten an.

Info

Häufig ist es sinnvoll, einen Schreibtisch als Kombination aus Schreibtisch, Unterschrank etc. zu kaufen, um die einzelnen Elemente unterhalb der Grenze von 410 € zu halten. Dann fallen sie als Kosten in dem Jahr an, in dem sie gekauft werden.

3.7.4 Bürokosten

Neben den Kosten für die Einrichtung können Sie natürlich auch die Kosten für Ihr Büro und gegebenenfalls Ihren Lagerraum geltend machen. Voraussetzung ist aber, dass der entsprechende Raum zu mehr als 90 Prozent gewerblich genutzt wird. Muss man beispielsweise durch Ihr Büro, um in die Küche zu gelangen, wird Ihnen das Finanzamt vielleicht einen Strich durch die Rechnung machen, auch wenn Sie dieses Zimmer tatsächlich und ausschließlich als Büro nutzen! Als Begründung wird man sagen, es sei auch ein Durchgangszimmer. Es ist also sinnvoll, beim Finanzamt anzurufen und jemand (kostenlos) kommen zu lassen, der die Arbeitsstätte überprüft. Damit sind Sie auf jeden Fall auf der sicheren Seite!

1. Wechseln Sie in der Arbeitsmappe zur Tabelle »Bürokosten«. Legen Sie diese wie in Abbildung 3.36 an.
2. Geben Sie in der Zelle D7 die Formel »=B7*C7« ein und kopieren Sie sie nach unten in den Bereich D8 bis D30.
3. Tragen Sie nun die Quadratmeterzahl Ihrer Wohnung in die Zelle B1 und die des Büros in Zelle B2 ein.
4. Geben Sie in B3 die Formel »=B2/B1« ein und formatieren Sie die Zelle als Prozentwert.
5. In Zelle »B4« soll der monatliche Anteil stehen, der an Kosten bei Ihrer Bürofläche entsteht. Die Formel hierfür lautet »=SUMME(D7:D14)/12*B3 «.

Tragen Sie dann ab Zeile 7 die konkreten Kostenpunkte wie Miete, Strom, Wasser oder Heizung ein. In Spalte B geben Sie den jeweiligen Betrag und in Spalte C die Anzahl der Zahlungen pro Jahr ein, also beispielsweise 12, wenn Sie monatlich zahlen. Besondere Rechnungen, wie beispielsweise Schornsteinfeger, entstehen nur einmal.

	A	B	C	D
1	**Größe Ihrer Wohnung m²**	100		
2	**Größe Büro m²**	20		
3	**Anteil**	20%		
4	**Monatliche Kosten**	**189,80 €**		
5				
6	**Kosten**	**Betrag**	**Zahlungen**	**Jahressumme**
7	**Miete**	820,00 €	12	9.840,00 €
8	**Strom**	52,00 €	6	312,00 €
9	**Wasser**	25,00 €	6	150,00 €
10	**Öl / Heizung**	87,00 €	12	1.044,00 €
11	**Sonstiges**	42,00 €	1	42,00 €

Abbildung 3.33: Neben der Miete stellen auch Strom, Wasser und Heizung Kostenfaktoren für Ihren Arbeitsplatz dar.

3.7.5 Verkaufskosten

Die umfangreichste Tabelle ist jedoch die der Verkaufskosten. Diese bietet Ihnen aber auch am meisten Möglichkeiten, verschiedene Szenarien durchzuspielen. In Bezug auf die eBay-Gebühren haben wir eine einfache Variante gewählt. Wir gehen von der Annahme aus, dass Sie mit einem Startpreis von einem Euro einstellen und ansonsten keine Zusatzoptionen wählen. Zudem soll der Verkaufspreis 500 € nicht überschreiten. In der Praxis werden Sie sicher häufig andere Zahlen antreffen. Für eine einfache Kalkulation sollen diese Annahmen jedoch reichen.

1. Wechseln Sie in Excel zunächst auf die Tabelle »Verkaufskosten« und legen Sie die Tabelle wie in Abbildung 3.37 dargestellt an. In die hellgrau hinterlegten Zellen brauchen Sie noch nichts einzutragen, weil hier später Formeln hinterlegt werden. Die konkreten Werte für die Simulation werden in die schwarz umrandeten Zellen eingetragen.

2. Geben Sie als Anzahl der Verkäufe in der Zelle F21 die Formel »=E21*D21« ein.
3. Der Nettoumsatz in Zelle G21 errechnet sich aus dem durchschnittlichen Verkaufspreis abzüglich der Mehrwertsteuer mal der Anzahl der Verkäufe: »=F21*C21/(1+$B$1)«.
4. Der Preis für den Wareneinsatz in Zelle H21 errechnet sich aus der Formel »=F21*B21«.
5. Aufgrund der eBay-Kostenstruktur etwas komplizierter ist die Formel für die eBay-Gebühren in Zelle I21: »=(0,25+WENN(C21<=50;0,05*G21;(2,5+0,04*(C21-50))*F21))/(1+$B$1)«. Die Tabelle berechnet auch hier die Netto-eBay-Gebühren, also die Gebühren ohne Umsatzsteuer.
6. Markieren Sie nun die Zellen F21 bis I21 und kopieren Sie die Formeln mit Strg+C in die Zwischenablage.
7. Markieren Sie dann den Zellbereich von F21 bis I200 und fügen Sie die angepassten Formeln mit Strg+V wieder ein.

	A	B	C	D	E	F	G	H	I
1	Mehrwertsteuersatz	16%							
2	Gewinn	9.968,97 €							
3	eBay Kosten	2.281,15 €							
4	Kosten sonstige	3.105,68 €							
5	Reingewinn	4.582,14 €							
6	Zeitaufwand	471:10							
7	Stundenlohn	9,73 €							
8	**Arbeitszeit pro Sale**								
9		Dauer		Gesamtzeit	447:40				
10	Kontakt Käufer	00:10		263:20					
11	Verpacken	00:03		79:00					
12	Versenden	00:02		52:40					
13	Buchhaltung	00:02		52:40					
14	**Arbeitszeit pro Auktion**								
15		erstmalig	Folgeauktion	Gesamtzeit	23:30				
16	Beschreibungen	00:20	00:05	8:05					
17	Fotos	00:20	00:05	8:05					
18	Einstellung	00:05	00:05	7:20					
19				0:00					
20	Artikel	EK (netto)	Durchschnitts-VK (brutto)	Anzahl pro Auktion	Auktionen pro Jahr	Verkäufe	Umsatz netto	Einsatz netto	eBay
21	Produkt A	5,00 €	16,00 €	20	24	480	6.621 €	2.400 €	286 €
22	Produkt B	150,00 €	195,00 €	5	12	60	10.086 €	9.000 €	430 €
23	Produkt C	30,00 €	40,00 €	20	52	1040	35.862 €	31.200 €	1.546 €
24						0	- €	- €	0 €

Abbildung 3.34: Mit der Verkaufskostentabelle können Sie verschiedene Szenarien durchspielen, um festzustellen, ob sich Ihr eBay-Business auch lohnt!

Als Nächstes gehen Sie daran, die Arbeitszeit pro Auktion zu berechnen. Bieten Sie immer dieselben Produkte an, müssen Sie die Beschreibung nur einmal formulieren. Bei allen Folgeauktionen müssen Sie den Text nur noch kopieren, was sehr schnell geht. Dasselbe gilt natürlich auch für das Fotografieren.

1. Geben Sie in Zelle D16 die Berechnung für die Gesamtzeit zum Erstellen der Beschreibung für alle Auktionen der simulierten Liste ein:

   =B16*ANZAHL($E$21:$E$200)+(SUMME($E$21:$E$200)-ANZAHL($E$21:$E$200))*C16

   Achten Sie auf die $-Zeichen! Sie sind wichtig, damit Sie die Formel nach der Eingabe nach unten in den Zellbereich D17 bis D19 kopieren können.
2. Die Gesamtzeit pro Auktion in Zelle E15 berechnet sich aus der Summe sämtlicher Zeiten, also mit der Formel »=SUMME(D16:D19)«.

Ist die Auktion ausgelaufen, geht die Arbeit weiter. Da müssen E-Mails geschrieben und säumige Kunden an die Bezahlung erinnert werden, und die Ware muss verpackt und versandfertig gemacht werden. All das braucht Zeit!

1. Die einzelnen Zeiten für den Kundenkontakt sowie fürs Verpacken und Versenden geben Sie in den Zellen B10 bis B13 an.
2. Die Gesamtzeit sämtlicher Verkäufe ermitteln Sie in der Zelle D10 anhand der Formel »=B10*SUM($F$21:$F$200)« und kopieren diese Formel danach in die Zellen darunter.
3. Die Gesamtzeit in der Zelle E9 berechnet sich wie schon zuvor mit der Summenformel: =SUMME(D10:D13).

Hinweis

Zeitangaben werden bei Excel normalerweise nur im 24-Stunden-Format dargestellt. Danach fängt es wieder bei null an. So wird statt 25 Stunden und 30 Minuten die Anzeige 01:30 lauten. Um tatsächlich sämtliche Stunden zu sehen – intern sind sie natürlich weiterhin vorhanden –, müssen Sie alle Zeitzellen mit einem benutzerdefinierten Format belegen. Markieren Sie eine Zeitzelle – etwa die Zelle E9 - und wählen Sie im Menü *Format* den Eintrag *Zelle*. Wechseln Sie hier in das erste Register (*Zahlen*) und wählen Sie aus der Liste den letzten Eintrag (*Benutzerdefiniert*). Geben Sie dann rechts unter *Typ* im Eingabefeld das symbolische Format »[h]:mm« ein und bestätigen Sie die Formatierung mit *OK*. Nun werden auch Stundenwerte größer als 23 angezeigt.

Zuletzt fassen Sie noch die Ergebnisse dieser Tabelle sowie der beiden anderen zusammen, indem Sie die Formeln gemäß der folgenden Liste eintragen:

Zelle	Formel
B2	=SUMME($H$21:$H$509)-SUMME($I$21:$I$509)
B3	=SUMME($J$21:$J$509)
B4	=12*Bürokosten!$B$4+Abschreibung!$B$1
B5	=C2-C3-C4
B6	=F15+F9
B7	=C5/C6/24

Sobald das Grundgerüst Ihrer Kalkulation steht, können Sie es mit Leben füllen und so simulieren, was Ihnen Ihre Geschäftsidee bei eBay bringen wird.

3.7.6 Ihr Geschäftsmodell simulieren

Das Ergebnis mit den Testdaten ist nicht wirklich befriedigend. Für einen Stundenlohn von 9,73 € können Sie genauso gut irgendwo als Aushilfe arbeiten und haben kein unternehmerisches Risiko. Und das, obwohl bereits recht niedrige Zeitangaben für Verpackung und Versenden angesetzt sind. Das Problem liegt darin, dass Sie natürlich mit diesen Verkäufen nicht ein ganzes Jahr ausgelastet sind. Die Fixkosten hingegen sind auf ein ganzes Jahr berechnet – insbesondere die Miete, die knapp 70 Prozent der Fixkosten ausmacht. Die errechneten 471 Stunden entsprechen zirka 60 Arbeitstagen mit je acht Stunden.

Um zu sehen, was Sie tatsächlich verdienen, müssen Sie so viele Transaktionen simulieren, dass Sie auf eine Arbeitszeit von zirka 1600 Stunden – also 200 Arbeitstage – kommen. Mehr Arbeitsstunden pro Tag werden es beim Selbstständigen automatisch! Denn neben den Verkäufen kommen natürlich noch die Zeiten für die Buchhaltung, Umsatzsteuervoranmeldung, Kauf oder Import der Waren hinzu.

Anhand der Kalkulation sehen Sie aber auch, wo Sie überall ansetzen können, um Zeit – also Kosten – zu sparen. Der größte Zeitfaktor ist der Kontakt zum Kunden. Diese wurde in der Kalkulation mit 10 Minuten berechnet. Wenn Sie viele mögliche Fragen bereits durch Ihre Artikelbeschreibung beantworten oder Managementsysteme wie den Verkaufsmanager von eBay (siehe Kapitel 9) einsetzen, können Sie viel Zeit sparen und kommen unter Umständen auf nur fünf Minuten. Schon wurde aus dem Stundenlohn von 9,73 € ein Stundenlohn von 13,50 €. Sie sollten auch einmal ausprobieren, wie das Ergebnis aussieht, wenn Sie statt vieler kleiner Auktionen wenige große einstellen (natürlich immer vorausgesetzt, es gibt den Markt für so große Auktionen!). Auch hier werden Sie sehen, dass der Stundenlohn nach oben geht. Nun ist es an Ihnen, Kreativität zu zeigen, an welchen Stellen Ihr Geschäftsmodell noch optimiert werden kann.

3.7.7 Einkommensberechnung

Haben Sie einen Stundensatz festgesetzt, müssen Sie überlegen, ob er Ihnen zum Leben reicht. Im Gegensatz zu Angestellten müssen Sie etwas umdenken. Denn nun sind Sie es, der für sämtliche Ausgaben verantwortlich ist. Dazu gehören auch Versicherungen, Urlaubszeit und die Sicherung Ihres Lebensabends. Gehen wir einmal davon aus, Sie hätten bei 1600 Arbeitsstunden im Jahr – abzüglich aller Kosten – einen kalkulatorischen Stundenlohn von 15 € ermittelt. Dann ist dies ein Reingewinn von 24.000 Euro pro Jahr. Zahlen Sie monatlich ca. 400 € für Altersversorgung und Versicherungen, sind dies 4.800 € pro Jahr. Die Einkommensteuer beträgt bei diesem Gewinn jährlich zirka 2.800 €. Also bleiben Ihnen noch 16.400 Euro pro Jahr oder 1.366 Euro jeden Monat.

Hinweis

Die Kalkulation berücksichtigt aber einen sehr wichtigen Faktor nicht: das Kapital! Denn wenn Sie nicht gerade Fördergelder in ausreichendem Maße bekommen oder selbst Barreserven haben, die Sie einsetzen können, müssen Sie den Wareneinkauf und sonstige Kosten mit einem Kredit bezahlen. Und der kostet natürlich Geld! Als Kosten dürfen Sie nur die Zinsen geltend machen und nicht die Tilgung! Eine entsprechende tabellarische Aufstellung, die Zins- und Tilgungszahlung separat ausweist, erhalten Sie von Ihrer Bank.

Und noch ein Tipp zum Abschluss: Begehen Sie keine Augenwischerei! Zeigt Ihnen die Kalkulation, dass Ihr Geschäftsmodell zu keinen vernünftigen Ergebnissen führt, kommen Sie nicht mit irgendwelchen Milchmädchenrechnungen. Versuchen Sie nicht, das Geschäft vor sich selbst mit anderen Argumenten schön zu reden! Es geht nicht auf! Und gescheiterte Existenzen gibt es auch bei eBay genügend! Aber es gibt sicher auch viele lohnende Tätigkeitsgebiete oder andere Produktgattungen. Sie müssen dann einfach noch einmal von vorn anfangen. Das kostet Sie ein paar Stunden, aber eine misslungene Geschäftsidee kann Sie sehr viel teurer zu stehen kommen!

3.8 Kapitalbeschaffung

Im Gegensatz zu einem konventionellen Handelsunternehmen benötigen Sie für Ihr eBay-Business nur einen Bruchteil des Kapitals. Zum einen haben Sie keinen Publikumsverkehr. Dadurch können Sie Ihr Unternehmen auch in einem Teil Ihrer Wohnung führen und müssen keinen teuren Gewerberaum mieten. Und da Sie Ihre Wohnungsmiete ohnehin zahlen müssen, fallen die Kosten nur kalkulatorisch an. Zum anderen müssen Sie an Waren nur das vor Ort haben, was Sie gerade bei eBay einstellen. Dadurch ist erheblich weniger Geld gebunden und Sie brauchen nicht so viel Kapital, um Ware zu kaufen. Schätzen Sie ab, wie viele Auktionen Sie am Tag bearbeiten können. Kennen Sie dann noch die Lieferzeit der Produkte, ergibt sich daraus die Warenmenge, die Sie auf einmal kaufen müssen.

Nehmen wir einmal an, Sie können am Tag 20 Auktionen abwickeln, also 20 neue Auktionen einstellen, 20 auslaufende Auktionen bearbeiten und 20 Päckchen verpacken und versenden. Dann bedeutet dies pro Arbeitswoche 100 Produkte. Hat der Händler eine Lieferzeit von zwei Wochen, müssen Sie also mindestens 200 Produkte auf Lager haben, um den Nachschub bis zur nächsten Lieferung zu gewährleisten. Sie sollten immer nur das anbieten, was Sie auch tatsächlich auf Lager haben. Mit Ihrer Auktion und dem ersten Gebot gehen Sie einen verbindlichen Kaufvertrag mit dem Bieter ein. Kann dann der Großhändler die Ware doch nicht mehr liefern, ist das Ergebnis im günstigsten Fall eine schlechte Bewertung. Im schlimmsten Fall jedoch ein Gerichtsverfahren auf Schadensersatz.

Trotzdem können Sie den schnellen Zyklus der eBay-Transaktionen für sich nutzen. Hat Ihnen Ihr Großhändler – gegebenenfalls nach zähen Verhandlungen – ein Zahlungsziel von 30 Tagen eingeräumt, und Sie bestellen das Kontingent für eben diesen Zeitraum, haben Sie bereits vor Ende des Zahlungsziels zumindest den Rechnungsbetrag erwirtschaftet. Dann brauchen Sie nicht in Vorleistung zu gehen! Voraussetzung ist natürlich, dass Ihre Produkte auch tatsächlich Absatz finden. Sie sollten – nur für den Fall der Fälle – den Rechnungsbetrag in irgendeiner Form flüssig machen können, sei es durch Barreserven oder einen Bankkredit.

3.8.1 Nutzen Sie eBay

Die einfachste Form, um an das Mindestmaß an Kapital zu kommen, das Sie als eBay-Verkäufer benötigen, ist, alles zu verkaufen, was sich in irgendwelchen Ecken Ihrer Wohnung oder Ihres Hauses angesammelt hat. Berüchtigt für solche Staubfänger sind insbesondere Keller und Dachböden. Und wenn Sie jetzt denken, »Also, das kann man wirklich nicht mehr verkaufen, das will doch kein Mensch«, sollten Sie sich einmal anschauen, was alles über eBay den Besitzer wechselt. Zudem ist dies ein guter Anfang, Bewertungspunkte bei eBay zu sammeln und den Tagesablauf eines eBay-Verkäufers in der Praxis kennen zu lernen. Bei diesen Verkäufen handelt es sich übrigens um private Verkäufe, weil Sie aus Ihrem Privatbesitz Dinge veräußern. Das müssen Sie in den Beschreibungen besonders kennzeichnen, damit ein Käufer nicht auf die Idee kommt, Sie würden wie ein gewerblicher Verkäufer auftreten. Das würde zu bestimmten Verpflichtungen führen (siehe Kapitel 4). Zudem müssen Sie solche Einkünfte nicht versteuern, weil es sich nicht um eine gewerbliche Tätigkeit handelt. Das Geld, das Sie auf diese Weise erwirtschaften und in Ihr angehendes Unternehmen stecken, ist eine Privateinlage.

Abbildung 3.35: Was aussieht wie ein Haufen Sperrmüll, kann bei eBay noch gut zu Geld für den Start des eBay-Business gemacht werden.

3.8.2 Staatliche Förderungen

Dieser Abschnitt richtet ausschließlich an Arbeitslose , die mit dem Gedanken spielen, statt auf irgendwelche Stellenangebote zu warten, lieber selbst die Initiative zu ergreifen. Der Vorteil vom eigenen Business ist, dass hier kein Yuppi-Personalleiter fragt »Wie alt sind Sie?« und schon bei einem »35« die Nase rümpft. Hier geht es darum, dass Sie es sich zutrauen! Dass Sie wissen, dass Sie es schaffen können. Auch ohne Arbeitgeber! Und niemals war das einfacher als mit eBay!

Da Arbeitsmarktzahlen ein großes Thema bei jedem Wahlkampf sind – und zwar unabhängig von der Partei –, ist man in Deutschland auf eine sehr clevere Lösung gekommen. Die bedeutet zwar nicht unbedingt, dass der Staat weniger zahlt, allerdings beschönigt sie die Statistiken. Denn jeder Arbeitslose, der sich – beispielsweise mit staatlichen Geldern – selbstständig zu machen versucht und deshalb weder Arbeitslosengeld noch Arbeitslosenhilfe erhält, ist aus der eigentlichen Statistik der Arbeitslosen raus. Diese sieht besser aus und die jeweilige Regierung kann sich damit brüsten, die Arbeitslosigkeit bekämpft zu haben. So viel zum Hintergrund.

Tatsache ist, dass Sie auf diese Weise die Möglichkeit haben, sich fast ohne Risiko selbstständig zu machen – sofern Sie Ihr Geschäftsmodell nur klar genug darlegen können, was mit den in diesem Kapitel vorgestellten Techniken und Analysen kein Problem sein sollte. Wenn Sie einfach nur sagen »Ich will was über eBay verkaufen« wird Ihr Berater beim Arbeitsamt sicherlich abwinken. Kommen Sie jedoch gleich mit einer 20-seitigen Beschreibung Ihrer Idee samt der Kalkulationen und Einkaufskonditionen – einen Teil können Sie ja aus diesem Buch abschreiben –, sieht die Sache schon anders aus. Alles, was Sie dann gegebenenfalls noch benötigen, ist die Unterschrift eines Steuerberaters. Mit den gesammelten Unterlagen sollte jedoch auch das kein Problem sein! Und wenn Sie dem Steuerberater erklären, dass Sie künftig Ihre Steuerangelegenheiten über ihn abwickeln, gibt er Ihnen die Unterschrift vielleicht auch zu einem günstigen Preis.

Nun gibt es verschiedene Formen, wie Ihnen der Staat unter die Arme greifen kann. Voraussetzung ist immer, dass Sie die selbstständige Tätigkeit hauptberuflich ausüben. Das bedeutet, dass Sie mindestens 15 Arbeitsstunden pro Woche für Ihr Geschäft nachweisen können. Aber glauben Sie mir: Wenn es Sie erst einmal gepackt hat, werden Sie diese Stundenzahl fast pro Tag nachweisen können! Gefördert wird, wer sich selbstständig machen will und damit seine Arbeitslosigkeit beendet. Voraussetzung ist dabei, dass mindestens einen Tag Arbeitslosengeld, Arbeitslosenhilfe oder Unterhaltsgeld bezogen wurde oder dass man im Rahmen einer Arbeitsbeschaffungsmaßnahme beschäftigt war. Diese gezahlten Leistungen dürfen nicht länger als einen Monat zurückliegen. Zudem haben Sie nur dann Anspruch auf den Zuschuss, wenn Sie nicht innerhalb der letzten 24 Monate bereits einen Existenzgründungszuschuss oder Überbrückungsgeld erhalten haben. Damit soll vermieden werden, dass der Selbstständige zu schnell aufgibt, um ein neues Geschäft mit neuer Förderung zu gründen. Bei beiden Zuschüssen gilt jedoch, dass sie nicht zurückgezahlt werden müssen!

Die Ich-AG

Seit sich die Hartz-Kommission mit dem Thema beschäftigt hat, wie die Zahl der Arbeitslosen verringert werden kann, kursiert der Begriff der *Ich-AG*. Mit der Ich-AG will man erreichen, dass Arbeitslose sich nicht nur als Arbeitnehmer in die Gemeinschaft einbringen, sondern sich auch als Selbstständige durchzusetzen versuchen. Die Bezeichnung AG ist dabei nur symbolisch zu sehen. Der Selbstständige wird sich natürlich in aller Regel als Einzelunternehmer niederlassen und nicht als Aktiengesellschaft auftreten.

Prinzipiell kommt für die Förderung als Ich-AG jede selbstständige gewerbliche Tätigkeit – also auch der Handel bei eBay – in Frage. Der Existenzgründungszuschuss, wie die offizielle Bezeichnung der Förderung einer Ich-AG lautet, hat den Vorteil einer einfachen Antragstellung und der sozialen Absicherung in den ersten drei Jahren.

Bei der Förderung ist zu beachten, dass der Gewinn vor Steuern 25.000 € pro Jahr nicht übersteigen darf. Sonst erlischt die Förderung im Folgejahr! Zurückzahlen muss man jedoch nichts.

Gefördert wird maximal drei Jahre. Dabei erhält man monatlich einen Zuschuss von

- 600 € im ersten Jahr
- 360 € im zweiten Jahr
- 240 € im dritten Jahr

Diese Beträge sind natürlich nicht die Welt. Sie sollen lediglich sicherstellen, dass der Jungunternehmer die Alters- und Krankenvorsorge bezahlen kann. Zur Sicherung des Lebensunterhalts ist dieser Zuschuss nicht gedacht! Er muss vom ersten Tag an aus der Selbstständigkeit heraus finanziert werden, und das muss auch aus dem Business-Plan hervorgehen.

Auch wenn Selbstständige generell nicht rentenversicherungspflichtig sind, müssen Ich-AG-Gründer während der gesamten Zeit ihrer Bezuschussung in die Rentenkasse einzahlen. Bei der Krankenversicherung haben sie jedoch die Wahl, ob sie weiterhin bei einer gesetzlichen Krankenversicherung sein oder in eine private Krankenversicherung wechseln wollen.

Hinweis

Nach der vorgezogenen Bundestagswahl 2005 hat die neue Bundesregierung beschlossen, dass die Förderung der Ich-AG nur bis zum 30.06.2006 verlängert wird. Ab dem 01.07.2006 sollen der Existenzgründerzuschuss und das Überbrückungsgeld zu einer einheitlichen Existenzgründerförderung zusammengefasst werden. Dabei soll ggf. das Modell der Ich-AG durch andere Instrumente ersetzt werden. Welche dies genau sind, stand bei Drucklegung der zweiten Auflage des vorliegenden Buchs noch nicht fest.

Hinweis

Rechnen Sie gut nach: In den meisten Fällen ist die private Krankenversicherung günstiger und übernimmt eine Vielzahl von Leistungen, die die gesetzliche Krankenversicherung nicht bezahlt. Letztere wird dann interessant, wenn Sie eine große Familie haben, die bei Ihnen mitversichert ist. Das Argument, im Alter müsse man bei der gesetzlichen Krankenversicherung weniger zahlen, zieht nicht mehr, weil jede private Krankenversicherung einen Beitrag anbieten muss, der dem der Gesetzlichen entspricht. Dafür legen die Privaten von jedem Monatsbeitrag einen gewissen Teil zurück. Und fragen Sie einmal in Ihrem persönlichen Umfeld bei Selbstständigen oder Freiberuflern nach: Sie werden sehen, dass fast alle privat versichert sind!

Den Antrag auf den *Existenzgründungszuschuss* stellen Sie bei Ihrem Berater im Arbeitsamt. Stellen Sie am besten bereits vor Ihrem Besuch alle relevanten Informationen zusammen, die Sie sich im Rahmen dieses Kapitels erarbeitet haben:

- Konkurrenz
- Produktanalyse
- Kalkulationen

Im Internet finden Leser des Buchs zahlreiche weitere Informationsquellen und Checklisten, wie sie am schnellsten und einfachsten an einen Existenzgründungszuschuss gelangen.

Überbrückungsgeld

In der Startphase sehr viel interessanter ist das Überbrückungsgeld. Besonders dann, wenn Sie ein Arbeitslosengeld von mehr als 1.300 € monatlich erhalten haben, denn das Überbrückungsgeld ist im Gegensatz zum *Existenzgründungszuschuss* abhängig vom Arbeitslosengeld und somit von dem zuvor bezogenen Gehalt. Zudem gilt für das Überbrückungsgeld kein Gewinnmaximum, das Sie während Ihrer Selbstständigkeit nicht überschreiten dürfen. Auch können Sie beim Überbrückungsgeld selbst entscheiden, ob Sie weiterhin in die Rentenkasse einzahlen wollen oder ob Sie Ihre Altersversorgung lieber selbst in die Hand nehmen.

Das Überbrückungsgeld wird für ein halbes Jahr ab dem Zeitpunkt der Aufnahme der selbstständigen Tätigkeit gezahlt. Der Zuschuss berechnet sich aus dem zuletzt beanspruchten Arbeitslosengeld beziehungsweise der Arbeitslosenhilfe zuzüglich einer Pauschale für die Sozialversicherungsbeiträge. Haben Sie 1500 € Arbeitslosenhilfe erhalten, können Sie mit 1600 bis 1700 € monatlich für ein halbes Jahr, also ungefähr 10.200 € insgesamt, rechnen. Das ist natürlich sehr viel attraktiver als die Förderung der Ich-AG, weil Sie von diesem Geld tatsächlich leben können, auch wenn am Anfang die Aufwendungen größer sind als der Ertrag. Gerade beim eBay-Business muss sich vieles erst einspielen!

Überbrückungsgeld bekommen Sie jedoch nicht so leicht wie den Ich-AG- Existenzgründungszuschuss. Sie müssen Ihrem zuständigen Arbeitsamtberater schon ein sehr überzeugendes Geschäftsmodell vorlegen und dazu die Stellungnahme einer fachkundigen Stelle, beispielsweise der IHK oder Ihres Steuerberaters, einholen. Hier werden Aussagen über Ihre persönlichen und fachlichen Voraussetzungen sowie die finanzielle und wirtschaftliche Tragfähigkeit des geplanten Unternehmens getroffen. Fertigen Sie also ein 10- bis 20-seitiges Geschäftsmodell an. Das hört sich komplizierter an, als es ist! Im Grunde genommen gehen Sie einfach dieses Kapitel durch und notieren alles, was auch auf Ihr Geschäftsmodell zutrifft. Ordnen Sie es – beispielsweise mit einem Textverarbeitungsprogramm wie Word oder OpenOffice – mit klaren Überschriften und Unterüberschriften, sodass eine eindeutige Gliederung entsteht. Lassen Sie das Ganze von einem Steuerberater durchschauen und abzeichnen. Dann ist bereits die größte Hürde zum Überbrückungsgeld gemeistert!

Info

Haben Sie Probleme damit, den Business-Plan zu erstellen, fragen Sie bei Ihrem Arbeitsamt nach. Dort werden häufig Kurse angeboten, wie man diese Beschreibung Ihrer Selbstständigkeit gelungen aufsetzt.

Hinweis

Formatieren Sie Ihr Geschäftsmodell ruhig großzügig in klar lesbarer Schrift. 25 aufgelockerte Seiten mit einem schönen Deckblatt und in einer hierarchischen Gliederungsstruktur machen mehr her als derselbe Text auf 3 Seiten! Bauen Sie vielleicht noch die eine oder andere Grafik (etwa: der Preisverlauf bei eBay) oder vielleicht einen Bildschirm-Schnappschuss eines Angebots zur Verdeutlichung ein! Das lockert das Ganze auf und streckt den Inhalt!

Förderungsprogramme und Seminare

Erhalten Sie einen Existenzgründerzuschuss oder das Überbrückungsgeld, haben Sie in der Regel auch Anspruch auf die Teilnahme an *Existenzgründungsseminaren*. Wird Ihnen eines genehmigt, übernimmt die Agentur für Arbeit sowohl die Kosten für den Lehrgang als auch für die Anfahrt und beispielsweise die Kinderbetreuung. Dasselbe gilt übrigens für so genannte *Coachingmaßnahmen*, die Sie im ersten Jahr nach der Gründung Ihres Geschäfts begleitend unterstützen. Durch die persönliche Beratung – insbesondere in der Startphase der Selbstständigkeit – will man Ihnen helfen, Ihre neue berufliche Situation erfolgreich zu meistern.

3.8.3 Finanzierung

Die Finanzierung Ihres Unternehmens über eine Bank ist nur bedingt ratsam. Sinnvoll bei einem so schnell drehenden Business wie dem eBay-Handel ist ein Überziehungs- oder Kontokorrentkredit, also eine Erlaubnis der Bank, Ihr Geschäftskonto bis zu einem gewissen Limit zu überziehen. Das hat den Vorteil, dass Sie Ware bestellen, die Rechnung aus dem Kontokorrentkredit bezahlen und damit Ihr Konto überziehen können. Dieses Minus gleichen Sie dann innerhalb relativ kurzer Zeit durch die Zahlungseingänge Ihrer Warenverkäufe wieder aus, wodurch Ihr Konto nur kurze Zeit belastet ist. Das hält die Zinsen im erträglichen Rahmen.

Tatsächliche Raten- oder Annuitätskredite, also Kredite, bei denen Sie mit einer monatlichen Rückzahlung über einen vordefinierten Zeitraum hinweg den Kredit tilgen, kommen beim eBay-Business nur dann in Frage, wenn Sie beispielsweise Saisonware einkaufen müssen. Kaufen Sie etwa im Winter und im Sommer Modekollektionen, müssen Sie diese im Ganzen ordern, auch wenn Sie sie über einen größeren Zeitraum hinweg verkaufen. Hier benötigen Sie auf einen Schlag viele Tausend Euro. Ein Überziehungskredit ist in der Regel zu teuer, weil die Zinsen erheblich höher sind als beim Annuitätsdarlehen und die Verkäufe sich über einen längeren Zeitraum hinziehen.

Ein höheres Startkapital, also einen Ratenkredit, benötigen Sie auch, wenn Sie selbst produzieren. Dann sind Werkstoffe und Maschinen zur Produktion notwendig und gegebenenfalls auch eine Rücklage für Miete und Kaution, um die entsprechenden Räumlichkeiten anzumieten und für eine gewisse Zeit bezahlen zu können. Bei Ihrer Kalkulation müssen Sie jedoch die aufsummierten Zinsen für jedes Jahr einbeziehen. Sie erhalten eine solche Aufstellung von Ihrer Bank. Sagen Sie dort, dass Sie Zinsen und Tilgung separat ausgewiesen haben wollen. Diese Aufstellung benötigen Sie ohnehin für Ihre Steuererklärung, da Sie die Zinsen steuerlich als Kosten geltend machen können, nicht aber die Tilgung!

Allen Krediten ist jedoch gemein, dass Banken auf jeden Fall zunächst einmal denselben Wert, den sie verleihen, als Sicherheit hinterlegt haben wollen. Das kann beispielsweise eine Hypothek auf ein Haus sein oder auch eine Lebensversicherung, ein Sparbuch oder ein Aktienpaket. Hier gilt es abzuwägen, ob die Kosten des Kredits es lohnen, das Sparbuch oder das Aktienpaket zu behalten. Vielleicht ist es auch sinnvoller, die betreffende Geldanlage einfach aufzulösen! Das Argument »Das ist meine Altersversicherung« zieht natürlich nicht, weil – als Sicherheit hinterlegt – im Zweifelsfall die Bank die Hand auf das Geld hat.

3.8.4 Sonstige Förderprogramme

Es gibt für Existenzgründer auch andere Förderprogramme, bei denen sie beispielsweise Kredite zu besonders günstigen Zinsen oder in den Anfangsjahren ohne Tilgung oder sogar ohne hinterlegte Sicherheiten erhalten. Dies sind meist Förderprogramme der einzelnen Bundesländer, über die Sie bei der ortsansässigen *IHK* (*www.ihk.de*) sicher am meisten erfahren. Eine Fülle von Informationen erhalten Sie auch beim *Bundesministerium für Wirtschaft und Arbeit unter www.bmwa.bund.de* und dort in der Rubrik *Existenzgründer*. Ebenfalls ein Projekt des Bundesministeriums für Wirtschaft und Arbeit ist die Seite *www.existenzgruender.de*, wo viele Informationen zu staatlichen Fördergelder zu bekommen sind. Hier finden Sie neben zahlreichen

Checklisten auch viele Tipps und Tricks, wie Sie sich beispielsweise bei Verhandlungen mit Banken am besten präsentieren. In Zusammenarbeit mit der Wirtschaftszeitschrift *Impulse* entstand die *Small Business Academy, die unter www.smaba.de enormes Know-how in Bezug auf alle Bereiche der Selbstständigkeit kostenlos zur Verfügung stellt.*

Ebenfalls lohnenswert ist ein Blick auf die Seiten der **KfW Mittelstandsbank** *(www.kfw-mittelstandsbank.de). Besonders interessant für eine eBay-Selbstständigkeit ist das Startgeld, ein zinsgünstiges Darlehen für Gründer eines kleineren Unternehmens, deren Kapitalbedarf nicht bei mehr als 50.000 Euro liegt. Das Besondere an diesem Startgeld ist, dass Sie nur wenige Sicherheiten bieten müssen, weil die KfW Mittelstandsbank zusammen mit dem Europäischen Investitionsfonds zu 80 Prozent für die Darlehen haften.*

Weitere interessante Internetadressen zu diesem Thema finden Sie auf unserer Homepage zum Buch *www.321-buch.de.*

4

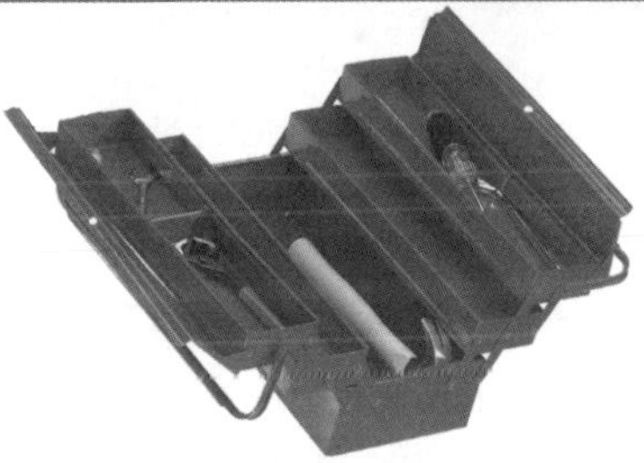

Rechte und Pflichten

Halt! Nicht weiterblättern! Auch wenn das Thema vielleicht nicht besonders verlockend wirkt, gehört es doch zu den wichtigsten dieses Buchs. Wir werden versuchen, Sie so wenig wie möglich mit Gesetzestexten oder juristischen Phrasen zu langweilen. Vielmehr möchten wir den Versuch wagen, Ihnen das gesamte Spektrum der Rechte und Pflichten, die Sie haben und wahrnehmen müssen, in klarer Sprache näher zu bringen. So wie wir es einem Freund bei einer Latte Macchiato im Bistro um die Ecke erklären würden.

Also: In dem Moment, in dem Sie als Gewerbetreibender in Erscheinung treten, haben Sie in Deutschland schlechte Karten. Einmal abgesehen von Amerika, wo auf Mikrowellen stehen muss, dass man darin keine Katzen oder sonstige Haustiere trocknen darf, gibt es wohl nur wenige Länder, in denen der Verbraucher in einem solchen Maße geschützt ist wie in Deutschland. Im Gegenzug liegen dann alle Verpflichtungen bei Ihnen, dem Verkäufer. Glücklicherweise wissen die meisten Käufer nicht, welche Narrenfreiheit sie haben und nach Lust und Laune Gewerbetreibende fast in den Ruin treiben könnten, wenn sie nur ihre vom Gesetzgeber zugestandenen Rechte in Anspruch nehmen. Ein einfaches Beispiel: Stellen Sie sich vor, jemand kauft bei Ihnen fünf Produkte zu einem Wert von jeweils über 40 Euro. Weil Sie ein netter Mensch sind, berechnen Sie dem Käufer nur einmal die Verpackung und das Porto. Er jedoch schickt binnen der Frist des Gesetzgebers – und das können, wenn Sie nicht die entsprechenden Formalia beachten, durchaus mehrere Monate sein – die fünf Produkte als einzelne Pakete zurück. Dann müssen Sie – weil die 40-Euro-Grenze mit jedem einzelnen Produkt erreicht ist (mehr dazu später) – als Verkäufer fünfmal das Rückporto übernehmen. Schickt der Käufer die Ware »unfrei«, entstehen Ihnen noch zusätzliche Gebühren. Stellen Sie sich das nun in einem größeren Rahmen vor und Sie werden sehen, dass der Endverbraucher eine ziemliche Macht hat! Aber keine Angst, wir zeigen Ihnen, wie Sie gefährliche Klippen umschiffen!

4.1 Verträge bestimmen unser Leben

Haben Sie Ihren Lebenspartner schon mal gebeten, Ihnen etwas aus dem Supermarkt mitzubringen? Vertrag geschlossen! Wann immer Aufträge, Geld oder Leistungen im Spiel sind, schließen Sie einen Vertrag. Natürlich würde jeder Richter nur das Gesicht verziehen, wenn Sie Ihren Lebenspartner verklagen würden, wenn er Ihnen statt des gewünschten Noname-Joghurts die Schlemmer-Variante vom Feinkostgeschäft mitgebracht hat. Aber rein theoretisch wäre es möglich. Wichtig ist nur, dass Sie sich wirklich bei jeder Ihrer Handlungen darüber im Klaren sind, dass in irgendeiner Form irgendein Gesetz die Rechtmäßigkeit oder das Fehlverhalten dieser Handlung regelt. Nicht umsonst gehören bei Rechtsanwälten ganze Wände mit Regalen voller Gesetzessammlungen zur Grundausstattung.

Wir versuchen, in diesem Kapitel möglichst wenige juristische Fachwörter zu verwenden. Sollte trotzdem einmal ein Begriff vorkommen, mit dem Sie nichts anfangen können, gibt es unter *www.rechtslexikon-online.de* ein kostenloses Onlinelexikon mit allen wichtigen juristischen Fachbegriffen und einer verständlichen Erklärung in normaler Sprache.

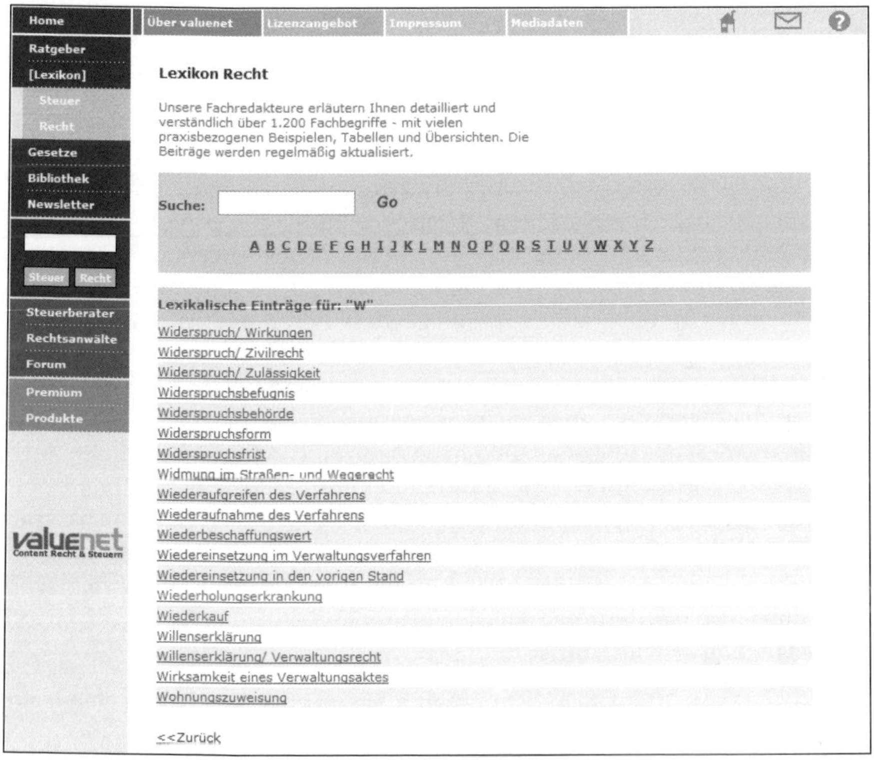

Abbildung 4.1: Unter rechtslexikon-online.de finden Sie unter anderem ein juristisches Fachwörterbuch von valuenet mit verständlichen Erklärungen.

4.2 Ihr erster Vertragspartner: eBay

Auch wenn die Registrierung bei eBay – ganz egal ob aus gewerblichem oder privatem Interesse – kostenlos ist, gehen Sie mit dem Klick auf die Schaltfläche *Ich stimme zu* einen Vertrag mit eBay ein. Dieser Vertrag basiert auf den Allgemeinen Geschäftsbedingungen (AGB) von eBay. Würden wir nicht gerade dieses Buch schreiben, hätten wir sie wahrscheinlich auch nicht gelesen. Dabei sind sie durchaus lesenswert! Denn es stehen viele wichtige Dinge darin. Da wir Ihnen aber wahrscheinlich in diesem Punkt einen Schritt voraus sind – denn die wenigsten Leute lesen heutzutage die AGBs –, möchten wir die für Sie als Verkäufer und auch Käufer wichtigsten Punkte etwas beleuchten.

Haben Sie sich registriert, dann haben Sie zweimal auf *Ich stimme zu* geklickt. Mit dem ersten Klick haben Sie den Allgemeinen Geschäftsbedingungen zugestimmt und mit dem zweiten der Datenschutzerklärung von eBay.

Info

Wenn Sie im Nachhinein einen Blick in die AGBs werfen wollen, gelangen Sie von jeder einzelnen eBay-Seite aus dorthin. Der Link zu den AGBs ist immer ganz unten auf der Seite zu finden. Alternativ gehen Sie gleich zu:

http://pages.ebay.de/help/community/png-user.html

4.2.1 Einstellen eines Angebots

Egal ob Sie als gewerblicher oder privater Verkäufer auftreten: In dem Moment, in dem Sie ein Angebot bei eBay einstellen, geben Sie eine so genannte Willenserklärung ab. Sie sagen damit nämlich, dass Sie ein verbindliches Angebot abgeben, ein Produkt verkaufen oder eine Dienstleistung erbringen zu wollen. Dieses Angebot hat einen gewissen Startpreis und ist für eine gewisse Zeit gültig. Wenn nichts Gegenteiliges in Ihrem Angebot steht, bedeutet das Einstellen, dass Sie bereit sind, mit beliebigen Handelspartnern, die auch eBay-Mitglieder sind, Verträge abzuschließen. Sie können die Handelspartner auch einschränken, dazu jedoch später mehr. Ein Kaufvertrag kommt zustande, sobald ein anderes eBay-Mitglied auf Ihren Artikel ein Gebot abgibt. Dies ist im Fall einer Onlineauktion ein ganz besonderer Kaufvertrag mit einer ganz besonderen Bedingung. Diese besagt, dass der Kaufvertrag erlischt, sobald innerhalb des zeitlichen Rahmens ein anderer Bieter ein höheres Gebot abgibt. So schließt jeder Bietende beim Bieten einen Vertrag mit Ihnen, der so lange gilt, bis entweder das Ende der Auktion erreicht ist oder das Gebot von einem anderen eBay-Mitglied erhöht wurde.

Aus diesem Sachverhalt ergibt sich auch, warum Sie nur bis zum ersten Gebot Ihr Angebot unproblematisch überarbeiten können. Denn bis zum ersten Gebot ist noch kein Kaufvertrag entstanden. Ist erst mal ein Vertrag zwischen Ihnen und dem ersten Bieter zustande gekommen, dürfen Sie nur noch die Artikelkategorie ändern oder die Artikelbeschreibung dahingehend ergänzen, dass Sie noch eine Anmerkung, ein Bild oder einen Besucherzähler hinzufügen.

4.2.2 Sofort-Kaufen-Angebote

In § 11 der Allgemeinen Geschäftsbedingungen von eBay ist der feine Unterschied zwischen den Sofort-Kaufen-Angeboten und den normalen Auktionen geregelt. So reicht beim Sofort-Kaufen-Angebot die erste Willensbekundung eines Käufers – also der Klick auf das Sofort-Kaufen-Symbol samt der nachfolgenden Bestätigung –, um den Kaufvertrag zu schließen. Ab diesem Moment ist das Angebot beendet und steht anderen Käufern nicht mehr zur Verfügung.

Abbildung 4.2: Sofort-Kaufen-Angebote sind in den AGBs geregelt und werden in der Auflistung besonders hervorgehoben.

4.2.3 Rücknahme eines Angebots

Es gibt zwingende Gründe, ein Angebot wieder zurückzunehmen, obwohl bereits Interessenten auf den Artikel geboten haben und damit ein Kaufvertrag zustande gekommen ist.

Die banalste Begründung ist, dass der Gegenstand des Vertrags nicht mehr existiert oder nicht mehr so existiert wie bei Erstellung des Angebots. Stellen Sie sich vor, Sie versteigern die wertvolle Vase von Tante Erna. Verwechselt Ihr dreijähriger Sohn diese Vase während der Auktionszeit mit einem Baseballschläger, ist sie einfach nicht mehr in dem Zustand existent, in dem Sie sie eingestellt haben. In diesem Fall können Sie auf der Plattform von eBay mit der Funktion *Angebot vorzeitig beenden* Ihr Angebot wieder zurückziehen. eBay informiert den Höchstbietenden zwar automatisch über die vorzeitig beendetet Auktion, eine kurze Mail von Ihnen zur Erklärung gehört aber dennoch zum guten Ton.

Sehr häufig sind Angebotsrücknahmen bei Tippfehlern. Wer beispielsweise statt »444,44 Euro« versehentlich »44,44 Euro« bei einem Sofort-Kaufen-Angebot angibt, kann sich bei der Rücknahme respektive beim Anfechten des Angebots durchaus auf seinen Tippfehler berufen. Nehmen wir z. B. an, Sie verkaufen einen Pocket PC, der normalerweise im Handel knapp 500 Euro kostet. Steht in Ihrem Angebot, dass es sich um ein Neugerät handelt, so sollte auch dem gierigsten Käufer klar sein, dass es sich bei einem Preis von 44,44 Euro entweder um einen Schreibfehler oder um Hehlerware handelt.

Doch auch wenn Sie durch die Rechtsprechung in diesem Fall noch einmal glimpflich davongekommen sind, kann der Letztbietende von Ihnen theoretisch Schadensersatz fordern. Als Verkäufer, der sein Angebot angefochten hat, haben Sie Ihren Vertragspartner so zu stellen, wie er bei Nichtabschluss des Vertrags stünde. Gibt der ehemalige Vertragspartner jetzt an, er habe den Pocket PC bereits für 400 Euro weiterverkauft und wolle nun die Differenz, also den ihm entgangenen Gewinn – in unserem Beispiel knapp 355 Euro –, als Schadensersatz gezahlt bekommen, brauchen Sie diesem Ansinnen keinen weiteren Gedanken zu widmen, weil der entgangene Gewinn nicht zum Schadensersatz gehört, den ein Anfechtender zu zahlen hat – immer vorausgesetzt, für die Angebotsrücknahme bestand ein anzuerkennender Grund.

Hinweis

Versuchen Sie sich möglichst immer mit Ihren Handelspartnern gütlich zu einigen, auch wenn Sie vielleicht einmal ein wenig zurückstecken oder über Ihren Schatten springen müssen. Geht das Ganze vor Gericht, investieren Sie Zeit und Geld und haben doch nur eine begrenzte Chance zu gewinnen. Denn in den meisten Fällen wird der Richter einen Vergleich vorschlagen. Und dann trägt oft jeder seine Kosten selbst – und damit haben Sie schon verloren. Und sagen Sie niemals den Satz: Aber ich bin doch im Recht!

4.2.4 Umgehen der eBay-Gebühren

eBay hat Interesse daran, dass Sie Ihre Auktionen ordnungsgemäß durchführen. Dazu steht eine sehr ausgefeilte Logistik zur Verfügung. Diese kostet Geld, und Sie bezahlen dafür mit den Gebühren und Provisionen. Und eBay hat natürlich Interesse daran, dass Sie die angebotenen Waren nicht unter der Hand verkaufen. So ist in § 10 Abs. 1 klar geregelt, dass Sie den Interessenten eines Ihrer Angebote – als Verkäufer sehen Sie ja die Liste der Bieter – nicht unter der Hand andere Produkte anbieten dürfen, es sei denn, es handelt sich auch um Auktionen oder Shop-Angebote, die in eBay eingestellt sind und darüber abgewickelt werden.

4.2.5 Künstliches Hochsteigern

Eine ganze Abteilung bei eBay ist interpolmäßig damit beschäftigt, das so genannte *Shill-Bidding* zu verhindern. So nennt man das künstliche Hochsteigern der eigenen Auktionen. Dieses ist ganz klar im § 10 Abs. 2 verboten. Der Hintergrund ist der: Stellen Sie ein Angebot zu einem Startpreis von einem Euro ein, sind die Gebühren relativ niedrig. Entwickelt sich dann der Verlauf der Gebote nicht so, wie Sie es sich vorstellen, könnten Sie versucht sein, unter einem zweiten Mitgliedsnamen ein höheres Gebot abzugeben, um entweder den Zuschlag für einen geringen Preis zu erhalten und so Ihr Produkt zu »retten« oder andere Bieter, die den Bietagenten verwenden, im Preis hochzuschaukeln. Gleiches gilt natürlich auch, wenn Sie einen Freund beauftragen, auf einen bestimmten Artikel zu bieten.

Das ist verboten! In kaum einen Bereich steckt eBay so viel Energie wie in das Aufspüren von *Shill-Biddern*. Hier handelt eBay nicht nur in seinem eigenen, sondern vor allem im Interesse der Gemeinschaft. Denn wäre *Shill-Bidding* erlaubt, wären Schnäppchen so gut wie unmöglich. Denn jeder Verkäufer hat seine eigenen Angebote in der Regel gut im Blick. Merkt er, dass bis kurz vor Ende der Auktionen niemand oder nur wenige geboten haben, siegt oft die Nervosität und das eigene Gebot treibt dann den Preis nach oben (und das Adrenalin kann wieder sinken).

Aber wie kann eBay *Shill-Bidder* ermitteln?

Im Hintergrund laufen bei eBay Prüfalgorithmen, also unsichtbare Programme, die anhand verschiedener Kriterien Auktionen und deren Verlauf auswerten. Nun gibt es verschiedene Indizien, die darauf schließen lassen, dass ein Angebot per *Shill-Bidding* manipuliert wurde. Wenn beispielsweise am Anfang der Laufzeit ein geringes Angebot eingegeben wurde, dann tagelang nichts passiert und kurz vor Ende ein unrealistisch hohes Gebot mit dem Bietagenten abgegeben wird. Ein weiteres Szenario ist, wenn immer wieder ein bestimmter Käufer die Gebote auf Auktionen eines Mitglieds nach oben drückt, um in letzter Konsequenz dann doch nicht zu kaufen. Wie gesagt: Das sind alles nur Indizien und eBay setzt selbstverständlich viel daran, die tatsächlichen Routinen nicht öffentlich werden zu lassen. Natürlich kann so etwas auch zufällig passieren – trotzdem gehen bei eBay die Alarmglocken los und eine ganze Maschinerie an Tests wird aktiviert. Stellt sich heraus, dass es sich um legale Transaktionen handelt, passiert nichts, werden Sie dagegen des *Shill-Biddings* überführt, werden Sie als Mitglied ausgeschlossen.

Die dümmste Variante ist, mit dem eigenen privaten Account auf das eingestellte Angebot zu bieten. Hierzu ist nichts weiter zu sagen: da Name, Adresse und viele weitere Daten übereinstimmen, ist es für eBay ein Leichtes, den Nachweis zu erbringen.

Etwas intelligenter, aber letztlich auch nicht schwerer nachzuweisen, ist es, wenn Sie einen Account für Ihre Großmutter anlegen, die 500 Kilometer entfernt wohnt und einen anderen Nachnamen hat. Loggen Sie sich dann bei eBay von ein und demselben Rechner einmal mit Ihrem Verkäufer-Account und einmal mit dem Mitgliedsnamen Ihrer Großmutter ein, kann eBay das ja nicht feststellen. Falsch! Ihr Computer erhält beim Verbinden mit dem Internet eine so genannte IP-Adresse, die zu diesem Zeitpunkt weltweit einzigartig ist. Diese IP-Adresse ist für jeden Webseiten-Betreiber sichtbar, also auch für eBay. Stimmt aber die IP-Adresse von Verkäufer und Käufer überein, hat eBay auch hier wieder ein Indiz für weitere Nachforschungen. Dies sollen nur kleine Beispiele sein, wie wenig anonym man eigentlich im Internet ist. Daher auf jeden Fall der Tipp:

Versuchen Sie nicht, Ihre Angebote künstlich in die Höhe zu treiben. Haben Sie nicht die Nerven eines Spielers, um abzuwarten, ob Ihr Angebot nicht doch noch den gewünschten Mindestpreis bringt, beginnen Sie einfach mit einem höheren Startpreis.

Ja, das kostet etwas mehr Gebühren. Und ja, oft erzielen Angebote mit einem niedrigeren Startpreis schließlich höhere Ergebnisse. Aber Ihre Gesundheit wird es Ihnen danken, weil Sie sich einfach nicht mehr aufregen müssen. Und unter uns: Sind 5 Euro ein Magengeschwür wert? Oder den Ausschluss aus eBay?

4.2.6 Sniper – Die Scharfschützen unter den Bietern

Ein sehr sensibles Thema sind so genannte *Sniper* (sniper = engl. Heckenschütze). Dabei handelt es sich um Programme, die entweder übers Internet gestartet werden oder auf Ihrem lokalen PC laufen. Sie können gezielt innerhalb der letzten Sekunden auf Angebote bieten. Auf diese Weise verhindert der Käufer, dass er sich mit einem anderen im Vorfeld hochschaukelt. Das wiederum führt für den Käufer zu günstigeren Preisen. Allerdings nur, wenn er einen *Sniper* verwendet. Somit ist die Mehrzahl der eBay-Mitglieder benachteiligt. In letzter Konsequenz ist der Einsatz eines Sniper-Programms für alle anderen frustrierend. Denn es ist der Kampf Mensch gegen Maschine, den der Mensch in diesem Falle verlieren muss! Denn während für einen Computer, respektive ein Sniper-Programm, eine Hundertstelsekunde ein enorm langer Zeitraum ist, können Menschen diese kaum wahrnehmen, geschweige denn nutzen. Würden nun viele Käufer diese Programme nutzen, würde bei normalen Bietern das von eBay propagierte »3 – 2 – 1 – meins«-Gefühl auf der Strecke bleiben, weil immer der *Sniper* gewinnen wird.

Exkurs

Sniper kontra Bietagent

Vielleicht fragen Sie sich, wozu man überhaupt einen *Sniper* braucht – schließlich gibt es doch den praktischen Bietagenten von eBay, der automatisch in kleinen Preissprüngen bis zu einem vorher festgesetzten Limit steigert? Die Antwort liegt in der Dynamik, die aus zwei oder mehr gegeneinander bietenden Agenten entsteht. Diese treiben sich schnell gegenseitig hoch, bis das Limit des Höchstbietenden erreicht ist. Dann ergibt sich wieder die Ausgangssituation, nur auf höherem Preisniveau – denn in der verbleibenden Laufzeit liegt es nun an den Nutzern, manuell oder durch Änderungen am Bietagenten weiterzubieten.

Der Einsatz eines *Sniper-Programms* ist laut eBay verboten!

Das ist ganz klar in § 10 Abs. 5 der AGBs von eBay festgelegt. Auch hiergegen geht eBay vor. Und das ist noch einfacher als das Aufspüren eines *Shill-Bidders*. Bekommt ein Mitglied immer in der letzten Sekunde den Zuschlag, ist dies bereits mehr als nur ein Indiz, dass er einen Sniper verwendet. Die internetbasierenden Sniper agieren zudem oft von denselben IP-Adressräumen aus, weil sie von Internet-Servern aus gestartet werden, die immer dieselben IP-Adressen haben. Dann ist es für eBay besonders einfach, die Verwendung des Snipers nachzuweisen.

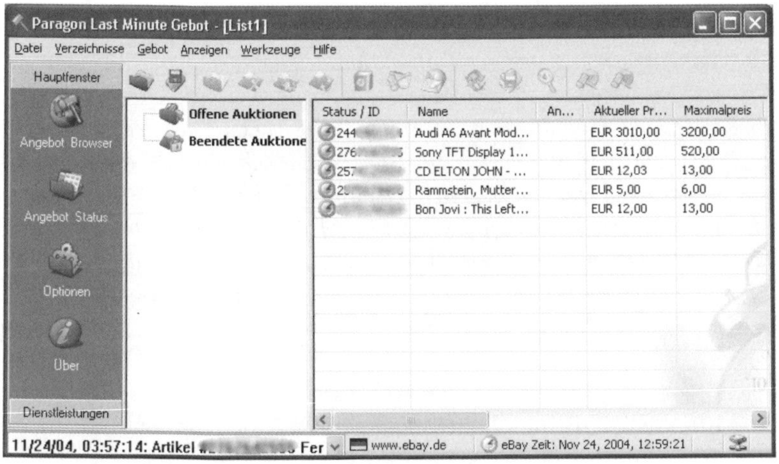

Abbildung 4.3: Sniper, die in allerletzter Sekunde auf Angebote »schießen«, sind laut eBays Allgemeinen Geschäftsbedingungen verboten.

4.2.7 Verbotene Artikel

Im Grunde genommen können Sie fast alles in eBay verkaufen. Aber nur fast! Denn einige Ausnahmen gibt es. Pornografisches Material zum Beispiel. Propagandamaterial verfassungswidriger Organisationen. Natürlich Drogen! In Deutschland auch Zigaretten. Alkohol ist interessanterweise nicht verboten (Anmerkung der Autoren). Auch Aktien und sonstige Wertpapiere sind vom Verkauf bei eBay ausgeschlossen. Nicht zu vergessen menschliche Organe, lebende Tiere oder Teile von Tieren oder Pflanzen, die zu den geschützten Arten gehören.

Die Liste ist lang. Aber glücklicherweise ist sie sehr ausführlich in den AGBs in § 7 in verständlicher Sprache dargelegt.

4.2.8 Schutz vor Spam

Kunden sind des Händlers Kapital! Denn ein zufriedener Kunde wird sicher auch noch ein weiteres Mal kaufen. Leider gilt dieser Grundsatz bei eBay nur unter Vorbehalt. Während Sie im freien Handel die Adressen Ihrer Handelspartner und Kunden für den Versand weiterer Angebote nutzen können – vorausgesetzt, die Kunden untersagen das nicht – schiebt eBay hier bereits in seinen AGBs einen Riegel vor. So ist in § 8 Abs. 7 festgelegt, dass Sie nach abgeschlossener Transaktion die E-Mail-Adresse des Handelspartners nicht mehr verwenden dürfen. Insbesondere nicht für Angebots-E-Mails, die in diesem Zusammenhang als Spam bezeichnet werden.

Dieses Verbot können Sie umgehen und die Kunden zudem geschickt an Sie binden. Schreiben Sie dem Käufer in dem Moment, in dem Sie ihn bewerten, eine E-Mail des Wortlauts:

Lieber Käufer,

danke für die reibungslose Abwicklung unserer Transaktion. Ich habe Sie gerade bei eBay positiv bewertet und möchte Sie bitten, auch Ihre Bewertung abzugeben. Ich hoffe, Sie werden viel Freude an Ihrem Kauf haben. Im Rahmen meines eBay Shops verkaufe ich noch andere interessante Produkte und bekomme immer wieder günstige Schnäppchen herein, die aufgrund der großen Nachfrage oft gar nicht erst den Weg in die Auktionen finden. Wenn Sie möchten, setze ich Sie gerne auf meinen Verteiler und informiere Sie, sobald neue interessante Produkte in meinem eBay Shop verfügbar sind. Antworten Sie einfach auf diese E-Mail. Selbstverständlich können Sie den Newsletter jederzeit auch wieder abbestellen; hierzu reicht eine erneute E-Mail!

...

Dieser Brief hat drei Effekte. Zum einen halten Sie Kontakt – die Kundenbindung ist extrem wichtig! –, zum zweiten erinnern Sie den Käufer an die Bewertung und drittens bekommen Sie mit an Sicherheit grenzender Wahrscheinlichkeit auch sein Okay und können ihn somit trotz des eBay-AGB-Verbots in Ihren Verteiler aufnehmen.

4.2.9 Denunzianten für den freien Marktplatz

eBay hat auf seinen Seiten natürlich das Hausrecht. Und so behält es sich auch vor, Auktionen vorzeitig zu beenden und Mitglieder zu verwarnen oder gar zu sperren, wenn die Grundsätze des Marktplatzes nicht eingehalten werden. Doch natürlich sind bei den Tausenden von Angeboten, die minütlich neu eingestellt werden, nie genug eBay-Mitarbeiter da, um alle Anbieter zu prüfen. Daher ruft eBay ganz offen dazu auf, Angebote, die nicht den AGBs entsprechen oder sonstigem Recht widersprechen, zu melden. Diese Angebote werden dann nach Prüfung kommentarlos gestrichen. Leider erhält man bei eBay keine konkreten Angaben, warum im Einzelfall eine Auktion beendet wurde. Häufig liegt es daran, dass Markennamen verwendet werden, die nichts mit dem Angebot zu tun haben. Verkaufen Sie beispielsweise Noname-Turnschuhe, sollten Sie in der Beschreibung nicht schreiben »genau wie die Air-Modelle von Adidas, Puma und Nike«. Dies kann – auch wenn es inhaltlich richtig ist – als Manipulation angesehen werden, damit das Angebot auch unter den Suchbegriffen »Adidas«, »Puma« und »Nike« gefunden wird.

Leider führt dieses Denunziantentum dazu, dass sich Mitbewerber gegenseitig anschwärzen, sobald einer einen kleinen Fehler begeht.

Spielen Sie nicht mit bei diesem dummen Spiel! Versuchen Sie sich so gut wie möglich an die Spielregeln zu halten.

Wurde eines Ihrer Angebote gesperrt und Sie kennen den Grund nicht, antworten Sie unbedingt auf die an Sie geschickte Standard-Mail von eBay und erkundigen Sie sich danach – sonst passiert Ihnen aus Unkenntnis derselbe Fehler vielleicht wieder.

4.3 Das B und C im Handel

Sicher haben Sie schon einmal die Begriffe B2B und B2C gehört. Hierbei handelt es sich um englische Abkürzungen, die die Art des Handelns beschreiben. Das B steht für Business. B2B bedeutet demnach *Business to Business*, also der Handel zwischen zwei Unternehmern.

Hinweis

Ein Unternehmer im juristischen Sinn ist eine natürliche Person (also ein Mensch) oder eine juristische Person (also eine Kapitalgesellschaft, beispielsweise eine GmbH), die bei Abschluss des Rechtsgeschäfts im Rahmen der gewerblichen respektive selbstständigen Tätigkeit handelt. Kauft beispielsweise ein Unternehmer für sich privat etwas, tritt er nicht als Unternehmer auf, sondern als Privatperson.

Ein Fall des B2B liegt beispielsweise dann vor, wenn eine Autohaus an eine Firma ein Auto verkauft.

Im Gegensatz dazu steht das C für Consumer, also Verbraucher. B2C ist der Handel mit Waren zwischen einem Unternehmer als Verkäufer und einem Endverbraucher. Bei einem gewerbsmäßigen Betreiben von eBay-Verkäufen gehören Sie automatisch zur Kategorie Business. Das hört sich gut an, birgt aber für Sie als Verkäufer zahlreiche Fallstricke. Wir werden in diesem Abschnitt nur auf die beiden Varianten B2B und B2C eingehen. Private Verkäufer, die wahlweise an Endverbraucher oder Gewerbetreibende verkaufen, haben mehr Rechte und weniger Pflichten. Im Rahmen dieses Buchs wird dieser Part aber ausgeblendet.

4.3.1 Gewährleistungspflicht bei Mängeln

Grundsätzlich haftet der Verkäufer bei Mängeln einer verkauften Sache. Er hat dabei zunächst einmal das Recht der Nacherfüllung, d.h., er darf die Sache reparieren oder neu liefern. Bis zu zwei Mal muss der Käufer ihm dieses Recht im Regelfall einräumen. Ist der Mangel bis dahin nicht behoben, kann der Käufer vom Vertrag zurücktreten. Alternativ kann natürlich auch der Kaufpreis gemindert werden, wodurch der Mangel sozusagen in barer Münze vergütet wird. Tritt der Käufer vom Kauf zurück, kann er zusätzlich Schadensersatz fordern. Dieser bezieht sich im Gegensatz zum Schadensersatz bei der Anfechtung eines Angebots (siehe 4.2.3) auch auf den entgangenen Gewinn, sofern dieser nachweisbar ist. Auch hier gilt wieder: Gehen Sie als Verkäufer ruhig einen Schritt weiter auf den Käufer zu, als es Ihre Pflicht wäre. Der Ärger, den Sie sich ersparen, und gegebenenfalls der zufriedene Käufer sind die paar Euro allemal wert!

Was genau ist aber ein Mangel? Hier ist die Antwort sehr einfach! Ein Mangel ist die Differenz zwischen dem, was das Produkt tatsächlich darstellt, und dem, was es darstellen sollte. Also eine Differenz zwischen Ist und Soll. Der Ist-Zustand ist der Zustand, den das Produkt tatsächlich aufweist. Der Soll-Zustand ist das, was Sie in der Artikelbeschreibung – ausdrücklich oder stillschweigend – festgelegt haben. Daraus ergibt sich für Sie eine unglaublich wichtige, wenn nicht sogar die wichtigste Erkenntnis dieses Buchs: Beschreiben Sie Ihre Artikel so gut wie möglich. Fügen Sie in den Beschreibungstext jeden möglichen Fehler, jede noch so kleine Schramme ein – alles, was man in irgendeiner Form Negatives über das Produkt sagen könnte. Schreiben Sie hinein, dass das Plastik der Verpackung leicht angeritzt ist. Schreiben Sie hinein, dass der Import aus einem Drittland erfolgt ist. Schreiben Sie, schreiben Sie, schreiben Sie! Denn unter uns: Wer liest schon den Beschreibungstext? Nachforschungen haben ergeben, dass die meisten Interessenten primär auf das Produktfoto schauen und – wenn überhaupt – maximal die ersten zwei bis fünf Zeilen lesen. Nehmen Sie alle Mängel detailliert in den Beschreibungstext auf, ist dies die Grundlage des Kaufvertrags. Und wenn in der Grundlage des Kaufvertrags bereits alle Mängeln enthalten sind, kann sich der Käufer im Nachhinein nicht darüber echauffieren oder daraus einen Gewährsleistungsanspruch ableiten.

4.3.2 Gewährleistung ausschließen

Verkaufen Sie als Privatperson (C2C oder C2B) oder sind Sie und Ihr Geschäftspartner Unternehmer (B2B), können Sie die gesetzlich vorgesehene Gewährleistung relativ großzügig beschränken oder gar ausschließen. Dies muss jedoch explizit in der Artikelbeschreibung stehen und zwar genauso prominent (Schriftgröße und Platzierung) wie die restliche Beschreibung des Angebots. Vorsicht ist nur dann geboten, wenn Sie für jedes Ihrer Angebote vorformulierte Textbausteine benutzen, weil es sich dann um eigene AGBs handelt, für die einige Sonderregelungen zu beachten sind.

Die schlechte Nachricht ist: Als Gewerbetreibender, der mit Endverbrauchern handelt, dürfen Sie einen solchen Passus nicht in Ihrer Artikelbeschreibung aufnehmen – es sei denn, er bezieht sich ausdrücklich nicht auch auf Verbraucher.

Hinweis

Schreiben Sie in Ihrer Artikelbeschreibung nur dann einen entsprechenden Absatz hinein, wenn Sie sicher sind, dass das auch rechtlich zulässig ist. Sollten Sie als Gewerbetreibender einem Verbraucher Rechte nehmen, die diesem vom Gesetzgeber zugestanden wurden, riskieren Sie, abgemahnt zu werden. Wer sollte das machen? Glauben Sie mir: Die Konkurrenz schläft nicht, und der Neid war schon häufig Triebfeder vieler Handlungen. Wir haben das bereits schmerzlich (und teuer) zu spüren bekommen. So besteht beispielsweise die Möglichkeit, etwa von einem Konkurrenten, aber auch einem Verbraucherschutzverein abgemahnt zu werden.

4.3.3 Haftung beim Versand

Bei der Abwicklung einer eBay-Transaktion geht zu einem bestimmten Zeitpunkt die Gefahr vom Verkäufer auf den Käufer über. Für den Fall einer vereinbarten Versendung der Ware geht dieses Risiko grundsätzlich dann auf den Käufer über, wenn die Ware dem Transportunternehmen übergeben wurde. Der Verkäufer hat also lediglich die Pflicht, das Produkt ordnungsgemäß zu verpacken, und muss den Artikel ordnungsgemäß an den Beförderer übergeben, wobei er in jedem Fall den Nachweis für die Versendung aufbewahren sollte, da dies im Streitfall als Beweismittel gilt. Nach der Übergabe an den Transportdienst – Post, DPD, UPS etc. – hat der Verkäufer alles aus seiner Sicht Erforderliche getan. Somit ist es für den Verkäufer egal, wenn der Käufer beispielsweise einen unversicherten Versand wünscht. Geht das Päckchen verloren, ist das das Problem des Käufers.

Diese schöne Regelung gilt – wie auch die Möglichkeit des Ausschlusses der Gewährleistung – beim Handel zwischen Privatpersonen (C2C) oder wenn der Käufer ein Gewerbetreibender ist (C2B oder B2B). Angeschmiert sind wieder gewerbliche Verkäufer, wenn sie an Verbraucher verkaufen. Denn hier gilt, dass erst bei Übergabe an den Käufer – also erst, wenn das Paket zugestellt wurde – obig beschriebene *Gefahr* auf diesen übergeht. Geht das Produkt zwischenzeitlich verloren oder wird es beschädigt, muss der gewerbliche Verkäufer den etwaig im Voraus gezahlten Kaufpreis zurückerstatten oder kann der Käufer Gewährleistungsansprüche geltend machen.

Versenden Sie als gewerblicher Verkäufer Produkte an Verbraucher NIEMALS ohne Transportversicherung. Schreiben Sie in jede Artikelbeschreibung, dass Sie an Verbraucher ausschließlich versichert versenden. Und auch wenn Sie der Käufer noch so sehr anbettelt: Es lohne sich doch gar nicht für die paar Euro eine so teure Transportversicherung abzuschließen. Er, der Käufer, würde alle Risiken auf seine Kappe nehmen ...

Sagen Sie NEIN! Egal was ein Endverbraucher auch immer sagen mag. Egal wie nett er auch immer – vorher – sein mag. Geht das unversicherte Päckchen verloren, ist und bleibt es Ihr Risiko, im Falle eines Falles den Preis nicht vom Käufer verlangen zu dürfen. Der Käufer kann Sie als Verkäufer nicht davon befreien. Selbst wenn er es Ihnen im Vorfeld schriftlich gibt, dass er die Verantwortung übernimmt, hat dies vor Gericht keinen Bestand!

4.3.4 Das Fernabsatzrecht

Das Fernabsatzrecht basiert auf einer EU-Richtlinie und ist für solche Geschäfte anzuwenden, bei denen der Käufer den Verkäufer zum Zeitpunkt des Vertragsschlusses nicht sieht, also beispielsweise beim Handel im Internet. Es findet bei allen Kaufverträgen Anwendung, bei denen ein Unternehmer eine Ware an einen Verbraucher liefert oder eine sonstige Leistung für einen Verbraucher erbringt, also ausschließlich beim B2C.

Info

Vielerorts hören Sie vielleicht noch den Begriff Fernabsatzgesetz. Dieses existiert aber nicht mehr als eigenes Gesetz, sondern wurde ins Bürgerliche Gesetzbuch (BGB) übernommen. Den genauen Wortlaut der in Frage kommenden Paragraphen gibt es beispielsweise unter

www.jur-abc.de/de/31140011.htm.

Das Fernabsatzrecht gewährt dem Käufer das Recht, den Kaufvertrag innerhalb einer bestimmten Frist zu widerrufen. Alles, was der Käufer dazu tun muss, ist eine E-Mail, ein Fax oder einen Brief zu verfassen, in dem er schreibt: »Ich widerrufe den Kaufvertrag.« Ausgenommen vom Widerrufsrecht sind unter anderem kundenspezifische Herstellungen, Zeitschriften oder versiegelte Waren, beispielsweise CDs, DVDs oder versiegelte Software.

Zudem gibt es eine weitere wichtige Einschränkung des Widerrufsrechts. Es gilt nämlich nicht bei »Versteigerungen«. Die Gretchenfrage ist nun: Sind Kaufverträge, die im Rahmen einer eBay-Auktion zustande kommen, Versteigerungen oder diesen zumindest gleichgestellt? Leider können wir Ihnen auf diese Frage keine befriedigende Antwort geben. Derzeit liegt noch kein Urteil des Bundesgerichtshofs (BGH) vor, das diese Frage endgültig beantworten würde. Es gibt lediglich unterschiedliche Entscheidungen von Amtsgerichten (AG) und Landgerichten (LG), die in dieser Frage jedoch unterschiedlich entschieden haben.

Hinweis

Den Weg des geringsten Widerstands gehen Sie, wenn Sie als gewerblicher Verkäufer das Widerrufsrecht auch für eBay-Auktionen als gegeben annehmen, bis eine endgültige Klärung dieser Frage herbeigeführt wurde. Bei einem Sofort-Kauf stellt sich diese Frage ohnehin nicht.

Fristen des Widerrufsrechts

Das Widerrufsrecht im Rahmen des Fernabsatzrechts gilt mindestens zwei Wochen nach Erhalt der Ware. Diese zwei Wochen gelten aber nur, wenn Sie den Verbraucher vor dem Vertragsabschluss entsprechend belehrt haben. Diese Belehrung muss – so schreibt es das Gesetz vor – in »Textform« erfolgen. Es reicht daher nicht aus, wenn Sie allein in der Artikelbeschreibung den Hinweis auf das Widerrufsrecht aufgenommen haben. Unter einer textformgebundenen Belehrung versteht man eine, die per E-Mail, Fax oder Brief erfolgt ist. Da Sie dazu bei eBay aber erst dann kommen, wenn der Vertrag bereits geschlossen ist, gilt zumeist eine Frist von einem Monat.

Der Hinweis in der Artikelbeschreibung ist aber keinesfalls umsonst, sondern unbedingt aufzunehmen. Sie müssen den Verbraucher also mindestens zwei Mal auf sein Recht hinweisen.

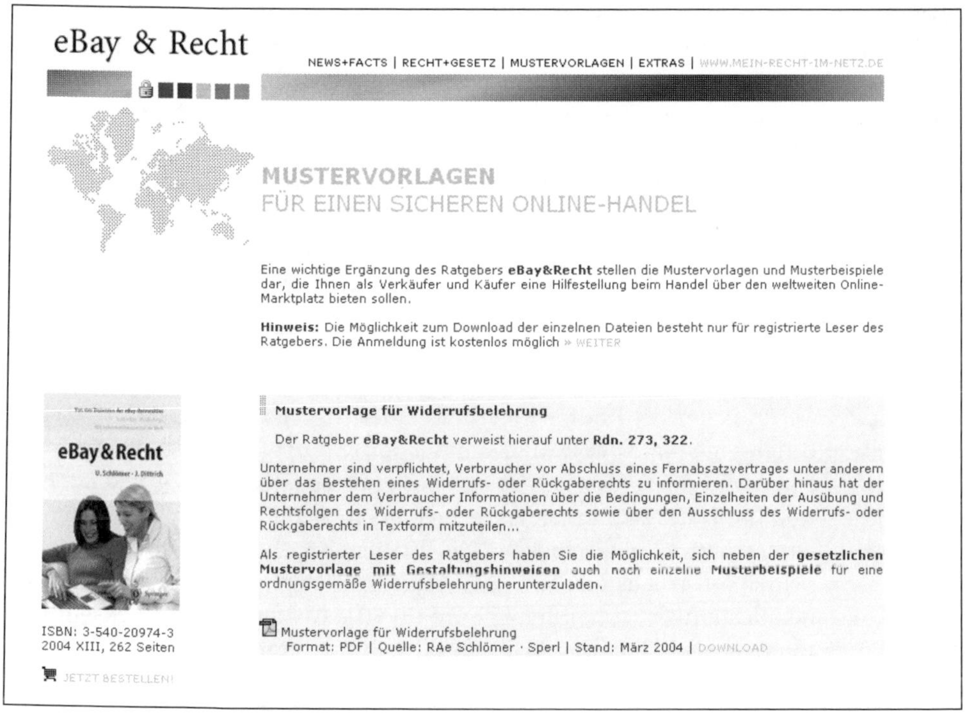

Abbildung 4.4: Auf der Seite www.Mein-Recht-im-Netz.de gibt es zahlreiche Mustervorlagen für eBay-Verkäufer.

Info

Wenn Sie sich dafür interessieren, wie die Widerrufsbelehrung genau auszusehen hat, haben Sie die Möglichkeit, Mustervorlagen auf der Website der Rechtsanwaltskanzlei Schlömer € Sperl abzurufen. Rechtsanwalt Dr. Uwe Schlömer und seine Kollegen, die auf Rechtsfragen rund um eBay spezialisiert sind, stellen unter *www.schloemer-sperl.de* Downloads zur Verfügung. Weitere Informationen rund um das Thema eBay & Recht erfahren Sie über den gleichnamigen Rechtsratgeber mit ergänzendem Internetportal unter *www.mein-recht-im-netz.de*. Dr. Schlömer ist auch Dozent an der eBay University und maßgeblich an meinem Wissen über Rechtsfragen beim Verkauf über eBay verantwortlich. Der Besuch seiner Session bei der eBay University ist gleichermaßen unterhaltsam wie informativ!

Vertun Sie die Chance, den Verbraucher über seine Rechte zu informieren, gilt für den Verbraucher keine Frist! Das heißt im schlimmsten Fall, dass er Ihnen nach vier Jahren noch kundtut, dass er das Notebook, dass er von Ihnen gekauft hat, nun doch zurückgeben will. Und Sie müssen es zurücknehmen! Stellen Sie sich vor, ein Notebook, das vor vier Jahren 1.500 Euro gekostet hat, bekommen Sie heute für 500 Euro nachgeschmissen. Sie müssen dem Käufer jedoch grundsätzlich den gesamten Kaufpreis zurückerstatten! Aufrechnen können Sie allenfalls mit Wertersatzansprüchen, wenn der Verbraucher das Gerät in der Zwischenzeit benutzt oder gar beschädigt hat. Und das Schönste an der Sache ist: Sie müssen auch noch die Versandkosten des Käufers für die Rücksendung übernehmen. Das ist nämlich im Rahmen des Fernabsatzrechts ausdrücklich so vorgesehen. Sie können allenfalls dann die Rücksendekosten auf den Verbraucher abwälzen, wenn der Bestellwert nicht über 40 Euro lag. Das ist aber wieder einmal nur dann möglich, wenn das bereits explizit in der Artikelbeschreibung steht.

Info

Fassen wir zusammen: Beim Kauf von einem Unternehmer kann der Verbraucher als Käufer innerhalb eines Monats nach Erhalt der Ware durch eine einfache E-Mail sein Gebot widerrufen. Wird der Verbraucher nicht darauf hingewiesen, dass er dieses Recht hat, gilt keine Frist und der Käufer kann die Ware auch noch nach mehreren Monaten oder einem Jahr zurückschicken. Die Kosten für die Rücksendung gehen prinzipiell zu Lasten des Verkäufers, es sei denn, es handelt sich um einen Bestellwert von unter 40 Euro und die Kosten für die Rücksendung wurden explizit in der Artikelbeschreibung dem Käufer auferlegt.

Rückgaberecht statt Widerrufsrecht

Einen besonderen Tipp gibt Rechtsanwalt Dr. Schlömer: »Gewähren Sie das Rückgaberecht statt des Widerrufsrechts.« Obwohl bereits gesagt wurde, dass der Verkäufer im B2C-Handel dem Endverbraucher keine Sonderregelungen aufs Auge drücken darf, gilt dies nur, wenn der Endverbraucher dadurch schlechter gestellt ist. Beim Rückgaberecht ist er dies jedoch nicht. Im Gegenteil: Er hat sogar das zusätzliche Privileg, dass er definitiv bei der Rücksendung keine Portokosten hat – auch wenn der Kaufpreis unter 40 Euro liegt.

Was soll dann das Ganze, werden Sie sich fragen. Der Vorteil liegt in der menschlichen Psyche begründet. Denn es ist leichter, innerhalb von 14 Tagen oder 4 Wochen schnell eine E-Mail zu schicken und damit kundzutun, dass man von seinem Widerrufsrecht Gebrauch macht. Etwas ganz anderes ist es, innerhalb dieser Frist das Paket zu packen und zurückzusenden. Denn das ist die Pflicht des Käufers beim Rückgaberecht. Dann muss er es innerhalb der Frist – es gelten dieselben Fristen wie die oben im Kasten genannten auf den Weg zum Verkäufer bringen. Das machen sehr viel weniger Kunden als den einfachen Klick auf den *Senden*-Button.

Foto: Kay Herschelmann

Abbildung 4.5: Auf der eBay University (http://pages.ebay.de/university) erhalten Teilnehmer wertvolle juristische Tipps vom Profi.

4.4 Besondere Regelungen

Egal ob Sie als Privatperson oder als Unternehmer auftreten, manche Regelungen haben in jedem Fall Bestand. Wenn Sie beispielsweise nicht mit allen eBay-Mitgliedern handeln wollen. Dann schreiben Sie in den Angebotstext hinein, dass Sie nur Mitglieder akzeptieren, die dieses oder jenes Kriterium erfüllen, z. B. nur solche, die mehr als 95 Prozent positive Bewertungen haben. Das kann insbesondere dann sinnvoll sein, wenn Sie mit teuren Produkten – wie Gebrauchtwagen – handeln.

Handeln Sie über nationale Grenzen hinweg, sollten Sie auch in die Artikelbeschreibung aufnehmen, dass der Gerichtsstand Deutschland ist und beim Kaufvertrag das deutsche Recht gelten soll. Sollten jedoch im Käuferland in einigen Bereichen schärfere Verbrauchervorschriften vorliegen, so gelten diese nach den Regelungen des Internationalen Privatrechts (IPR) in jedem Fall weiter.

4.4.1 Missbrauch von Markennamen

Es ist bei eBay sinnvoll, den Angebotstext so zu formulieren, dass er möglichst Begriffe enthält, die von potenziellen Käufern auch gesucht werden. Nun werden am häufigsten Markennamen gesucht. Daher gehen einige Anbieter hin und verwenden Markennamen in ihren Beschreibungen, obwohl es sich um ein ganz anders Produkt handelt. Das Recht an dem geschützten Markennamen liegt jedoch beim Inhaber der Marke. Daher sind in der Regel missbräuchliche Verwendungen abmahnfähig. Und das kann teuer werden!

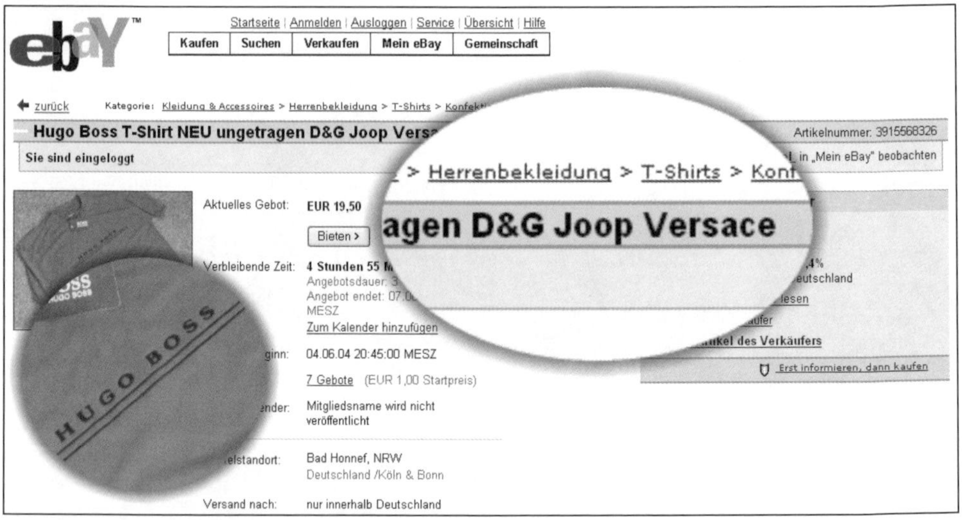

Abbildung 4.6: Wer in seinen Produktbeschreibungen missbräuchlich Markennamen verwendet, läuft Gefahr, abgemahnt zu werden.

4.4.2 Urheberrechtsverletzung

Egal ob Sie Texte von den Internetseiten der Hersteller Ihrer Produkte oder von Ihren Mitbewerbern bei eBay in eigene Angebote einbinden oder deren Fotos oder auch andere verwenden, die Sie irgendwo im Internet gefunden haben: Sie dürfen es nicht! Es sei denn, Sie haben die – möglichst schriftliche – Genehmigung für diesen bestimmten Text oder das bestimmte Bild. Glauben Sie nicht, dass ein paar Veränderungen im Retuscheprogramm das Bild zu Ihrem eigenen machen. Insbesondere in JPEG-Bildern können sehr gut Copyright-Vermerke versteckt werden, ohne dass diese offensichtlich sind.

Das Urheberrecht ist sehr kompliziert und teilweise etwas schwammig, aber es schützt das geistige Eigentum seines Schöpfers. Und es kann teuer für denjenigen werden, der das Urheberrecht verletzt!

Zulässig ist es dagegen, einen fremden Text als bloße Anregung zu verwenden, um daraus eine eigene Artikelbeschreibung zu verfassen. Sehen Sie also, wie andere eBay-Mitglieder ihre Artikel mit überzeugenden Sprüchen bewerben, können Sie die zugrunde liegende Idee aufgreifen, nicht aber den Text direkt abschreiben. Achten Sie insbesondere darauf, nicht mittels Copy&Paste zu arbeiten. Oftmals finden sich ganz bewusst Rechtschreib- oder Interpunktionsfehler in den Originaltexten. Eine andere Alternative ist die Nutzung von Tools wie »anticopy«, bei denen HTML-Codes in die Artikelbeschreibung integriert werden – kopiert man diese mit, erscheint automatisch ein Hinweis darüber, dass es sich um eine »geklaute« Artikelbeschreibung handelt.

Abbildung 4.7: Mithilfe des kostenlosen Service Anticopy können Sie Ihr geistiges Eigentum in Artikelbeschreibungen oder in Ihren allgemeinen Geschäftsbedingungen geschickt schützen.

4.4.3 Eigene Allgemeine Geschäftsbedingungen

Wollen Sie eigene Allgemeine Geschäftsbedingungen in die Verträge über eBay einbeziehen, können Sie dies tun, indem Sie Ihre Bedingungen auf der Mich-Seite hinterlegen und innerhalb der Artikelbeschreibung deutlich darauf hinweisen. Nehmen Sie nicht einfach die AGBs, die Sie im Offlinehandel verwenden, und übernehmen Sie nicht die AGBs irgendeiner Firma und ersetzen Sie den Firmennamen durch Ihren eigenen. Das haut nicht hin, und Sie verstoßen zudem gegen das Urheberrecht desjenigen, der die Klauseln erstellt hat – im günstigsten Fall ist das ein Rechtsanwalt. Auch werden in solchen AGBs oft Fragen abgehandelt, die nichts mit Ihrem Unternehmen zu tun haben. Und wenn Sie sich den Wortlaut der Bestimmungen eines Mitbewerbers zu eigen machen, können Sie auch hier nicht sicher sein, woher sie stammen.

Achtung

Wenn Sie eigene AGBs haben, bietet es sich an, die Informationen gemäß dem Fernabsatzrecht in Ihren AGBs mit zu regeln. Das allein reicht jedoch nicht aus; die wesentlichen Informationen sollten zugleich in jedem Ihrer Angebote zu finden sein!

Sie sollten sich fragen, warum Sie unbedingt AGBs wollen. Schließlich handeln Sie und Ihre Handelspartner auf jeden Fall aufgrund der eBay AGBs. Und Ihre persönlichen AGBs dürfen in keinem Fall im Widerspruch zu denen von eBay stehen.!

Scheint es Ihnen wichtig, eigene AGBs zu besitzen, so lassen Sie diese unbedingt von einem Rechtsanwalt formulieren oder Ihre bisherigen im Offlinehandel verwendeten Vertragsbedingungen durch diesen überprüfen!

4.4.4 Das Bewertungssystem

Bei eBay bewerten sich beide Partner einer Transaktion. Der Verkäufer zeigt damit an, ob der Käufer zügig bezahlt und sich somit als guter Handelspartner darstellt. Der Käufer hingegen kann die Geschwindigkeit, die Professionalität, Verpackung und vieles weitere kritisieren oder loben.

Negative Bewertungen sind selten und neutrale werden in der Regel nur von Neulingen abgegeben, die das System noch nicht einschätzen können und nicht wissen, dass es eigentlich nur positive und negative Bewertungen gibt. Sie sollten sich jedoch hüten, Frust über eine schlechte Transaktion in beleidigender Form abzulassen. Bereits Ihre Negativbewertung ist in der Regel ausreichend. Häufen sich die negative Bewertungen, wird der Handelspartner irgendwann von anderen eBay-Mitgliedern gemieden. Sollten Sie sich jedoch dazu hinreißen lassen, beleidigende oder unsachliche Kommentare zu schreiben, können diese von eBay gelöscht werden; das ist jedoch meist nur ausnahmsweise der Fall, weil sich eBay grundsätzlich nicht in die Bewertung der Mitglieder einmischt.

Trotzdem oder gerade deswegen kann Ihr Handelspartner theoretisch straf- oder zivilrechtlich gegen Sie vorgehen, wenn Ihre Aussage beleidigend war oder nicht der Wahrheit entsprach und diskreditierend ist.

Hinweis

Bleiben Sie mit Ihren Formulierungen auf dem Teppich! Die negative Bewertung allein reicht aus, damit der Handelspartner sein Fett wegbekommt. Legen Sie als Text nur objektivierbare Sachverhalte dar und verwenden Sie eine klare, gepflegte Sprache. Das lässt Sie zudem seriöser und glaubwürdiger erscheinen.

4.5 Nachbemerkung von RA Jörg Dittrich und RA Dr. Uwe Schlömer

Es erscheint heutzutage wichtiger denn je, sich als Unternehmer einmal grundlegend mit den Spielregeln auseinander gesetzt zu haben, die für den Online-Versandhandel allgemein und auf der Handelsplattform eBay im Besonderen gelten. Denn die Vorschriften über Fernabsatzverträge und den elektronischen Geschäftsverkehr verlangen von jedem Unternehmer, der Waren oder Dienstleistungen über das Internet absetzen möchte, die Beachtung ganz spezieller Informations-, Belehrungs- und Hinweispflichten. Hintergrund sind im Wesentlichen die inzwischen europaweit in ähnlicher Manier umgesetzten Vorgaben zur Schaffung von mehr Transparenz im WorldWideWeb und zur Erreichung eines gewissen Standards zum Schutze der Verbraucher, die zunehmend Artikel online bestellen.

Wer also die Vorteile des Internets als Vertriebskanal nutzen möchte, muss wissen, dass es hierfür spezielle Regelungen zu beachten gilt. Dass man auch oder gerade als eBay-Mitglied diese juristischen Aspekte nicht außer Acht lassen sollte, zeigt sich bereits daran, dass diesem Thema hier ein eigenes Kapitel gewidmet wurde. Rechtliche Fragen rund um eBay sind aber auch Bestandteil der bundesweit stattfindenden Informationsveranstaltungen von eBay. Häufig gehören dort die Referate zu den rechtlichen Grundlagen des Handelns auf dem weltweiten Online-Marktplatz zu den meistbesuchten Vorträgen. Auch ganze Diskussionsforen im Internet beschäftigen sich mit rechtlichen Fragen rund um eBay.

Die Verunsicherung ist angesichts der unübersichtlichen gesetzlichen Regelungen und der sich erst nach und nach entwickelnden Rechtsprechung in diesem relativ neuen Rechtsgebiet oftmals groß. Es ist daher begrüßenswert, wenn versucht wird, eBay-Mitgliedern auf ihrem Weg zu der begehrten Auszeichnung mit einer roten Sternschnuppe (ab 100.000 Bewertungspunkte) das für einen sicheren Onlinehandel notwendige Wissen zu vermitteln. Das voranstehende Kapitel der Autoren dieses Buchs leistet hierfür einen wichtigen Beitrag, auch wenn angesichts der weiteren Inhalte natürlich nicht alle rechtlichen Fragen auf den voranstehenden Seiten beantwortet werden können.

Denn man bedenke immer eines: Sich selbst eine Existenz als Unternehmer aufzubauen war noch nie ganz einfach und ohne zumindest rudimentäre Kenntnisse auch im rechtlichen Bereich nur schwer möglich. Der weltweite Online-Marktplatz eBay bietet jedem die Möglichkeit, sich auf relativ einfache und kostengünstige Weise sein eigenes (virtuelles) Geschäft aufzubauen. Wer diese Chance ergreift, sollte sich entsprechend vorbereiten und ist gut beraten, sich mit den Besonderheiten, die im Onlinehandel gelten, vertraut zu machen. Wer das nämlich nicht tut, läuft nicht nur Gefahr bei seinen potenziellen Kunden als nicht vertrauenswürdig angesehen zu werden, sondern muss mitunter für sein Desinteresse auch teuer bezahlen. Nicht nur Verbraucherschutzverbände und Wettbewerbszentralen, deren Aufgabe es ist, Verbraucherinteressen und gewerbliche Interessen zu wahren, beobachten inzwischen mit Argusaugen, wer auf dem Online-Marktplatz mit welchen Angeboten aktiv ist. Auch Konkurrenten legen Wert darauf, dass in der Hoffnung auf einen fairen Wettbewerb von jedem gleichermaßen die gesetzlichen Anforderungen eingehalten werden.

* Innerhalb eines eigenen im Springer-Verlag erschienenen Rechtsratgebers mit dem Titel »eBay&Recht« haben RA Dr. Uwe Schlömer und RA Jörg Dittrich alle wesentlichen Rechtsfragen im Zusammenhang mit eBay aufgegriffen und diese ausführlich und anschaulich beantwortet. Begleitend dazu wurde ein Informationsportal im Internet unter *www.mein-recht-im-netz.de* ins Leben gerufen, das unter anderem auch über aktuelle Entwicklungen in der Gesetzgebung und Rechtsprechung berichtet sowie weitere Informationen zur Verfügung stellt.

5

Behörden, Ämter und Steuern

Sie haben sich weder durch die Produktrecherche und die penible Kalkulation abschrecken lassen? Sie haben alle Aspekte Ihres angehenden Business genau betrachtet und sich auch über die verschärften Bedingungen des Onlinehandels in der deutschen und europäischen Gesetzgebung informiert? Herzlichen Glückwunsch! Nun haben Sie die besten Chancen auf ein erfolgreiches eBay-Business. Was nun kommt, sind zunächst einmal die Behördengänge. Das sind viel weniger, als man gemeinhin denkt! Im Grunde genommen nur ein einziger. Nämlich der zum Gewerbeamt oder in kleineren Orten der zur Gemeinde.

Info

Nicht erst ab dem Moment, an dem Sie Ihr Gewerbe anmelden, können Sie Ausgaben für Ihr künftiges Unternehmen steuerlich geltend machen. Auch alle vorbereitenden Ausgaben können Sie in der Einkommensteuer des Jahres, in dem die Ausgaben erfolgt sind, bei der Einkommensteuererklärung, oder, falls Sie Angestellter sind, beim Lohnsteuerjahresausgleich geltend machen. Es reicht sogar schon, wenn Sie für ein potenzielles Unternehmen recherchieren. Haben Sie beispielsweise bei der Recherche Kosten produziert, etwa weil Sie ein Handelsmagazin abonniert haben oder Warenproben aus Asien kommen ließen, sind dies Ausgaben, die Sie von den Einnahmen aus Ihrem Gewerbebetrieb abziehen können. Selbst dann, wenn aus Ihrem Unternehmen nichts geworden ist, weil die Recherche ergeben hat, dass es für Sie nicht lukrativ ist, die entsprechenden Produkte hierzulande zu vertreiben. Haben Sie sich jedoch beispielsweise einen riesigen Plasmafernseher kommen lassen, wird das Finanzamt sicher vermuten, dass er weiterhin privat genutzt wird, und die Ausgabe nicht anerkennen.

5.1 Die Gewerbe-Anmeldung

Bevor Sie Ihre ersten Verkäufe tätigen, müssen Sie bei der Gemeinde Ihr Gewerbe anmelden. Durch die Gewerbefreiheit ist dies jedoch im normalen Rahmen der eBay-Tätigkeit lediglich eine Formsache. Dabei wird je nach Gemeinde von Ihnen selbst oder von einem Mitarbeiter des Amtes die Gewerbe-Anmeldung ausgefüllt. Dies ist lediglich eine Seite mit nur wenigen persönlichen Angaben und Informationen zum Gewerbe selbst. An Unterlagen müssen Sie lediglich einen Personalausweis oder Reisepass dabeihaben, um sich auszuweisen. Minderjährige benötigen zusätzlich ein schriftliches Einverständnis der Eltern. Die Gebühr für eine Anmeldung beträgt je nach Gemeinde – zwischen 12,50 € und 50 €.

In dem Formular werden neben den persönlichen Daten auch die Geschäftsbereiche erfasst, in denen Sie tätig werden wollen. Überlegen Sie sich vorher gut, was Sie dort angeben. Eine Änderung ist zwar jederzeit möglich, kostet aber erneut Gebühren! Zudem gibt es natürlich einige gewerbliche Bereiche, die aufgrund von Verordnun-

gen nicht ohne zusätzliche Ausbildungs- oder Unbedenklichkeitsnachweise erlaubt sind. Dies trifft in der Regel für den Handel bei eBay nicht zu. Allerdings sollten Sie neben dem Handel mit der entsprechenden Produktgruppe (Textilien, Schmuck, Trendartikel etc.) auf jeden Fall Import und Export als *angemeldete Tätigkeit* (Feld 15) eintragen lassen.

Name der entgegennehmenden Gemeinde: Jetzendorf
Gemeindekennzahl der Betriebsstätte (Sitz)
GewA 1

Gewerbe-Anmeldung
nach § 14 GewO oder § 55 c GewO

Bitte vollständig und gut lesbar ausfüllen sowie die zutreffenden Kästchen ankreuzen.

Aktenzeichen

Angaben zum Betriebsinhaber Bei Personengesellschaften (z. B. OHG) ist für jeden geschäftsführenden Gesellschafter ein eigener Vordruck auszufüllen. Bei juristischen Personen ist bei Feld Nrn. 3 bis 9 und Feld Nrn. 30 und 31 der gesetzliche Vertreter anzugeben (bei inländischer AG wird auf diese Angaben verzichtet). Die Angaben für weitere gesetzliche Vertreter zu diesen Nummern sind ggf. auf Beiblättern zu ergänzen.

1 Im Handels-, Genossenschafts- oder Vereinsregister eingetragener Name mit Rechtsform (ggf. bei GbR: Angabe der weiteren Gesellschafter): Karl Muster, Einzelhandel

2 Ort und Nr. des Registereintrages

Angaben zur Person

3 Name: Muster

4 Vornamen: Karl

4a Geschlecht: [X] männl. [ ] weibl.

5 Geburtsname (nur bei Abweichung vom Namen)

6 Geburtsdatum: 01121963

7 Geburtsort und -land: Bad Ems, Deutschland, Rheinland Pfalz

8 Staatsangehörigkeit(en): [X] deutsch [ ] andere:

9 Anschrift der Wohnung (Straße, Haus-Nr., PLZ, Ort, freiwillig: E-Mail/Web): Hobestrasse 12, 85102 Hirschenhausen

Telefon-Nr.: 08251-2134

Telefax-Nr.:

Angaben zum Betrieb

10 Zahl der geschäftsführenden Gesellschafter (nur bei Personengesellschaften)

Abbildung 5.1: Die Gewerbe-Anmeldung ist lediglich eine Formalität und in wenigen Minuten erledigt.

Den leeren Vordruck einer Gewerbe-Anmeldung im Adobe-Acrobat-Format (PDF) finden Sie zum Download an verschiedenen Stellen im Internet und auch auf unserer Homepage *www.321-buch.de*.

Info

5.2 Gewerbe-Anmeldung beim Finanzamt

Mit der Anmeldung Ihres Gewerbes wird automatisch das zuständige Finanzamt informiert. Dieses weist Ihrem neuen Gewerbe eine Steuernummer zu und schickt Ihnen zusätzlich die *Umsatzsteuer-Identifikationsnummer*, wenn Sie die entsprechende Frage im Fragebogen (siehe weiter unten) mit *Ja* beantwortet haben. Diese EU-weit geltende Steuernummer benötigen Sie, wenn Sie mit anderen Gewerbetreibenden aus Mitgliedstaaten der EU Handel treiben wollen. Dann nämlich entfällt bei Ihren und bei den Rechnungen der Handelspartner die Mehrwertsteuer. Kauft zum Beispiel ein deutscher Händler bei einem österreichischen Händler ein Produkt für 1.200 €, wird der Betrag um die in Österreich geltende Mehrwertsteuer (20 Prozent) reduziert, sobald beide Partner die Umsatzsteuer-Identifikationsnummer voneinander kennen. Somit wird der Rechnungsbetrag nur noch 1000 € lauten. Weitere Infos zum Prinzip der Umsatzsteuer finden Sie weiter hinten in diesem Kapitel unter 7.3.

Info

Den Aufbau der Umsatzsteuer-Identifikationsnummer (USt-IdNr) für die verschiedenen EU-Mitgliedstaaten erfahren Sie beim Bundesamt für Finanzen unter

www.bff-online.de/ust/useg/Aufbau_UStId.pdf.

Hinweis

Sollte Ihnen das Finanzamt nicht automatisch Ihre Umsatzsteuer-Identifikationsnummer zuschicken, können Sie diese beim Bundesamt für Finanzen in Saarlouis unter der Telefonnummer 06831/4560 beantragen. Das geht nur, wenn Ihre Steuernummer mit einem Gewerbe verknüpft ist. Im Zweifelsfall fragen Sie bei Ihrem Finanzamt nach.

Allerdings ist das nicht alles. Zusätzlich will das Finanzamt einiges über Ihr Gewerbe wissen. Dazu erhalten Sie eine gewisse Zeit nach Ihrer Gewerbe-Anmeldung zusammen mit Ihrer Steuernummer ein doppelseitiges Formular (tatsächlich sind es acht Seiten aber Sie müssen nur die ersten zwei ausfüllen). Auch darin geht es primär um Ihre persönlichen Daten, Angaben zu Ehegatten und Kindern sowie Informationen zu sonstigen Einkünften – etwa aus Kapitalvermögen oder Vermietung. Zudem legen Sie in diesem Formular fest, ob Sie umsatzsteuerpflichtig sein wollen oder nicht. Die Wahl haben Sie jedoch nur bis 17.500 € Umsatz pro Jahr und selbst unterhalb dieses Betrags ist es durchaus sinnvoll, die Mehrwertsteuer auszuweisen. Mehr dazu im Abschnitt 7.3.

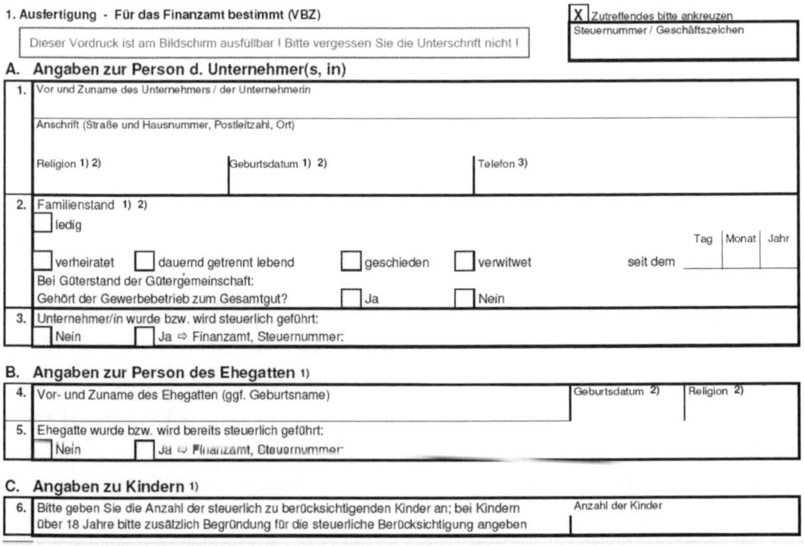
1. Ausfertigung - Für das Finanzamt bestimmt (VBZ)

Dieser Vordruck ist am Bildschirm ausfüllbar ! Bitte vergessen Sie die Unterschrift nicht !

X Zutreffendes bitte ankreuzen

Steuernummer / Geschäftszeichen

A. Angaben zur Person d. Unternehmer(s, in)

1. Vor und Zuname des Unternehmers / der Unternehmerin
Anschrift (Straße und Hausnummer, Postleitzahl, Ort)
Religion 1) 2) | Geburtsdatum 1) 2) | Telefon 3)

2. Familienstand 1) 2)
☐ ledig
☐ verheiratet ☐ dauernd getrennt lebend ☐ geschieden ☐ verwitwet seit dem Tag | Monat | Jahr
Bei Güterstand der Gütergemeinschaft:
Gehört der Gewerbebetrieb zum Gesamtgut? ☐ Ja ☐ Nein

3. Unternehmer/in wurde bzw. wird steuerlich geführt:
☐ Nein ☐ Ja ⇨ Finanzamt, Steuernummer:

B. Angaben zur Person des Ehegatten 1)

4. Vor- und Zuname des Ehegatten (ggf. Geburtsname) | Geburtsdatum 2) | Religion 2)

5. Ehegatte wurde bzw. wird bereits steuerlich geführt:
☐ Nein ☐ Ja ⇨ Finanzamt, Steuernummer

C. Angaben zu Kindern 1)

6. Bitte geben Sie die Anzahl der steuerlich zu berücksichtigenden Kinder an; bei Kindern über 18 Jahre bitte zusätzlich Begründung für die steuerliche Berücksichtigung angeben | Anzahl der Kinder

Abbildung 5.2: Den Vordruck für das Finanzamt können Sie sogar am Bildschirm ausfüllen. Unterschreiben und verschicken müssen Sie es jedoch von Hand!

Den leeren Vordruck zur Finanzamtanmeldung eines neuen Gewerbebetriebs finden Sie zum Download im Adobe-Acrobat-Format (PDF) beispielsweise unter *www.finanzamt.nrw.de* und natürlich auch auf unserer Homepage *www.321-buch.de*.

Info

5.3 Die Umsatzsteuer

Mit der Umsatzsteuer sind Sie seit Ihrer frühesten Kindheit konfrontiert. Als Sie das erste Mal am Kiosk einen Kaugummi für einen Groschen gekauft haben, hat davon der Staat gut einen Pfennig erhalten: die Umsatzsteuer. Dies ist eine Steuern, die auf allen Produkten liegt, von der kleinsten Schraube bis hin zum edelsten Rolls-Royce. Aber nicht nur dort! Auch auf der Rechnung vom Klempner, in der Autowerkstatt oder auf den Gebühren bei eBay liegt obenauf die Umsatzsteuer – umgangssprachlich auch Mehrwertsteuer genannt. Neben der Einkommensteuer ist die Umsatzsteuer zweitgrößte Einnahmequelle des Staates. So wurden beispielsweise 2001 182 Mrd. DM Einkommensteuer bezahlt und 138 Mrd. DM Umsatzsteuer. Dagegen scheinen die knapp 40 Mrd. DM an Mineralölsteuer geradezu lächerlich.

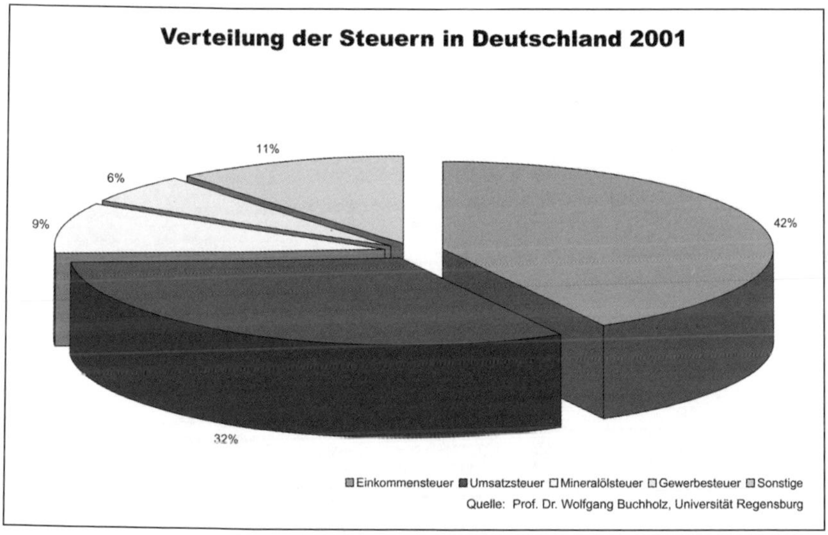

Abbildung 5.3: Heiß geliebtes Kind der Regierung: Die Umsatzsteuer macht in Deutschland knapp 1/3 der Steuereinnahmen aus.

Die gute Nachricht ist: Als Unternehmer interessiert Sie die Umsatzsteuer im Grunde genommen nicht! Die Umsatzsteuer wird nur vom Endverbraucher gezahlt. Alle Stellen dazwischen erhalten die ausgewiesenen Umsatzsteuerbeträge wieder zurück. Dabei ist es egal, ob ein Herstellungsunternehmen direkt an den Endverbraucher oder über Großhändler, Zwischenhändler und eBay-Händler an die Kunden verkauft. Nehmen Sie einmal das Beispiel, ein Produkt wird in Deutschland hergestellt, über einen Großhändler beim Hersteller gekauft und landet dann im Rahmen einer Auktion über einen eBay-Händler beim Endverbraucher. Gehen wir ferner davon aus, dass jeder Zwischenstopp 100 % Gewinn bringen soll und das Produkt beim Hersteller 10 € kostet. Der Hersteller verkauft das Produkt für 10 € plus 16 % Mehrwertsteuer (=1,60 €) an den Großhändler, also zu einem Rechnungsbetrag von 11,60 €. Der Hersteller darf den Mehrwertsteuerbetrag von 1,60 € jedoch nicht behalten. Vielmehr muss er ihn an das Finanzamt überweisen. Der Großhändler wiederum gibt den Umsatzsteuerbetrag (also 1,60 €) beim Finanzamt als so genannte Vorsteuer an und erhält diesen Betrag direkt vom Finanzamt zurücküberwiesen. Er gibt das Produkt für 20 € plus Mehrwertsteuer an den eBay-Händler weiter. Vom Rechnungsbetrag von 23,20 € führt der Großhändler 3,20 € ans Finanzamt ab, das diesen Betrag an den eBay-Händler zurücküberweist. Dieser will beim Verkauf des Produkts 40 € erhalten. Da in Deutschland laut Gesetz der Endverbraucher jedoch nur mit Bruttopreisen – also inklusive der gültigen Mehrwertsteuer – konfrontiert werden darf, muss der eBay-Verkäufer den Mehrwertsteuersatz direkt auf diese 40 € draufschlagen. Daraus ergibt sich ein Verkaufspreis von 46,40 €. Diesen muss der Endverbraucher zahlen und erhält natürlich vom Finanzamt keine 6,40 € zurück. Allerdings muss der eBay-Händler 6,40 € im Rahmen seiner *Umsatzsteuer-Voranmeldung* an das Finanzamt überweisen.

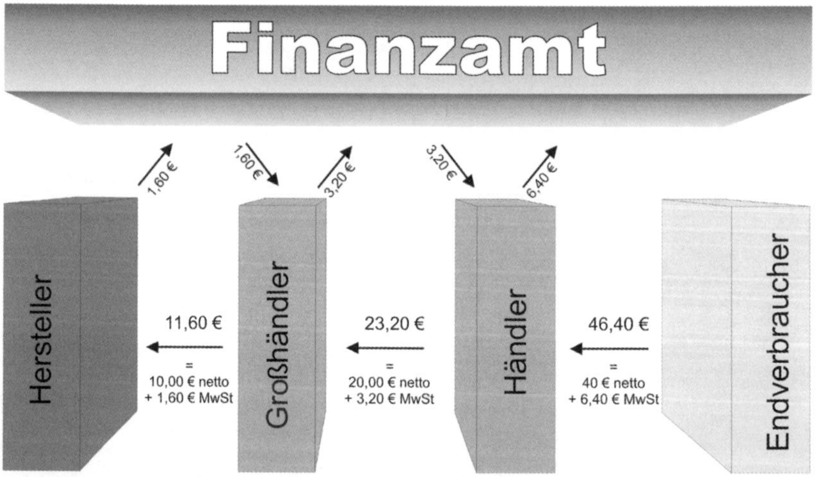

Abbildung 5.4: Der Fluss der Umsatzsteuer: Alle gewerblichen Zwischenstationen müssen die Umsatzsteuer abführen und erhalten im Gegenzug die Vorsteuer aus bezahlten Rechnungen zurück.

Sieht man sich die ganze Prozedur nun einmal aus der Perspektive des Finanzamts an, erkennt man, dass die erste Transaktion vom Hersteller zum Großhändler für das Finanzamt noch überhaupt nichts gebracht hat. Denn die 1,60 €, die das Finanzamt vom Hersteller bekommen hat, muss es dem Großhändler wieder zurückerstatten. Dasselbe gilt für den zweiten Schritt, also der gewerblichen Transaktion zwischen eBay-Händler und Großhändler. Erst der letzte Schritt, also der Verkauf an den Endverbraucher, bringt dem Finanzamt, also dem Staat, tatsächlich die Mehrwertsteuer von 6,40 € – immerhin 64 Prozent des ursprünglichen Preises von 10 €!

Rationalisierung der Umsatzsteuer

Exkurs

Früher fiel beim Verkauf ins Ausland schlichtweg keine Mehrwertsteuer an. Dafür wurden beim Käufer Zölle fällig. Im Rahmen der EU-weiten Zusammenarbeit fallen nun die Zölle weg, dafür wird jedoch innerhalb der EU-Staaten auch Mehrwertsteuer erhoben. Wenn zwei gewerbliche Handelspartner innerhalb der EU miteinander Handel treiben und beide die Umsatzsteuer-Identifikationsnummer des anderen kennen und auf der Rechnung vermerken, können sie weiterhin Rechnungen ohne Mehrwertsteuer, also zum Nettobetrag, ausstellen.

Was ist der Vorteil dabei? Schließlich erhält man ja auch beim innerdeutschen Handel als Gewerbetreibender die Vorsteuer zurück und muss die erhobene Mehrwertsteuer ans Finanzamt abführen. Finanziell ist überhaupt kein Unterschied. Allerdings im Aufwand! Denn wenn Sie sich das Schaubild in Abbildung 5.4 ansehen, wird ein und dasselbe Produkt im Beispiel in fünf unterschiedlichen Umsatzsteuer-Voranmeldungen aufgeführt. Nämlich jedes Mal, wenn es eingekauft wird und wenn es verkauft wird. Dieser immense Papierkrieg würde wegfallen, wenn auch im innerdeutschen Handel zwischen Gewerbetreibenden anhand der Umsatzsteuer-Identifikationsnummer die Mehrwertsteuer wegfallen würde.

Wir haben Beispiel nur mit den vier Handelspartnern Hersteller, Großhändler, eBay-Händler und Endverbraucher durchgespielt, doch es ist egal, ob drei oder 30 Zwischenhändler beteiligt sind. Am Ende zahlt die Mehrwertsteuer einzig und allein der Endverbraucher.

Mit dieser ganzen Theorie müssen Sie sich als eBay-Händler prinzipiell nicht herumschlagen. Allerdings ist es gut, das Prinzip der Mehrwertsteuer verstanden zu haben. Denn es gibt immer zwei Preise: den Bruttopreis und den Nettopreis. Für Sie als gewerblichen eBay-Händler ist nur der Nettopreis von Interesse, egal ob Sie Waren einkaufen oder Einrichtungsgegenstände für Ihr Büro. So kostet das Notebook beim Elektrofachmarkt vielleicht 1.500 €. Als Gewerbetreibender erhalten Sie jedoch die Mehrwertsteuer wieder zurück, wodurch das Notebook für Sie nur 1.293,10 € kostet. Die Mehrwertsteuer von 206,90 € müssen Sie zwar im Geschäft bezahlen, erhalten Sie aber bei der nächsten Umsatzsteuer-Voranmeldung vom Finanzamt wieder zurück. Die Crux ist allerdings, dass auch die erzielten eBay-Preise Bruttopreise sind. Verkaufen Sie etwas für 59 €, bleiben nur 50,86 € in Ihrer Kasse. Die restlichen 8,14 € müssen Sie nach der nächsten Umsatzsteuer-Voranmeldung ans Finanzamt abführen.

Faustformeln für die Mehrwertsteuerberechnung

Da das Berechnen von Nettopreis, Bruttopreis und der enthaltenen Mehrwertsteuer für viele recht verwirrend ist, hier die Faustformeln, wie Sie Mehrwertsteuer ein- und herausrechnen. Wir gehen davon aus, dass der Mehrwertsteuersatz 16 Prozent ist. Bei einem Satz von 20 Prozent nehmen Sie statt 0,16 den Wert 0,2 und statt 1,16 den Wert 1,2. Bei der Excel-Variante gehen wir davon aus, dass der fragliche Betrag in Zelle A1 steht.

1. Mehrwertsteuerbetrag eines Nettobetrags berechnen:

   Taschenrechner: Nettobetrag*0,16
   Excel: =A1*0,16

2. Mehrwertsteuerbetrag eines Bruttobetrags berechnen

   Taschenrechner: Bruttobetrag/1,16*0,16
   Excel: =A1/1,16*0,16

3. Bruttobetrag eines Nettobetrags berechnen

   Taschenrechner: Nettobetrag*1,16
   Excel: =A1*1,16

4. Nettobetrag eines Bruttobetrags berechnen

   Taschenrechner: Bruttobetrag/1,16
   Excel: =A1/1,16

Info

In Deutschland gibt es auch den so genannten halben Mehrwertsteuersatz. Dieser beträgt sieben Prozent. Dass er *halber Mehrwertsteuersatz* heißt, ist geschichtlich bedingt, weil in Deutschland bis vor wenigen Jahren der Mehrwertsteuersatz bei 14 Prozent lag. *Halbe Mehrwertsteuern* werden auf Nahrungsmittel, Zeitschriften und Bücher sowie Arzneimittel erhoben.

Mehr brauchen Sie im Prinzip über die Umsatzsteuer nicht zu wissen. Was die Umsatzsteuer-Voranmeldung angeht, so kommen wir nach den folgenden Abschnitten darauf zurück.

5.4 Belege sammeln

Ganz wichtig für jede Form der Steuererklärung, von der Anmeldung der Vorsteuer bis hin zur Einkommensteuererklärung, sind Belege. Diese müssen Sie sammeln! Dazu gehört alles, was Sie in irgendeiner Form für Ihre unternehmerische Tätigkeit ausgeben oder einnehmen. Kaufen Sie Waren, müssen Sie die Rechnung aufheben. Benötigen Sie neues Papier für Ihren Drucker, heben Sie die Quittung auf! Kaufen Sie im Supermarkt CDRs, also wiederbeschreibbare CDs, auf denen Sie Ihre Daten sichern wollen, bezahlen Sie diese separat und lassen Sie sich eine Quittung mit Mehr-

wertsteuerausweis geben. Dabei sollte die Mehrwertsteuer sowohl in Prozent (also 16 % beispielsweise) vermerkt sein als auch der Betrag, also beispielsweise in der Form »Dieser Betrag enthält 1,20 € Mehrwertsteuer«. Das ist ganz wichtig, weil das Finanzamt sonst den Beleg nicht anerkennt, auch wenn Sie ihn bezahlt haben und alles rechtens ist. Grundsätzlich muss auf jeden Beleg folgende Information vermerkt sein:

- Datum
- die einzelnen Rechnungspositionen
- Mehrwertsteuersatz
- die im Rechnungsbetrag enthaltene Mehrwertsteuer

Ist der Betrag größer als 100 €, müssen zudem die folgenden Informationen auf der Rechnung vermerkt sein:

- fortlaufende Rechnungsnummer
- Steuernummer oder Umsatzsteuer-Identifikationsnummer
- Name des Käufers
- Name des Rechnungstellers
- Netto- und Bruttosumme des Rechnungsbetrags, der Mehrwertsteuersatz in Prozent und der Betrag der Mehrwertsteuer in Euro

Jeder Gewerbetreibende ist verpflichtet, Ihnen diese Angaben zu quittieren. Lassen Sie sich auch an einer Supermarktkasse nicht mit »So etwas machen wir nie!« abspeisen.

Erhalten Sie eine Rechnung eines inländischen Lieferanten, muss dessen Rechnung zudem eine laufende Rechnungsnummer sowie dessen Umsatzsteuer-Identifikationsnummer oder dessen Finanzamt und Steuernummer aufweisen.

Optimal wäre es natürlich, wenn Sie jede einzelne Quittung, die Sie erhalten, sofort und auf der Stelle buchen. So wird es auch vom Prinzip her vom Gesetz gefordert, wobei dort der Begriff »zeitnah« verwendet wird. Die Praxis sieht natürlich anders aus. Normalerweise sammelt man Rechnungen und Quittungen und verbucht sie dann beispielsweise am Ende des Tages, der Woche oder des Monats, wenn sowieso die Umsatzsteuer-Voranmeldung ansteht. Beim Sammeln der Quittungen sollten Sie gleich von vornherein verschiedene Stapel machen. Ein Stapel für alle Quittungen und Rechnungen, die Sie über Ihr Bankkonto abwickeln. Dabei ist es egal, ob es sich um Eingangs- oder Ausgangsrechnungen handelt. Ein weiterer Stapel für all die Rechnungen, die Sie beispielsweise per Kreditkarte bezahlt haben. Und ein weiterer Stapel für all das, was sie in irgendeiner Form bar bezahlt haben. So vorbereitet ist das Erfassen der Belege kein Problem mehr.

5.5 Rechnungen schreiben

Es wurde bereits darauf verwiesen, dass Rechnungen neben dem Mehrwertsteuerausweis auch eine fortlaufende Nummer brauchen und dass wahlweise die Umsatzsteuer-Identifikationsnummer oder Finanzamt und Steuernummer enthalten sein muss. Das ist seit dem 1. 7. 2004 ausdrücklich vorgeschrieben, und Rechnungen, die diesen Anforderungen nicht entsprechen, können nicht steuerlich geltend gemacht werden. Daher sollten auch Sie sich ein Rechnungsformular zulegen, das diesen Anforderungen entspricht. Dieses Rechnungsformular müssen Sie theoretisch für jede einzelne Bestellung ausdrucken und der Sendung beilegen.

Exkurs

Elektronische Rechnungen

Sie können Rechnungen auch per E-Mail versenden. Dadurch sparen Sie sich das Ausdrucken, was neben den Kosten für Papier und Toner bzw. Tinte auch Arbeitszeit bedeutet. Allerdings müssen Sie bei elektronischen Rechnungen verschiedene Voraussetzungen erfüllen. Eine sehr praktikable Methode ist der Versand von Rechnungen im PDF-Format. Eine Rechnung als HTML-Datei zu versenden ist nicht zulässig. Zum Erstellen von PDF-Dateien gibt es verschiedene Programme. Allen voran natürlich Adobe Acrobat – nicht zu verwechseln mit dem Adobe Acrobat Reader. Während dieser kostenlos zum Download zur Verfügung stellt, ist das Komplettpaket Adobe Acrobat relativ teuer. Insbesondere deshalb, weil damit sehr umfangreiche Dokumentationen elektronisch hergestellt werden können. Alternativ gibt es aber auch von zahlreichen Herstellern Druckertreiber, die statt auf einen Drucker zu drucken eine PDF-Datei herstellen und somit von jedem beliebigen Programm genutzt werden können.

Die kostengünstigste und schon häufig in diesem Buch erwähnte Variante ist OpenOffice. Dieses Büropaket kann aus jeder seiner Anwendungen heraus PDF-Dokumente erzeugen. Und wenn in diesem Abschnitt das Rechnungsformular in Excel entwickelt wird, können Sie genauso gut die Tabellenkalkulation von OpenOffice nehmen und damit entsprechend elektronische Rechnungen ausdrucken und versenden.

An dieser Stelle die komplette Entwicklung des Rechnungsformulars darzustellen, würde unnötig viel Platz kosten. Daher finden Sie die entsprechende Excel-Datei auf der Webseite zum Buch (*www.321-buch.de*) in der Sektion, die für Leser des Buchs reserviert ist.

1. Laden Sie die Datei *Rechnung.zip* auf Ihren Computer und entpacken Sie die Rechnungstabelle *Rechnung.xls*.
2. Erstellen Sie im Explorer einen speziellen Ordner, in den Sie künftig Ihre Rechnungen speichern.
3. Kopieren Sie die Datei *Rechnung.xls* in diesen Ordner.
4. Drücken und halten Sie die Tasten [Strg] und [⇧] und schieben Sie die Datei auf den Desktop oder links oben ins Startmenü.

Dadurch wird eine Verknüpfung erstellt und Sie haben jederzeit den direkten Zugriff auf die Rechnungsvorlage, indem Sie auf den Desktop oder im Startmenü auf die entsprechende Verknüpfung klicken.

5.5.1 Das Rechnungsformular anpassen

Als Nächstes passen Sie die Rechnung an Ihr Unternehmen an.

1. Öffnen Sie die Rechnungsdatei *Rechnung.xls*.
2. Als Erstes tragen Sie oben rechts ab der Zelle *F1* Ihren Firmennamen und Ihre Adresse ein.
3. Dann ändern Sie in den Zellen *B48* und *B49* Finanzamt und Steuernummer sowie die Bankverbindung.
4. Haben Sie andere Mehrwertsteuersätze als 7 Prozent und 16 Prozent, passen Sie diese in den Zellen *D41* und *D42* an.
5. Speichern Sie die Änderungen über *Datei, Speichern*.

Jede Rechnung muss eine individuelle Nummer haben. In unserem Formular sind zwei verschiedene Varianten vorgesehen. Zum einen können Sie aus dem Datum und einer laufenden Nummer, die jeden Tag mit 1 beginnt, eine individuelle Rechnungsnummer erstellen lassen. Die erste Rechnungsnummer am 20. 11. 2004 würde lauten: *20041120001*. Dieses Verfahren hat den Vorteil, dass Sie auch im Nachhinein für einen bestimmten Tag noch eine Rechnung nachträglich schreiben können. Wollen Sie dieses Verfahren anwenden, tragen Sie in der Zelle *I4 den Wert »–1« ein.*

Die zweite Methode ist, alle Rechnungen fortlaufend zu nummerieren. Sollten Sie diese Variante bevorzugen, geben Sie in der Zellen *I4* die Rechnungsnummer an, mit der Ihr Rechnungsnummern-Zyklus beginnen soll, beispielsweise um alle Rechnungen im Jahr 2004 durchzunummerieren *200400000*. Dann würde die nächste Rechnungsnummer *200400001* lauten, die darauf folgende *200400002* usw.

Speichern Sie nach der Änderung das Rechnungsformular.

Abbildung 5.5: Das Rechnungsformular bietet alle gesetzlichen Voraussetzungen und verfügt über zahlreiche Automatikfunktionen.

5.5.2 Die Artikelverwaltung

Als besondere Funktion haben wir gleich eine kleine Artikelverwaltung in die Arbeitsmappe *Rechnung.xls* eingebettet. Diese finden Sie im Tabellenregister *Artikelliste*. Dort können Sie nahezu beliebig viele Artikel erfassen. Sie können auch die Tabellen, die standardmäßig nur aus den drei Spalten *Artikelbeschreibung, Preis, Mehrwertsteuersatz* bestehen, beliebig erweitern. Allerdings müssen Sie die neuen Spalten – beispielsweise für Lagermenge, Einkaufspreis, Lieferanten oder Notizen – ab der Spalte D einfügen. Aufgrund der Logik des Rechnungsformulars müssen *Artikelbeschreibung, Preis* und *Mehrwertsteuersatz* in den Spalten A, B und C stehen.

Sämtliche Artikel, die Sie hier erfassen, können Sie danach im Rechnungsformular bequem im Dialog auswählen. Sie können mit dieser Tabelle sämtliche Excel-Umwandlungen von der Berechnung der Preise bis hin zum Sortieren nach beliebigen Kriterien vornehmen.

	A	B	C
1	**Artikelbeschreibung**	**Preis**	**MwSt-Satz**
2	Minolta Z1	321,00 €	16%
3	Minolta Z2	421,00 €	16%
4	Casio Exilim	333,00 €	16%
5	Minolta Dimage	322,00 €	16%
6			

Abbildung 5.6: In der Tabelle Artikelliste können Sie sämtliche Produkte verwalten, die Sie bei eBay anbieten und für Ihre Rechnungsstellung benötigen.

5.5.3 Eine neue Rechnung schreiben

In diesem Abschnitt geht es nun ums Schreiben neuer Rechnungen, wenn also ein Kunde den Zuschlag bei einer Auktion erhalten hat.

1. Schließen Sie die Excel-Datei *Rechnung.xls*, falls sie noch geöffnet war.
2. Laden Sie dann erneut die Datei *Rechnung.xls*. Es öffnet sich ein Dialog mit der Abfrage, ob Sie eine neue Rechnung schreiben wollen. Bestätigen Sie dies mit *Ja*. Auf diese Weise wird automatisch eine neue Rechnungsnummer erzeugt.

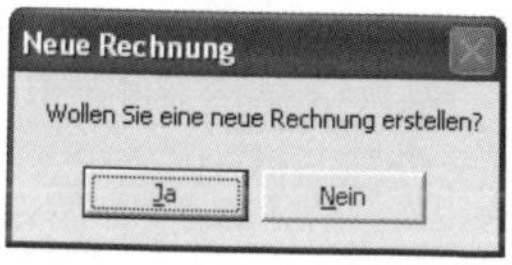

Abbildung 5.7: Wenn Sie die Rechnungsvorlage öffnen, wird auf Wunsch eine neue Rechnungsnummer erzeugt.

3. Geben Sie links oben die Adresse des Käufers ein.
4. Führen Sie einen Doppelklick auf der Zelle C22 aus. Es öffnet sich ein Dialog mit sämtlichen Artikeln, die Sie in der Tabelle *Artikelliste* erfasst haben. Die Sortierung richtet sich nach der Sortierung in der Tabelle. Soll sie alphabetisch sein, lassen Sie dort nach der ersten Spalte sortieren.

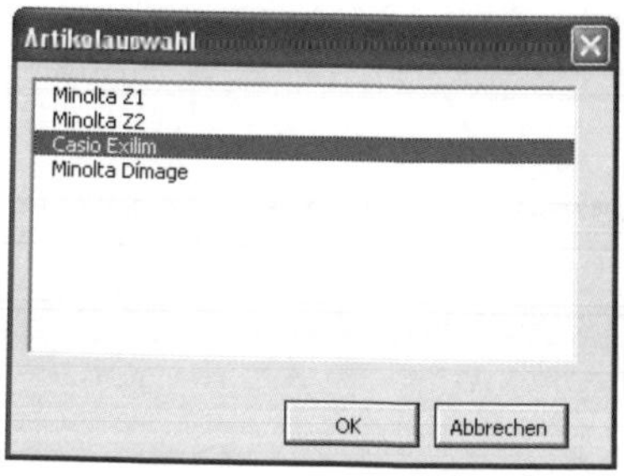

Abbildung 5.8: Die Artikel für die Rechnung wählen Sie im Dialog.

5. Navigieren Sie in der Liste zu dem gewünschten Artikel. Drücken Sie auf einen Buchstaben Ihrer Tastatur, wird die Markierung zum nächsten Artikel mit diesem Buchstaben versetzt. Führen Sie auf dem gewünschten Eintrag einen Doppelklick aus oder klicken Sie auf *OK*, und die Artikelbeschreibung wird in Ihr Rechnungsformular übernommen genauso wie der Mehrwertsteuersatz und der Preis.

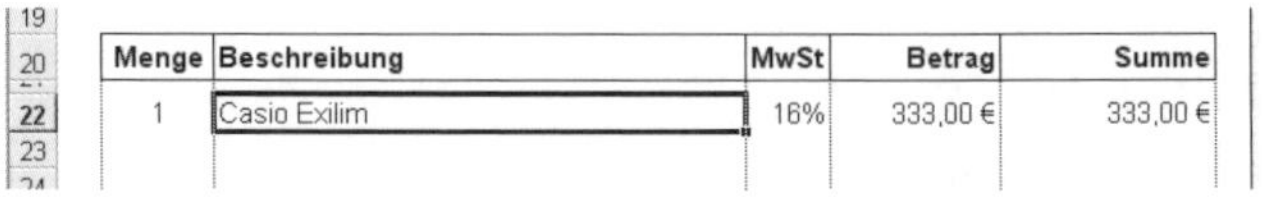

Menge	Beschreibung	MwSt	Betrag	Summe
1	Casio Exilim	16%	333,00 €	333,00 €

Abbildung 5.9: Nach der Auswahl im Dialog erscheinen alle Artikeldaten im Rechnungsformular.

6. Mit einem Klick auf die Schaltfläche *Als neue Rechnung speichern* wird die Rechnung automatisch unter dem Namen der Rechnungsnummer abgelegt. Lautet die Rechnungsnummer beispielsweise *20040620009*, heißt die Datei danach *20040620009.xls* und befindet sich im selben Verzeichnis wie die Datei *Rechnung.xls*. Die Datei *Rechnung.xls* wird übrigens auch mit den neuen Daten gespeichert.
7. Als Nächstes drucken Sie die Rechnung bei Bedarf wie gewohnt. In Zweifelsfall können Sie jederzeit auf die gespeicherte Rechnungsdatei zurückgreifen.

Wollen Sie nun eine neue Rechnung schreiben, brauchen Sie nicht unbedingt die Arbeitsmappe *Rechnung.xls* erneut zu öffnen. Vielmehr reicht es, wenn Sie rechts neben dem Feld *Laufende Nummer* auf die Schaltfläche mit dem + klicken. Dadurch wird die laufende Nummer um 1 erhöht, und es entsteht eine neue Rechnungsnummer. Auch diese können Sie wieder mit *Als neue Rechnung speichern* unter dem Namen der Rechnungsnummer ablegen.

5.6 Einnahmen und Ausgaben erfassen

Ihre Einnahmen und Ausgaben können Sie beispielsweise mit der Tabellenkalkulationen Excel oder dem kostenlosen Pendant von OpenOffice komplett von Hand erledigen, oder Sie setzen ein Finanzprogramm wie *Quicken ein*, das Ihre Kontoauszüge online von Ihrer Bank abholt.

Egal welche Variante Sie wählen, benötigen Sie einen großen Ringbuchordner. Es fallen im Lauf der Monate weitaus mehr Quittungen und Belege an, als Sie denken! Diesen Ordner unterteilen Sie mit drei Trennblättern. Sie beschriften sie entsprechend Ihrer tatsächlichen Ausgabenkonten, also beispielsweise *Bankkonto, Kreditkarte, Bar*. So vorbereitet können Sie nun an die Buchungen gehen.

5.6.1 Einnahmen und Ausgaben mit Excel

Der Gesetzgeber schreibt vor, dass alle Einnahmen und Ausgaben zeitnah gebucht werden müssen. Eine Variante ist die doppelte Buchführung. Diese ist allerdings recht aufwändig und nicht für alle Gewerbetreibenden erforderlich. Verpflichtend ist sie für verschiedene Gesellschaftsformen, beispielsweise die GmbH. Aber auch ein Einzelunternehmer muss diese Form wählen, wenn im Vorjahr der Gesamtumsatz höher als 350.000 Euro war oder der Gewinn aus dem Gewerbebetrieb mehr als 30.000 Euro betrug.

Solange Sie diese Grenzen nicht erreichen, reicht eine einfache Auflistung der Einnahmen und der Ausgaben in tabellarischer Form. Die einfachste Form ist natürlich das Erfassen mithilfe der Tabellenkalkulation Excel oder dem Kalkulationsmodul von OpenOffice.

Info

Auf unserer Webseite *www.321-buch.de* finden Leser des Buchs die in diesem Abschnitt vorgestellte Tabelle für das Erfassen der Einnahmen und der Ausgaben.

Die Excel-Arbeitsmappe *Einnahmen-Ausgaben.xls* ist in verschiedene Tabellen unterteilt.

Die ersten drei tragen die Namen *Bank, Kasse* und *Kreditkarte*. Damit werden in der Realität typischerweise die konkreten Einnahmen und Ausgaben verbucht. Ihre Käufer bezahlen in der Regel mit einer Überweisung an Ihre Bank. Dieses Buch haben Sie vielleicht bar in der Buchhandlung bezahlt. Und den Computer haben Sie möglicherweise im Internet bestellt und mit Kreditkarte bezahlt. All diese Zahlungen müssen chronologisch erfasst werden.

Die vorletzte Tabelle hat den Namen *Kontenplan* (vgl. Abbildung 5.10). Dies ist ein sehr einfacher Kontenplan, der nichts mit einem betriebswirtschaftlichen Kontenrahmen zu tun hat, aber für die meisten eBay-Händler völlig ausreicht. In dieser Tabelle finden Sie die Themengebiete, zu denen Sie Einnahmen und Ausgaben verbuchen können. Beispielsweise die *Büroausstattung*, eine Ausgabenart, die – in Deutschland – immer mit einem Mehrwertsteuersatz von 16% belegt ist. Fallen Ihnen weiteren Bereiche ein, in die sich Ihre Ausgaben und Einnahmen kategorisieren lassen, können Sie diese einfach am Ende der Liste anfügen.

Das wichtigste Konto ist in der Regel Ihr Bankkonto (vgl. Abbildung 5.11). In der gleichnamigen Tabelle erfassen Sie für jede Kontenbewegung auf Ihrem Kontoauszug einen Eintrag und weisen den Betrag einer Ihrer Kategorien aus dem Register *Kontenplan* zu.

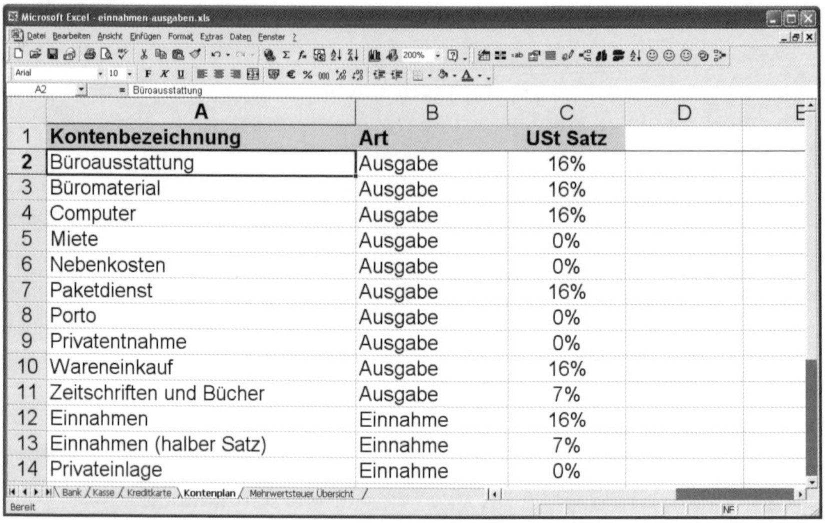

	A	B	C
1	**Kontenbezeichnung**	**Art**	**USt Satz**
2	Büroausstattung	Ausgabe	16%
3	Büromaterial	Ausgabe	16%
4	Computer	Ausgabe	16%
5	Miete	Ausgabe	0%
6	Nebenkosten	Ausgabe	0%
7	Paketdienst	Ausgabe	16%
8	Porto	Ausgabe	0%
9	Privatentnahme	Ausgabe	0%
10	Wareneinkauf	Ausgabe	16%
11	Zeitschriften und Bücher	Ausgabe	7%
12	Einnahmen	Einnahme	16%
13	Einnahmen (halber Satz)	Einnahme	7%
14	Privateinlage	Einnahme	0%

Abbildung 5.10: In der Tabelle Kontenplan legen Sie die Kategorien für Ihre Einnahmen und Ausgaben fest.

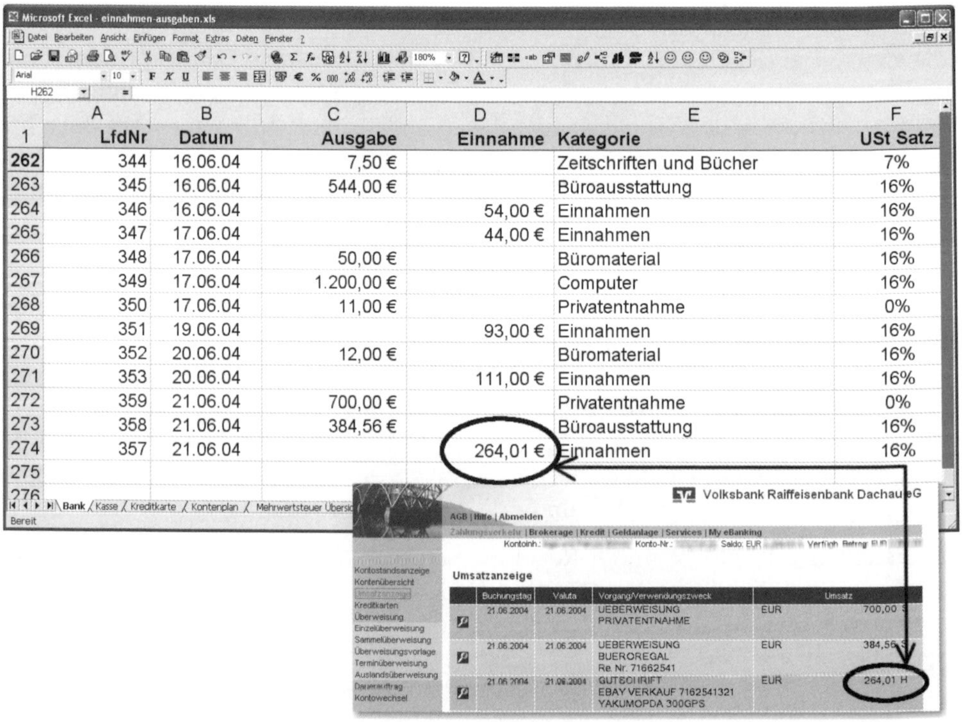

	A	B	C	D	E	F
1	**LfdNr**	**Datum**	**Ausgabe**	**Einnahme**	**Kategorie**	**USt Satz**
262	344	16.06.04	7,50 €		Zeitschriften und Bücher	7%
263	345	16.06.04	544,00 €		Büroausstattung	16%
264	346	16.06.04		54,00 €	Einnahmen	16%
265	347	17.06.04		44,00 €	Einnahmen	16%
266	348	17.06.04	50,00 €		Büromaterial	16%
267	349	17.06.04	1.200,00 €		Computer	16%
268	350	17.06.04	11,00 €		Privatentnahme	0%
269	351	19.06.04		93,00 €	Einnahmen	16%
270	352	20.06.04	12,00 €		Büromaterial	16%
271	353	20.06.04		111,00 €	Einnahmen	16%
272	359	21.06.04	700,00 €		Privatentnahme	0%
273	358	21.06.04	384,56 €		Büroausstattung	16%
274	357	21.06.04		264,01 €	Einnahmen	16%

Abbildung 5.11: In der Tabelle Bank erzeugen Sie für jeden Eintrag in Ihrem Kontoauszug eine separate Buchung und weisen dieser eine Kategorie zu.

Die Vorgehensweise ist sehr einfach und innerhalb der Excel-Tabelle weitestgehend automatisiert.

1. Öffnen Sie die Arbeitsmappe *Einnahmen-Ausgaben.xls*, aktivieren Sie darin die Tabelle *Bank* und nehmen Sie den ersten Kontoauszug Ihrer gewerblichen Tätigkeit in die Hand.
2. Tragen Sie in Zelle B2 das Buchungsdatum aus dem Kontoauszug ein.
3. Handelt es sich um eine Ausgabe (Soll-Buchung), tragen Sie den Betrag in Zelle C2 ein. Handelt es sich um den Zahlungseingang eines Kunden, geben Sie den Betrag in Zelle D2 ein.
4. Sobald Sie den Feldzeiger auf Zelle E2 bewegen, öffnet sich ein Auswahldialog, der Ihnen alle Kategorien Ihres Kontenplans anzeigt. Dabei steht der Auswahlbalken bei einer Ausgabe auf der ersten Ausgabekategorie und bei einer Einnahme auf der ersten Einnahmenkategorie.
5. Wählen Sie dann in der Liste das passende Konto und klicken Sie auf *OK*.
6. Es wird automatisch der korrekte Mehrwertsteuersatz in Zelle F2 und die nächste freie laufende Nummer – in diesem Falle die 1 – in der ersten Spalte eingetragen.
7. Suchen Sie dann den zu dieser Ausgabe passenden Beleg, also die Rechnung oder die Quittung, schreiben Sie die vom System vergebene laufende Nummer auf den Beleg und heften Sie ihn im Sammelordner im Register *Bankkonto* ab. Der Einfachheit halber sollten sämtliche Belege chronologisch sortiert sein.

Auf dieselbe Art und Weise gehen Sie beim Kreditkartenkonto vor, wobei Sie hier den Kontoauszug der Kreditkartenanstalt verwenden. Da es sich um ein separates Register in Ihrem Ordner handelt, beginnt in der Tabelle auch ein neuer Nummernkreis. Sobald Sie etwas aus Ihrer eigenen Tasche bar bezahlen – etwa die Fachzeitschrift oder das Büromaterial – sammeln Sie die Quittungen und ordnen Sie diese vor dem Buchen chronologisch. Dann beginnen Sie mit dem ältesten Beleg und arbeiten sich sukzessive vor.

Das war es schon! Die Umsatzsteuer-Voranmeldung ist nun nur noch einen Knopfdruck entfernt!

5.6.2 Einnahmen und Ausgaben mit Quicken

Noch komfortabler als Excel zum Erfassen der Belege ist die Verwendung eines Finanz-Tools wie Quicken. Der große Vorteil dieses Tools besteht darin, dass es sämtliche Kontobewegungen Ihres Bankkontos automatisch von Ihrer Bank abholen kann. Dadurch müssen Sie die einzelnen Buchungen nicht selbst erfassen. Zudem sind Datum und Betrag immer automatisch korrekt. Somit stimmt natürlich der Anfangs- und Endsaldo Ihres Kontos auf jeden Fall – eine Fehlerquelle weniger! Zudem werden die einzelnen Kontopositionen automatisch von Quicken nummeriert. Denken Sie nur einmal daran, dass Sie beispielsweise pro Monat 300 Buchungen haben.

Um diese nur vom Betrag und vom Datum her zu erfassen, benötigen Sie mindestens eine Stunde – Zeit, die Sie auch besser verwenden können.

Info

Da Sie für Ihre Einnahmen-Ausgaben-Erfassung nur rudimentäre Funktionen von Quicken benötigen, können Sie auch eine ältere Version erwerben. Mit Hilfe der Online-Updates bleibt die Bankverbindung zum Abgleich Ihrer Buchungen immer auf dem neuesten Stand.

Die Vorgehensweise von Quicken im Detail zu schildern, würde den Umfang dieses Abschnitts sprengen, weil es ein sehr komplexes Programm ist. Daher soll nur rudimentär erklärt werden, wie die Vorgehensweise zur Verbuchung Ihrer Einnahmen und Ausgaben bei Quicken ist.

1. Nach dem ersten Start von Quicken werden Sie aufgefordert, ein Konto anzulegen. Legen Sie ein Bankkonto an und tragen Sie sämtliche Kontoinformationen inklusive Kontonummer und Bankleitzahl ein. Legen Sie auf jeden Fall fest, dass Sie das Konto online abgleichen wollen. Aktivieren Sie im Dialog zudem die Option *MwSt Konto mitführen*. Auf diese Weise wird automatisch nach der ersten umsatzsteuerbehafteten Buchung ein Mehrwertsteuerkonto angelegt, auf das die Mehrwertsteuerbeträge Ihrer Kontobewegungen gebucht werden. Nach der ersten Buchung können Sie dann die Mehrwertsteuersätze – beispielsweise für Österreich oder die Schweiz – anpassen.

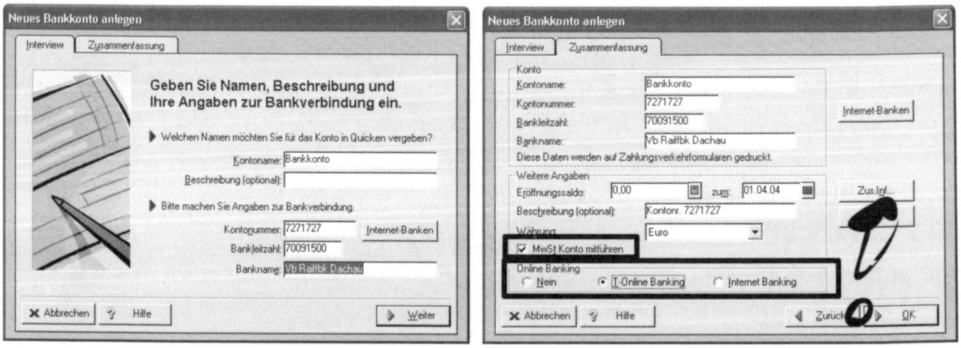

Abbildung 5.12: Achten Sie darauf, dass Sie bei allen Konten die Option MwSt Konto mitführen und für Ihr Bankkonto das Online-Banking aktivieren.

2. Legen Sie dann zwei weitere Konten für Kreditkarte und Kasse an, für die auch die Mehrwertsteuer mitgeführt werden soll.

3. Öffnen Sie die Liste der Umbuchungskonten mit der Tastenkombination Strg+T oder über den Menüpunkt *Listen, Kategorien und Umbuchungskonten*. Löschen Sie aus dieser Liste alle Kategorien heraus, die Sie voraussichtlich nicht benötigen werden. Es reicht, wenn Sie zum Schluss ein Dutzend Einträge haben. Sollten Sie später weitere benötigen, können Sie neue anlegen. Weniger Katego-

rien bedeutet aber auch eine leichtere Auswahl! Jeder einzelnen Kategorie können Sie einen Mehrwertsteuersatz zuordnen, entweder keinen (beispielsweise bei Porto), den halben Mehrwertsteuersatz (in Quicken symbolisiert durch ein *H*) oder den normalen Satz – dargestellt durch das *N*.

4. Nun müssen Sie noch im Menüpunkt *Online*, *Online Banking-Einstellungen* Ihren Onlinezugang wahlweise nach dem sehr sicheren HBCI-Verfahren oder – falls Sie über T-Online online gehen – mit Hilfe einer PIN (Personal Identification Number) einrichten, derselben PIN, mit der Sie auch übers Internet auf Ihr Konto zugreifen können. Genauere Informationen hierzu finden Sie im Quicken-Handbuch.

Nun ist Ihre Einnahmen-Ausgaben-Verwaltung bereits eingerichtet. Geben Sie als Erstes eine neue Buchung im Konto *Kasse* ein.

1. Klicken Sie auf das Register *Kasse.*
2. Sie sehen eine leere Buchung. Passen Sie das Datum an, geben Sie in dem Feld, in dem kursiv das Wort *Ausgabe* steht, einen beliebigen Betrag ein.
3. Klicken Sie dann auf das Feld, in dem kursiv der Text *Kategorie* steht. Wählen Sie eine Kategorie, beispielsweise *Bürobedarf* oder was immer Sie probehalber auswählen wollen.
4. Drücken Sie dann mehrmals hintereinander die Eingabetaste, bis der Dialog *Splittbuchung* erscheint, in dem der eingegebene Betrag in seinen Nettobetrag und seinen Mehrwertsteueranteil zerlegt ist. Klicken Sie in diesem Dialog auf *OK,* und der Buchungssatz ist abgeschlossen sowie der gewählten Kategorie zugeordnet.

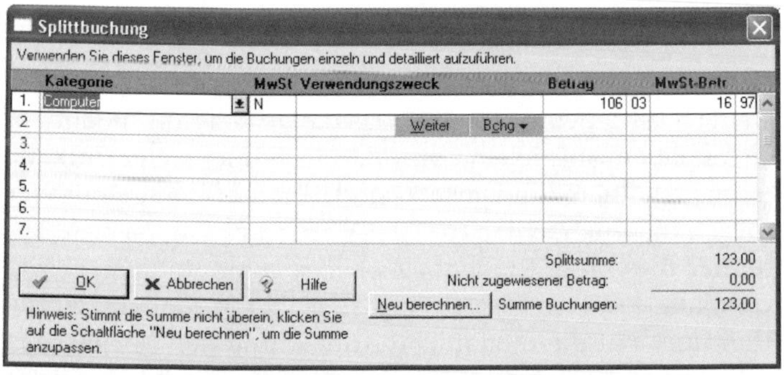

Abbildung 5.13: Sobald eine Buchung von der Mehrwertsteuer betroffen ist, müssen Sie im Splittbuchung-Dialog die Berechnung bestätigen.

5. Wechseln Sie in das Register *Mehrwertsteuer*, sehen Sie dort, dass der Mehrwertsteueranteil Ihrer Buchung automatisch auf dieses Konto gebucht wurde.
6. Diese Probebuchung können Sie im Register *Kasse* wieder löschen, indem Sie die Buchung markieren und dann die Tastenkombination Strg+Entf drücken.

Als Nächstes gehen Sie online, um Ihre Kontoauszüge von der Bank abzuholen. Die Voraussetzung dazu ist, dass Sie Ihren Onlinezugang und Ihr Bankkonto in Quicken korrekt eingerichtet haben, wie es im Handbuch beschrieben ist. Bei den meisten Banken gibt es mittlerweile eine Hotline, die Ihnen erklärt, wie Sie in Quicken Ihr Konto einrichten. Probieren Sie nicht lange herum, sondern rufen Sie einfach bei Ihrer Bank an. Schließlich sind Sie der Kunde!

1. Wählen Sie das Register Ihres Bankkontos.
2. Klicken Sie im Menü *Online* den Menüpunkt *Online Banking-Aktionen, Kontoauszug holen*. Alternativ können Sie auch die Tastenkombination [Strg]+[S] verwenden.
3. Im Dialog sehen Sie das Datum, von dem ab die Kontoauszüge abgeholt werden sollen. Passen Sie es gegebenenfalls an und klicken Sie auf *OK*, um die Verbindung zur Bank zu herzustellen und die Buchungen abzuholen.
4. Alle abgeholten Kontenbewegungen befinden sich zunächst in der Liste *Online-Auszug*. Klicken Sie auf *Alle übernehmen*, um sie als abgeglichene Buchung in Ihr Quicken-Konto zu übernehmen. Achten Sie darauf, dass der Online-Endstand Ihres Kontos und die Summe der abgeglichenen Beträge identisch sind. Ansonsten sind beim Abholen ein oder zwei Buchungen versehentlich nicht berücksichtigt worden und Sie müssen dies händisch nachholen.
5. Bestätigen Sie das Abgleichen der Buchungen mit *Fertig* und drucken Sie gegebenenfalls den Kontoauszug.

Nun sehen Sie im Register *Bank* die neuen Buchungen und Sie können sie – wie zuvor bei der Kasse – den entsprechenden Kategorien zuordnen.

5.7 Die Umsatzsteuer-Voranmeldung (UStVA)

Insbesondere bei neuen Unternehmen verlangt das Finanzamt die monatliche Voranmeldung der Umsatzsteuer. Das bedeutet konkret, dass spätestens am 10. des Folgemonats dem Finanzamt auf einem speziellen Formular die Summe aller Einkäufe und Verkäufe und die daraus resultierende Umsatz- und Vorsteuer mitgeteilt werden muss. Zudem muss bis zu diesem Stichtag (offiziell der zehnte Tag nach Ablauf des Voranmeldungszeitraums) die Umsatzsteuer beglichen sein. Im Rahmen gesetzlicher Vorgaben erlaubt das Finanzamt nach spätestens zwei Jahren auch die vierteljährliche Anmeldung. Allerdings hat die monatliche Anmeldung den Vorteil, dass Sie gezwungen sind, Ihre Belege monatlich zu erfassen. Zum einen bleibt Ihre Buchhaltung damit auf einem sehr aktuellen Stand, zum anderen laufen nicht so hohe Nachzahlungen auf. Wenn Sie nämlich nur alle drei Monate die Umsatzsteuer abführen, kann es sein, dass am Ende eines Quartals eine große Nachzahlung fällig wird. Es ist – insbesondere in den ersten Jahren der Selbstständigkeit – normal, dass man das eingegangene Geld als das Seine betrachtet. Dass die Umsatzsteuer jedoch dem Finanzamt gehört und das Finanzamt in dieser Beziehung auch völlig humorlos ist, kann zu einem schmerzhaften Erwachen führen!

5.7.1 Befreiung von der Mehrwertsteuer

Unter gewissen Umständen kann ein Unternehmer sich von der Pflicht der Umsatzbesteuerung befreien lassen. Dann nämlich, wenn er als Kleinunternehmer gilt. Das ist der Fall, wenn der Jahresumsatz eine gewisse Grenze nicht erreicht – in Deutschland derzeit 17.500 € und in Österreich 22.000 €. Überschreitet der Jahresumsatz diesen Betrag, muss der Unternehmer ab dem Folgejahr die Umsatzsteuer ganz normal ausweisen.

Wer von diesem Recht Gebrauch macht, erhält natürlich auch die Vorsteuer von erworbenen Waren und Einrichtungsgegenständen nicht zurück. Auch darf er die Umsatzsteuer bei eigenen Verkäufen nicht ausweisen, weshalb insbesondere gewerbliche eBay-Käufer häufig das Angebot eines anderen Handelspartners in Anspruch nehmen. Wenn sie nämlich bei Ihnen 50 € ohne Mehrwertsteuerausweis zahlen und bei einem Ihrer Konkurrenten 52,20 € inklusive dem Ausweis, ist unter dem Strich Ihr Konkurrent für den Gewerbetreibenden günstiger, weil der Nettopreis bei 45 € liegt.

5.7.2 Umsatzsteueranzeige in der Excel-Verwaltung

Die Excel-Arbeitsmappe zur Verwaltung Ihrer Einnahmen und Ausgaben (siehe Abschnitt 5.6.1) bietet in der letzten Tabelle *Mehrwertsteuer Übersicht* die Funktion, sämtlichen Buchungen eines beliebigen Zeitraums sortiert nach den Mehrwertsteuersätzen aufzusummieren. Das Ergebnis sind jene fünf Beträge, die Sie in der Umsatzsteuer-Voranmeldung angeben müssen: der kumulierte Nettoumsatz zum vollen und zum halben Mehrwertsteuersatz, die beiden Umsatzsteuersummen sowie die Vorsteuersumme sämtlicher Käufe und Anschaffungen.

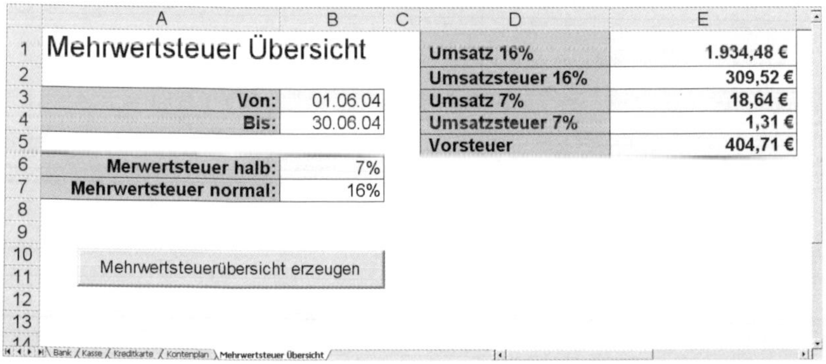

Abbildung 5.14: Aus Ihren erfassten Belegen ermittelt die Mehrwertsteuer Übersicht alle relevanten Informationen für die Umsatzsteuer-Voranmeldung.

Generell geben Sie zunächst einmal in der Tabelle in den Zellen B6 und B7 die geltenden Mehrwertsteuersätze ein. Dies sind in Deutschland zum Zeitpunkt der Drucklegung 7 und 16 Prozent. Als Nächstes legen Sie den Zeitraum fest, für den die

Umsätze und Steuersummen ermittelt werden sollen. Für den Juni 2004 ist dies beispielsweise der Zeitraum vom 01.06.2004 (Zelle B3) bis zum 30.06.2004 (Zelle B4). Klicken Sie anschließend auf die Schaltfläche *Mehrwertsteuerübersicht erzeugen*, sehen Sie in der Spalte E die Ergebnisse.

5.7.3 Umsatzsteueranzeige in Quicken

Haben Sie Ihre Einnahmen und Ausgaben in Quicken erfasst, gibt es genau für den Zweck der Umsatzsteuer-Voranmeldung einen Bericht.

1. Wählen Sie im Menü *Berichte/Grafiken* den Menüpunkt *Geschäftlich, Mehrwertsteuer-Übersicht*.
2. Wählen Sie im Dialog *Bericht erzeugen* den gewünschten Zeitraum. Dabei sind schon verschiedene wichtige Berichtszeiträume vorgegeben, beispielsweise *Letztes Quartal* oder *Letzter Monat*.
3. Klicken Sie dann auf *Erstellen*, sehen Sie den Gesamtbericht.

Für die Umsatzsteuer-Voranmeldung müssen Sie hier noch zwei Beträge von Hand errechnen, nämlich die Umsatzsteuer zum halben und die Umsatzsteuer zum vollen Steuersatz. Dazu nehmen Sie die Zahl unter *Netto Halb* und multiplizieren sie mit *0,07*. Analog nehmen Sie die Zahl unter *Netto Normal* und multiplizieren sie mit *0,16*. Die Ergebnisse sind die entsprechenden Steuerbeträge. Sollten Sie keine Umsätze zum halben Steuersatz erzielen, können Sie den Betrag in der Spalte *MwSt Gesamt* ablesen und brauchen nicht zu rechnen.

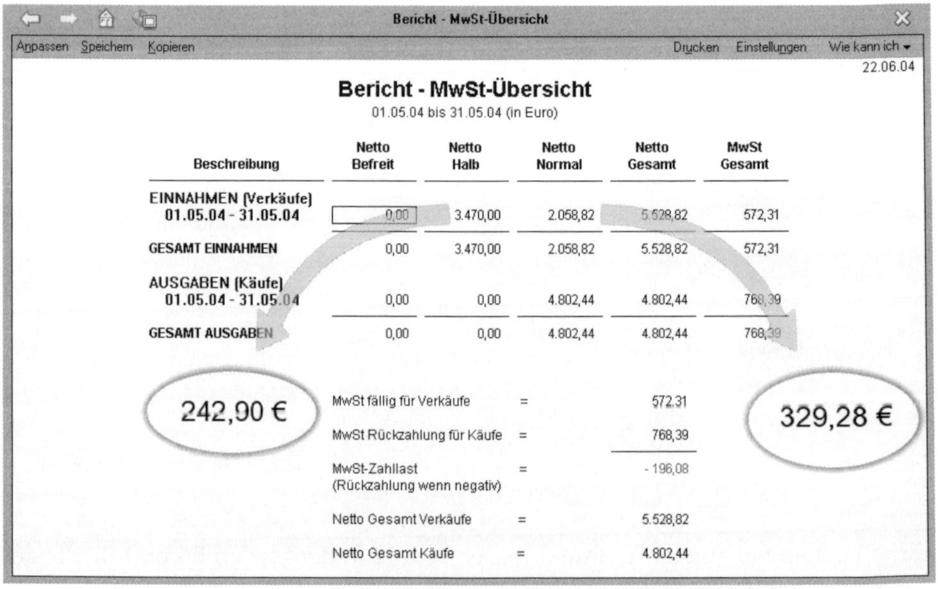

Abbildung 5.15: Auch Quicken erzeugt auf Knopfdruck eine Umsatzsteuer-Voranmeldung eines beliebigen Zeitraums. Die Steuerbeträge müssen gegebenenfalls händisch errechnet werden.

5.7.4 Das UStVA-Formular richtig ausfüllen

Nur wenige Formulare sind für den normalen Gewerbetreibenden ohne steuerrechtliche Ausbildung so simpel aufgebaut wie das Formular zur Umsatzsteuer-Voranmeldung. Das Ausfüllen dauert – sobald die Beträge feststehen – weniger als fünf Minuten.

Hinweis

Das Formular der Umsatzsteuer-Voranmeldung ist in Zeilen aufgeteilt. Auf diese beziehen wir uns in der folgenden Beschreibung.

1. Als Erstes tragen Sie Ihre Steuernummer auf der ersten Seite in Zeile 3 ein. Seit dem Formular 2004 müssen Sie die Steuernummer auf der zweiten Seite (Zeile 44) wiederholen.
2. Geben Sie in den Zeilen 6 bis 10 Name und Anschrift des Finanzamts ein. In der Regel reicht die Beschriftung in der Form »Finanzamt Pfaffenhofen, 85265 Pfaffenhofen«.
3. Als Nächstes kommt in das Feld *Unternehmer* ab Zeile 12 Ihre Anschrift.

Hinweis

Besorgen Sie sich genügend Formulare und trennen Sie die Blätter voneinander. Es hängen jeweils zwei identische Formulare aneinander, damit Sie eine Kopie erstellen können. Versuchen Sie dann in Ihrem Textverarbeitungsprogramm ein Dokument anzulegen, in dem Sie Ihre Steuernummer, die Anschrift des Finanzamts und Ihre eigene Anschrift so eintragen, dass Sie die Formulare damit bedrucken können. Das ist ein bisschen mühsam. Aber bereits bei Ihrer zweiten Umsatzsteuer-Voranmeldung wird sich die Mühe auszahlen!

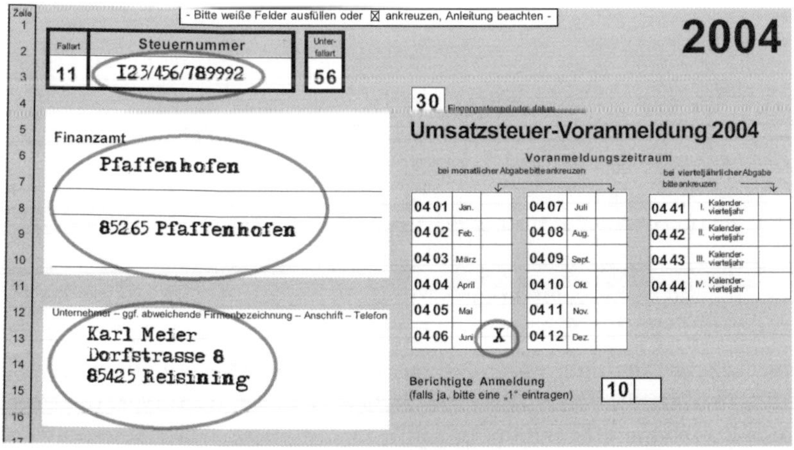

- Bitte weiße Felder ausfüllen oder ☒ ankreuzen, Anleitung beachten -

2004

Fallart	Steuernummer	Unterfallart
11	123/456/789992	56

30 Eingangsstempel oder -datum

Finanzamt
Pfaffenhofen
85265 Pfaffenhofen

Umsatzsteuer-Voranmeldung 2004

Voranmeldungszeitraum

bei monatlicher Abgabe bitte ankreuzen

04 01	Jan.		04 07	Juli		
04 02	Feb.		04 08	Aug.		
04 03	März		04 09	Sept.		
04 04	April		04 10	Okt.		
04 05	Mai		04 11	Nov.		
04 06	Juni	X	04 12	Dez.		

bei vierteljährlicher Abgabe bitte ankreuzen

04 41	I. Kalendervierteljahr	
04 42	II. Kalendervierteljahr	
04 43	III. Kalendervierteljahr	
04 44	IV. Kalendervierteljahr	

Unternehmer – ggf. abweichende Firmenbezeichnung – Anschrift – Telefon
Karl Meier
Dorfstrasse 8
85425 Reisining

Berichtigte Anmeldung (falls ja, bitte eine „1" eintragen) 10

Abbildung 5.16: Auf der ersten Seite der Umsatzsteuer-Voranmeldung tragen Sie Ihre Steuernummer, das Finanzamt und Ihre Adresse ein.

4. Dann markieren Sie rechts neben den Adressfeldern den Zeitraum für die Umsatzsteuer-Voranmeldung. Gilt diese für einen Monat, machen Sie neben dem entsprechenden Monatsnamen ein Kreuz. Geben Sie die Umsatzsteuer vierteljährlich ab, lassen Sie die Monate frei und kreuzen eines der vier *Kalender-Vierteljahr*-Felder an.
5. Als Nächstes tragen Sie die Umsätze und die Umsatzsteuerbeträge ein. Nehmen Sie dazu exemplarisch jene aus Abbildung 5.14, also der Excel-Verwaltung.
6. In Zeile 28 tragen Sie in der Spalte *Bemessungsgrundlage ohne Umsatzsteuer* den Nettoumsatz zum Steuersatz von 16 % ein, also die Zahl *1.934*. Angegeben werden nur volle Euro. Rechts daneben tragen Sie hingegen sowohl den Euro- als auch den Cent-Betrag der errechneten Umsatzsteuer ein, also *309* im breiten Feld links und *52* rechts daneben.
7. Sollten Sie Umsätze zu 7 % gemacht haben, etwa weil Sie ein Buch verkauft haben, tragen Sie die entsprechenden Werte direkt darunter ein.
8. Als Letztes tragen Sie dann noch die Summe der beiden Steuerbeträge ganz unten in Zeile 43 ein.

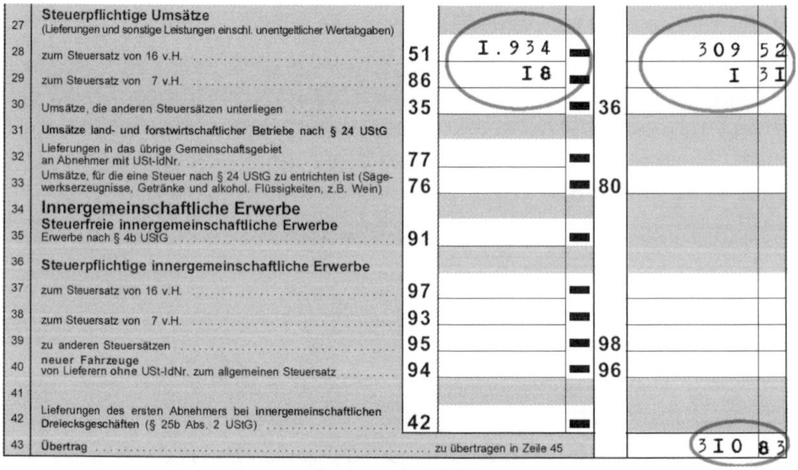

27	**Steuerpflichtige Umsätze** (Lieferungen und sonstige Leistungen einschl. unentgeltlicher Wertabgaben)						
28	zum Steuersatz von 16 v.H.	51	I.934	—		309	52
29	zum Steuersatz von 7 v.H.	86	I8	—		I	3I
30	Umsätze, die anderen Steuersätzen unterliegen	35		—	36		
31	**Umsätze land- und forstwirtschaftlicher Betriebe nach § 24 UStG**						
32	Lieferungen in das übrige Gemeinschaftsgebiet an Abnehmer mit USt-IdNr.	77		—			
33	Umsätze, für die eine Steuer nach § 24 UStG zu entrichten ist (Sägewerkserzeugnisse, Getränke und alkohol. Flüssigkeiten, z.B. Wein)	76		—	80		
34	**Innergemeinschaftliche Erwerbe**						
35	**Steuerfreie innergemeinschaftliche Erwerbe** Erwerbe nach § 4b UStG	91		—			
36	**Steuerpflichtige innergemeinschaftliche Erwerbe**						
37	zum Steuersatz von 16 v.H.	97		—			
38	zum Steuersatz von 7 v.H.	93		—			
39	zu anderen Steuersätzen	95		—	98		
40	neuer Fahrzeuge von Lieferern ohne USt-IdNr. zum allgemeinen Steuersatz	94		—	96		
41							
42	Lieferungen des ersten Abnehmers bei innergemeinschaftlichen Dreiecksgeschäften (§ 25b Abs. 2 UStG)	42		—			
43	Übertrag		zu übertragen in Zeile 45			3I0	83

Abbildung 5.17: Umsätze und deren Steuerbeträge werden auf der ersten Seite eingetragen.

9. Dann wenden Sie das Formular und übertragen die Summe *310,83* in die Zeile 45 *Übertrag*.
10. Geben Sie in Zeile 55 rechts neben der Feld-Nr. 66 die Summe der Vorsteuerbeträge – in unserem Falle *404,71* – ein.
11. Dann ziehen Sie die Vorsteuer (*404,71*) von der Summe der erzielten Umsatzsteuer (*310,83*) ab und erhalten als Ergebnis *-93,88*. Genau diesen Wert tragen Sie in Zeile 67 ein. Da Sie mehr Vorsteuer bezahlt als durch Umsätze eingenommen

haben, ist die Differenz negativ und Sie erhalten in den nächsten Tagen eine Überweisung über 93,88 € vom Finanzamt.

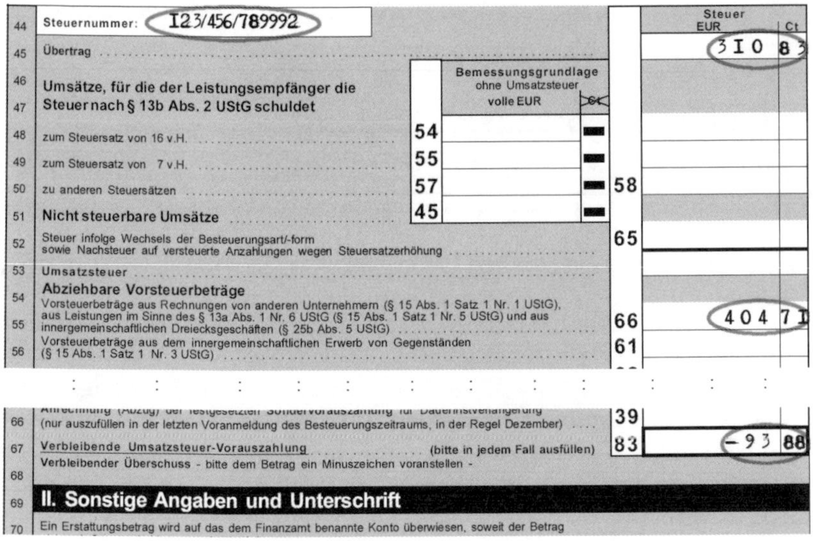
Steuernummer: 123/456/789992
Übertrag
Umsätze, für die der Leistungsempfänger die Steuer nach § 13b Abs. 2 UStG schuldet
Bemessungsgrundlage ohne Umsatzsteuer volle EUR
Steuer EUR Ct
310 83
zum Steuersatz von 16 v.H. 54
zum Steuersatz von 7 v.H. 55
zu anderen Steuersätzen 57 58
Nicht steuerbare Umsätze 45
Steuer infolge Wechsels der Besteuerungsart/-form sowie Nachsteuer auf versteuerte Anzahlungen wegen Steuersatzerhöhung 65
Umsatzsteuer
Abziehbare Vorsteuerbeträge
Vorsteuerbeträge aus Rechnungen von anderen Unternehmern (§ 15 Abs. 1 Satz 1 Nr. 1 UStG), aus Leistungen im Sinne des § 13a Abs. 1 Nr. 6 UStG (§ 15 Abs. 1 Satz 1 Nr. 5 UStG) und aus innergemeinschaftlichen Dreiecksgeschäften (§ 25b Abs. 5 UStG) 66 404 71
Vorsteuerbeträge aus dem innergemeinschaftlichen Erwerb von Gegenständen (§ 15 Abs. 1 Satz 1 Nr. 3 UStG) 61
(nur auszufüllen in der letzten Voranmeldung des Besteuerungszeitraums, in der Regel Dezember) 39
Verbleibende Umsatzsteuer-Vorauszahlung (bitte in jedem Fall ausfüllen) 83 -93 88
Verbleibender Überschuss - bitte dem Betrag ein Minuszeichen voranstellen -
II. Sonstige Angaben und Unterschrift
Ein Erstattungsbetrag wird auf das dem Finanzamt benannte Konto überwiesen, soweit der Betrag

Abbildung 5.18: Sind die Einkäufe größer als die Verkäufe, erstattet das Finanzamt die zu viel gezahlte Vorsteuer wieder zurück.

Nun sind Sie fast fertig. Einzig eine Sache fehlt noch, die man gerne vergisst: die Unterschrift! Denn wenn Sie in dem weißen Feld ganz unten links auf der zweiten Seite nicht unterschreiben, gilt die Umsatzsteuer-Voranmeldung als nicht abgegeben. Sie erhalten dann die Voranmeldung mit einem entsprechenden Brief zurück. Gegebenenfalls müssen Sie sogar eine Versäumnisgebühr zahlen.

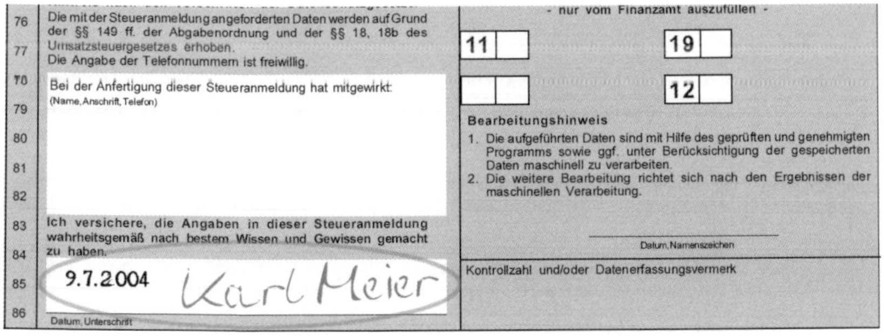
Die mit der Steueranmeldung angeforderten Daten werden auf Grund der §§ 149 ff. der Abgabenordnung und der §§ 18, 18b des Umsatzsteuergesetzes erhoben.
Die Angabe der Telefonnummern ist freiwillig.
- nur vom Finanzamt auszufüllen -
11
19
12
Bei der Anfertigung dieser Steueranmeldung hat mitgewirkt:
(Name, Anschrift, Telefon)
Bearbeitungshinweis
1. Die aufgeführten Daten sind mit Hilfe des geprüften und genehmigten Programms sowie ggf. unter Berücksichtigung der gespeicherten Daten maschinell zu verarbeiten.
2. Die weitere Bearbeitung richtet sich nach den Ergebnissen der maschinellen Verarbeitung.
Datum, Namenszeichen
Ich versichere, die Angaben in dieser Steueranmeldung wahrheitsgemäß nach bestem Wissen und Gewissen gemacht zu haben.
9.7.2004 Karl Meier
Datum, Unterschrift
Kontrollzahl und/oder Datenerfassungsvermerk

Abbildung 5.19: Vergessen Sie auf keinen Fall, die Umsatzsteuer-Voranmeldung zu unterschreiben. Sonst gilt sie als nicht abgegeben!

Info

Die Umsatzsteuer-Voranmeldung ist, wie der Name schon sagt, eine Voranmeldung. Insofern ist es nicht so schlimm, wenn Sie in einem Monat mal etwas vergessen oder nicht hundertprozentig korrekt eingetragen haben, weil Sie es in der Jahreskorrektur wieder geradebiegen können.

5.8 Die Einkommensteuererklärung

Im Gegensatz zur Umsatzsteuer-Voranmeldung ist die Erklärung der Einkommensteuer schon eine größere Aufgabe. Da spielen Freibeträge mit hinein, Unterhaltszahlungen für die Ex-Frau, Abschreibungen und vieles mehr, die eigentlich nur Leute vom Fach genau kennen. Daher empfehlen wir Ihnen dringend, Ihre Einkommensteuererklärung von einem Steuerberater machen zu lassen.

Das hat noch einen zweiten Vorteil. Steuerberater sind verpflichtet, Ihre Buchungen genau unter die Lupe zu nehmen und nur das in die Einkommensteuererklärung zu übernehmen, was sie auch verantworten können. Dadurch wird der Beamte beim Finanzamt die Einkommensteuererklärung wesentlich weniger zerpflücken, als er dies bei einer Privatperson tun würde. Sie sparen sich damit nicht nur Zeit, sondern in der Regel auch Nerven!

Einige Steuerberater bestehen darauf, Ihre gesamten Belege noch einmal von Hand zu buchen, um sie in ihr Rechnungssystem zu übernehmen. Dadurch entstehen enorme Kosten! Dies ist jedoch nicht nötig, weil Sie ja bereits Ihre Einnahmen und Ausgaben verbucht haben. Und Ihr Steuerberater sollte in der Lage sein, diese Buchungen automatisiert zu übernehmen.

5.8.1 Datev-Übernahme Ihrer Quicken- oder Excel-Buchungen

Dem Thema der Übernahme von Excel- oder Quicken-Buchungen hat sich die Webseite *www.Einnahme-Ueberschuss.de* in Kooperation mit dem Steuerberater Marcus Ferchland angenommen. Hier können Sie online Ihre Quicken-Daten oder Ihre Excel-Datei mit sämtlichen Buchungen uploaden. Diese werden automatisiert eingelesen. Aufgrund Ihrer Buchungsvorarbeiten vermindert sich die Buchungsgebühr erheblich.

Als Voraussetzung reicht die im Abschnitt 7.6.1 vorgestellte Lösung zur Verbuchung Ihrer Einnahmen und Ausgaben.

Wer seine Buchhaltung mit Quicken macht, kann jedes Konto einzeln ins QIF – das Quicken Interchange Format – exportieren.

1. Wählen Sie in Quicken im Menü *Datei* den Menüpunkt *Datei-Aktionen, QIF-Datei-Export*.

2. Im gleichnamigen Dialog geben Sie den Namen einer Zieldatei an, wählen das zu exportierende Konto aus der Liste, geben den Datumsbereich für den Export an und markieren als Umfang des Exports nur die Option *Buchungen*.

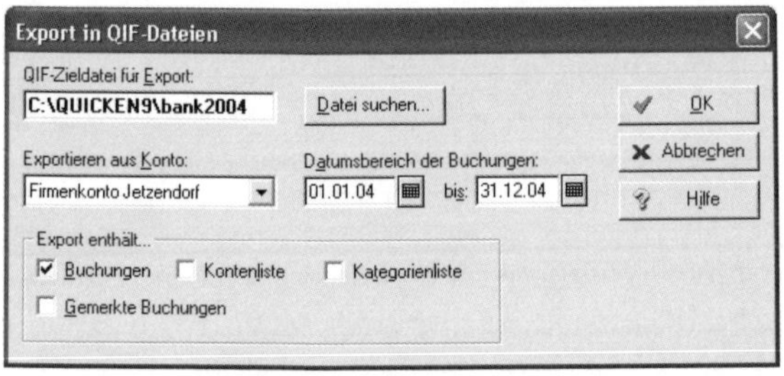

Abbildung 5.20: Im Export-Dialog fassen Sie die Buchungen eines Kontos in einer QIF-Datei zusammen.

3. Exportieren Sie auf diese Weise jedes einzelne Konto von der Bank bis zur Kasse. Diese Dateien benötigt der Steuerberater, um die Daten ins Datev-Format umsetzen zu können.

Versenden Sie Ihre Daten weder per E-Mail noch im Upload ungesichert! Verwenden Sie besser ein Archivierungssystem wie beispielsweise ZIP oder ARJ, bei dem die Archive mit einem Passwort belegt werden können. Dieses Archiv können Sie dann übertragen. Das Kennwort selbst teilen Sie dem Steuerberater wahlweise in einer separaten Mail oder am Telefon mit. Wählen Sie hierfür keines Ihrer üblichen Passwörter!

Als Ergebnis erhalten Sie eine Gewinnermittlung nach § 4 Abs. 3 des Einkommensteuergesetzes und gegebenenfalls die komplett ausgefüllte Steuererklärung, die Sie nur noch unterschreiben und dem Finanzamt übermitteln müssen.

5.9 Die Gewerbesteuer

Als gewerbsmäßiger eBay-Händler unterliegen Sie nicht nur der Umsatzsteuer und der Einkommensteuer, sondern auch der Gewerbesteuer – eine Steuer, die – zumindest bis dato – den Gemeinden zusteht. Die Berechnung der Gewerbesteuer zu verstehen, ist nicht ganz einfach. Jedenfalls haben natürliche Personen – etwa Sie als Einzelunternehmer – sowie Personengesellschaften wie die *OHG* (Offene Handelsgesellschaft) und die KG (Kommanditgesellschaft) zunächst einmal einen Freibetrag von 24.500 €. Im Gegensatz dazu haben Kapitalgesellschaften wie die AG (Aktiengesellschaft) oder die GmbH (Gesellschaft mit beschränkter Haftung) keinen Freibetrag.

Besteuert mit der Gewerbesteuer wird nur der Gewerbeertrag, der über diesem Freibetrag liegt. Haben Sie beispielsweise 50.000 € Gewinn gemacht, unterliegen 25.500 € der Gewerbebesteuerung. Aus diesem Betrag wird der so genannte Steuermessbetrag ermittelt. Dieser liegt für die ersten 12.000 € bei einem Prozent, für die folgenden 12.000 € bei zwei Prozent usw. Für den über 72.500 € hinausgehenden Betrag wird mit fünf Prozent versteuert. In unserem Beispiel fallen für die ersten 12.000 € also 120 € an, für die nächsten 12.000 € 240 € und die darüber hinausgehenden 1500 € werden mit drei Prozent, also 45 €, besteuert. Insgesamt ergibt sich ein Steuermessbetrag von 405 €.

Das ist aber noch nicht die Gewerbesteuer! Vielmehr ist das die Grundlage zur weiteren Berechnung. Denn jede größere Stadt und jeder Landkreis hat einen anderen so genannten Hebesatz, der in ländlichen Gebieten in der Regel geringer ist und in Großstädten am teuersten. In Hamburg ist er beispielsweise 470%, in Dachau 350% und in der Gemeinde Süderholz bei Rostock liegt er gar nur bei 150%. Das bedeutet, dass Sie in Süderholz 607,50 € bezahlen müssen und in Hamburg mehr als das Dreifache, nämlich 1.903,50 €. Eine Differenz von knapp 1.300 Euro. Bei einem Gewinn von 100.000 Euro ist die Differenz bereits 8.240 €. So kann es sich durchaus rechnen, gegebenenfalls das Gewerbe in einer anderen Gemeinde anzumelden.

Auf unserer Webseite *www.321-buch.de* finden Leser des Buchs eine Excel-Tabelle, mit der sie die Gewerbesteuer errechnen können. Laden Sie diese und geben Sie in Zelle D2 den Gewinn vor Steuern ein. In Zelle B2 tragen Sie den Hebesatz Ihrer Stadt oder Ihres Landkreises ein. Den Hebesatz erfahren Sie auf Ihrer Gemeinde, bei der für Sie zuständigen IHK oder im Internet, wenn Sie die Begriffe »Gewerbesteuerhebesatz Gemeindename« eingeben.

	A	B	C	D	E
1					
2	**Hebesatz**	**470%**	**Gewerbeertrag**	**50.000 €**	
3			**Freibetrag**	24.500 €	
4			**GS-Grundlage**	25.500 €	**Steuermessbetrag**
5	1%	12.000 €	12.000 €	13.500 €	120,00 €
6	2%	24.000 €	12.000 €	1.500 €	240,00 €
7	3%	36.000 €	1.500 €	- €	45,00 €
8	4%	48.000 €	- €	- €	- €
9	5%	60.000 €	- €	- €	- €
10				**Summe**	**405,00 €**
11					
12	**Zu zahlende Gewerbesteuer:**		**1.903,50 €**		

Abbildung 5.21: Mit der Excel-Datei von unserer Webseite berechnen Sie die Gewerbesteuer in Deutschland.

Ein kleiner Trost: Die gezahlte Gewerbesteuer ist als Betriebsausgabe abzugsfähig, wodurch die Einkommensteuer gemindert wird.

5.10 Nachbemerkung von Steuerberater Markus Ferchland

Insbesondere in den Anfängen wurde eBay im Grunde als ein globaler Flohmarkt angesehen und von den Finanzämtern kaum beachtet. Doch eBay ist zum Boom geworden, und viele vermeintlich private Anbieter sind steuer- und gewerberechtlich Kaufleute mit allen Rechten und Pflichten. Dazu gehört natürlich auch die Pflicht, die Umsätze aus dem Gewerbe zu versteuern. Gerade in der letzten Zeit nimmt das Finanzamt immer mehr Onlinehändler unter die Lupe. Und wer da einen Shop betreibt oder im letzten Jahr viele 100 Bewertungen von Käufern erhalten hat und sich trotzdem als »Verkauf von privat« bezeichnet, sollte sich nicht wundern, wenn irgendwann unangemeldet ein Finanzbeamter vor der Tür steht.

Wer glaubt, sich mit einem »Aber ich habe doch privat angefangen« beim Finanzamt rausreden zu können, irrt. In den Grundzügen haben die Autoren in den Kapiteln drei und fünf dieses Buchs das wichtigste Know-how zusammengetragen, was Sie als angehender oder bereits aktiver eBay-Händler benötigen. Die Kalkulationen, Buchungstabellen und Rechnungsformulare in diesem Buch sind so einfach gestaltet, dass der Aufwand, den der Gesetzgeber vorschreibt, sich im überschaubaren Rahmen hält. Über einen halbautomatischen Buchungsservice, wie *www.Einnahme-Ueberschuss.de*, gilt dies insbesondere auch für die Kosten. Doch sollte der angehende eBay-Unternehmer nicht nur den Aufwand sehen, den der Fiskus ihm auferlegt. Vielmehr hat er durch diese konsequente »Buchführung« auch stets einen Überblick über seine Einnahmen und Ausgaben. Und weiß, wo er steht und ob er rentabel arbeitet.

Natürlich kann dieses Buch nur einen Überblick geben. Wer tiefer in die Materie eindringen will, muss sich entweder in die spröde Fachliteratur knien oder sich vom Fachmann zu konkreten Themen beraten lassen.

6

Produkt-fotografie

Es hat sich erwiesen, dass nur wenige potenzielle eBay-Kunden mehr als die ersten zwei Zeilen der Produktbeschreibung lesen. Was jedoch jeder genau wahrnimmt, ist die bildliche Darstellung des Produkts. Umso erstaunlicher ist es, wie wenige Verkäufer auf dieses wichtige Marketing-Mittel Wert legen.

6.1 Typische Fehler bei der Produktfotografie

Bevor wir beginnen, Ihnen die wichtigsten Grundsätze der Fotografie im Allgemeinen und der Produktfotografie im Besonderen näher zu bringen, wollen wir Ihnen zunächst anhand typischer Beispiele zeigen, welche Fehler eBay-Verkäufer häufig bei der Produktpräsentation machen.

6.1.1 Ich kenne Ihren Fußboden!

Am häufigsten werden Sie bei eBay-Angeboten mit Bodenbelägen konfrontiert. Teppichboden, Laminat, Parkett oder Fliesenboden ist auf Tausenden von Fotos zu sehen. Abgesehen davon, dass es einfach stümperhaft aussieht, wirkt insbesondere bei Teppichen der Hintergrund oft zu unruhig, so dass das Produkt, um das es eigentlich geht, nicht mehr zur Geltung kommt. Und wenn die Produkte selbst in der Regel schlecht ausgeleuchtet, undeutlich und in der Farbe verfälscht sind, so weiß man doch zumindest, auf welchem Boden der Verkäufer wandelt.

Abbildung 6.1: Viele Verkäufer scheinen einen gemusterten Teppich zu haben und präsentieren diesen besser als ihre Produkte!

6.1.2 Copyright – nein danke!

Auch wenn Sie die Produkte der Firma XY verkaufen, haben Sie kein Recht, deren Logo oder gar die Produktfotos oder Anzeigen zu verwenden, ohne zuvor um Erlaubnis gefragt zu haben. Dann riskieren Sie eine Klage, die Sie teuer zu stehen kommen kann. Dasselbe gilt natürlich, wenn Sie Produktfotos anderer eBay-Händler, die dieselben Produkte verkaufen, verwenden.

Nun möchten wir nicht als Moralapostel dastehen, und wenn Sie tatsächlich keine andere Möglichkeit haben, als das Eigentum Ihrer Mitbewerber zu benutzen, dann achten Sie doch wenigstens darauf, dass auf dem Foto nirgends das Copyright oder ein sonstiger Vermerk enthalten ist.

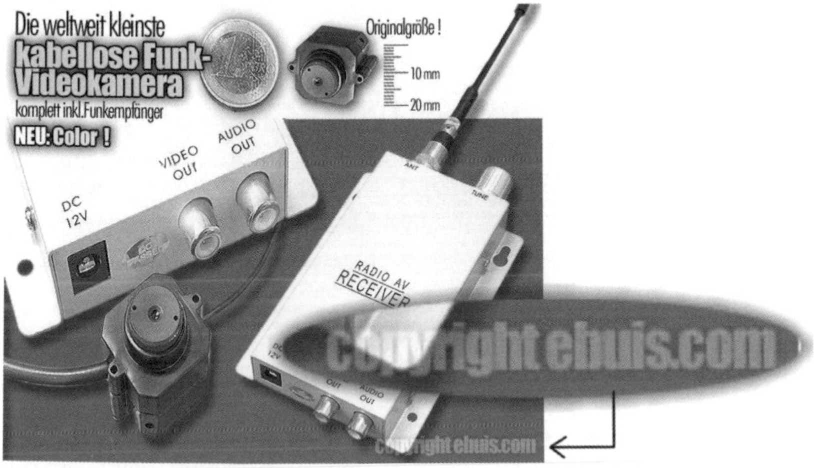

Abbildung 6.2: Wer Eigentum anderer benutzt, sollte zumindest darauf achten, dass keine Copyright-Vermerke auf dem Bildmaterial vorhanden sind.

6.1.3 Aufnahmen mit der Webcam

Warum eine teure Digitalkamera kaufen, wenn es eine Webcam für 20 € auch tut? Wer die Ergebnisse sieht, kennt die Antwort! Eine Webcam dient dazu, bewegte Bilder aufzuzeichnen, die mit geringer Auflösung über schmale Bandbreiten, wie das Internet, übertragen werden. Solange die Sequenz bewegt ist, merkt das Auge nicht wirklich, wie schlecht die einzelnen Bilder sind. Wer aber meint, damit Produktfotos machen zu können, liegt schief! Zum einen ist das Objektiv solcher Kameras nicht geeignet und zum anderen wird das Bild auf Größe getrimmt. Darunter leidet die Qualität, und das einzige, was auf solchen Fotos zu sehen ist, ist das Rauschen des Bildes.

Abbildung 6.3: Das Bildrauschen einer Webcam ist schärfer als das eigentliche Motiv. Note: ungenügend!

6.1.4 Teils scharf, teils unscharf

Auf den meisten Fotos – beispielsweise bei Landschaftsaufnahmen – gibt es Bereiche, die scharf dargestellt werden, und andere, die ziemlich verschwommen sind. Der Grund dafür ist, dass das Zusammenspiel aus Entfernung zum Objekt und der eingesetzten Blende des Objektivs darüber bestimmt, welcher Bereich im Bild scharf dargestellt wird. Das Fachwort hierzu lautet Tiefenschärfe. Je näher Sie an ein Motiv herangehen, desto kleiner ist der Bereich auf dem Bild, der scharf dargestellt wird. Knipsen Sie beispielsweise einen 50 Meter entfernten Baum auf einer Wiese, ist der gesamte Bereich bis zu den entferntesten Elementen am Horizont scharf. Gehen Sie jedoch auf 20 Zentimeter an das Motiv heran, sind bereits die Elemente, die 20 Zentimeter weiter sind, völlig verwaschen. Knipsen Sie mit der Automatik Ihrer Kamera, haben Sie auf den Schärfebereich keinen Einfluss.

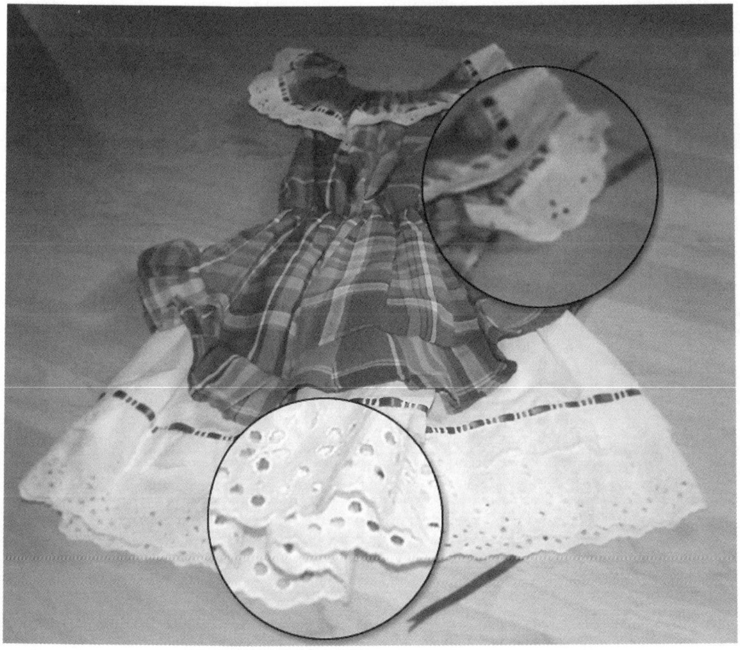

Abbildung 6.4: Wegen der Tiefenschärfe, also das Zusammenspiel aus Brennweite und Blende, ist das Bild vorne scharf und hinten unscharf.

6.1.5 Licht und Schatten

Auch Leute, die schon seit Jahren fotografieren, stellen immer wieder Fotos ins Netz, bei denen extreme Schatten jeden Hauch von Professionalität vertreiben. Wer im Freien bei schönem Sonnenlicht und möglichst früh oder möglichst spät – also wenn die Sonne niedrig steht – Produktfotos macht, erhält die schönsten und realistischsten Farben. Der Nachteil ist jedoch, dass bei schrägem Einfall des Sonnenlichts natürlich auch die Schatten größer werden.

Noch extremer wird es, wenn lediglich mit dem internen Blitzlicht der Digitalkamera gearbeitet wird. Dieses ist extrem hell, damit es in einer 60stel oder 128stel Sekunde das Motiv in einem dunklen Raum genügend ausleuchtet. Das einseitige und extrem krasse Licht führt jedoch dazu, dass harte Schlagschatten am Hintergrund entstehen und gleichzeitig sämtliche Nuancen im Vordergrund durch das Blitzlicht zunichte gemacht werden, weil alle natürlichen Schattierungen überstrahlt werden.

Abbildung 6.5: Lange Schatten gibt es im Freien ebenso wie bei falscher Ausleuchtung im Studio. Ansonsten schöne Farben bei Sonnenaufnahmen werden verzerrt, wenn im spiegelnden Motiv die Sonne als greller Fleck erscheint.

6.1.6 Alles so schön gelb hier

Wenn eigentlich weiße Blusen oder Leinwände für Video-Beamer statt weiß eher gelblich oder vielleicht sogar bläulich erscheinen, liegt das nicht unbedingt an der Qualität der Digitalkamera.

Abbildung 6.6: Wenn die Kameraautomatik die Lichtverhältnisse nicht richtig erkennt, bekommt das Bild einen Farbstich (links), wodurch insbesondere weiße Partien – hier: Kopf und Bauch – betroffen sind und Kontraste verschwinden.

Vielmehr hat es etwas damit zu tun, dass unser Gehirn ungeheuer gut interpolieren kann. Es weiß nämlich, dass die Bluse weiß ist. Und wenn Sie diese Bluse im Licht einer Glühlampe sehen, wandelt Ihr Gehirn diese Farbinformationen entsprechend um. Tatsächlich sehen Sie jedoch die Bluse nicht weiß, sondern leicht gelblich. Das liegt daran, dass das Licht einer Glühlampe nicht dieselbe Zusammensetzung hat wie das Licht der Sonne. Fotografen sprechen hier von der Farbtemperatur. Werte um 5500 Grad Kelvin entsprechen dem mittäglichen Sonnenlicht. Die Farbtemperatur einer Glühlampe liegt hingegen bei 3000 Grad.

6.1.7 Haste mal ´ne Lupe?

Immer wieder schön und für einen Lacher gut sind Miniaturfotos, die auch in der Vergrößerung nichts anderes sind als eben diese winzigen Fotos. Und selbst mit den Mitteln der modernen Retusche und guter Vergrößerung werden Sie auf den Miniaturen kaum mehr erkennen als einen Haufen Pixel. Aussagekräftig oder gar verkaufsfördernd sind sie jedenfalls nicht!

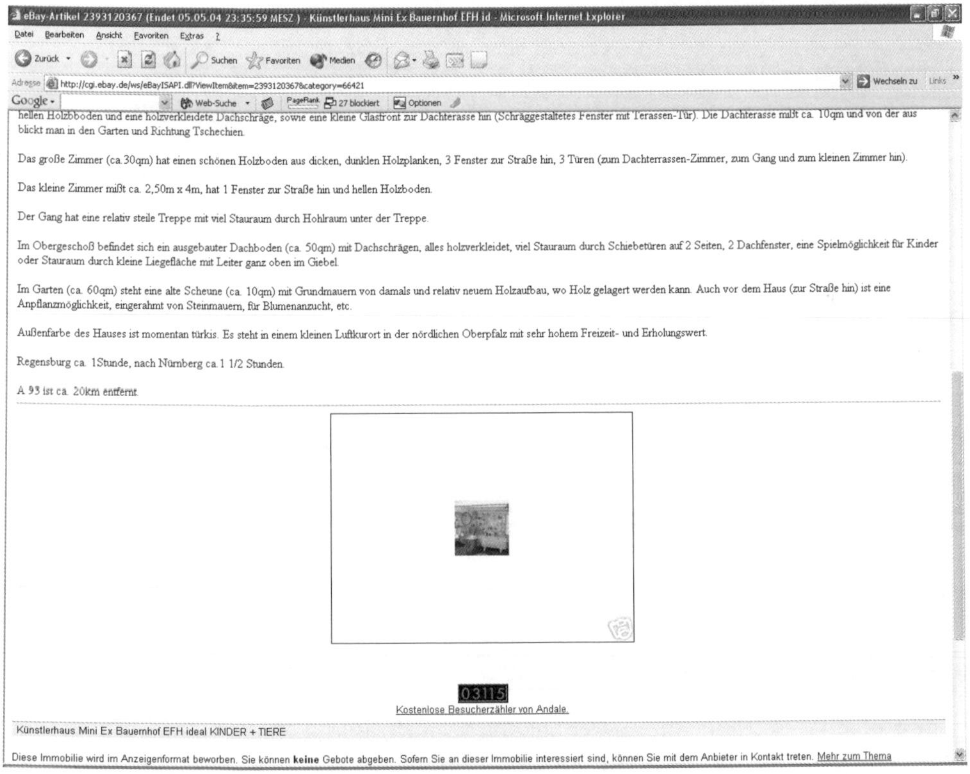

Abbildung 6.7: Auch wenn diese interessante Immobilienanzeige schon oft aufgerufen wurde, bleibt doch die Frage: Wie sieht das Haus denn nun aus?

6.1.8 Völlig überladen

Da muss alles drauf! Oft können sich Verkäufer nicht entscheiden, was eigentlich aufs Bild soll. Und so wird der einfachste Weg gegangen und jedes Einzelteil auf das Foto gepresst – ob es sinnvoll ist oder nicht! Wer einen Scanner verkauft, erwähnt in seinem Angebotstext, dass die Treiber-Software, die Kabel, das Benutzerhandbuch und insbesondere das Netzkabel dazugehören, ohne dass dieses Zubehör auf dem Foto erscheinen muss. Ebenso geht es dem Märklin-Käufer, der 126 Schienen kaufen möchte. Eine einzige Schiene in Großaufnahme würde wohl aussagekräftiger sein als die drapierte Hundertschaft, die kaum noch zu erkennen ist. Und wer einen Wäscheberg verkauft, braucht nicht jedes einzelne Teil ins Bild zu quetschen. Zum einen wird daraus eine ziemlich verzerrte Aufnahme und zum anderen kann der Interessent sowieso keine Einzelheiten mehr erkennen. Zwei oder drei exemplarische Stücke, die gegebenenfalls auch noch auf mehrere Bilder verteilt werden, sagen sicher mehr aus!

Abbildung 6.8: Weniger ist oft mehr: Wer versucht, alles auf ein Bild zu bekommen, schießt häufig am Ziel vorbei.

6.2 Die Grundausstattung

Es gibt eBay-Verkäufer, die ausschließlich fremde Bilder verwenden. Wie schon mehrfach gesagt, ist das nicht nur juristisch problematisch, weil es gegen das Urheberrecht verstößt, auch ist nicht ganz eindeutig, ob sich der künftige Käufer nicht darauf berufen kann, dass das abgebildete Objekt nicht hundertprozentig dem tatsächlich erworbenen Produkt entspricht. Denn vielleicht sind auf dem geklauten Bild die Knöpfe einer Bluse anders, vielleicht ist die Abdeckung des abgebildeten Organizers ein Sonderzubehör oder das Kabel der Schuhputzmaschine entspricht der englischen Norm und schreckt damit Käufer aus Deutschland ab. Zudem sind viele Bilder digital signiert, sei es als Wasserzeichen oder im nicht sichtbaren Teil des Bildes als Kommentar.

Wen all das nicht abschreckt, der findet über den Bilder-Suchdienst von Google (*http://images.google.de*) Bilder annähernd jedes beliebigen Produkts, vom Designerhemd bis hin zur Digitalkamera.

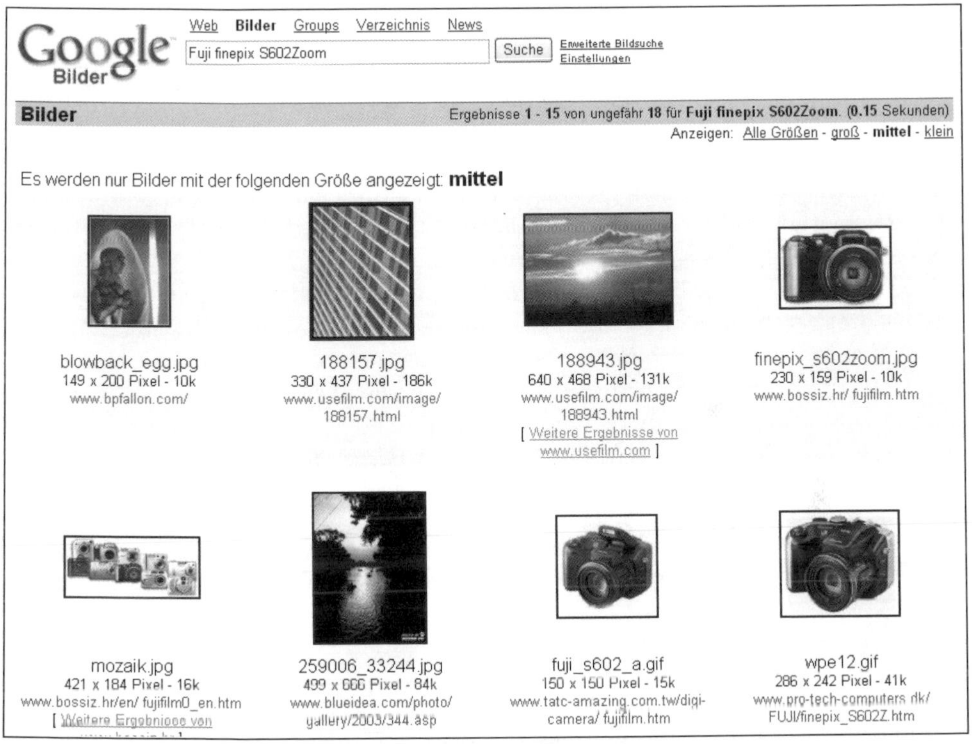

Abbildung 6.9: Wer die Bilderdatenbank von Google nach der Modellbezeichnung durchsucht, erhält viele qualitativ hochwertige Produktfotos.

Hinweis

Haben Sie ein schönes Bild gefunden, und es stammt nicht gerade von einem Konkurrenten, reicht oft eine einfache Anfrage per E-Mail, ob Sie es für eine Auktion verwenden dürfen. In der Regel haben Privatpersonen nichts dagegen und bestätigen Ihnen das gegen einen kleinen Copyright-Vermerk im Bild gerne.

6.2.1 Die richtige Digitalkamera

Der Markt der Digitalkameras ist schier unüberschaubar geworden. Die Preisspanne reicht von 20 bis viele tausend Euro. Billige Kameras können fast ausschließlich im Freien bei guten Lichtverhältnissen halbwegs passable Fotos machen. Sobald jedoch Kunstlicht und eine vielleicht nicht absolut klare Ausleuchtung ins Spiel kommen, geben sie ihren Geist auf.

Das Wichtigste bei der Fotografie, egal ob analoge oder digitale, ist das Objektiv. Die Gier der PC-Fachmagazine nach immer mehr Megapixel ist völliger Mumpitz. Hier lassen sich die Redakteure meist von Zahlen beeindrucken, anstatt tatsächlich die Ergebnisse zu betrachten. Ein Blick über die Schulter der Kollegen bei den konventionellen Fotozeitschriften täte ihnen sicherlich nicht schlecht. Tatsache ist, dass keine auch noch so gute Elektronik mehr aus einem Bild herausholen kann, als es das Objektiv liefert. Hat nun eine Kamera – egal zu welchem Preis – ein winziges Objektiv, können Sie davon ausgehen, dass die Ergebnisse niemals so gut sind wie – eine qualitativ ähnliche Elektronik vorausgesetzt – bei einem Modell mit großer Optik. Das ist natürlich nur eine Faustregel! Sie soll jedoch darlegen, dass das vermeintliche Qualitätsmerkmal »Megapixel« überhaupt nichts aussagt. Deshalb finden Sie im Handel auch Kameras mit drei Megapixel, die weit über 500 € kosten, und andere mit fünf Megapixel, die bereits für unter 200 € zu haben sind. In Abbildung 6.10 sehen Sie drei Ergebnisse. Links und rechts war es ein 3-Megapixel-Chip, der das Licht der Aufnahme eingefangen hat, in der Mitte sogar ein CCD-Sensor mit vier Megapixel. Die Preisdifferenz von vielen Hundert Euro zeigt sich jedoch im Resultat, wobei sich das bessere Objektiv der sehr viel teureren 3-Megapixel-Kamera (rechts) in der Klarheit der Aufnahme und Reinheit der Farben widerspiegelt.

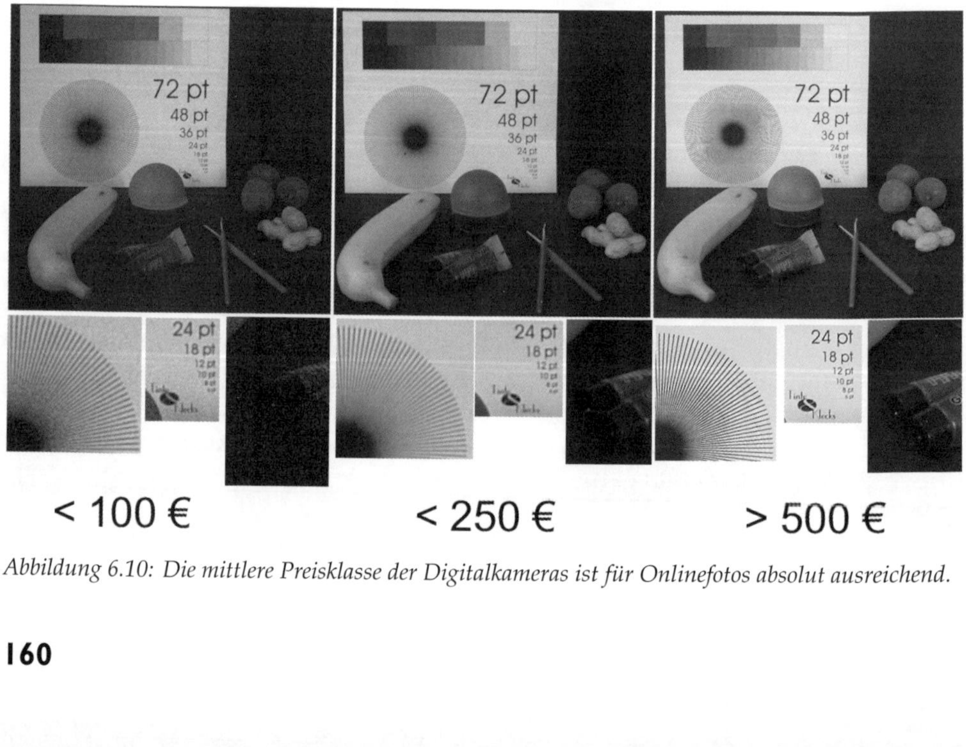

Abbildung 6.10: Die mittlere Preisklasse der Digitalkameras ist für Onlinefotos absolut ausreichend.

6.2.2 Entscheidungskriterien für den Kauf einer Digitalkamera

Mittlerweile gibt es massenhaft verschiedene Digitalkamera-Modelle, und selbst Profis blicken nicht mehr durch. In diesem Abschnitt erfahren Sie die wichtigsten Kriterien, nach denen Sie die Auswahl eingrenzen können. Machen Sie sich Notizen zu jedem der folgenden Punkte. Im nächsten Abschnitt erfahren Sie dann, wie Sie mit Ihrem persönlichen Anforderungsprofil zu einem passenden Modell gelangen.

Bei der Wahl ihrer Kamera sollten Sie auf folgende Kriterien Wert legen:

1. Die Auflösung

Sprechen wir von Auflösung, meinen wir damit die Auflösung des Sensors, der das Objektivbild einfängt. Diesen Sensorchip gibt es in zwei Varianten: CCD und CMOS. Beide Chiptypen haben Vor- und Nachteile. Für Innenaufnahmen, bei denen es um eine besonders gute Ausbeute des vorhandenen Lichts geht, sind Modelle mit dem etwas teureren CCD besser geeignet.

Hintergrundwissen CCD und CMOS

Exkurs

Einen sehr interessanten Artikel zum Thema CCD und CMOS im Vergleich hat Daniel Göhring im Rahmen seines Studiums an der Humbold Universität in Berlin verfasst und unter *www.informatik.hu-berlin.de/~meffert/Seminararbeiten/Weitere* veröffentlicht.

Lassen Sie sich nicht von der Megapixel-Lüge beeindrucken. Achten Sie nur auf die Auflösung des Chips. Viele Kamerahersteller und insbesondere Verkäufer bei eBay werben mit so genannten »interpolierten« Auflösungen – oft ohne den Zusatz »interpoliert« explizit zu erwähnen. Bei der interpolierten Auflösung handelt es sich nicht um die physikalische Auflösung des Chips, sondern lediglich um die Größe des gespeicherten Bildes. Die tatsächliche Auflösung des Chips wird dann einfach hochgerechnet (interpoliert). Liegen beispielsweise ein roter und ein blauer Pixel direkt nebeneinander und man vergrößert diese beiden Pixel um das Doppelte, wird dazwischen die Abstufung von Rot nach Blau interpoliert. Das entspricht natürlich nicht den tatsächlichen Gegebenheiten des Motivs. Die Vergrößerung Ihrer Aufnahme können Sie mit einer Software (siehe 6.6) viel besser erledigen. Zudem nehmen Bilder mit interpolierter Auflösung natürlich auch mehr Platz auf der Speicherkarte weg, was dazu führt, dass weniger Bilder Platz finden.

Entdecken Sie beispielsweise ein Angebot einer 4-Megapixel-Kamera für unter 100 €, sollten Ihre Alarmglocken läuten! Das kann genauso wenig sein wie eine Rolex für 50 €! In Abbildung 6.11 sehen Sie eine solche Anzeige. Laut Artikelbezeichnung wird hier eine 4-Megapixel-Digitalkamera verkauft. Weiter unten – blau auf dunkelblau – erscheint dann die Angabe, dass die »Sensorauflösung« 2 Megapixel beträgt.

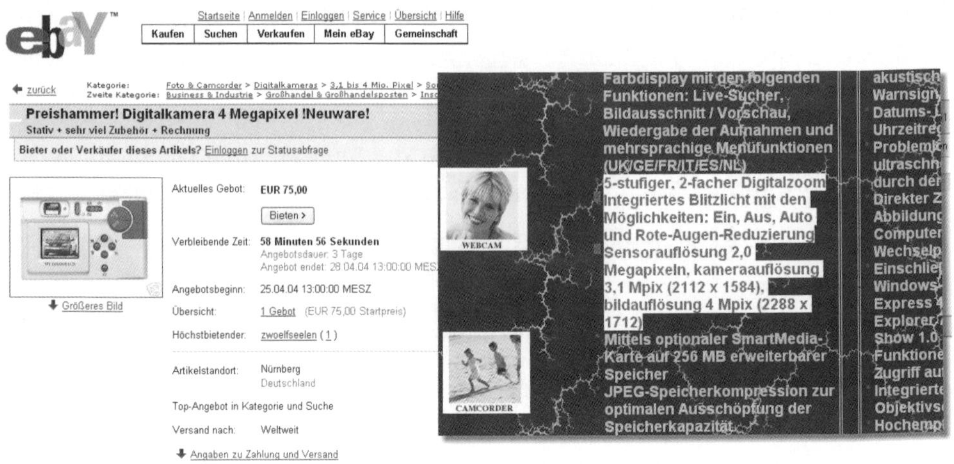

Abbildung 6.11: Vorsicht beim Megapixel-Betrug! Im Kleingedruckten findet sich erst die echte Auflösung des Kamerasensors.

Wollen Sie ausschließlich Bilder fürs Internet machen, reicht Ihnen eine Kamera mit einem 2-Megapixel-CCD-Sensor völlig aus. Sollten Sie davon Fotoabzüge auf echtem Papier machen wollen, können Sie das bis zu einem Format von 13x18 cm in sehr guter Qualität tun.

Soll es jedoch auch einmal eine A4-Vergrößerung von 20x30cm sein, müssen Ihnen mindestens 3-Megapixel-Bilder zur Verfügung stehen.

Exkurs

Bilderdienste im Internet

Wollen Sie aus Ihren digitalen Bildern echte Fotos zum Anfassen machen, können Sie sie über einen Internet Print Service entwickeln lassen. Deren gibt es mittlerweile weit über 100. Einen Überblick mit integriertem Preisrechner, der neben Bildpreisen auch Versandkosten berücksichtigt, gibt es unter *www.Bilder-Dienste.de*.

2. Das Objektiv

Achten Sie beim Objektiv darauf, dass es eine vernünftige Größe hat. Minikameras von der Größe einer Zigarettenschachtel haben in der Regel winzige, versenkte Objektive. Diese Kameras sind zwar praktisch im Urlaub und liefern bei natürlichem Licht auch sehr schöne Fotos. Die Detailgenauigkeit bei Kunstlichtaufnahmen ist jedoch fast immer sehr schlecht – auch bei Modellen der gehobenen Preisklasse.

3. Optischer oder digitaler Zoom

»Zoom ist Zoom«, könnte man meinen. Weit gefehlt! Hier herrscht genau derselbe Betrug wie beim Interpolieren der Auflösung. Wichtig ist einzig und allein der optische Zoom. Wer also eine Kamera sieht, bei der in großen Lettern angepriesen wird, sie habe einen 20-fach digitalen Zoom, sollte auf jeden Fall die Hände davon lassen. Der digitale Zoom nimmt das Bild, das das Objektiv liefert, und vergrößert den entsprechenden Ausschnitt. Das erfolgt wiederum – wie bereits bei der Auflösung erklärt – durch Interpolation. Das Ergebnis sind fehlende Details. Auch diese Vergrößerung erreichen Sie besser später am PC mithilfe der richtigen Software.

Wichtig ist der optische Zoom. Auch hier geht die Größe des Objektivs mit der Zoomstärke einher. Auch für Studioaufnahmen ist der Zoom von Interesse. Wenn nämlich der Aufbau Ihres – gegebenenfalls auch improvisierten – Fotostudios es nicht zulässt, dass Sie mit der Kamera näher herangehen, kann Ihnen ein optischer Zoom gute Dienste leisten. Auch wenn Sie ein Produkt zunächst als Ganzes fotografieren und dann aus demselben Blickwinkel eine Detailaufnahme machen, ist dies ein Einsatzgebiet für den Zoom. Generell gilt jedoch: Jede Vergrößerung – auch die mithilfe eines optischen Zooms – verschlechtert die Qualität. Gehen Sie also lieber näher heran, wenn das möglich ist.

Abbildung 6.12: Während der optische Zoom (links) das Motiv nahezu verlustfrei vergrößert, ist das Ergebnis des digitalen Zooms völlig verwaschen. Details sind nicht zu erkennen.

4. Entfernungsmessung und Makro-Aufnahmemodus

Wie bereits gesagt, ist die Entfernung zum eigentlichen Objekt ein wichtiges Kriterium für die Schärfe der Aufnahme. Es gibt zwei Arten von Entfernungsmessung. Besonders billige Digitalkameras haben in der Regel nur zwei bis drei Einstellungen, etwa Landschaft, Portrait und Makro. Dies sind keine komplizierten Fotoprogramme, die im Apparat ablaufen und das Gerät auf Anwendungsgebiet und Belichtungssituation einstellen. Vielmehr ist es eine Angabe, die die Entfernung bestimmt.

Fotografieren Sie ein Portrait in der Aufnahmestellung »Landschaft«, wird es völlig verschwommen sein. Allerdings ist der Hintergrund scharf. Landschaft bedeutet also lediglich: ziemlich weit weg, Portrait bedeutet im Bereich von einem bis fünf Meter und Makro näher als ein Meter. Diese Angaben variieren natürlich von Modell zu Modell.

Bei Modellen ab 150 € sollten Sie davon ausgehen, dass das Gerät einen Autofokus besitzt, also die Möglichkeit, die Entfernung zu einem tatsächlich anvisierten Motiv zu ermitteln und anhand dieser Angabe das Objektiv scharf zu stellen.

Exkurs

Manueller Fokus

Insbesondere bei schlechten Lichtverhältnissen kann der Autofokus, der die Entfernung misst, ziemlich danebenliegen. Das Ergebnis sind unscharfe Bilder. Daher empfiehlt sich die Wahl eines Modells mit einem zusätzlichen manuellen Fokus. Dadurch bleibt Ihnen die Schnappschuss-Funktion erhalten und Sie können es im Freien einfach beim Autofokus belassen und knipsen. Verwenden Sie die Kamera dann bei Nacht- oder Studioaufnahmen, schalten Sie auf manuellen Fokus um und können dann am Display – oder bei professionelleren Modellen durch den Sucher – die Schärfe von Hand einstellen.

Wollen Sie Motive fotografieren, die nur wenige Zentimeter groß sind, müssen Sie besonders nah herangehen. Einfache Kameras lassen normalerweise keine geringeren Distanzen als 50 bis 80 Zentimeter zu. Bei semiprofessionellen Modellen können Sie sich bis auf einen Zentimeter nähern. Dies ist aber nur nötig, wenn Sie beispielsweise winzige Sammlerstücke wie Münzen oder Briefmarken ablichten wollen. Ansonsten sollte eine Annäherung bis 40 Zentimeter im Makromodus ausreichen. Insbesondere bei Kameras mit Autofokus müssen Sie darauf achten, dass Sie zusätzlich den Makromodus einschalten. In der Regel wird er durch eine Blume oder ein Vergrößerungsglas symbolisiert.

Exkurs

Tiefenschärfe bei Makroaufnahmen

Je näher Sie einem Objekt kommen, desto kleiner wird der Bereich, in dem das Bild scharf ist. Haben Sie eine Kamera mit extremem Makromodus von 1 bis 5 Zentimetern, kann es sein, dass bereits 5 Millimeter vom Zentrum entfernte Bereiche unscharf sind. Dies können Sie nur umgehen, indem Sie die Blende schließen. Mehr dazu erfahren Sie weiter unten in diesem Kapitel beim Thema Tiefenschärfe.

Abbildung 6.13: Während bei Makroaufnahmen die Elemente im anvisierten Bereich scharf sind, verschwimmt bereits wenige Zentimeter daneben die Schrift.

5. Wichtige Funktionen

Wer nicht gerade die digitale Fotografie zu seinen Steckenpferd gemacht hat, möchte natürlich so wenig wie möglich (falsch) machen und verwendet deshalb in der Regel die Automatik. Vielleicht reichen Ihnen die Ergebnisse auch völlig. Allerdings sollten Sie bei der Wahl einer Kamera das Phänomen einkalkulieren, dass das, was heute als gut empfunden wird, morgen bereits mit einem Naserümpfen quittiert wird. So fallen Ihnen vielleicht am Anfang Farbstiche, Bildrauschen oder unscharfe Bereiche gar nicht auf. Wenn Sie dann aber für die digitale Fotografie sensibilisiert worden sind, sollte Ihre Kamera Funktionen aufweisen, mit denen Sie manuell zu besseren Ergebnissen gelangen.

Die wohl wichtigste Funktion ist der Weißabgleich. Weißes Licht setzt sich aus einem gleichmäßigen Anteil von Rot, Grün und Blau zusammen. Jedes Licht, ob es aus der Glühbirne, vom Halogenstrahler, von Leuchtstoffröhren oder von der Sonne stammt, hat eine andere Zusammensetzung dieser drei Grundfarben. Fachleute sprechen hier von der Farbtemperatur. Und je nach Farbtemperatur des Umgebungslichts erscheint ein weißer Gegenstand mal etwas bläulich, mal eher gelb. Während Fotografen mit analogen Kameras dieses Problems nicht Herr werden und versuchen müssen, als Umgebungslicht möglichst so genanntes Weißlicht zu haben, ist es dem Fotografen mit einer Digitalkamera ziemlich schnuppe, welches Licht vorhanden ist, solange es nur gleichmäßig ist. Denn wenn er weiß, dass das Umgebungslicht eher gelblastig ist, kann er die Kamera entsprechend einstellen, und die Elektronik weiß dann, wie sie das Licht zu interpretieren hat. Diesen Vorgang nennt man Weißabgleich. Wenn die Kamera das selbst tut – die meisten billigen Varianten versuchen dies mehr oder weniger gut –, so ist das der automatische Weißabgleich. Den manuellen Weißabgleich gibt es in zwei Varianten. Zum einen bieten Kameras mit manuellem Weißabgleich zahlreiche Voreinstellungen, etwa »Glühlampe«, »Leuchtstoffröhre«, »Sonne« oder »Schatten«. Zum anderen gibt es den individuellen Weißabgleich, der noch exakter ist. Hierbei wird vor dem eigentlichen Foto einmalig beim gegebenen Licht in der richtigen Entfernung ein weißer Gegenstand fotografiert, der das gesamte Gesichtsfeld der Kamera einnimmt. Gut geeignet ist ein weißes Blatt Papier. Danach kennt die Kamera das Umgebungslicht und behält diese Einstellung bis zum erneuten individuellen Weißabgleich bei.

Wer keine Bilder von der Stange möchte, sollte bei der Kamera darauf achten, dass sie neben der Vollautomatik auch eine Zeitautomatik aufweist. Bei dieser Variante haben Sie die Möglichkeit, die Blende einzustellen. Und diese wiederum entscheidet über die Tiefenschärfe, also den Bereich, der als klar konturiert auf dem Bild erscheint.

Im ersten Moment vielleicht unbedeutend, aber ebenso wichtig ist der Selbstauslöser. Diese eigentlich für Aufnahmen von einem selbst gedachte Funktion hilft Ihnen dabei, wenn Sie bei relativ schwacher Beleuchtung Fotos machen. Drücken Sie nämlich den Auslöser wird Ihre Kamera leicht erschüttert und wackelt – selbst dann, wenn Sie ein Stativ verwenden. Benutzen Sie hingegen den Selbstauslöser, ist das kurze Wackeln bereits beendet, wenn die Kamera auslöst.

Weitere manuelle Funktionen sind zwar schön und bieten bei Interesse viele Möglichkeiten zum Experimentieren – für den Einsatz der Produktfotografie sind sie jedoch nicht nötig.

6. Externer Blitz

Ist Ihnen der Aufbau eines (selbst provisorischen) Studios zu umständlich, können Sie theoretisch auch den Blitz verwenden. Allerdings erzeugt der eingebaute Blitz, da er immer frontal auf das Motiv auftrifft, einen sehr starken Schlagschatten. Besser ist die Verwendung eines externen Blitzes. Dieser wird über einen so genannten Blitzschuh mit dem Auslöser der Kamera synchronisiert. Der große Vorteil ist, dass der externe Blitz – ein entsprechendes Modell vorausgesetzt – gedreht oder geneigt werden kann. Dadurch gelangt das helle Licht indirekt – beispielsweise abgelenkt durch eine weiße Wand oder von einem weißen Schirm – auf das Objekt.

Abbildung 6.14: Ein externer Blitz wird über den Blitzschuh mit der Kamera verbunden und beim Auslösen synchronisiert.

7. Das Speichermedium

Einige Apparate der unteren und mittleren Klasse verfügen über einen internen Bildspeicher von 8 oder 16 Mbyte. Da ein 3-Megapixel-Bild jedoch knapp 1,3 Mbyte Platz benötigt, reicht der Platz gerade einmal für 6 beziehungsweise 12 Bilder. Für wenige Produktfotos im Grunde völlig ausreichend. Wer mehr braucht, kann den Platz mit Speicherkarten erweitern. Diese gibt es in verschiedenen Bauarten und Größen. Man unterscheidet CF (CompactFlash), SmartMedia, SD (Secure Digital), MMC (Multi Media Card, xD Card und Memory Stick. Unterschiedliche Speicherkartentypen sind – mit Ausnahme von SD und MMC – nicht miteinander kompatibel. Allerdings können auch andere Geräte solche Speicherkarten verwenden. MP3 Player, um Musik zu speichern sowie Palm- oder Pocket PC Organizer, um Programme und Daten darauf abzulegen, etwa eine Navigationslösung mit dem Kartenmaterial von Deutschland. Daher sollten Sie beim verwendeten Kartentyp darauf achten, dass er mit anderen Geräten kompatibel ist, um diesen Datenträger flexibel nutzen zu können. Hatten vor wenigen Jahren noch die CF-Karten die Oberhand im Speicherkarten-Krieg, sind es derzeit die SD-Karten, die neben Kameras in unzähligen Geräten eingesetzt werden. Verständlich, denn die knapp briefmarkengroßen Module wiegen nur ein Gramm und sind sehr robust. Im Gegensatz dazu wiegen CF-Karten 15 Mal so viel und sind knapp doppelt so groß. Nach meinen Erfahrungen etwas fehleranfällig sind die ebenfalls ein Gramm leichten SmartMedia-Karten, die genauso groß sind wie die CF-Module. Ein Nischendasein führen die Memory Sticks. Diese finden nur in Geräten von Sony Einsatz, was die Flexibilität sehr einschränkt und sie zudem unverhältnismäßig teuer macht – der Besitzer einer Sony Cam hat eben keine andere Wahl.

Für Digitalkameras sind Speicherkarten ab 64 Mbyte sinnvoll. Modelle mit 64, 128 oder 256 Mbyte werden von allen Digicams geschluckt. Bei größeren Karten sollten Sie erst im Handbuch nachschauen. So können beispielsweise nur wenige Kameras SD-Karten über 256 Mbyte verwenden. Für Kameras mit CF-Einschub gibt es bereits kleine Festplatten mit 4 Gigabyte, das so genannte IBM Gigadrive. Aber auch hier aufgepasst: Selbst wenn die meisten CF-Slots das Gigadrive akzeptieren, können vor allem ältere Modelle oft nichts damit anfangen.

Daher: Im Handbuch nachschauen, bis zu welcher Kapazität die Kamera Speicherkarten verwenden kann.

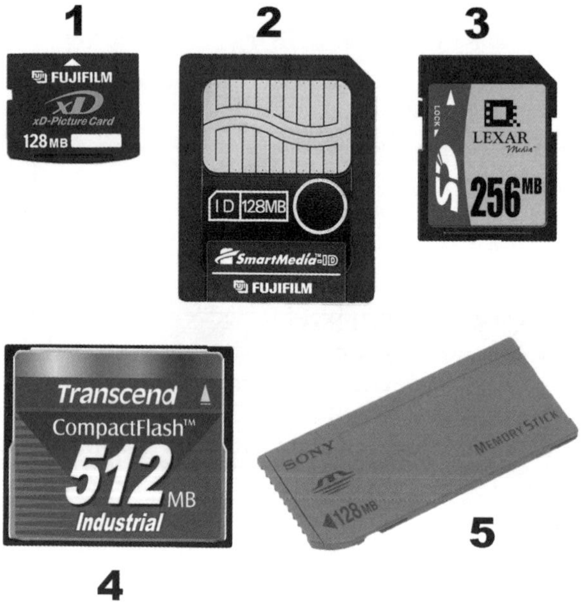

Abbildung 6.15: Größenverhältnisse bei Speicherkarten: xD Card (1), SmartMedia (2), Secure Digital (3), CompactFlash (4) und Memory Stick (5).

6.2.3 Digitalkamera Entscheidungshilfen im Internet

Als Erstes müssen Sie für eine Entscheidung natürlich wissen, welche Kameras momentan überhaupt zu welchen Preisen verfügbar sind. Hierzu bieten sich Preisvergleich-Portale an. Sehr gute Vertreter sind beispielsweise *www.evendi.de* oder *www.idealo.de*. Weitere Angebote finden Sie, wenn Sie bei Google die Begriffe »preisvergleich digitalkamera« eingeben.

Bei den beiden genannten Preisvergleich-Portalen können Sie die Modelle nach Auflösung vorsortieren und danach anhand des Preises anzeigen lassen. Auf diese Weise finden Sie sämtliche Modelle, die für Sie in Frage kommen. Bei beiden Portalen sind die Produkte mit Meinungen von Benutzern versehen, was die Zufriedenheit anzeigt. Bei evendi.de sehen Sie diese – zumindest die Tendenz – auf den ersten Blick, bei idealo.de müssen Sie zunächst auf »Meinungen« klicken.

Der große Vorteil von idealo.de ist, dass hier zahlreiche Produktinformationen zu den Modellen vorliegen. Im Grunde alle, die Sie für Ihre Entscheidung benötigen: Sensortyp, Auflösung (hier: Bildpunkte-Sensor genannt), Speicherkarte (hier: Wechselspeicher genannt) und optischer Zoom. Lediglich die Angabe, welche manuellen Funktionen die Kamera unterstützt, fehlen.

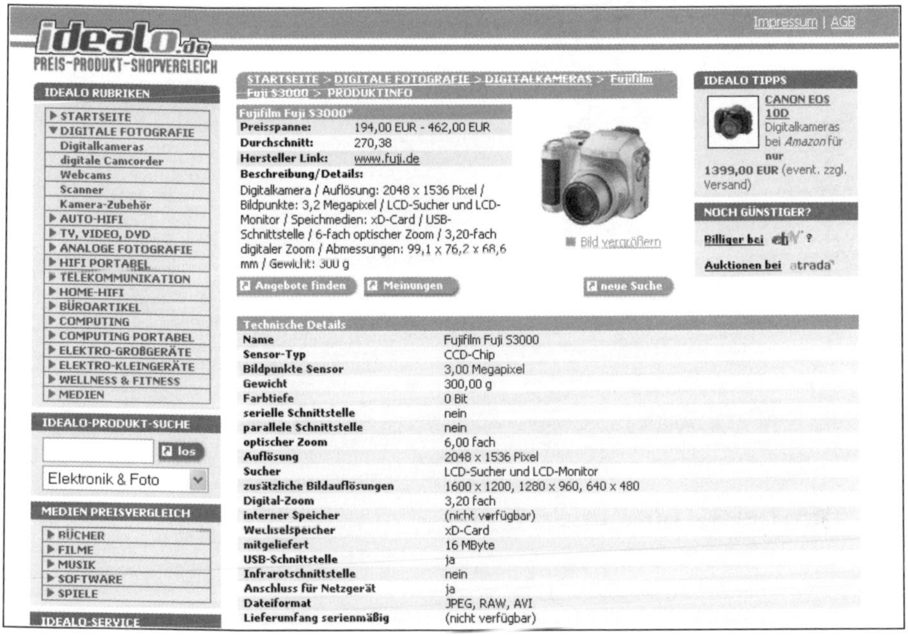

Abbildung 6.16: Bei idealo.de sehen Sie nicht nur die günstigsten Angebote, sondern auch zahlreiche Informationen, die Sie als Entscheidungshilfe benötigen.

Noch umfangreicher ist das Informationsmaterial bei den Tests der Fachzeitschrift Computer Foto (*www.computerfoto.de*). Mit professionellen Methoden wird hier jede Kamera genau unter die Lupe genommen. Um an den Ergebnissen teilzuhaben, müssen Sie nicht unbedingt die Zeitschrift kaufen. Vielmehr stellt die Redaktion ihre Testergebnisse zeitlich versetzt im Internet nach Herstellern und Modellbezeichnungen sortiert zur Verfügung. Neben den rein technischen Angaben finden Sie dort auch die Bewertung, die aus den Tests hervorgegangen ist. Leider sind die Ergebnisfotos dieser Tests nicht mehr online erhältlich. Diese finden Sie nur noch auf den entsprechenden Heft-CDs. Leider hat die Computer Foto Ende 2005 ihren letzten Atem ausgehaucht. Der Internetauftritt ist aber weiterhin aktuell. Ich persönlich kann die Tests der PC Professionell empfehlen. Das ist aber sehr subjektiv, weil ich dort als Redakteur arbeite ;-)

Abbildung 6.17: Bei der Fachzeitschrift Computer Foto finden Sie neben den technischen Angaben auch die Testergebnisse und Bewertung.

6.2.4 Sonstiges Zubehör

Stativ

Neben der Kamera ist das Stativ das wichtigste Gerät für die Produktfotografie . Ein unter Fotografen gängiger Spruch lautet: »Ein Stativ ist entweder gut oder leicht zu transportieren«.

Natürlich ist ein möglichst stabiles Stativ optimal. Allerdings kostet es auch zwischen 50 und mehreren 100 €. Der Vorteil ist, das Sie das Stativ in jeder Höhe von wenigen Zentimetern bis hin zu Körpergröße verstellen können und somit jedes Motiv in jeder beliebigen Lage ohne Wackeln ablichten können.

Sehr viel preisgünstiger bekommen Sie ein Tischstativ. Hier liegen die Preise zwischen 5 und 10 €. Bei manchen Kameras – beispielsweise denen der Firma Trust (*www.trust.com*) – gehört ein Tischstativ bereits zum Lieferumfang. Für den Anfang reicht es in der Regel aus.

Abbildung 6.18: Ein Tischstativ ist für wenige Euro zu haben und reicht für die meisten Einsatzzwecke völlig aus.

Licht

Neben dem Stativ benötigen Sie Licht. Viel Licht! Und das möglichst von derselben Art. Wir haben bereits davon gesprochen, dass unterschiedliche Lichtquellen von Kerzen über Glühbirnen und Neonlampen bis hin zum Mittagssonnenlicht an einem strahlend blauen Himmel eine unterschiedliche Farbtemperatur besitzen. Ohne weitere Einstellungen wird ein Foto im Licht einer Glühlampe einen leichten Orangestich aufweisen.

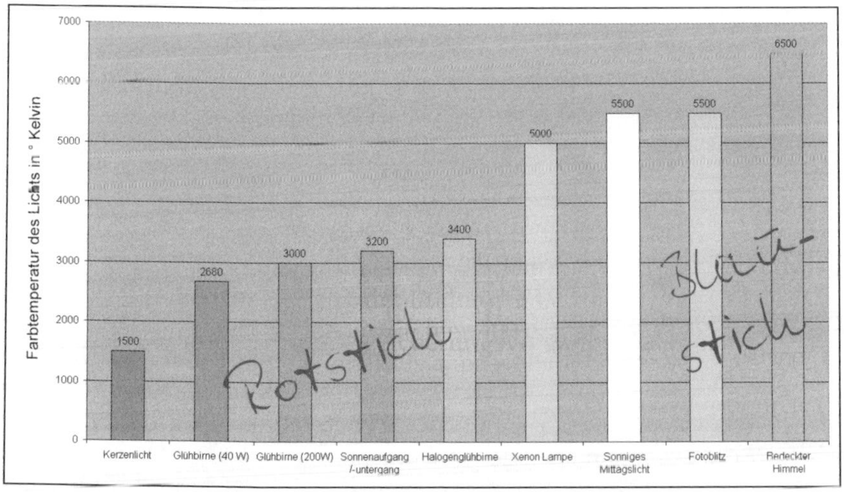

Abbildung 6.19: Je nach Lichtquellen weisen Fotos ohne Weißabgleich einen Farbstich auf.

Was für den Fotografen mit einer analogen Kamera noch ein gigantisches Problem war, ist für die Digitalkamera »reine Einstellungssache«. Vorausgesetzt, Sie verwenden gleichartiges Licht! Gleichartig bedeutet, dass alle eingesetzten Lichtquellen dieselbe Farbtemperatur haben. Diese unterscheidet sich bereits bei einer 40-Watt- und einer 100-Watt-Birne deutlich. Optimal sind Leuchtstoffröhren, die über eine breite Fläche gleichmäßig abstrahlen und Schattenbildung auf ein Minimum reduzieren. Aber auch Halogenstrahler sind durchaus geeignet. Diese bekommt man sehr günstig in Form von Deckenstrahlern, wodurch das Motiv indirekt beleuchtet wird. Voraussetzung ist natürlich, dass die Decke weiß ist. Alternativ kann auch ein weißer Schirm direkt angestrahlt und als Diffusor verwendet werden.

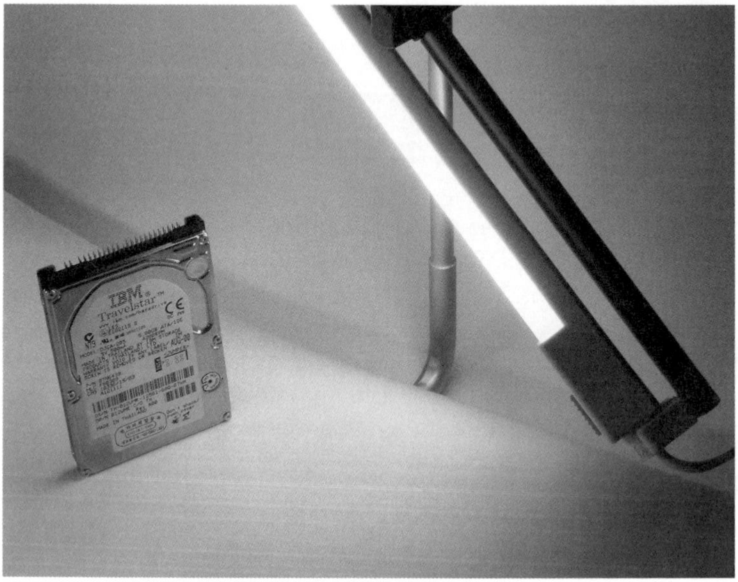

Abbildung 6.20: Für einfache Studioaufnahmen hervorragend geeignet sind Leuchtstoffröhren, die über eine große Breite gleichmäßig abstrahlen und dadurch wenig Schatten verursachen.

Kartenleser

Sehr praktisch ist auf jeden Fall auch ein Kartenlesegerät. Hierbei handelt es sich um einen kleinen Kasten, der mit einem USB-Kabel an Ihren PC angeschlossen. Darin enthalten sind Einschübe für alle gängigen Arten von Speicherkarten. Während Sie bei älteren Windows-Versionen noch einen Treiber installieren müssen, werden Lesegeräte ab Windows XP automatisch erkannt und stehen sofort zur Verfügung. Sie werden wie Disketten- oder CD-ROM-Laufwerke behandelt. Der Vorteil dieser Lesegeräte ist, dass sie die Kamera nicht jedes Mal umständlich an den PC anschließen müssen. Statt dessen nehmen Sie die Speicherkarten aus der Kamera und stecken sie in das Lesegerät. Lesegeräte gibt es heutzutage bereits ab 10 €. Den günstigsten Preis finden Sie bei Preisvergleich-Portalen wie *www.evendi.de*, wenn Sie nach »Kartenlesegeräte« suchen.

Abbildung 6.21: Ein Kartenlesegerät ist kein Muss – es erleichtert die Arbeit jedoch enorm!

6.3 Grundlegende Einstellungen

Bevor Sie mit dem Fotografieren Ihrer Produkte beginnen, sollten Sie grundsätzlich einige Parameter in Ihrer Kamera einstellen. Auch wenn Sie die Automatik verwenden, sind doch manche Einstellungen von Werk her gesetzt. Dazu gehört beispielsweise die Bildauflösung, also mit welcher Qualität Fotos gespeichert werden.

6.3.1 Auflösung und Kompression

Sehen Sie im Bedienungshandbuch Ihrer Kamera nach, wie Sie die Auflösung einstellen können. Es gibt zwei Möglichkeiten, wie diese Modifikationen vorgenommen werden. Manche Modelle haben neben Wiedergabe- und Kameramodus ein weiteres Setup. Ist das bei Ihnen der Fall, gelangen Sie nach dem Einschalten direkt in das Menü, in dem Sie u. a. die Auflösung bestimmen. Bei anderen Modellen ist es so, dass Sie den Schalter der Kamera zunächst auf Aufnahme drehen oder schieben. Dann drücken Sie die Menütaste und blättern so lange, bis Auflösung und Qualität bestimmt werden können. Wählen Sie dann die maximale Auflösung, die der des Sensors entspricht. Auch wenn Ihnen höhere Auflösungen vorgegaukelt werden, sind diese doch interpoliert, also hochgerechnet, wodurch Unschärfe entsteht. Also: Finger weg!

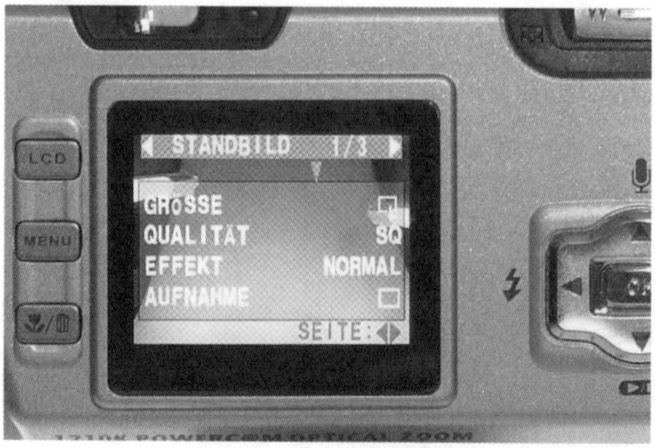

Abbildung 6.22: Qualität und Bildgröße sind entscheidende Einstellungen und sollten auf jeden Fall zu Beginn festgelegt werden.

Preiswerte Kameras bieten in der Regel die Wahl des Dateiformats nicht an. Standard ist das komprimierte Fotoformat JPEG. Bei diesem Bildformat erreicht man eine enorme Komprimierung. Die Bilder werden damit auf ein Zwanzigstel bis Dreißigstel ihrer Originalgröße zusammengestaucht. Dies funktioniert, indem man Schwächen des menschlichen Auges nutzt und Bildinformationen, die das Auge sowieso nicht erkennen kann, einfach weglässt. Die Folge ist natürlich, dass der Detailreichtum – insbesondere bei Vergrößerungen – auf der Strecke bleibt. Im normalen Komprimierungsbereich werden Sie davon praktisch nichts merken. Und da Bilder fürs Internet sowieso im JPEG-Format benötigt werden, stellen Sie auf jeden Fall dieses Format ein. Bei der Komprimierung sollten Sie jedoch wahlweise die geringste Möglichkeit oder – bei manchen Kameratypen wird es auch umgekehrt dargestellt – die feinste Darstellung wählen.

Hochwertigere Kameras bieten häufig noch das RAW- oder das TIF-Format an. Ersteres ist ein tatsächliches Abbild des Sensors ohne jedwede Komprimierung. Ein 3 Megapixel großes Bild in Echtfarben benötigt dann fast 9 Mbyte. Ebenso verlustfrei, aber dennoch komprimiert, ist das in der Fotoretusche häufig verwendete TIF-Format. Damit erreicht man eine Komprimierung um zirka die Hälfte oder ein Drittel. Die Komprimierung erfolgt dabei durch eine andere Form der Speicherung. Haben Sie beispielsweise 500 Pixel der Farbe Schwarz, benötigt das RAW-Format dafür 500 x 3 Byte. Das komprimierte TIF-Format hingegen merkt sich an dieser Stelle 50 (ein Byte) und die Farbe Schwarz (3 Byte) und stellt somit alle 500 Pixel mit 4 Byte dar. Natürlich ist die Erklärung grob vereinfacht und soll lediglich das Prinzip verdeutlichen.

6.3.2 Vollautomatik versus Zeitautomatik

Blende und Belichtungszeit sind die beiden Komponenten, die die Helligkeit und die Tiefenschärfe des Bildes steuern. Prinzipiell gibt es vier mögliche Automatikeinstellungen. Die Vollautomatik erledigt die Einstellung von Blende und Belichtungszeit automatisch und wägt ab, welche Kombination gerade am besten ist. Bei der Zeitautomatik stellen Sie die Blende ein, und die Automatik der Kamera sucht die dazu passende Belichtungszeit. Bei der Blendenautomatik bestimmen Sie die Belichtungszeit, und die Kamera versucht eine entsprechende Blende zu finden. Und zu guter Letzt gibt es bei hochwertigeren Modellen noch die Möglichkeit, sowohl Blende als auch Zeit manuell einzustellen.

Wenn Sie sich für die manuelle Einstellung interessieren, werden Sie wahrscheinlich dieses Kapitel erst gar nicht lesen, weil Sie dann bereits das nötige Know-how besitzen. Auch die Blendenautomatik ist für die Produktfotografie ohne Interesse. Sie wird nur verwendet, wenn es Ihnen darauf ankommt, dass auf jeden Fall eine kurze Verschlusszeit verwendet wird. Das Einsatzgebiet ist beispielsweise die Sportfotografie. Die meisten Ihrer Motive werden sich jedoch wahrscheinlich nicht bewegen.

Foto: Markus Hein

Abbildung 6.23: Einfluss auf die Belichtungszeit brauchen Sie nur, wenn Sie den Moment einfangen wollen, hier etwa mit einer 1/1000stel Sekunde.

Bei der Zeitautomatik sind Sie Herr über die Blende, sprich: Sie können die Blende einstellen, und die Belichtungszeit wird von der Kamera automatisch bestimmt. Die Blende ist eine fächerförmige Öffnung des Objektivs. Ist sie weit geöffnet, spricht man von einer großen Blende. Ist sie fast geschlossen, von einer kleinen. Das Verwirrende ist, dass eine große Blende mit einer kleinen Zahl – beispielsweise 2,8 – bezeichnet wird. Und andersherum: 16 oder 11 wird als kleine Blende bezeichnet. Der Einfachheit halber sprechen wir im Folgenden von einer offenen Blende und einer (fast) geschlossenen Blende.

Der Clou an der Blende ist, dass sie unmittelbar mit der Tiefenschärfe zusammenhängt, also dem Bereich in einem Bild, der als scharf abgebildet wird. Eine geschlossene Blende (11 oder 16) hat zur Folge, dass ein großer Bereich scharf dargestellt wird. Eine offene Blende hingegen stellt nur den tatsächlich anvisierten Abstand scharf dar und lässt alles andere im Nebel verschwimmen. Eine geschlossene Blende ist hervorragend für Landschaftsaufnahmen geeignet. Hierbei kommt es auf ein durchgängig scharfes Abbild an. Im Gegensatz dazu sollten Porträtaufnahmen, bei denen es um die fotografierte Person geht, immer mit einer offenen Blende gemacht werden.

Abbildung 6.24: Eine fast geschlossenen Blende (links) hat einen sehr großen scharfen Bereich. Eine offene Blende (rechts) lässt bereits wenige Zentimeter hinter dem zentralen Motiv die Umgebung verschwimmen.

Bei Produktfotos sieht es genauso aus. Bei vielen Motiven – insbesondere im IT-Bereich – ist auf den Objekten auch Schrift zu erkennen. Diese darf auf dem Foto natürlich nicht verschwommen erscheinen. Verwenden Sie eine geschlossenen Blende – beispielsweise 11 –, ist zwar der gesamte fotografierte Bereich scharf, aber nicht so klar, wie dasselbe Bild mit einer offenen Blende, etwa mit 2,8 (siehe Abbildung 6.25).

Abbildung 6.25: Während bei einer geschlossenen Blende von 11 oder mehr alle Bereiche mehr oder weniger scharf sind, ist bei einer niedrigen Blende das anvisierte Motiv absolut klar dargestellt.

6.3.3 Weißabgleich mit Vorwahl

Um natürliche Farben zu erhalten, muss man der Kamera mitteilen, welche Lichtverhältnisse herrschen beziehungsweise mit welchem Licht gearbeitet wird. Die Automatik, die standardmäßig bei nahezu allen Kameras voreingestellt ist, kann man bei Produktaufnahmen vergessen! Allerdings bieten mittlerweile fast alle Kameras – auch im unteren Preissegment – eine manuelle Vorwahl des Weißabgleichs an.

Der Weißabgleich wird in Symbolmenüs meist mit der Buchstabenkombination »WB« (für White Balance) dargestellt. Haben Sie dieses Einstellungsmenü gefunden, sehen Sie darin zahlreiche Lichtsituationen, von Glühlampen über Neonröhren bis hin zu Sonne und Schatten. Markieren Sie hier »Glühlampenlicht« oder »Kunstlicht«. Haben Sie mehrere Varianten zur Auswahl, sollten Sie mit Ihrer Beleuchtung einige Probeaufnahmen machen und sich zu jedem Foto die entsprechende Einstellung notieren. Schauen Sie sich dann am PC die Bilder an und entscheiden Sie, welche Einstellung Ihnen am meisten zusagt.

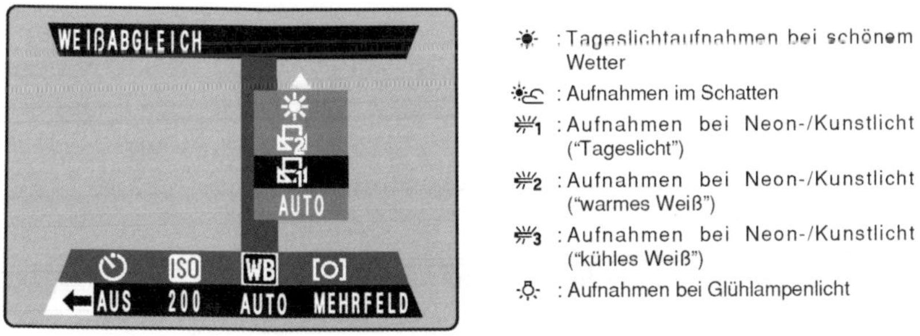

Abbildung 6.26: Ein typisches Kameramenü für den Weißabgleich (links) und eine Legende für typische Symbole (rechts).

6.3.4 Manueller Weißabgleich

Bei manchen professionellen Kameras, etwa bei der Olympus E1, gibt es die Möglichkeit, den Weißabgleich anhand der Farbtemperatur einzustellen. Das können Sie am Display anhand eines weißen Objekts ermitteln oder gemäß der Farbtabelle (siehe Abbildung 6.19) einstellen.

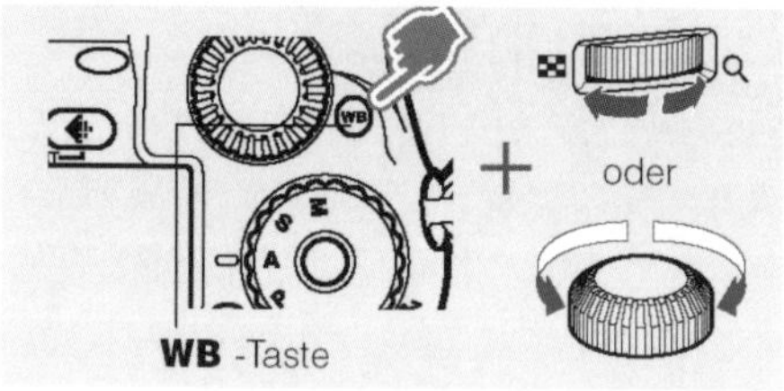

Abbildung 6.27: Bei manchen professionellen Kameras – hier bei der Olympus E1 – können Sie direkt an der Kamera die Farbtemperatur einstellen.

Die gängige Variante, den Weißabgleich manuell vorzunehmen, geht über das Beispiel einer weißen Fläche, mit der der Kamera verdeutlicht wird, was bei den momentanen Lichtverhältnissen als Weiß gelten soll. Das Vorgehen ist immer dasselbe: Zunächst platzieren Sie die Kamera so, dass eine rein weiße Fläche fokussiert ist. Gegebenenfalls können Sie mit dem Zoom nachhelfen. Dann wählen Sie den manuellen Weißabgleich im Menü. Gibt es mehrere Einstellungspunkte für den händischen Weißabgleich, können Sie unterschiedliche Farbbedingungen zur späteren Verwendung speichern. Wählen Sie einen dieser manuellen Einstellungspunkte und drücken Sie dann den Auslöser. Die Elektronik ermittelt die Farbtemperatur und speichert diese als Vorgabe unter dem gewählten Eintrag. Wann immer Sie künftig unter solchen Lichtbedingungen fotografieren, können Sie den entsprechenden Menüpunkt wählen und die Elektronik weiß, wie das Licht zu interpretieren ist. Die Folge sind natürliche Farben.

So weit die Theorie! In der Praxis sollten Sie bei jedem Fotoshooting einen separaten Weißabgleich machen. Zum einen ändert sich im Laufe der Zeit die Farbtemperatur der Lichtquelle. Zum anderen gibt es immer Streulicht. Ebenso fällt die Lichttemperatur mit zunehmender Entfernung immer weiter ab. Haben Sie also das nächste Mal Ihrer Motive anders platziert und beleuchtet, herrschen auch andere Lichtbedingungen.

In meiner Praxis hat sich ein kleines Hilfsmittel bewährt. Kaufen Sie sich für wenige Cent einen DIN-A3-Bogen weißes Fotopapier. Sie erhalten so etwas im Papier- oder Bürofachhandel. Knicken Sie ihn, wie in Abbildung 6.28 dargestellt. Sollte er zu instabil sein, tackern oder kleben Sie ein stabiles Stück Karton dazwischen. Dann fixieren Sie ihn auf einem Stück Karton, damit er stabil steht. Dieses Hilfswerkzeug können Sie vor einem Fotoshooting anstelle der Motive aufstellen und daran den manuellen Weißabgleich für das aktuell herrschende Umgebungslicht vornehmen. Wie das geht, erfahren Sie im Abschnitt 9.5.3.

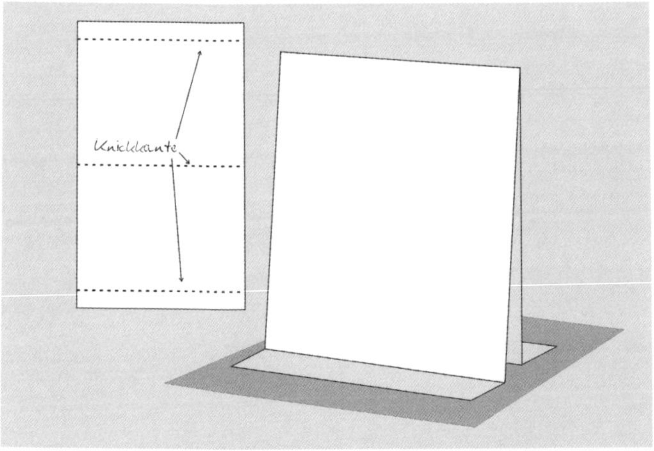

Abbildung 6.28: Aus weißem Fotopapier bauen Sie sich ein Hilfsmittel für den manuellen Weißabgleich.

6.4 Das heimische Fotostudio

Auch wenn Sie einen teuren Perserteppich Ihr Eigen nennen, so sollten Sie ihn doch tunlichst von den Fotos für Ihre eBay-Angebote fernhalten. Ein heimisches Labor ist in jedem Fall sinnvoll. Welchen Grad der Professionalität Sie anstreben, hat lediglich mit Ihrer Bequemlichkeit und mit Ihrem Geldbeutel zu tun.

6.4.1 Professionelle Fototische

Optimal ist ein Fototisch. Hierbei handelt es sich um Gestelle, an die beliebige Hintergründe angebracht werden können. Sie sind meist mit einem stabilen Aluminiumrahmen gebaut und haben Leisten, an denen Leuchten befestigt werden können. Die Preise beginnen bei zirka 50 € und reichen für den semiprofessionellen Bereich bis knapp 1.000 €. Der einzige Nachteil eines Fototischs ist, dass Sie eine relativ große Stellfläche von zirka einem Quadratmeter benötigen.

Natürlich finden Sie auch bei eBay Fototische. Fündig werden Sie in der Rubrik »Foto & Camcorder, Labor & Studio, Sonstige Studioausstattung«. Dort wechseln professionelle Tische zwischen 50 und 200 € den Besitzer. Wir selbst haben den in Abbildung 6.29 dargestellten Tisch für 60 € ersteigert. Das ebenfalls abgebildete »Lichtzelt« mussten wir leider als Zubehör erwerben. Es handelt sich dabei um eine perlmutt-glänzende Kuppel, die über die Tischfläche aufgespannt wird. Dadurch verteilt sich das von oben kommende Licht besser und erzeugt nur minimale Schatten. Auch der Hintergrund ist aus diesem lichtdurchlässigen Material. Dies minimiert zum einen die Schlagschatten der fotografierten Motive und bietet zum anderen viel Spielraum für interessante Lichteffekte (siehe Abbildung 6.30). Der Clou ist jedoch, dass man handelsüblichen Fotokarton (siehe 6.4.3) in beliebigen Farben einfach einlegen und somit den Hintergrund mit einem Handgriff austauschen kann.

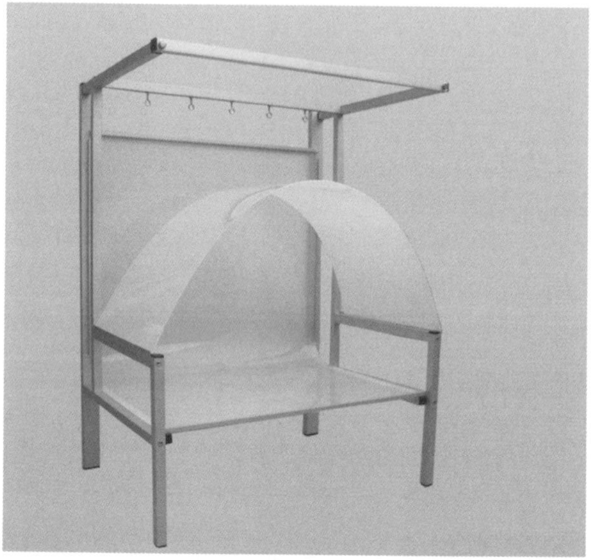

Abbildung 6.29: Fototische wie der Photostar Variant (www.kirschner-photostar.de) bieten die passende Umgebung für perfekt ausgeleuchtete Produktaufnahmen.

Abbildung 6.30: Mithilfe eines Fototischs erzielen Sie ohne spezielles Equipment professionelle Produktaufnahmen mit interessanten Lichteffekten.

6.4.2 Das mobile Fotostudio

Wenn Sie nur alle paar Wochen eine Fotosession veranstalten, werden Sie sicher nicht den Platz für einen professionellen Fototisch in Ihrer Wohnung erübrigen wollen. Eine clevere Lösung, die sich an den Bedürfnissen der eBay-Verkäufer orientiert und diese auch ganz klar als Zielgruppe hat, ist das mobile Fotostudio »Studio out of the Box« der Firma Kaiser Fototechnik (*www.kaiser-fototechnik.de*). Verpackt passt dieses Studio unter jedes Bett und selbst unter viele Schränke. Aufgebaut ist es mit wenigen Handgriffen in knapp einer halben Minute.

Das Prinzip ist genauso simpel wie genial. Das »Studio« besteht aus einer Bodenplatte, die je nach Anwendungsgebiet auf 40-70 cm ausgezogen werden kann. Während auf der einen Seite ein Teleskopstativ mit Kamera-Befestigung angebracht ist, besteht die andere Seite aus einem drehbaren Gestänge. Darüber kann die beiliegende Stoffrolle gelegt werden, um einen abgerundeten Leinenhintergrund zu erhalten. Dieser reflektiert wenig Licht und lässt auch Schatten weicher erscheinen.

Als optionales Zubehör gibt es zwei Leuchtstoffröhren samt Halterung, die an der Bodenplatte befestigt werden können und Objekte nahezu schattenfrei ausleuchten können.

Die Kamerahalterung auf dem Teleskopstativ ist besonders pfiffig. Einmal montiert und auf das Objekt gerichtet, kann das Stativ gedreht werden. Durch die besondere Konstruktion bleibt das Objektiv stets auf das Zentrum des Motivs gerichtet.

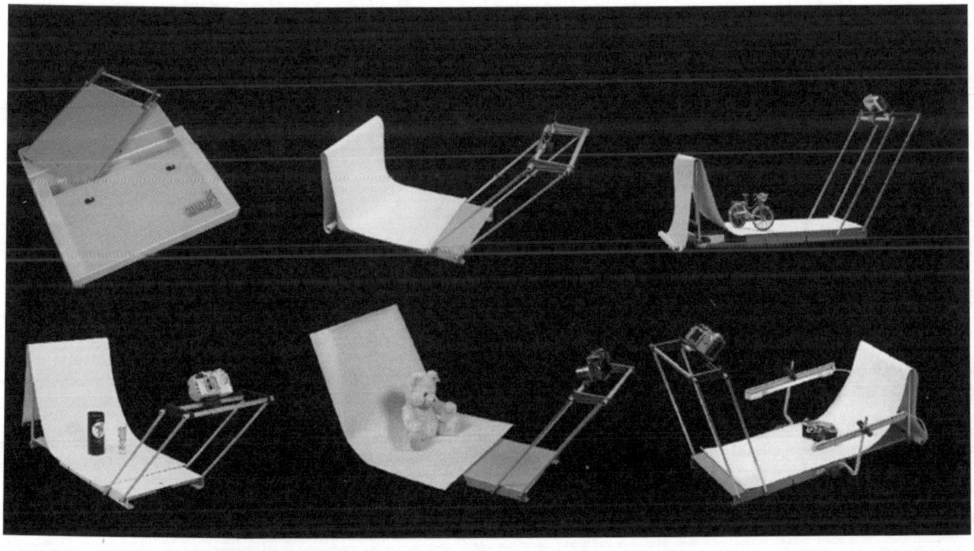

Abbildung 6.31: Das mobile Fotostudio Studio-out-of-the-Box von Kaiser Fototechnik lässt sich leicht verstauen und ist für die eBay-Fotografie wie geschaffen.

6.4.3 Das Fotolabor im Eigenbau

Sowohl ein Fototisch als auch die Studio-out-of-the-Box haben unübersehbare Vorteile. Der Nachteil ist, dass Sie schnell mit ein paar 100 € bei der Sache sind. Beim Einstieg in das eBay-Business möchte man jedoch in der Regel die Kosten erst einmal klein halten. Daher möchten wir Ihnen auch eine Variante zeigen, bei der Sie alles Nötige für ein paar Euro bekommen und selbst zusammenbasteln.

Im Bürofachhandel oder in einem Papiergeschäft erwerben Sie für den Hintergrund verschiedenfarbigen Fotokarton der Größe 50 x 75 cm. Ein Karton sollte dabei nicht teurer als 50 bis 60 Cent sein. Wichtig sind ein weißer und ein schwarzer Karton. Je nach Anwendungsgebiet und Aussehen Ihrer Produkte könnten jedoch auch andere Farben nützlich sein, um die Kontraste besser herauszustellen.

Dann benötigen Sie eine Hintergrundwand und einen Umzugskarton als Auflagefläche. Für die Rückwand kann man beim Sperrmüll nach alten Schrankwänden suchen. Im Notfall tut es auch starker Karton. Alternativ können Sie auch eine normale Wand Ihres Zimmers verwenden, wenn Sie sie bedenkenlos mit Nägeln und Schrauben traktieren können. Als Letztes brauchen Sie noch vier Nägel mit dickem Kopf oder besser noch vier Haken.

Schieben Sie den Umzugskarton an die Zimmer- und/oder Rückwand. Machen Sie mit einem Locher jeweils zwei Löcher am oberen und am unteren Rand der schmaleren Seite des Fotokartons. Legen Sie diesen über den Umzugskarton bis an die Wand, sodass die Fotopappe rund nach oben gebogen wird (siehe Abbildung 6.32). Zeichnen Sie an der Wand und auf dem Umzugskarton Punkte an den Standstellen an und drehen Sie dort die Haken hinein. Hier können Sie künftig jeden beliebigen Hintergrundkarton einspannen.

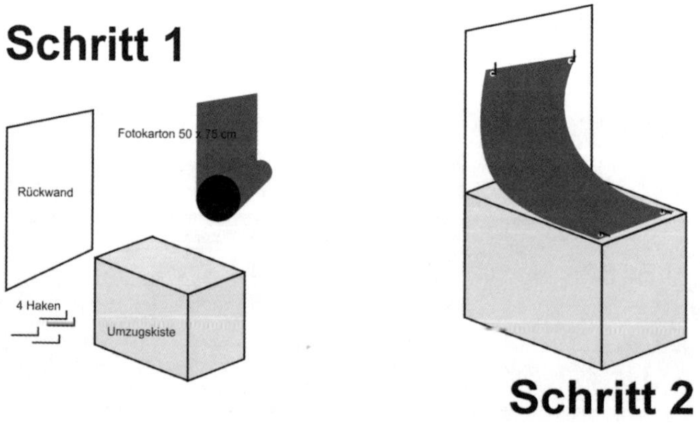

Abbildung 6.32: Mit weniger als einem Euro zum Fotostudio: Fotopappe und ein Umzugskarton machen es möglich.

Die zu fotografierenden Objekte werden vor der Rundung auf den Umzugskarton gestellt. Durch die Rundung zur Wand erscheinen keine Ecken und Kanten. Das beeinflusst in der Wahrnehmung die räumliche Zuordnung, wodurch der Blick auf das Motiv konzentriert wird.

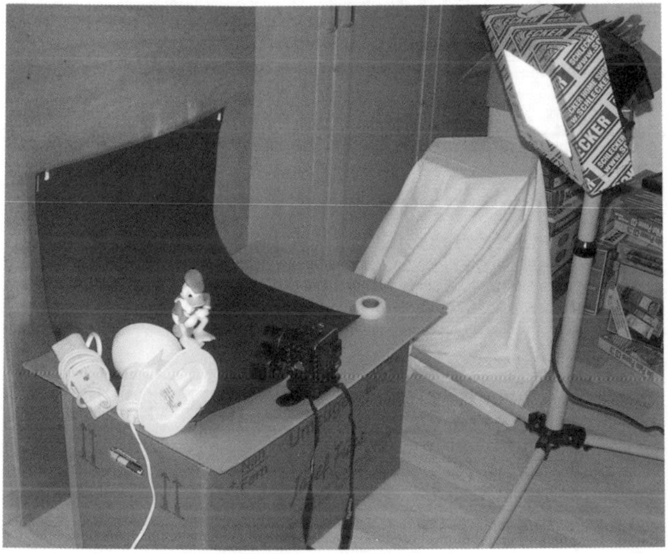

Abbildung 6.33: Primitiv, aber effektiv! Das selbst gemachte Fotostudio erkennt beim fertigen Bild niemand mehr.

6.4.4 Licht – Die Quelle guter Fotografie

Sie fotografieren im Grunde genommen niemals das Objekt selbst. Ihre Kamera kann immer nur das zurückgeworfene Licht auffangen und entsprechend interpretieren. Somit ist das Licht der wichtigste Faktor – noch vor der Kamera! Bei guten Lichtverhältnissen liefern auch schlechte bis mittelmäßige Kameras gute Ergebnisse. Bei schlechter Beleuchtung – und Kunstlicht zählt fast immer dazu – trennt sich die Spreu vom Weizen.

Optimal geeignet für die grundlegende Beleuchtung sind Baulampen. Diese sind preisgünstig, robust und lassen sich gut schwenken. Zumeist werden Halogenröhren verwendet, die zudem beim Austausch sehr preisgünstig sind. Allerdings erzeugen diese Strahler auch eine immense Hitze, sodass sie im Winter die Heizung ersetzen – auf Kosten der Stromrechnung! Zudem sollten Sie sich für Baulampen einen Diffusor bauen. Leuchten Sie nämlich mit einer Baulampe direkt auf ein Objekt, wird dieses einen sehr kräftigen und harten Schatten werfen. Ein Diffusor schwächt diesen Schatten enorm ab. Sie müssen auch hier nicht teures Material im Fachgeschäft kaufen, sondern können ihn leicht mit einem Kartondeckel und Butterbrotpapier selbst bauen. Schneiden Sie wie in Abbildung 6.34 gezeigt aus dem Deckel eines Kartons ein Rechteck aus. Umranden Sie dieses mit Klebstoff und legen Sie ein Butterbrotpapier darüber. Nach dem Trocknen des Klebers müssen Sie den Diffusor nur noch beispielsweise mit Gummis über dem Strahler der Baulampe befestigen.

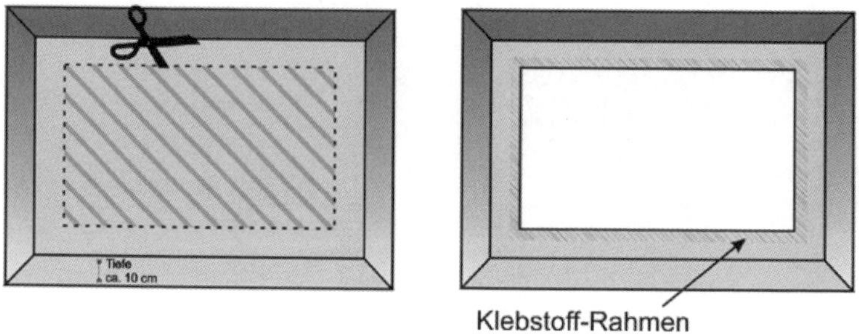

Abbildung 6.34: Diffusor im Eigenbau: Aus einem Kartondeckel schneiden Sie ein Rechteck aus und überkleben es mit Butterbrotpapier.

Achtung

Vorsicht Hitze!

Auch wenn Butterbrotpapier sehr hitzebeständig ist, sollten Sie die Baulampen mit Ihrem selbst gebauten Diffusor nicht zu lange einsetzen, weil sonst die Gefahr besteht, dass das Papier schmort oder gar zu brennen anfängt. Uns ist das allerdings noch nicht passiert.

Die Alternative zu Bau- und Halogenlampen sind Energiesparlampen. Der Vorteil dieser Lampen ist, dass sie nicht wie Halogenröhren mehrere 100 Watt haben, sondern – verglichen mit einer konventionellen Birne – nur ein Fünftel des Stroms benötigen. Da sie genauso hell scheinen, fehlt der Energieverbrauch bei der Hitzeentwicklung. Das hat für die Fotografie zwei Vorteile: Zum einen ist der Stromverbrauch geringer und es wird nicht so heiß, zum anderen verändert sich bei einer konventionellen Leuchte bei zunehmender Hitzeentwicklung die Farbtemperatur, wodurch wiederum ein Farbstich (Thema Weißabgleich) entsteht.

Wir verfahren in der Praxis folgendermaßen: Wir verwenden zwei Baulampen, die von links und rechts oben das generelle Umgebungslicht liefern. Diese beiden Lampen schalten wir immer dann aus, wenn wir aufhören zu fotografieren. Zusätzlich verwenden wir Spots und einfache Lampenfassungen mit Energiesparlampen. Diese können Sie die ganze Zeit angeschaltet lassen. Zudem können Sie den Strahler an jeder beliebigen Stelle des Objekts positionieren. Selbst wenn Sie Schokoladenhasen fotografieren, können Sie die Energiesparlampen direkt daneben positionieren, um ihn auszuleuchten. Mit einer konventionellen Birne geht das nicht, weil sie zu heiß und der Schokoladenhase schmelzen würde.

6.5 Fotoshooting Schritt für Schritt

Sie haben Kamera, Beleuchtungsmittel und Fototisch zur Hand? Dann steht Ihren Produktfotos nichts mehr im Weg. In diesem Abschnitt erfahren Sie die einzelnen Schritte zum Produktfoto, um für die spätere Nachbearbeitung die optimale Voraussetzung zu haben. Am Ende, in Abschnitt 9.5.5, erhalten Sie noch einmal eine Checkliste, die Sie bei jedem Shooting der Reihe nach abhaken sollten.

Dieser Abschnitt suggeriert durch seinen Umfang mehr Arbeit, als es ein gelungenes Produktfoto tatsächlich macht. Dennoch sollten Sie nicht für jedes Produkt den kompletten Aufwand betreiben, sondern lieber fünf bis zehn zu fotografierende Produkte sammeln, bis Sie Ihr Mini-Fotolabor aufbauen.

6.5.1 Hintergrund und Position

Haben Sie mehrere Produkte gesammelt, überlegen Sie, welche davon mit einem hellen und welche mit einem dunkleren Hintergrund zur Geltung kommen. So wird eine Kamera mit Edelstahlgehäuse vor einem schwarzen Hintergrund klar hervorstechen. Typische Kompaktkameras mit schwarzen Gehäuse hingegen wirken natürlich vor einem hellen Hintergrund besser.

Abbildung 6.35: Bei den beiden oberen Fotos bietet – im Gegensatz zu den Aufnahmen unten – der Hintergrund zu wenig Kontrast.

Als Nächstes stauben Sie das Objekt ab! Das ist kein Witz, sondern wirklich notwendig, weil insbesondere gute Kameras auch Fingerabdrücke und Staub deutlich darstellen. So etwas kann zwar später in der Retusche wieder entfernt werden, doch braucht das viel Zeit.

Haben Sie Ihre Objekte gereinigt und den Hintergrund aufgespannt, platzieren Sie Ihr Motiv zunächst in der Mitte der Auflagefläche. Sind es mehrere Einzelstücke, die zusammen aufs Bild kommen sollen, gilt es, diese anzuordnen. Stellen Sie sie nicht einfach nur nebeneinander. Vielmehr sollten Sie mit typischen Gegenständen, etwa einem Spitzer, einer Verpackung oder ähnlichem, kleine Podeste bauen, um so die einzelnen Elemente, die zu einem Produkt gehören, auf verschiedenen Ebenen anzuordnen. Besonders gut wirkt es, wenn alles auf einen fiktiven Fluchtpunkt hin ausgerichtet ist. Er kann, muss aber nicht unbedingt die Kamera selbst sein.

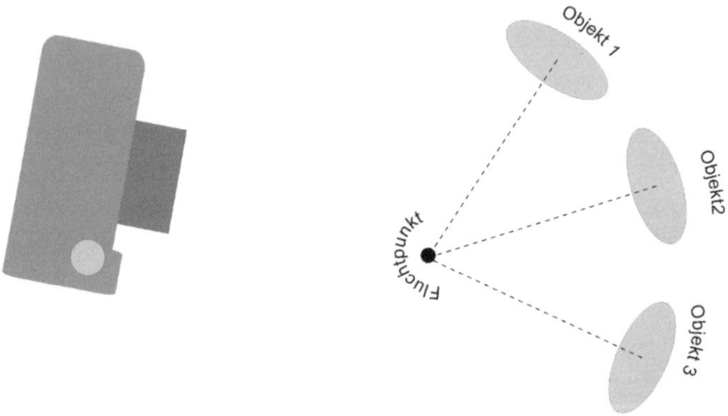

Abbildung 6.36: Wollen Sie mehrere Objekte fotografieren, richten Sie sie alle auf einen fiktiven Fluchtpunkt hin aus.

Schauen Sie immer wieder durch den Sucher oder aufs Display, wie das Gesamtbild oder auch das einzelne Objekte wirkt. Was Sie mit bloßem Auge sehen und was im Fokus der Kamera abgebildet wird, ist völlig unterschiedlich. In dieser Phase des Fotoshootings können Sie das Stativ noch verschieben. Danach sollte die Kameraposition so bleiben, wie sie ist, und der Ausschnitt nur noch mit dem Zoom verändert werden.

Tipp

Merker aufkleben

Um bei einem Fotoshooting sämtliche Bilder aus derselben Perspektive zu fotografieren, sollten Sie sich angewöhnen, die Objekte stets horizontal und vertikal zum Rand Ihres Fototischs auszurichten und dann seitlich mit der Kamera zu fotografieren. Damit bei einem Fotoshooting alle Objekte an derselben Stelle positioniert werden, kleben Sie – beispielsweise mit einem Stück Tesafilm – einen kleinen Merker auf die Auflagefläche in der Mitte des Objekts. Daran können Sie danach die anderen Produkte ausrichten.

Abbildung 6.37: Mithilfe eines Merkers auf dem Fototisch, der stets gleich bleibenden Kameraposition und der Parallelausrichtung an den Kanten des Tischs, wirken alle Fotos wie aus einem Guss.

Abbildung 6.38: Bei Aufbauten, um viele Elemente zu präsentieren, müssen Sie improvisieren. Im Ergebnis (oben) ist das nicht mehr zu erkennen.

6.5.2 Das richtige Licht

Als Nächstes kommt das Licht! Das ist – wie schon oft gesagt und wie nicht oft genug gesagt werden kann – das wichtigste Element bei der Fotografie. Mit ein oder zwei intensiven Strahlern von oben sollten Sie die gesamte Szenerie ausleuchten. Ein Baustrahler mit 300 Watt reicht theoretisch aus, zwei bis drei sind jedoch besser!

Sollten Partien noch schlecht ausgeleuchtet sein, hellen Sie diese mit individuell platzierten Beleuchtungskörpern auf. Mit Spots entfernen Sie dann die Schlagschatten, indem Sie nicht das Objekt, sondern den Schatten anleuchten.

Tipp

Tricksen Sie!

Fotos von der Stange gibt es schon genügend. Erst wenn Sie Licht kreativ einsetzen und auch mal ungewohnte Wege beschreiten, werden Ihre Fotos zu etwas Besonderem und aus der Masse heraus stechen.

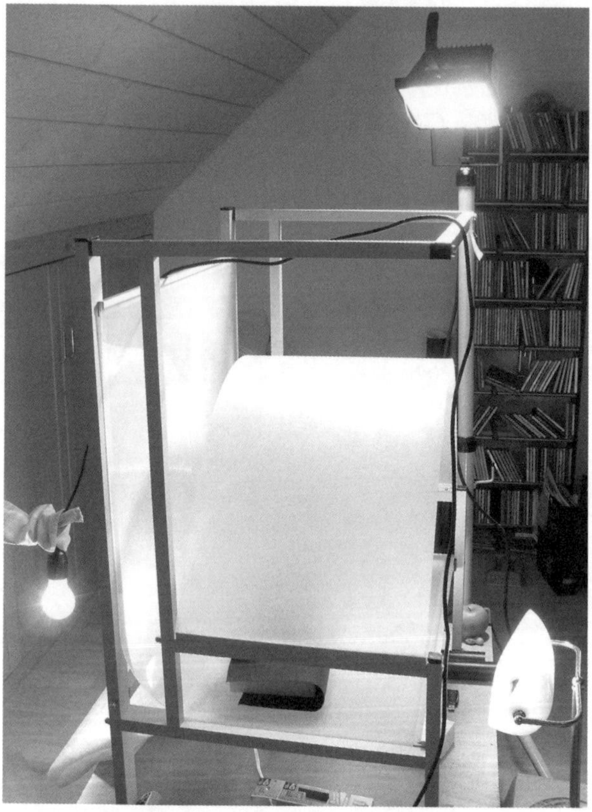

Abbildung 6.39: Das Salz in der Suppe: Nur mit phantasievoll eingesetztem Licht erhalten Sie auch außergewöhnliche Resultate. Da darf auch mal improvisiert werden.

6.5.3 Der Weißabgleich

Als Nächstes kommt der Weißabgleich. Diesen Schritt dürfen Sie auf keinem Fall auslassen! Im Gegenteil: Sie müssen jedes Mal, wenn Sie die Lichtverhältnisse ändern, diesen Schritt erneut durchführen! Ansonsten erhalten Sie Fotos mit den unmöglichsten Farben, die keinen Bezug zur Realität haben. Theoretisch können Sie auch hier nachretuschieren – in der Praxis ist das Ergebnis jedoch schlechter als bei einem direkten Weißabgleich mit der Kamera.

Beim Weißabgleich gibt es drei Kameravarianten. Haben Sie eine Kamera, die den Weißabgleich nur und ausschließlich per Automatik regeln kann, machen Sie Ihre Bilder und hoffen Sie darauf, dass die Kamera die Farbtemperatur des eingesetzten Lichts erkennt. Das ist allerdings nur bei sehr billigen Modellen der Fall!

Besitzt Ihre Kamera Voreinstellungen für Sonnenlicht, Schatten, Glühbirne usw., schreiben Sie sich sämtliche Varianten auf ein Blattpapier. Dann machen Sie bei voller Beleuchtung eine Testserie des Objekts mit allen Varianten. Schauen Sie sich die Ergebnisse am PC an und prüfen Sie, welches Bild die Realität am ehesten trifft. Mithilfe Ihrer Notizen wissen Sie dann, welche Weißabgleich-Voreinstellung Sie verwenden sollten.

Die optimale Variante – insbesondere weil Sie sehr wahrscheinlich Mischlicht einsetzen – ist der manuelle Weißabgleich. Dazu entfernen Sie zunächst das zu fotografierende Objekte und platzieren an dessen Stelle ein weißes Stück Papier oder die Weißabgleich-Hilfe (siehe Abbildung 6.28). Zoomen Sie dann mit der Kamera, so dass nur noch der weiße Bereich im Sucher zu sehen ist. Aktivieren Sie den Menüpunkt für den manuellen Weißabgleich. Drücken Sie nun – je nach Kamera unterschiedlich – die Menütaste oder den Auslöser. In der Regel sehen Sie im Display einen Hinweis, wie Sie vorgehen müssen. Nun stellt sich Ihre Kamera auf die Farbtemperatur der von Ihnen eingesetzten Belichtungselemente ein.

Aber Achtung: Viele Kameras verwenden den Weißabgleich nicht bei der Automatik, sondern nur bei Motivprogrammen oder der manuellen Zeit- oder Blendenvorwahl.

6.5.4 Kameraeinstellung

Nun bereiten Sie Ihre Kamera für die Aufnahmen vor. Den größten Einfluss haben Sie, wenn Ihre Kamera die Möglichkeit bietet, sowohl Zeit als auch Blende manuell einzustellen. Allerdings benötigen Sie dazu einige Erfahrung. Zudem wird diese Funktion nur von teuren Kameras angeboten. Recht häufig vertreten ist jedoch die Blenden- und die Zeitautomatik. Für die Produktfotografie ist die Zeitautomatik angebracht, bei der Sie die Blende einstellen und die Kamera automatisch die Verschlusszeit bestimmt.

Zeitautomatik

Verfügt Ihre Kamera über eine Zeitautomatik, stellen Sie die Blende ein. Fotografieren Sie ein Einzelstück oder mehrere Objekte, die alle in etwa denselben Abstand von der Kameralinse haben, stellen Sie die Blende auf den kleinsten Wert, also etwa 2.8 oder 3.5. Auf diese Weise reduzieren Sie die Tiefenschärfe auf einen ganz kleinen Bereich, so dass das anvisierte Motiv scharf und der Hintergrund verwaschen erscheint. Das Ergebnis sind Produktfotos, bei denen die Konzentration auf dem Produkt selbst liegt.

Sollten Sie mehrere Objekte fotografieren wollen und sich diese in unterschiedlicher Entfernung zur Kameralinse befinden, müssen Sie die Blendenzahl vergrößern. Bei einem typischen Abstand von ca. 50 Zentimeter sollten Sie dann eine Blende von zirka 5.6 verwenden.

Makro ein

Nach der Blende aktivieren Sie –natürlich nur, wenn Ihre Kamera dies zulässt – den Makromodus, der typischerweise bei den Kamerabedienelementen mit einer Blume dargestellt wird. Sonst werden Ihre Aufnahmen trotz richtiger Fokussierung unscharf werden.

Belichtungsreihen

Nicht immer ist das, was die Kameraautomatik als optimale Belichtungszeit ansieht, auch optimal für Ihre Zwecke. Deshalb bieten die meisten Kameras eine manuelle Belichtungskorrektur. Machen Sie also ein Foto in der – aus Sicht der Kamera – optimalen Einstellung und danach noch ein paar Aufnahmen mit nach unten und ein paar Aufnahmen mit nach oben korrigierter Belichtungszeit, aus denen dunklere respektive hellere Aufnahmen resultieren. Am Bildschirm sehen Sie dann, was die Produkte besser zur Geltung bringt.

Verwenden Sie zum Abgleich der Fotos mit dem PC die Software Cam2PC (siehe Abschnitt 9.6.1), zeigt deren Bildbrowser sämtliche Kameraeinstellungen, wenn Sie kurz mit dem Mauszeiger über dem entsprechenden Bild verweilen. Diese Einstellungen können Sie dann für folgende Produktaufnahmen bei diesen Lichtverhältnissen verwenden. In Abbildung 6.40 sehen Sie beispielsweise, dass das beste Bild ganz rechts mit einer Blende von f3.2 bei einer Belichtungszeit von 1/200 Sekunden aufgenommen wurde. Allerdings handelt es sich hierbei nicht um die Belichtung, die die Kamera vorgenommen hätte. Dies wäre das zweite Ergebnis von links mit einer Belichtungszeit von 1/400 Sekunden, das offensichtlich viel zu dunkel ist.

Info

Automatische Belichtungsreihe

Manche Kameras besitzen als besondere Form der Serienaufnahmen die Funktion »Belichtungsreihe«. Haben Sie diese eingestellt, werden beim Drücken des Auslösers 3, 5 oder 7 Aufnahmen gemacht, wobei – im Falle der Zeitautomatik – verschiedene kleinere und größere Belichtungszeiten verwendet werden.

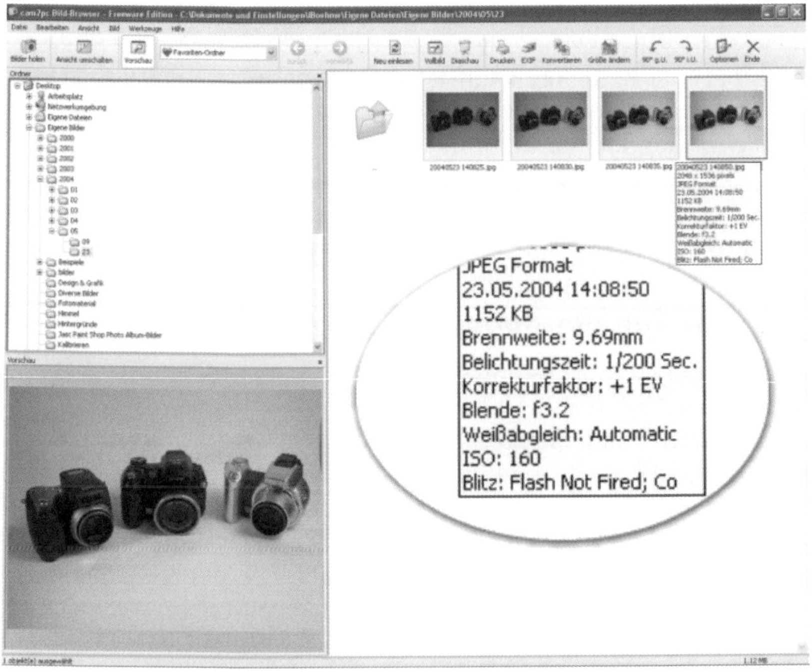

Abbildung 6.40: Im Bildbrowser der Software Cam2PC sehen Sie die Kameraeinstellungen bei einzelnen Fotos der Belichtungsreihe.

6.5.5 Checkliste fürs Fotoshooting

Diese Checkliste sollten Sie bei jedem Fotoshooting abhaken.

- Kontrastreichen Hintergrund aussuchen und aufspannen.
- Objekt parallel zu den Seiten platzieren.
- Kamera leicht erhöht und gegebenenfalls leicht seitlich stellen.
- Die Umgebung mit Strahlern ausleuchten und die Schatten mit Spots eliminieren.
- Weißabgleich durchführen.
- Makromodus einschalten.
- Blendenautomatik aktivieren und Blende auf 2.8 stellen.
- Belichtungsserie mit Unter- und Überbelichtung aufnehmen.

Hinweis

In diesem Kapitel beschreiben wir sehr ausführlich die Produktfotografie – und zwar aus dem Grund, weil das Bild ein nicht unerheblicher Faktor bei der Kaufentscheidung ist. In der Praxis werden Sie bei billigeren Artikeln sicher nicht den beschriebenen Aufwand betreiben. Und auch ein Auto oder ein wandfüllender Plasmafernseher fällt natürlich aus dem Raster heraus. Dennoch gibt Ihnen dieses Kapitel genügend Anhaltspunkte, um auch in solchen Fällen das Produkt optimal präsentieren zu können.

6.6 Software für die digitale Fotografie

Software für digitale Fotografie ... Das hört sich fast so an, als würde es nur eine Form der Software geben! Software für die Textverarbeitung sind Textverarbeitungsprogramme. Bei der digitalen Fotografie gibt es hingegen zahlreiche Unterkategorien. Wir möchten im Rahmen dieses Buchs nur auf zwei dieser Kategorien eingehen, weil die Programme, die wir Ihnen vorstellen, auch ein wenig von den anderen Kategorien besitzen. Zudem sind beide Programme kostenlos. Zumindest für Sie! Die Freeware Cam2PC ist generell Freeware und dient dazu, Fotos von der Kamera auf den PC zu bringen. Das zweite Programm heißt Ability Photopaint und ist eine ausgewachsene Retuschesoftware. Und Ability Photopaint ist keine Freeware, sondern eine Vollversion, die nur und ausschließlich den Lesern dieses Buchs kostenlos zugänglich gemacht wird! Da wir bei diesem Buch auf die CD verzichtet haben, können Sie die knapp 8 Mbyte große Setup-Datei von unserer Webseite *www.321-shop.de* downloaden. Allerdings nur, wenn Sie die dort gestellte Frage beantworten können. Und das ist nur mithilfe des Buchs möglich.

6.6.1 Kameraabgleich mit Cam2PC

Jede Digitalkamera bringt eine Software mit, die Fotos auf andere Art und Weise aus der Kamera ausliest und mehr oder weniger sinnvoll verwaltet. Um Klassen flexibler als die meisten proprietären Herstellerlösungen ist Cam2PC. Dieses kostenlose Tool verweilt in der Windows-Taskleiste bis eine Kamera angeschlossen oder eine Speicherkarte in das Lesegerät gesteckt wird. Dann wird das Programm aktiv und kopiert oder verschiebt – je nach Einstellung des Benutzers – die Bilddateien auf die Festplatte. Wohin, legt der Benutzer selbst fest. Durch die Pfadangabe *Eigene Bilder\%Y\%m\%d* wird beispielsweise eine chronologische Ordnerstruktur angelegt. Auf der obersten Ebene – in diesem Beispiel direkt unter *Eigene Bilder* – erscheinen die Jahreszahlen, darunter die entsprechenden Monate und darin wiederum die Tage. Die Informationen selbst entnimmt das Programm nicht etwa dem Dateidatum, sondern den im Bild gespeicherten EXIF-Daten. Hierbei handelt es sich um Informationen wie die Blende, die Belichtungszeit oder ob Sie einen Blitz verwendet haben. Diese Informationen packt die Kamera direkt in das Bild hinein, was dem Benutzer verborgen bleibt. Mithilfe von Cam2PC können Sie diese durchaus interessanten Informationen wieder sichtbar machen. Aber nicht nur den Abgleich erledigt Cam2PC, auch ein komplettes Albumprogramm mit Vorschaubildern und vielen praxisorientierten Funktionen ist integriert und erspart somit teure zusätzliche Anschaffungen.

Abbildung 6.41: Die Freeware Cam2PC lädt automatisch Ihre Kamerabilder und stellt diese als chronologisch sortiertes Fotoalbum dar.

Installation von Cam2PC

Bei der Installation müssen Sie nacheinander zwei Setup-Dateien ausführen. Die erste installiert die englische Version und die zweite die deutschen Sprachdaten.

1. Öffnen Sie im Internet-Browser die Adresse *www.nabocorp.com*. Suchen Sie dort im Abschnitt »download« die neueste Freeware-Version und laden Sie sie auf Ihren Desktop. Daneben benötigen Sie noch die deutsche Ressourcendatei, die mit der deutschen Flagge gekennzeichnet ist. Laden Sie auch dieses Installationsprogramm und legen Sie es auf Ihrem Desktop ab.
2. Zuerst führen Sie dann das englische Setup (*cam2pc-free.exe*) aus und folgen den Anweisungen am Bildschirm. Starten Sie danach das Installationsprogramm der deutschen Ressourcendatei (*cam2pc-deutsch.exe*) und folgen Sie auch hier den Installationsanweisungen. Am Ende fragt die Installationsroutine, ob die deutsche Oberfläche aktiviert werden soll, was Sie mit *Ja* bestätigen.
3. Starten Sie dann *cam2pc Tray Icon* über das Startmenü. In der Startleiste von Windows erscheint neben der Uhrzeit ein kleines Kamerasymbol. Klicken Sie hier

mit der rechten Maustaste und wählen Sie im Kontextmenü *Optionen*. Markieren Sie rechts unten das Kontrollkästchen *Kamera oder Kartenleser überwachen* und bestätigen Sie den Dialog mit *Ja*, damit Cam2PC bei jedem Neustart automatisch geladen wird.

4. Wählen Sie links im Optionenbaum den Eintrag *Dateien umbenennen* und aktivieren Sie rechts das gleichnamige Kontrollkästchen. Geben Sie im Eingabefeld *%Y%m%d.%h%u%s.%e* ein. Dadurch wird aus dem EXIF-Aufnahmedatum der Dateiname erzeugt. Eine Aufnahme am 1. 2. 2004 um 14:11 würde dann in *20040201.141100.jpg* umbenannt. Problematisch wird es, wenn zwei Bilder in derselben Sekunde gemacht werden, weil dann derselbe Dateiname gebildet wird. Markieren Sie jedoch das erste Kontrollkästchen, wird in diesem Falle automatisch eine fortlaufend Nummer an den Bildnamen angehängt. Schließen Sie dann den Optionendialog wieder.
5. Legen Sie nun die Speicherkarte in das Lesegerät oder verbinden Sie die Kamera. Cam2Pc startet automatisch und kopiert nach Rückfrage sämtliche Bilder nach angegebenem Muster auf Ihre Festplatte. Danach startet der Bildbrowser und zeigt Ihre Bilder als hierarchisches Album.

Wollen Sie nur das Album starten, müssen Sie lediglich einen Doppelklick auf das Kamerasymbol in der Taskleiste ausführen.

6.6.2 Die digitale Dunkelkammer: Das Retuscheprogramm

Was die Textverarbeitung für Briefe ist, ist das Retuscheprogramm für Fotos. Ein Retuscheprogramm kann Fotos darstellen und in Teilen oder insgesamt verändern. Zu diesem Zweck verfügt ein Retuscheprogramm über verschiedene Werkzeuge. Dazu gehört beispielsweise ein Pinsel, den man so einstellen kann, dass er verschiedenen Malwerkzeugen nachempfunden ist, etwa Bleistift, Wasserfarben oder Ähnlichem. Für die Fotografie besonders wichtig sind all jene Verfahren, die bei der analogen Fotografie im Fotolabor bzw. in der Dunkelkammer vorgenommen werden. So können Bildteile aufgehellt und abgedunkelt, geschärft oder weichgezeichnet werden. Auch das Entfernen von Kratzern oder Staub stellt selbst für die einfachste Retuschesoftware kein Problem dar. Wir wollen Ihnen an dieser Stelle einen kurzen Überblick über die bekanntesten Programme geben, bevor wir Ihnen anhand einer Vollversion der Software *Ability Photopaint*, die uns die Firma Blitzbox.de freundlicherweise für Leser unseres Buchs zur Verfügung gestellt hat, zeigen, welche professionellen Funktionen Ihnen damit zur Verfügung stehen.

Adobe Photoshop und Elements

Der Klassiker unter den Retuscheprogrammen ist die viel von Grafikern eingesetzte Software *Photoshop* der Firma Adobe. Die Funktionsvielfalt diese Software ist derart gigantisch, dass selbst die Aufzählung der einzelnen Techniken ein halbes Buch füllen würde. Das lässt sich Adobe aber auch bezahlen. So kostet die aktuelle Version selbst bei günstigen Onlinehändlern über 1.000 Euro. Für die einfache Nachbearbeitung von Produktfotos ist die Software völlig überdimensioniert. Sie kommt zum Einsatz, wenn Grafiker beispielsweise für Anzeigenkampagnen Bildobjekte komponieren.

Um auch den semiprofessionellen Anwender für diese Produktlinie zu begeistern, hat Adobe zusätzlich die Version *Photoshop Elements* auf den Markt gebracht, die bei günstigen Onlinehändlern bereits für unter 80 Euro zu haben ist. Prinzipiell funktioniert die Software genauso wie der große Bruder. Es fehlen lediglich professionelle Funktionen für den Druck sowie einige Automatikfilter.

Jasc Paintshop Pro

Paintshop Pro ist seit Anfang der 90er Jahre das verbreitetste von den preiswerten Bildverarbeitungen. Handelte es sich anfangs lediglich um eine Software, mit der verschiedene Grafikformate von TIF bis JPEG ineinander umgewandelt werden konnten, gehören mittlerweile alle gängigen Retuschetechniken zum Repertoire von Paintshop Pro. Als Vorbild hat sich die Firma Jasc dabei bis in Details an Adobes Klassiker Photoshop orientiert. Das Ergebnis kann sich sehen lassen. Für weniger als 90 Euro bietet Paintshop Pro mächtige Automatikfunktionen, mit denen Fotos auf Knopfdruck analysiert und wie von Geisterhand verbessert werden. Dies bietet dem Einsteiger in diese Materie eine wertvolle Hilfe. Darüber hinaus lassen sich mit zahlreichen Assistenten und ebenso vielen Werkzeugen Bilder bis ins kleinste Detail verändern.

Info

Die Autoren dieses Buchs zeigen in der monatlichen Rubrik *Tipps & Tricks* der Zeitschrift *Computer Foto* (*www.computerfoto.de*), wie die vielfältigen Funktionen von Paintshop Pro noch kreativer angewendet werden können.

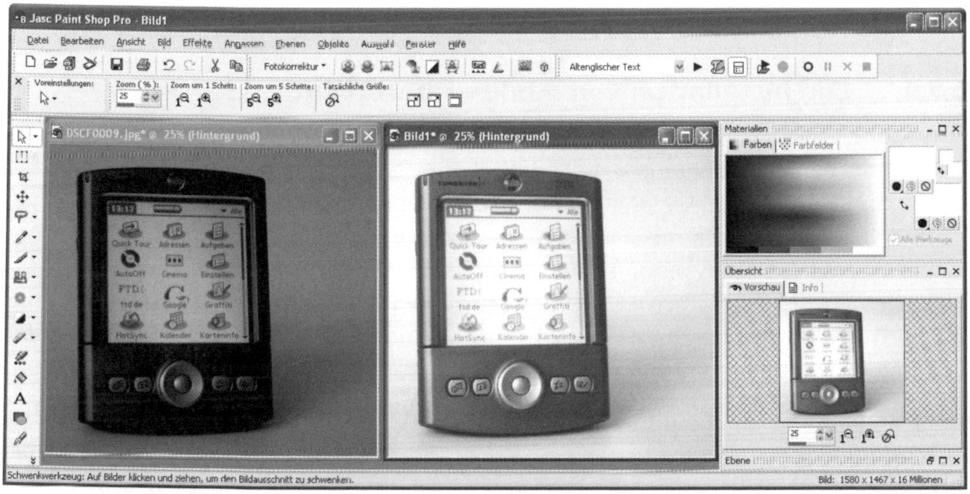

Abbildung 6.42: Mit seinen Automatikfunktionen macht die Retuschesoftware Paintshop Pro selbst aus misslungenen Bildern (links) brauchbare Produktaufnahmen (rechts).

Ulead Photoimpact

Auch bei der Software Photoimpact der Firma Ulead handelt es sich um ein Programm, mit dem Bilder nachbearbeitet werden können. Die Fähigkeiten sind mannigfaltig und besonders auf Spezialeffekte ausgelegt. Allerdings ist die Bedienung etwas umständlicher als bei anderen Retuscheprogrammen. Zielgruppe der Software sind weniger Grafiker, sondern vielmehr Webdesigner, die mit dieser Software schnell zu einem Ergebnis gelangen. Der große Vorteil von Photoimpact ist, dass es vielen Kameras oder Scannern beiliegt. Sollten Sie diese Software also bereits besitzen, können Sie sie natürlich zur Retusche Ihrer Produktfotos verwenden.

Corel Photopaint

Der Name Corel ist in den meisten Köpfen eng verknüpft mit dem Designwerkzeug CorelDRAW. Hierbei handelt es sich um ein so genanntes Vektorprogramm, mit dem Grafiken gestaltet werden können. Seit einigen Versionen liegt das Retuscheprogramm Photopaint den Grafikpaketen wie CorelDRAW bei. Seit Version 10 wurde die Retuschesoftware grundlegend überarbeitet. Dabei floss das Know-how der übernommenen Firma Micrografx in die Neuentwicklung ein, so dass heute das Programm hervorragende Retuschefähigkeiten besitzt.

6.7 Bilder nachbearbeiten mit Ability Photopaint

Sollten Sie noch nicht im Besitz einer Fotoretuschesoftware sein – vielen Scannern oder Digitalkameras liegen solche Programme bei –, halten wir für Sie ein besonderes Bonbon bereit. Das in Deutschland noch recht unbekannte Ability Photopaint wurde uns von der *Dr. Pott Wirtschaftsberatung GmbH* speziell für Leser unseres Buchs als Vollversion zur Verfügung gestellt. Sie können die knapp acht Mbyte große Setup-Datei von unserer Webseite *www.321-buch.de* downloaden, nachdem Sie sich als Leser des Buchs ausgewiesen haben.

6.7.1 Die Installation von Ability Photopaint

Um Ability Photopaint nutzen zu können, müssen Sie bei der Installation einen Freischaltcode eingeben. Diesen erhalten Sie unter www.blitzbox.de/ability, wo Sie Name und E-Mail-Adresse angeben müssen. Das können Sie getrost tun – sie wird nicht zu Spam-Zwecken missbraucht. Sie erhalten dann eine E-Mail mit allen möglichen Codes. Von Photopaint ist jedoch nirgends die Rede. Da das Programm allerdings Teil von Ability Office ist, müssen Sie dessen Zahlenkolonnen verwenden, um die Software zu aktivieren. Statt per E-Mail können Sie sich auch telefonisch unter der angegebenen Rufnummer registrieren.

Die Installation an sich läuft automatisch ab, und Sie können danach das Retuscheprogramm über *Start, Alle Programme, Ability Office Essentials, Ability Photopaint* starten.

Im folgenden Abschnitt werden wir alle Schritte besprechen, die normalerweise anfallen, bis Sie ein perfektes eBay-Produktbild aus Ihrem Foto gemacht haben.

6.7.2 Beschneiden

Der erste Schritt bei einem Foto ist immer, den richtigen Ausschnitt zu wählen. Da in eBay standardmäßig die Bilder maximal 300 x 400 Pixel breit sein dürfen, sollten Sie Ihre Produktfotos auch in diesem Verhältnis (3 zu 4) beschneiden.

1. Wählen Sie im Menü *Datei* den Punkt *Öffnen* und laden Sie das gewünschte Produktfoto. Im Dateidialog werden kleine Vorschaubilder – so genannte Thumbnails – der Originaldateien angezeigt. Da die Software die gängigen Dateiformate kennt, müssen Sie hier nicht vorab explizit JPEG oder TIF auswählen. Doppelklicken Sie auf das gewünschte Bild.

Abbildung 6.43: Öffnen Sie im Dateidialog das gewünschte Produktbild anhand einer kleinen Vorschaugrafik.

Hinweis

Wenn Sie Bilder von einer eigenen Webseite mithilfe des HTML-Tags *<img* einbinden, können sie auch andere Dimensionen haben. Mehr zu diesem Thema finden Sie in Kapitel 12.

2. Am linken Rand sehen Sie jede Menge Symbole. Das sind die Werkzeuge, mit denen Sie in Ability Photopaint die Fotos bearbeiten können. Bewegen Sie die Maus über ein Werkzeugsymbol, erscheint dessen Beschreibung in einem kleinen Tooltip-Rahmen. Klicken Sie in der rechten Spalte auf das fünfte Symbol von oben: *Schneiden*.
3. Bewegen Sie nun den Mauszeiger über das eigentliche Foto. Statt eines normalen Pfeils sehen Sie als Maussymbol ein stilisiertes Messer. Ziehen Sie bei gedrückter Maustaste einen Rahmen in Ihrem Bild auf und lassen Sie dann die Maustaste los.
4. Der aufgezogene Rahmen besitzt an den vier Ecken und den vier Seiten kleine Quadrate – so genannte Hanteln. Diese können Sie mit der Maustaste greifen

und den Rahmen vergrößern und verkleinern. Wichtig ist, dass Sie das Seitenverhältnis 3 zu 4 erreichen. Wie groß der aufgezogenen Rahmen ist, sehen Sie in dem kleinen Fenster mit dem Titel *Information*. Die Breite steht rechts neben dem Buchstaben W (engl. *width* = Breite) und die Höhe neben dem H (engl. height = Höhe). Erscheint Ihnen die Höhe passend, müssen Sie daraus die optimale Breite für das gewünschte Seitenverhältnis errechnen. Dazu teilen Sie die Höhe durch vier und multiplizieren das Ergebnis mit drei. In Abbildung 6.44 stellte beispielsweise eine Höhe von 1500 Pixel den optimalen Ausschnitt dar. Mit den seitlichen Hanteln wurde dann die Breite auf 1500 / 4 = 375 * 3 = 1125 Pixel gezogen.

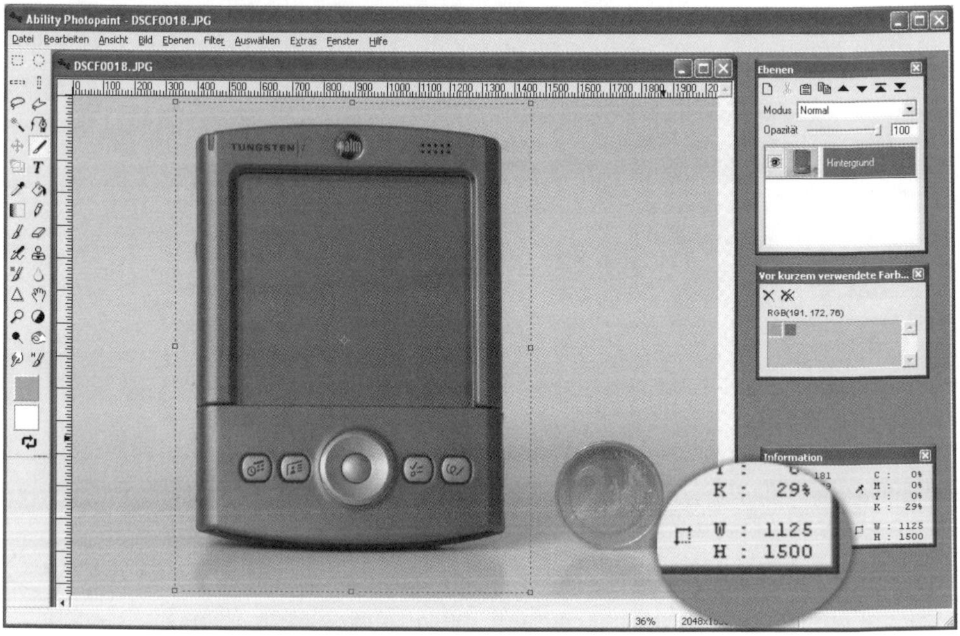

Abbildung 6.44: Für eBay-Produktfotos ist ein Seitenverhältnis von 3 zu 4 (Breite zu Höhe) zu wählen.

5. Sollte der Ausschnitt noch nicht passen, können Sie ihn insgesamt verschieben, indem Sie den Mauszeiger innerhalb des Rahmens positionieren und ihn dann bei gedrückter Maustaste so platzieren, dass der optimale Ausschnitt umrandet ist.
6. Hat der Ausschnitt die richtige Größe und ist optimal platziert, klicken Sie mit der rechten Maustaste innerhalb des Bereichs und wählen im Kontextmenü den Menüpunkt *Zuschneiden*. Nun hat das Bild das richtige Format, wenn auch noch nicht die passende Größe für eBay.

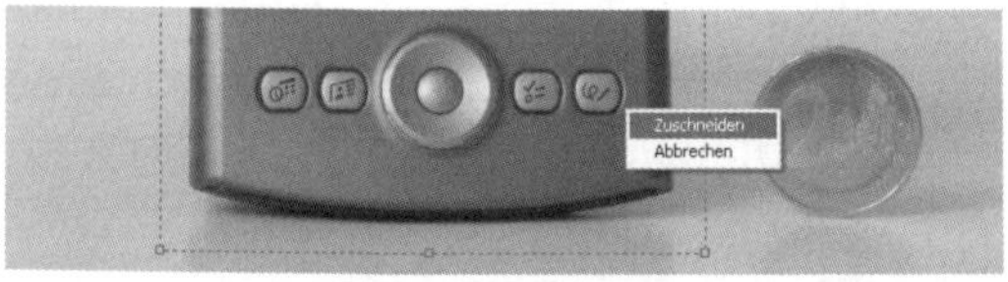

Abbildung 6.45: Über das Kontextmenü Zuschneiden beschneiden Sie den Bereich auf die angepasste Markierung.

6.7.3 Automatische Korrektur

Besonders bequem ist die Automatik von Ability Photopaint. Diese analysiert das Bild und versucht, individuell eine Anpassung von Kontrast, Helligkeit und Farbbalance durchzuführen. Die Funktion hat eine erstaunlich hohe Trefferquote und ist in der Regel für Produktabbildungen bei eBay völlig ausreichend. Sie müssen nur das Bild laden und wahlweise den Menüpunkt *Bild, Anpassen, Automatik* ausführen oder die Tastenkombination [Strg]+[⇧]+[L] drücken. Sollte das Ergebnis schlechter sein als das Ausgangsbild, können Sie die Veränderung mit [Strg]+[Z] wieder rückgängig machen.

Info

Ability Photopaint kann nicht nur die letzte Aktion mit [Strg]+[Z] rückgängig machen. Standardmäßig sind es die letzten zehn. Sie können über *Datei, Optionen, Allgemein* im Bereich *Tiefe rückgängig* selbst bestimmen, wie viele Zwischenstände des Bildes sich die Retuschesoftware merken soll. Je mehr, desto sicherer für Sie. Allerdings benötigt dies sehr viel Speicherplatz auf der Festplatte! Ein Wert von 10 bis 30 ist jedoch angeraten.

6.7.4 Weißabgleich und Farbstich entfernen

Das häufigste Problem – insbesondere bei preiswerten Digitalkameras – ist, dass bei Kunstlicht Farbverfälschungen auftreten. Das liegt an der Farbtemperatur des eingesetzten Lichts (siehe Abschnitt 6.5.3). Mithilfe von Ability Photopaint können Sie das nachträglich korrigieren und die einzelnen Farbanteile eines Bildes gesondert intensivieren oder abschwächen.

1. Öffnen Sie das Bild mit dem Farbstich.
2. Wählen Sie im Menü *Bild, Anpassen* den Punkt *Farbbalance* oder drücken Sie die Tastenkombination [Strg]+[B].

Im Anpassungsdialog sehen Sie drei Schieberegler und drei Optionsfelder. Mit den Schiebereglern können Sie den Farbbereich des Bildes anpassen. Schieben Sie beispielsweise den untersten Regler nach rechts, wird das Bild blaustichig, bewegen Sie ihn nach links, nimmt die blaue Farbe ab und das Bild wirkt gelblich.

Ist Ihr Bild zu blaustichig, beispielsweise weil Sie Ihre Produktaufnahmen draußen im Schatten gemacht haben, verschieben Sie den unteren Regler leicht nach links und Sie werden sehen, wie natürlich die Farben plötzlich wirken.

Hinweis

Bei der Farbanpassung kann es sein, dass das Bild irgendwann zu dunkel wirkt. Diesen Makel beheben wir im nächsten Abschnitt.

Analog gehen Sie bei einem Gelbstich vor und verschieben den untersten Regler nach rechts.

Standardmäßig ist bei den Optionsfeldern links *Schatten* markiert. Dadurch wirken sich die Änderungen mit den Schiebereglern nur auf die dunklen Bereiche des Bildes aus, was in der Regel auch am stärksten auf den Gesamteindruck des Fotos Einfluss nimmt. Sollte dennoch auch nach der Anpassung noch ein Farbstich vorhanden sein, können Sie auch die anderen beiden Bereiche, nämlich die Mitteltöne und die hellen Bereiche, entsprechend anpassen.

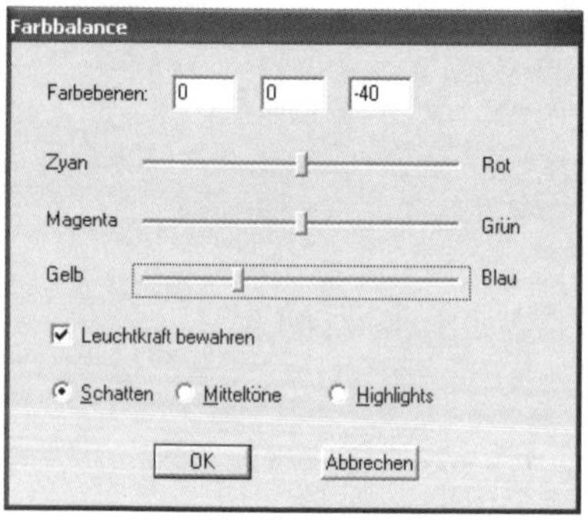

Abbildung 6.46: Im Dialog Farbbalance können Sie einen Farbstich (im Beispiel einen Blaustich) entfernen.

Hinweis

Lassen Sie das Kontrollkästchen *Leuchtkraft bewahren* immer markiert. Sonst wird Ihr Bild zu dunkel.

6.7.5 Helligkeit und Kontrast

Noch einfacher als die Korrektur eines Farbstichs ist die Anpassung von Helligkeit und Kontrast. Öffnen Sie den entsprechenden Dialog mit *Bild, Anpassen, Helligkeit/ Kontrast*. Mit den beiden Schiebereglern nehmen Sie auf diese Attribute des Bildes Einfluss. Beachten Sie jedoch, dass bei zunehmendem Kontrast die Details und feinen Abstufungen verloren gehen. Da es bei Ihren Fotos nicht um Ästhetik oder Fotokunst geht, sondern darum, dass die potenziellen Käufer sich ein gutes Bild von dem Produkt machen und Details gut erkennen können, sollten Sie das Produktfoto durchaus ein wenig überzeichnen. Das bedeutet, es **ein wenig** zu hell und **ein wenig** zu kontrastreich darstellen. Der Grund ist, dass viele Monitore viel zu dunkel eingestellt sind und Details eines Produktfotos dann nicht richtig erkennbar sind.

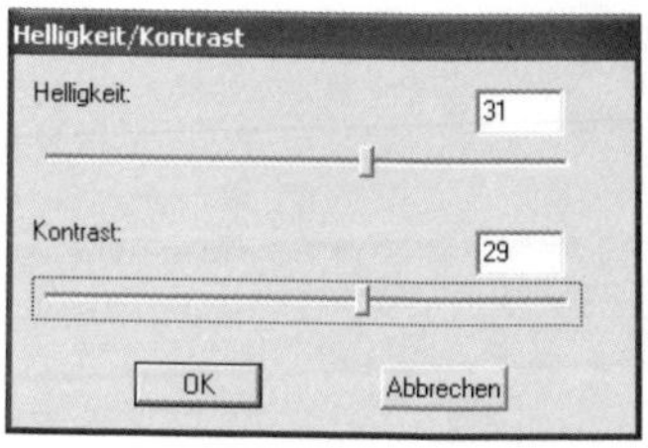

Abbildung 6.47: Mit den beiden Schiebereglern überzeichnen Sie Helligkeit und Kontrast des Gesamtbildes speziell für den Zweck der eBay-Auktionen.

6.7.6 Flecken, Staub und Spiegelungen retuschieren

Ein Einsatzgebiet der Fotoretusche ist, Fehler mithilfe der elektronischen Werkzeuge zu entfernen. Natürlich dürfen Sie bei Produktabbildungen keine am Produkt vorhandenen Fehler wegretuschieren. Das wäre Betrug, würde es doch falsche Tatsachen vorspiegeln. Häufig ist es aber so, dass Staub oder Fusseln beim Fotografieren viel stärker ins Gewicht fallen, weil sie durch das helle Umgebungslicht noch intensiviert werden. Oder Sie fotografieren eine glänzende Fläche, und darin spiegelt sich Ihr Gesicht oder Ihre Kamera. Diese Fehler eliminieren Sie mithilfe der Retuschewerkzeuge und der Effektfilter.

Am Beispiel des Produktfotos eines *palmOne Tungsten* zeigen wir, wie Sie ein Display entspiegeln und einen Fussel entfernen, den Sie beim Fotografieren übersehen haben.

Info

Wollen Sie die Aktionen am hier gezeigten Beispiel nachvollziehen, finden Sie das Ursprungsbild auf unserer Webseite:

www.321-buch.de

1. Öffnen Sie das Bild und wählen Sie in der Werkzeugleiste am linken Rand in der rechten Spalte das dritte Symbol von oben: *Hilfskontur Lasso*. Dieses Werkzeug dient dazu, einen Bereich des Bildes zu markieren, auf den sich alle künftigen Aktionen beziehen. Alles, was sich außerhalb der Markierung befindet, bleibt von Effektfiltern und Retuschewerkzeugen unberührt.
2. Der Mauszeiger dieses Werkzeugs hat am unteren Rand eine kleine Spitze. Klicken Sie mit dieser Spitze auf die linke obere Ecke des Displays und dann im Uhrzeigersinn auf alle anderen Displayecken, bis Sie wieder links oben angekommen sind. Führen Sie zum Abschluss einen Mausklick mit der rechten Maustaste aus, wodurch sich die Auswahl als animierter Laufrahmen darstellt.

3. Wählen Sie dann im Menü *Filter, Verwischen* den Menüpunkt *Gaußsches Verwischen*. Geben Sie im Dialog als *Radius* einen Wert zwischen 10 und 30 ein und klicken Sie auf *OK*.

Abbildung 6.48: Display entspiegeln: Mit dem Gaußschen Verwischungsfilter wird die Spiegelung im Handumdrehen entfernt.

Als Nächstes soll noch der kleine Fussel links über der Steuerungstaste entfernt werden. Auch dies könnte man theoretisch mit dem Gauß-Filter und einem entsprechenden Auswahlrahmen erledigen. Noch filigraner gelingt es jedoch mit den verschiedenen Retuschewerkzeugen.

1. Entfernen Sie zunächst den Auswahlrahmen mit der Tastenkombination [Strg]+[D].
2. Nehmen Sie aus der Werkzeugpalette das Lupenwerkzeug und ziehen Sie um den Fussel herum einen Rahmen auf. Dadurch wird das Bild auf diesen Bereich vergrößert. Alternativ können Sie auch mit den Tasten [+] und [-] auf dem numerischen Cursorblock das Bild vergrößern respektive verkleinern.
3. Als Nächstes nehmen Sie das Werkzeug *Verwischen* in der rechten Spalte der Palette, das als Wassertropfen symbolisiert wird.
4. Markieren Sie im Optionenfenster *Pinsel* eine Werkzeugspitze, die eine ausreichende Größe hat.
5. Tupfen Sie nun im Bereich des Bildfehlers mit der linken Maustaste. Sie sehen, dass dieser Bereich mehr und mehr verwischt wird, bis zum Schluss der Fussel nicht mehr sichtbar ist.

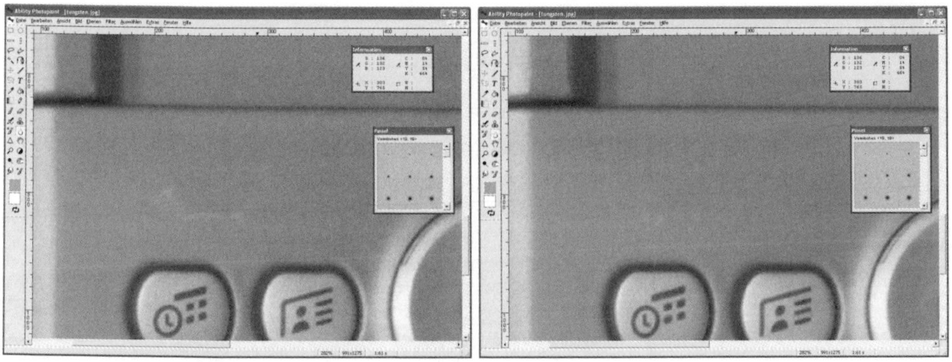

Abbildung 6.49: Mit dem Werkzeug Verwischen lassen sich kleine Bildfehler leicht beheben.

6.7.7 Schärfen

Im Gegensatz zu echten Papierfotos oder auch den Bildern in diesem Buch, wirken Details von Produktfotos auf dem Bildschirm erst dann, wenn sie stark überzeichnet sind. Die Vorgehensweise bei Ability Photopaint ist sehr simpel. Sie müssen nur den *Filter, Schärfen, Schärfen* oder *Filter, Schärfen, Mehr schärfen* ein bis zweimal auszuführen. Was auf den ersten Blick etwas krass aussieht, wirkt im eBay-Angebot sehr klar.

Hinweis

Wenn Sie zuvor einen Bereich mithilfe der Auswahlwerkzeuge bestimmt haben, wird der Filter *Schärfen* nur auf den markierten Bereich angewendet.

6.7.8 Größe anpassen

Bisher haben Sie mit einer sehr großen Version des Produktfotos gearbeitet – eine viel größere Version, als Sie sie bei eBay verwenden dürfen. Das einzige, was stimmt, ist das Verhältnis. Die tatsächliche Größe verändert man erst dann, wenn alle Feinarbeiten getan sind.

1. Wählen Sie im Menü *Bild* den Menüpunkt *Bildgröße*.
2. Stellen Sie sicher, dass rechts neben der Breite und der Höhe als Maßeinheit *Pixel* steht.
3. Lassen Sie das Kontrollkästchen *Verhältnis* markiert und geben Sie als *Breite* 300 ein. Dadurch ändert sich automatisch der Wert im Eingabefeld *Höhe*. Sollte diese größer sein als 400, müssen Sie hier 400 eingeben, wodurch sich die Breite entsprechend dem Seitenverhältnis anpasst und kleiner wird als 300.
4. Wählen Sie auf jeden Fall unter *Interpolation* die letzte Option *7te Ordnung*. Dadurch dauert das Verkleinern zwar etwas länger, das Ergebnis ist aber um einiges besser als bei allen anderen Varianten.

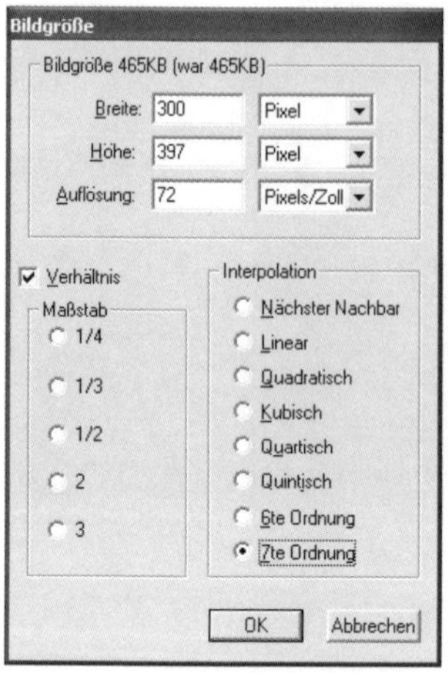

Abbildung 6.50: Beim Verkleinern des Produktfotos aufs eBay-Maß erreichen Sie die beste Qualität mit einer hohen Interpolation.

6.7.9 Details einbinden

Bei eBay kostet bekanntermaßen jedes Bild – abgesehen vom ersten – Geld. Mit einem Trick können Sie jedoch in Ihr Bild eine vergrößerte Detailansicht einbinden.

1. Laden Sie das noch nicht verkleinerte Originalbild und verkleinern Sie es statt auf 300 x 400 Pixel auf 600 x 800 Pixel.
2. Nehmen Sie dann das Werkzeug *Ellipsenauswahl* in der rechten Spalte der ersten Zeile und ziehen Sie über dem Bereich, der als Detail dargestellt werden soll, eine kreisförmige Auswahl auf (vgl. Abbildung 6.51).
3. Kopieren Sie den markierten Bereich mit Strg+C in die Zwischenablage.
4. Entfernen Sie mit Strg+D die Auswahl und verkleinern Sie das Bild auf die tatsächliche eBay-Größe.
5. Fügen Sie den Inhalt der Zwischenablage mit Strg+V wieder ein. Klicken Sie links auf das Vierfachpfeil-Werkzeug *Bild umwandeln* und verschieben Sie den vergrößerten Ausschnitt an eine passende Stelle.
6. Wählen Sie im Menü *Filter, Künstlerisch* den Punkt *Schatten werfen*. Verkleinern Sie gegebenenfalls im Dialog die Vorgabewerte für den horizontalen und vertikalen Versatz und bestätigen Sie die Angaben. Dadurch erscheint die Detailvergrößerung mit einem Schatten hinterlegt, der sie noch besser zur Geltung bringt (vgl. Abbildung 6.52).

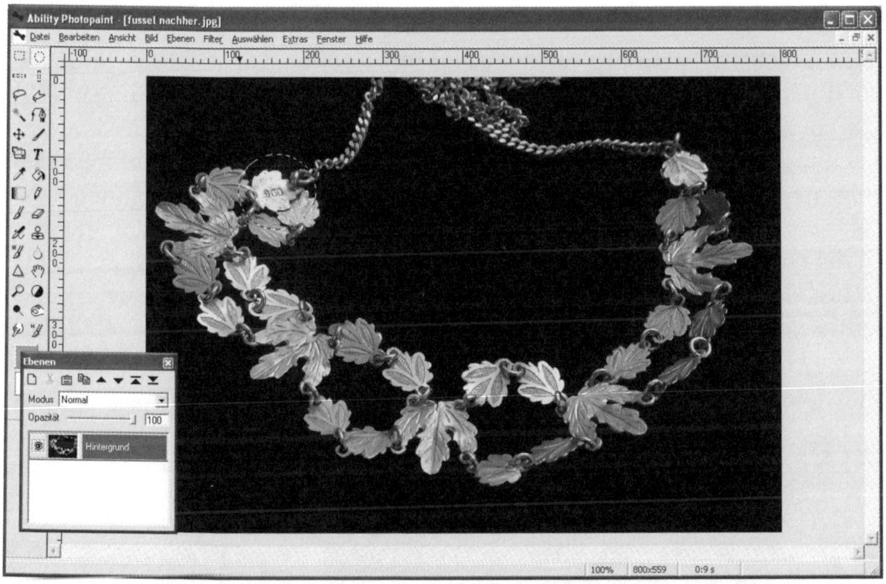

Abbildung 6.51: *Mit der elliptischen Auswahl markieren Sie den Bereich, der später vergrößert dargestellt werden soll.*

Abbildung 6.52: *Mit einem kontrastreichen Schatten heben Sie die Detailvergrößerung im Bild noch hervor.*

6.7.10 Bilddatei fürs Internet speichern

Als Letztes speichern Sie Ihr Ergebnis passend fürs Internet. Dazu müssen Sie das so genannte JPEG-Format verwenden. Bei diesem Format handelt es sich um ein Bildformat, bei dem eine extreme Komprimierung dafür sorgt, dass die Bilder im Internet in einer vernünftigen Zeit angezeigt werden. Der Grundgedanke, der hinter dem JPEG-Format steht, ist, dass das Auge manche Details gar nicht wahrnehmen kann. Diese lässt das JPEG-Format einfach weg und erreicht dadurch Datenkompressionen, von denen andere Bildformate nur träumen können. Deshalb muss beim JPEG-Format auch der Grad der Kompression angegeben werden. Wird dieser zu hoch eingestellt, wird die Qualität so schlecht, dass kaum noch etwas zu erkennen ist (siehe Abbildung 6.53).

Da wir uns beim eBay-Bildformat von 300 x 400 Pixeln sowieso im Bereich der kleinen Bilder bewegen, kann man die Qualität, für die Sie mithilfe dieses Kapitels hart gearbeitet haben, ruhig bei einem hohen Wert belassen.

Abbildung 6.53: Je höher die Kompression beim JPEG-Format, desto mehr Details gehen verloren.

1. Wählen Sie in Ability Photopaint den Menüpunkt *Datei, Speichern* (Strg+S) oder *Datei, Speichern unter.*
2. Navigieren Sie zum passenden Ordner und wählen Sie als *Dateityp* den Eintrag *JPEG Images*. Tragen Sie rechts neben *Dateiname* eine eindeutige Bezeichnung ein. Vermeiden Sie Leer- oder Sonderzeichen, weil sonst – je nach Browser und Betriebssystem des Besuchers – im Internet Probleme auftauchen können.
3. Klicken Sie auf die Schaltfläche *Speichern*, öffnet sich der *JPEG-Optionen*-Dialog. Als Qualitätsstufe ist hier *Hoch* eingestellt. Das bietet in der Regel ein gutes Verhältnis aus optimaler Kompression und bester Qualität. Klicken Sie auf *OK*, und die Datei wird gespeichert.

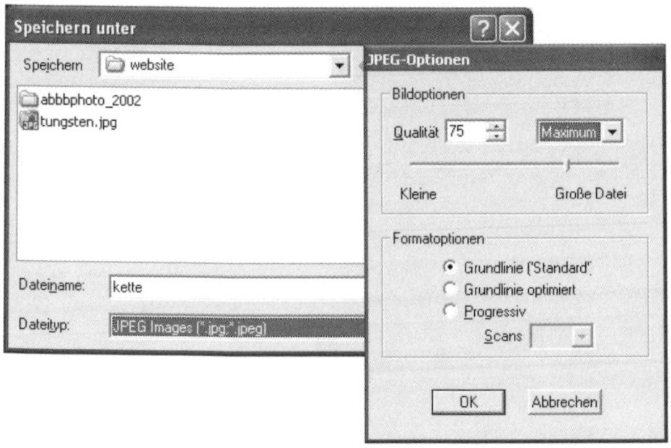

Abbildung 6.54: Beim JPEG-Format müssen Sie zusätzlich zum Dateinamen die Qualität angeben.

Nun ist Ihr Produktfoto fertig und Sie können es über den eBay-Bilderservice oder über den Turbo Lister in Ihr Angebot integrieren.

Hinweis

Der Unterschied zwischen der optimalen und der guten Qualität bei der JPEG-Kompression fällt bei der Betrachtung am Bildschirm kaum auf. Da Ihre Produktfotos nur und ausschließlich für die Präsentation in eBay-Auktionen gedacht sind, sollten Sie einmal für sich selbst feststellen, welcher Kompressionsgrad Ihren Anforderungen entspricht. Der Vorteil einer höheren Kompression ist eine kleinere Dateigröße. Dadurch wird Ihr Angebot schneller dargestellt, was durchaus Vorteile hat. Viele Besucher Ihrer Auktionen betreten das Internet noch über eine Modem- oder ISDN-Verbindung. Da machen 10 bis 20 Kbyte eingesparte Bildgröße durchaus etwas aus. Dauert der Aufbau Ihrer Seite nämlich zu lange, kann es vorkommen, dass die Interessenten abspringen, bevor das Bild – das als letztes geladen wird – vollständig aufgebaut ist.

7

Artikel verkaufen und Angebote gestalten

Sicherlich ist Ihnen bei Ihren eBay-Recherchen schon aufgefallen, dass sich die Angebote deutlich voneinander unterscheiden. Viele Anbieter machen sich nicht die Mühe, ordentliche Fotos, geschweige denn aussagekräftige Texte in ihre Auktionen einzubinden. Das ist für den Interessenten frustrierend, da er per E-Mail erst nachfragen muss, um genauere Daten zu erhalten. Wenn ein potenzieller Käufer diesen Weg geht, ist das sicher noch der beste Fall. Wahrscheinlicher ist jedoch, dass sich der Käufer nach einem vergleichbaren Angebot umschaut, bei dem die Anzeige ansprechend und informativ gestaltet ist.

Insbesondere als gewerblicher Anbieter sollten Ihre Auktionen oder Festpreis-Angebote immer perfekt präsentiert sein. Das allein erzeugt schon den Eindruck von Seriosität und schafft Vertrauen.

Wenn Sie einige Regeln beachten, finden Ihre Angebote sicher Anklang.

7.1 Auswahl der Kategorie

Am Anfang steht immer die Frage nach der Rubrik, in die Sie Ihre Artikel einstellen. Verkaufen Sie Kinderkleidung einer bestimmten Marke, ist es leicht, die passende Rubrik herauszufinden. Haben Sie aber beispielsweise eine seltene Sammler-Teekanne anzubieten, gestaltet sich das Ganze schon ein wenig komplizierter. In einem solchen Fall sollten Sie zunächst überprüfen, wo und wie andere Anbieter vergleichbare Artikel einstellen.

1. Geben Sie im *Suchen*-Menü den Begriff *Teekanne* ein. Sie erhalten als Ergebnis eine Liste, in der sich alle Angebote, in denen dieser Begriff auftaucht, befinden. Auf der linken Seite sehen Sie, in welchen Rubriken die Artikel eingestellt sind. Da es sich bei Ihrer Kanne um ein seltenes Sammlerstück handelt, wird der Bereich *Sammeln & Seltenes* am ehesten entsprechen.
2. Klicken Sie unter »Sammeln & Seltenes« auf den Link *weitere...*, aktualisiert sich die Angebotsanzeige und Sie sehen nur noch Artikel aus diesem Bereich.

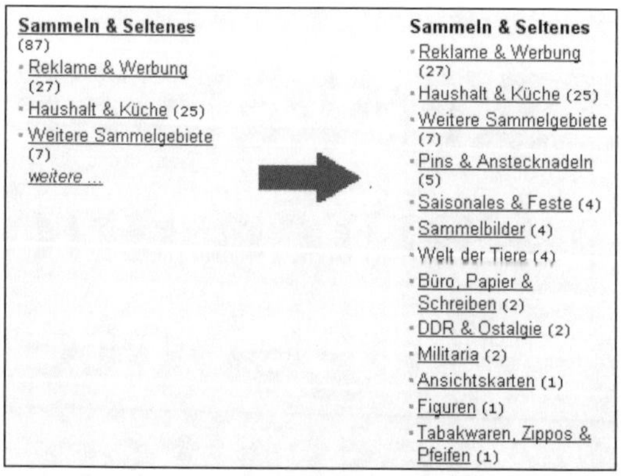

Abbildung 7.1: Mit einem Klick auf weitere... gelangen Sie zu der detaillierten Ansicht, in welchen Rubriken vergleichbare Produkte eingestellt wurden.

Zusätzlich sind auf der linken Seite jetzt alle Unterrubriken aus »Sammeln & Seltenes« aufgeführt, in die jemand eine Teekanne eingestellt hat.

3. Durchblättern Sie nun die Angebote der Liste und schauen Sie sich jene genauer an, die Ähnlichkeit mit Ihrer Teekanne haben.

   Bei jedem geöffneten Angebot sehen Sie ganz oben unter der Menüleiste, in welcher Kategorie (beziehungsweise in welchen Kategorien) andere eBay-Mitglieder entsprechende Produkte eingeordnet haben. Klicken Sie direkt auf diese Links, können Sie von dort aus weiterstöbern und finden nach und nach die beste Kategorie für Ihr Produkt.

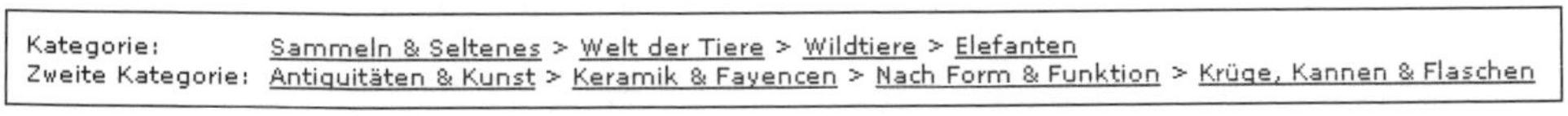

Abbildung 7.2: Zu jedem Angebot gehört ganz oben die Anzeige, in welchen Rubriken das Produkt eingestellt wurde.

Einstellen in ein oder zwei Kategorien?

Exkurs

Grundsätzlich ist es eine feine Sache, einen Artikel gleich in zwei Kategorien zu platzieren. Aber: Das kostet auch das Doppelte an Einstellgebühren (nicht an Verkaufsgebühren!), was insbesondere bei Artikeln mit einem hohen Startpreis und vielen Fotos schnell teuer werden kann.

Wägen Sie daher gut ab, ob die Kosten im Verhältnis zu dem erwarteten Gewinn stehen.

Grundsätzlich gilt: Bei Artikeln, die schlecht anhand der Bezeichnung gefunden werden (also alle, die sich nicht schon über einen eindeutigen (Marken)-Namen identifizieren lassen), ist es sinnvoll, in zwei Rubriken einzustellen, da die Anzahl der herumstöbernden Kunden, die auf Ihr Angebot aufmerksam werden, damit deutlich erhöht wird. Bieten Sie Produkte an, die im Angebotstext mit einem eindeutigen Markennamen versehen sind, reicht in der Regel eine Rubrik. Sie können davon ausgehen, dass jemand, der beispielsweise eine bestimmte Teekanne der Firma Bodum sucht, über die Suchfunktion geht und dort nicht nur *Teekanne*, sondern auch *Bodum* eingibt und so ohnehin Ihr Angebot als Ergebnis geliefert bekommt.

7.1.1 Kategoriesuche mit eBay

Ist Ihnen die manuelle Rubriksuche zu aufwändig, bietet Ihnen eBay auch hierfür ein Tool an. Auf der Rubrikauswahlseite finden Sie oben ein Eingabefeld, in dem Sie Ihre Artikelbezeichnung eingeben. Klicken Sie auf *Suchen*, erhalten Sie alle Rubriken, in denen eBay vergleichbare Produkte gefunden hat. Markieren Sie einfach die gewünschte, und Ihr Artikel wird automatisch dort platziert.

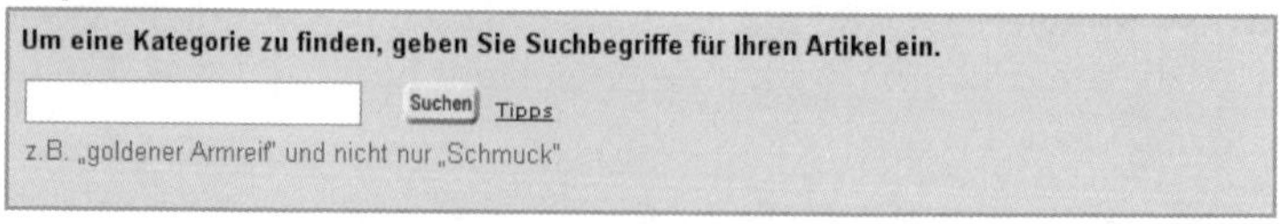

Abbildung 7.3: Geben Sie in dieses Suchfeld Ihre Artikelbezeichnung ein ...

Abbildung 7.4: ... erhalten Sie als Ergebnis die Rubriken, in denen eBay vergleichbare Produkte gefunden hat.

7.2 Artikel einstellen

Haben Sie die richtige Kategorie gefunden, können Sie die nötigen Schritte unternehmen, um Ihren ersten Artikel zum Verkauf anzubieten.

1. Gehen Sie in *Mein eBay* und klicken Sie oben im Menü auf den Link *Verkaufen*.
2. Legen Sie fest, ob es sich um ein Festpreis-Angebot oder um eine Auktion handelt. Wir zeigen Ihnen das Anbieten in Form einer Auktion.
3. Wählen Sie die gewünschte Kategorie aus, in der Ihr Produkt später gelistet werden soll.

Was jetzt folgt, ist das Kernstück Ihres Angebots – der Text.

7.3 Angebot formulieren – Sprachtraining

Auf der folgenden Seite geht es bereits an das Formulieren Ihres Anzeigentextes. Mit der wichtigste Punkt ist hierbei die Artikelüberschrift, für die Ihnen maximal 55 Zeichen zur Verfügung stehen. Sie haben bei eBay die Möglichkeit, gegen eine Gebühr eine zweizeilige Überschrift zu wählen, allerdings ist nur die erste Zeile relevant für Suchanfragen. Konzentrieren Sie sich also auf diese. Erklären Sie auf jeden Fall, um was es sich handelt, und – so vorhanden – nennen Sie auch Markennamen, gegebenenfalls Größe und Produktbezeichnung. Ein Zusatz wie *neu* oder *originalverpackt* (beziehungsweise *OVP*) ist sinnvoll, wenn es sich um entsprechende Ware handelt. Auch sind je nach Produkt Ergänzungen wie *antik, selten, Messeneuheit* etc. für den Interessenten hilfreich, ebenso Hinweise auf eventuell integriertes Zubehör. Verzichten Sie auf nichtssagende Floskeln wie *Wow, unbedingt anschauen* etc. Solche Phrasen sind nicht suchrelevant (wer sucht schon nach *Wow*?) und kosten nur Platz, den Sie sicher sinnvoller nutzen können.

Eine aussagekräftige Titelzeile für ein neues, originalverpacktes Mobiltelefon ist beispielsweise **Neu + OVP / Motorola Vi66, silber, mit Autoladegerät**.

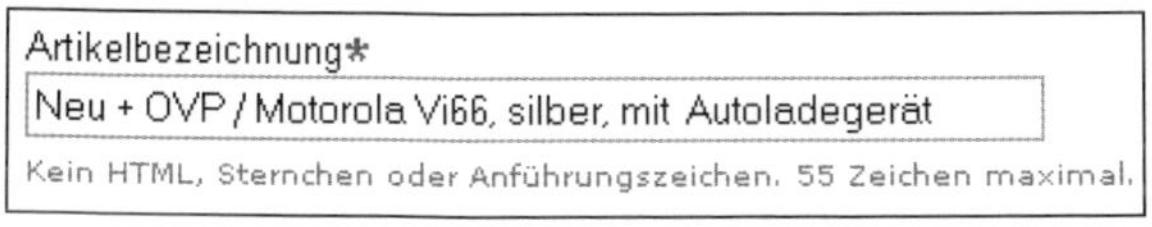
Artikelbezeichnung*
Neu + OVP / Motorola Vi66, silber, mit Autoladegerät
Kein HTML, Sternchen oder Anführungszeichen. 55 Zeichen maximal.

Abbildung 7.5: Der Interessent erhält alle wichtigen Angaben auf einen Blick.

Auf eine zweite Überschriftszeile können Sie getrost verzichten – es ist alles gesagt, was der Käufer wissen muss, und was in der zweiten (kostenpflichtigen) Zeile steht, wird ohnehin nicht über Suchanfragen gefunden.

Hinweis

Achten Sie bei Ihrer Artikelbeschreibung darauf, die Grundform und die Einzahl der Wörter zu wählen, verwenden Sie also beispielsweise keinen Genitiv. Die meisten Suchanfragen beziehen sich beispielsweise auf »Hut« und nicht auf »Hüte« oder »Huts«. Verzichten Sie im Zweifelsfall auf perfektes Deutsch – bei den Suchanfragen gefunden zu werden, ist eindeutig wichtiger.

Sinnvoll ist eine zweite Zeile dann, wenn Sie den Kaufinteressenten schon auf den ersten Blick zusätzliche Informationen mitteilen und damit die Attraktivität Ihres Angebotes steigern wollen. Handelt es sich beispielsweise bei Ihrem Handy um ein Sondermodell, können Sie das in der zweiten Zeile verdeutlichen. Beispiel: *Sondermodell mit Perlmuttschale – selten.*

Hinweis

Verzichten Sie in Ihren Artikelüberschriften auf Sonderzeichen jeder Art. Tilden, Gradzeichen und Ähnliches sind zwar erlaubt, können aber die Suchroutinen empfindlich stören, so dass Ihr Artikel auch bei einer eigentlich passenden Anfrage gegebenenfalls nicht gefunden werden kann.

In dem Feld unter der Überschrift geht es an den eigentlichen Angebotstext. Hier gilt vor allen Dingen eines: Schreiben Sie, schreiben Sie, schreiben Sie! Zählen Sie alles auf, was Ihr Produkt auszeichnet, und vergessen Sie nicht, jeden noch so kleinen Makel zu benennen, und sei es nur ein Knick in der Verpackung. Das spart viel Ärger, wenn ein Käufer später feststellt, dass beispielsweise die Originalverpackung an einer Ecke zerknautscht ist. Sie werden schnell feststellen, dass ein kleiner Makel niemanden vom Bieten abhält, sondern Interessenten im Gegenteil Ihre korrekten Beschreibungen zu schätzen wissen.

Beginnen Sie Ihre Beschreibung auf jeden Fall mit dem Wiederholen der Artikelbezeichnung. Das spart den Interessenten das Hin- und Herblättern, wenn er sich noch mal ins Gedächtnis rufen will, um welches Produkt es sich genau handelt. Darunter erläutern Sie genau die Features Ihres Produktes. Besonders schnell geht das, wenn Sie sich beispielsweise an den Beschreibungen auf der Hersteller-Website orientieren. Kopieren Sie aber auf gar keinen Fall einfach die Texte – das führt schnell zu Urheberrechtsverletzungen und jeder Menge Ärger!

Wichtig ist auch, dass Sie bei Ihrer Beschreibung darauf achten, möglichst viele suchrelevante Wörter unterzubringen. Bei der Beschreibung eines Handys sollte also auf jeden Fall auch irgendwo das Wort *Mobiltelefon* vorkommen, gegebenenfalls auch die verschiedenen Vertragsanbieter.

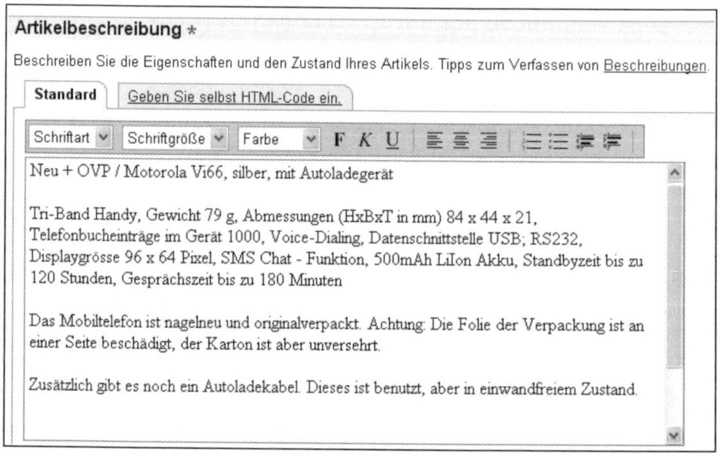

Abbildung 7.6: Eine ausführliche Beschreibung ist der Schlüssel zum Erfolg.

Nehmen Sie sich auf jeden Fall Zeit für die Beschreibung. Eine detaillierte Beschreibung vermittelt Seriosität und Korrektheit – und ist somit ein Schlüssel zum Erfolg beim Verkaufen. Beobachten Sie einfach sich selbst einmal: Sicherlich sprechen auch Sie Angebote eher an, wenn der Verkäufer sich Mühe gegeben hat, das Produkt richtig zu präsentieren.

Am Ende einer jeden Beschreibung sollten Sie unbedingt als Standard Ihre Versandbedingungen sowie in Kurzform Ihre Allgemeinen Geschäftsbedingungen (insbesondere Umtausch- und Rückgaberegelungen!) erläutern. Wie diese juristisch korrekt formuliert sein müssen, erfahren Sie in Kapitel 4.

Suchanfragen manipulieren

Exkurs

Verzichten Sie bei Ihren Beschreibungen auf das so genannte Keyword Spamming. Das bedeutet, dass Verkäufer in ihre Auktionen möglichst viele Produkt- und Markennamen einbinden, um bei möglichst vielen Suchanfragen gefunden zu werden. Zum einen ist es verboten und kann dazu führen, dass eBay Ihre Auktion vorzeitig beendet, zum anderen nervt es auch Interessenten, wenn sie bei der Suche nach einem Handy von Siemens permanent als Ergebnis auch ein Motorola-Telefon erhalten. Nehmen Sie besser Abstand von Formulierungen wie »ähnlich Siemens« oder »erinnert an Nokia«. Gleiches gilt übrigens auch für den Hinweis, dass Sie aktuell noch mehr interessante Auktionen haben. Ein Zusatz in der Beschreibung wie »Besuchen Sie auch meine anderen Auktionen und sparen Sie Porto« ist durchaus sinnvoll, ein Hinweis wie »habe noch mehr Auktionen mit Geräten von Siemens, Nokia, Ericsson ... laufen« kann – wie oben bereits beschrieben – zum Abbruch der Auktion führen, da es sich auch hier um unzulässig eingefügte Markennamen handelt. Schließlich haben sie nichts mit dieser einen Auktion zu tun.

7.4 Angebot gestalten

Ein großer Teil der Arbeit ist geschafft – die Beschreibung steht! Allerdings sieht Ihr Angebot immer noch ein wenig trist und einfallslos aus. eBay bietet Ihnen auf einfachem Weg verschiedene Möglichkeiten an, Ihre Texte ansprechend zu gestalten.

In der Menüleiste direkt über dem Texteingabefeld sehen Sie zum einen verschiedene Werkzeuge zur Zeichenformatierung, zum anderen verschiedene Gliederungsvarianten.

Abbildung 7.7: Die Menüleiste erlaubt schnelle Formatierungen Ihres Textes.

Die Zeichenformatierung erfolgt genau so, wie Sie es von Ihrer Textverarbeitung gewöhnt sind. Wählen Sie Farbe, Schriftart und -größe und gestalten Sie Ihren Text nach Belieben. Die Gliederungsoptionen empfehlen sich insbesondere bei Texten, in denen längere Aufzählungen vorkommen.

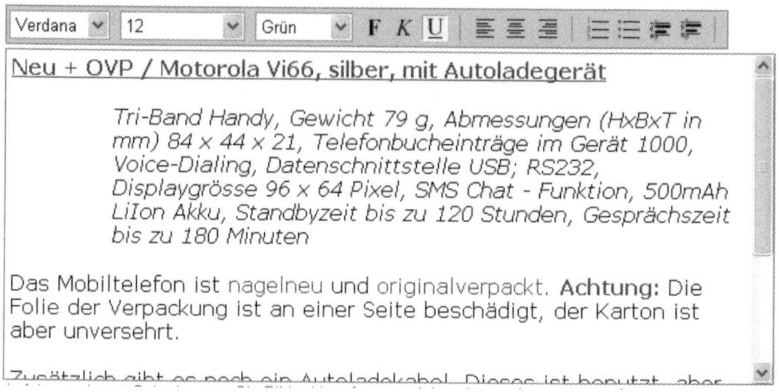

Abbildung 7.8: Ein übersichtlich formatierter Text erleichtert dem Interessenten das Lesen.

7.4.1 HTML-Tags einbetten

Möchten Sie noch etwas mehr Pepp in Ihre Angebote bringen, bietet Ihnen eBay die Möglichkeit, direkt mit HTML-Tags zu arbeiten. Damit stehen Ihnen alle Möglichkeiten offen, Ihr Angebot von anderen abzuheben. Klicken Sie dazu auf die Registerlasche *Geben Sie selbst HTML-Code* ein, die sich unmittelbar über der Menüleiste befindet.

Hier sehen Sie Ihr Angebot, in das teilweise schon automatisch HTML-Code eingefügt wurde, je nachdem, ob Sie bereits Formatierungen mit der Menüleiste vorgenommen haben oder nicht.

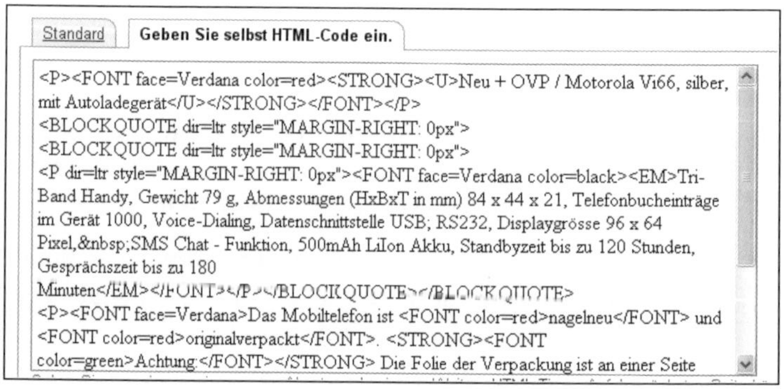

Abbildung 7.9: So sieht Ihr formatiertes Angebot im HTML-Code aus.

Gehen Sie an der entsprechenden Stelle im Text, wo Sie Änderungen beziehungsweise Ergänzungen vornehmen möchten und geben Sie die jeweiligen HTML-Befehle ein. Eine Übersicht der gängigsten Befehle finden Sie direkt bei eBay unter *http://pages.ebay.de/help/sell/html_tips.html*. Weitere Infos und weiterführende Beispiele aus der Praxis finden Sie im Anhang in Kapitel 12.

Hinweis

Weniger ist mehr! Überladen Sie Ihr Angebot nicht, indem Sie grelle Hintergründe, animierte Cursor und vielleicht noch Musik miteinander kombinieren. Gehen Sie immer davon aus, dass nicht alle Interessenten eine schnelle Internetverbindung haben – eine Seite, die sich wegen der vielen grafischen Elemente langsam aufbaut, führt dazu, dass Käufer mit einer langsamen Verbindung und wenig Geduld Ihr Angebot gleich wieder schließen.

Haben Sie Ihre Beschreibung und die Gestaltung Ihres Angebotes fertig gestellt, klicken Sie auf *Weiter.*

7.4.2 Bilder und Darstellung

Auf der nächsten Seite definieren Sie, welche Bilder Sie verwenden wollen und wie Ihr Angebot präsentiert werden soll.

1. Entscheiden Sie sich zunächst, für welchen Startpreis Ihr Produkt ins Rennen gehen soll. Die Kosten für das Einstellen des Artikels hängen unter anderem mit diesem Preis zusammen. Ob Sie einen günstigen Anfangspreis wählen oder lieber etwas höher einsteigen, hängt nicht zuletzt von Ihren Nerven ab. Wollen Sie einen bestimmten Preis unbedingt erzielen, ist es empfehlenswert, diesen als Ausgangsbasis zu verwenden. Ist es Ihnen egal, was ein Artikel einbringt, können Sie getrost bei einem Euro anfangen.

Marktwert ermitteln

Exkurs

Das Einstellen ab einem Euro ist auch sinnvoll, wenn Sie den Marktwert eines Produkts herausfinden wollen. Das Ergebnis ist wesentlich realistischer, als wenn Sie mit einem höheren Preis beginnen, da Käufer lieber mit niedrigen Startpreisen anfangen – unabhängig davon, wie hoch die Gebote letztendlich gehen. Es kann also durchaus passieren, dass bei zwei identischen Artikeln, die einmal mit einem und einmal mit zehn Euro Startpreis eingestellt wurden, ersterer für einen erheblich höheren Preis verkauft wird. Rational ist das nicht zu begründen. Lediglich mit der menschlichen Psyche.

2. Haben Sie den Preis festgelegt, entscheiden Sie, ob Sie den Artikel auch mit der Option *Sofort-Kaufen* anbieten möchten.

3. Bei *Menge* geben Sie 1 ein, da wir in unserem Beispiel nicht von einer Powerauktion ausgehen. Sollten Sie mehrere identische Artikel anbieten wollen, erfahren Sie in Kapitel 2 die Voraussetzungen für Powerauktionen.
4. Wie lange Ihre Auktion laufen soll, hängt unter anderem davon ab, an welchem Tag und zu welcher Uhrzeit sie enden soll. Es ist wenig sinnvoll, Fußball-Fanartikel an einem Samstag spätnachmittags auslaufen zu lassen, wenn alle Fans vor der Sportschau sitzen. Auch ist ein Ende am Sonntag wenig erstrebenswert, da an diesem Tag die meisten Auktionen enden und somit die Gefahr besteht, dass Ihr Angebot in der »heißen Phase« untergeht. Grundsätzlich gilt: Reine Festpreis-Angebote sollten so lange wie möglich laufen, also zehn Tage, bei Auktionen ist es im Prinzip egal, da in aller Regel ohnehin erst in den letzten Stunden so richtig »die Post abgeht«. Lediglich in Kategorien, in denen generell nur wenig Nachfrage besteht, können längere Laufzeiten zu besseren Preisen führen. Weitere Informationen zur optimalen Laufzeit von Auktionen finden Sie in Kapitel 3.
5. Gute Dienste leistet beim Erstellen der Angebote die so genannte Startzeitplanung. Wählen Sie hier, an welchem Tag und zu welcher Zeit ein Angebot beginnen soll. In Kombination mit der Laufzeit können Sie somit an jedem beliebigen Tag eine Auktion einstellen und entsprechend planen, wann sie beginnen und wann sie enden soll.
6. Als Nächstes ergänzen Sie Bilder für Ihr Angebot. Kicken Sie dafür auf die entsprechende Schaltfläche und suchen Sie das Bild auf Ihrem Rechner, das in das Angebot integriert werden soll. Das erste Foto ist kostenlos, alle weiteren werden in Rechnung gestellt.

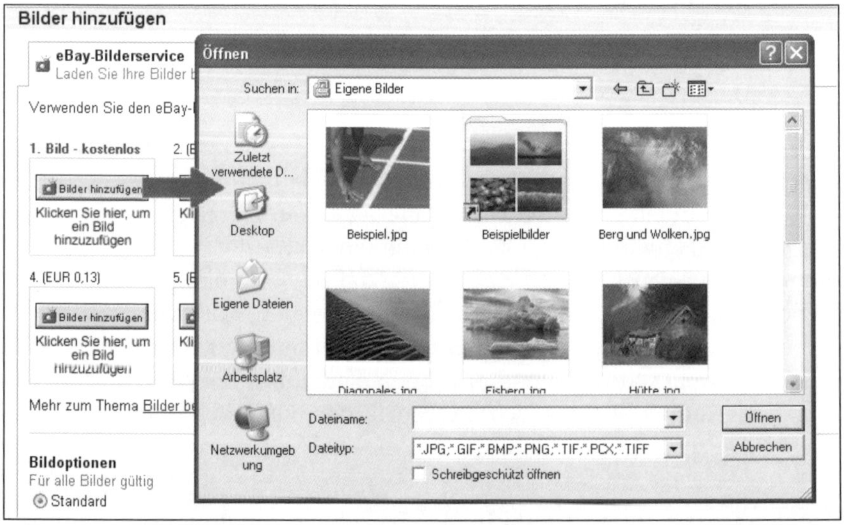

Abbildung 7.10: Ein Klick auf Bilder hinzufügen führt Sie zu Ihren Fotos. Wählen Sie das passende aus.

Hinweis

Das erste Foto wird – falls Sie später die Galerieansicht wählen – bereits in der Übersichtsseite angezeigt. Überlegen Sie gut, welches es sein soll.

Die Frage, wie viele Bilder sinnvoll sind, kann nur im Einzelfall entschieden werden. Wichtig ist in jedem Fall eine Gesamtaufnahme des angebotenen Produkts und ein Detailfoto von eventuellen Mängeln. Was darüber hinausgeht, liegt in Ihrem Ermessen.

Hinweis

In Kapitel 6 erfahren Sie, worauf Sie beim Fotografieren achten müssen, um optimale Ergebnisse zu erzielen.

Die Bildoptionen XXL oder Diashow können Sie bei normalen Produkten getrost vergessen. Diese Zusatzfunktionen sind dann sinnvoll, wenn Sie beispielsweise ein Auto anbieten oder sehr hochwertigen Schmuck und es wichtig ist, das Produkt von allen Seiten beziehungsweise bis ins kleinste Detail zu sehen.

7.4.3 Bilder mit HTML kostenlos einbetten

Bilder sind unerlässlich, um Ihr Angebot zu gestalten. Allerdings gehen die Kosten schnell in die Höhe, wenn Sie Ihr Produkt optimal präsentieren möchten. Um die Kosten dennoch gering zu halten, gibt es eine elegante Möglichkeit, beliebig viele Bilder einzubinden, ohne einen einzigen Cent auszugeben. Verfügen Sie über eigenen Webspace, laden Sie die Bilder einfach auf Ihren Server und binden Sie sie dann im HTML-Fenster von eBay ein.

Hinweis

Wir gehen im Folgenden davon aus, dass Sie Ihre Bilder bereits auf Ihre Webseite geladen haben und sich somit beispielsweise über *www.meine-seite.de/bild1.jpg* im Webbrowser das Bild anzeigen lassen können. Sollte das nicht der Fall sein und Ihnen ein »Upload auf die eigene Webseite« wie böhmische Dörfer vorkommt, erfahren Sie im Anhang (Kapitel 12), wie das in der Praxis vor sich geht.

Um externe Bilder von Ihrer Webseite in Ihre Auktion einzubinden, gehen Sie wie folgt vor:

1. Wenn die Artikelbeschreibung fertig ist, klicken Sie auf das Register *Geben Sie selbst HTML-Code ein*.
2. Öffnen Sie in einem neuen Browserfenster das erste von Ihnen ausgewählte Foto. Klicken Sie mit der rechten Maustaste darauf, wählen Sie *Eigenschaften* und kopieren Sie die Zeile bei *Adresse* in die Zwischenablage.

3. Gehen Sie zu der Stelle, an der Sie die Bilder integrieren möchten, und geben Sie folgenden HTML-Code ein:

```
<img src="INHALT DER ZWISCHENABLAGE" alt="Beschreibung">
```

Bei `Beschreibung` können Sie einen beliebigen Text eingeben, der dem Interessenten angezeigt wird, wenn er die Maus über das Bild bewegt.

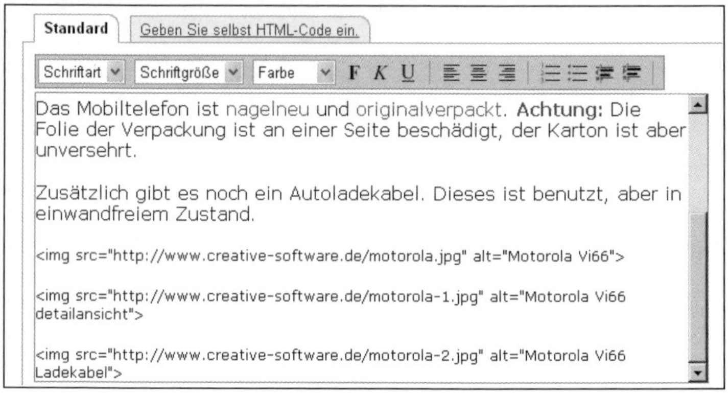

Abbildung 7.11: So sieht Ihr Angebotstext aus, wenn Sie über HTML-Code Bilder einfügen.

Haben Sie auf diese Art und Weise alle Bilder eingefügt, können Sie sich über den eBay-Link *Vorschau der Beschreibung aufrufen* einen Eindruck verschaffen, wie Ihre Auktion später aussehen wird.

Exkurs

Bequem zum eigenen Webspace

Verfügen Sie nicht über eigenen Webspace, können Sie Fotos dennoch kostenlos einbinden. Registrieren Sie sich dazu beispielsweise bei *Arcor.de, web.de* oder einem ähnlichen Anbieter. All diese Dienste bieten die Option *Privates Fotoalbum*. Dort können Sie bequem Ihre Bilder uploaden und anschließend wie oben beschrieben bei eBay einbinden.

Achtung: Löschen Sie die Fotos auf keinen Fall, ehe Ihre Auktion ausgelaufen ist, da sonst auch die Fotos nicht mehr angezeigt werden!

Hinweis

Nutzen Sie auf jeden Fall das erste – kostenlose – Bild, das Sie direkt über eBay in Ihr Angebot integrieren. Dieses Foto ist entscheidend, wenn Sie beispielsweise die Option *Galerieansicht* wählen, da dieses Foto automatisch das Galeriefoto ist. eBay kann keine über HTML integrierten Fotos in der Galerie anzeigen.

7.5 Angebotsvorlagen

eBay bietet Ihnen den Service, Ihre Angebote mit einem attraktiven – themenbezogenen – Hintergrund zu gestalten. Möchten Sie davon Gebrauch machen, wählen Sie unter den Angebotsvorlagen die gewünschte aus. Dieser Service schlägt mit 10 Cent zu Buche.

Hinweis

Stellen Sie Ihre Artikel mit dem Turbo Lister ein (siehe Kapitel 8), haben Sie ebenfalls Zugriff auf die Layoutvorlagen – allerdings entstehen Ihnen dann keinerlei zusätzliche Gebühren.

Neben den bunten Hintergründen wählen Sie an dieser Stelle ebenfalls das passende Layout für Ihre Auktion. Bedenken Sie bei der Entscheidung, dass die Interessenten Bilder sehen wollen – von daher ist eine Formatierung, die mit Text beginnt, wenig sinnvoll. Besser ist es, die Fotos über oder neben den Text zu stellen.

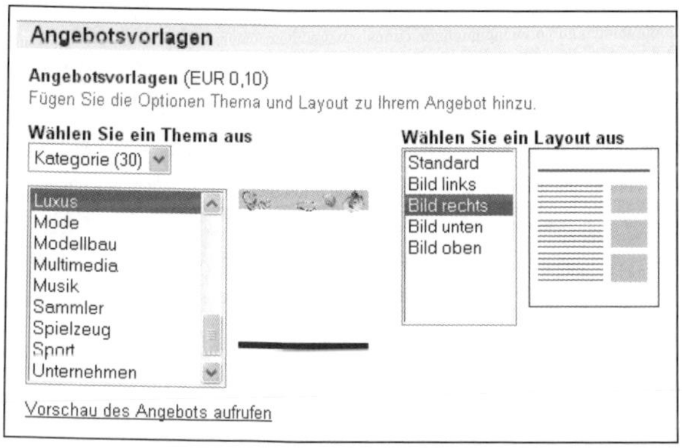

Abbildung 7.12: eBay bietet für fast alle Produkte passende Rahmen, Hintergründe und Layouts.

7.6 Zusatzoptionen

Um Ihr Angebot möglichst prominent darzustellen und somit von anderen Auktionen abzuheben, haben Sie verschiedene Möglichkeiten, die auch im Preis deutlich variieren.

7.6.1 Galerie

In der Gesamtübersicht – wahlweise bei Suchanfragen oder auch einfach innerhalb der Rubrik – sind einige Angebote mit einem kleinen Vorschaubild, dem Galeriebild, versehen.

Die Galerie ist ein sinnvolles Tool für alle Produkte, die durch ein – gutes – Foto gewinnen. Kleidung ist beispielsweise ein typischer Fall für ein Galeriebild. Haben Sie eine Artikelüberschrift à la »Neu Jeans von Joop, viele Details, Gr. 38« gewählt, kann man sich darunter wenig vorstellen und es klicken mögliche Käufer vielleicht gar nicht erst darauf, weil sie keine Jeans brauchen. Sehen Sie hingegen sofort ein Foto, das eine Hose mit vielen flippigen Taschen, Reißverschlüssen und in einer ausgefallenen Farbe zeigt, werden sich sicherlich mehr Menschen mit Ihrem Angebot beschäftigen.

Verkaufen Sie Akkus, Batterien oder auch Bücher, können Sie sich das Geld für die Galerie getrost sparen.

Die Variante *Top-Angebot in Galerie* will gut überlegt sein. Mit 12,95 Euro kostet sie ganz schön viel – bei hochwertigen Artikeln kann sich die Ausgabe aber lohnen. Ihr Produkt wird dann mit diesem Vorschaubild in den Artikelübersichten und in den Suchergebnissen innerhalb der obersten Top-Angebote besonders hervorgehoben. Allerdings – und das ist der Haken – nicht immer, sondern nach dem Zufallsprinzip. Das hängt davon ab, wie viele andere Mitglieder aktuell Angebote mit dem gleichen Feature eingestellt haben.

7.6.2 Hervorhebungen

Ob Sie Fettschrift oder eine Markierung für Ihr Angebot verwenden, liegt primär an der Kategorie, in die Sie einstellen. Schauen Sie sich um! Ist die Rubrik mit Artikeln überschwemmt, die wahlweise gefettet oder mit Highlights versehen sind, brauchen Sie das nicht auch noch zu machen – im Gegenteil, wahrscheinlich wird Ihr Angebot dann mehr auffallen, wenn es schlicht ist. Haben Sie hingegen Produkte, die sich in einer Kategorie bewegen, wo wenig mit Effekten gearbeitet wird, kann es durchaus lohnend sein, in Hervorhebungen zu investieren.

7.6.3 Top-Angebot

Kategorie und Suche

Um ganz oben in den Such- und Artikellisten geführt zu werden, brauchen Sie mindestens zehn Bewertungspunkte. Haben Sie die, können Sie mit dieser Option dafür Sorge tragen, dass Ihr Produkt immer eine Top-Platzierung bekommt. Das ist auch der Unterschied zu dem *Top-Angebot in Galerie*: Hier stehen Sie auf jeden Fall oben!

Startseite

Mindestens 80 Euro kostet der Einzug auf die Startseite von eBay! Dort stehen Sie jedoch nicht alleine. Vielmehr wird der Platz unter allen Angeboten, für die diese Option gewählt wurde, aufgeteilt. Kalkulieren Sie genau, wie viel Sie einnehmen müssen, damit sich diese Option rechnet.

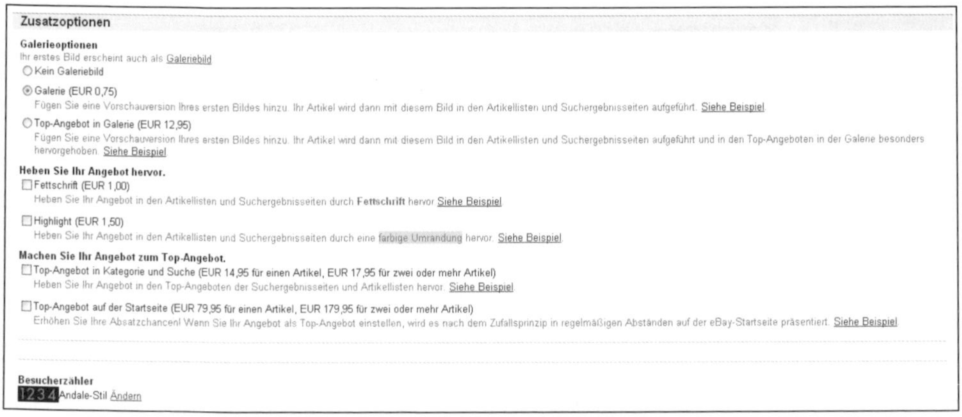

Abbildung 7.13: Die Zusatzoptionen tragen dazu bei, Ihr Angebot prominent darzustellen.

7.6.4 Besucherzähler

Der kostenlose Besucherzähler ist auf jeden Fall sinnvoll. Sie sehen so, wie oft Ihr Angebot aufgerufen wurde. Allerdings ist er nicht für *echte* Statistiken geeignet, da er jedes Mal zählt, wenn jemand Ihre Seite öffnet – auch wenn das 100 Mal von derselben Person getan wird. Hier lohnt sich ein Blick auf *www.utrack.de*, wie wir es im Kapitel 3 beschrieben haben.

Mit *Weiter* verlassen Sie diese Seite.

7.7 Zahlen und Versenden

Was auf der folgenden Seite kommt, sind – mehr oder weniger – Ihre Allgemeinen Geschäftsbedingungen. Sie definieren hier, wie bezahlt werden kann und wie hoch die Versandkosten sind. Die Angaben, die Sie auf dieser Seite machen, sind verbindlich und Bestandteil des Vertrags, den Sie mit dem Käufer schließen.

7.7.1 Zahlungsmethoden

In Kapitel 3 erfahren Sie einiges über die Vor- und Nachteile der verschiedenen Bezahlverfahren. Machen Sie sich damit vertraut, ehe Sie sich entscheiden, welche Möglichkeiten Sie Ihren Käufern anbieten. Haben Sie sich festgelegt, wählen Sie die entsprechenden Varianten mit einem Häkchen aus. Sehr praktisch ist auf jeden Fall die Version, die Bezahlung über PayPal abzuwickeln. Mehr dazu lesen Sie ebenfalls in Kapitel 3 (vgl. Abbildung 7.14).

7.7.2 Versandkosten

eBay überlässt es Ihnen, ob Sie die Höhe der Versandkosten bereits in Ihrem Angebot nennen. Tun Sie das auf jeden Fall. Es macht einen seriösen Eindruck, und der Käufer weiß, was auf ihn zukommt (vgl. Abbildung 7.15).

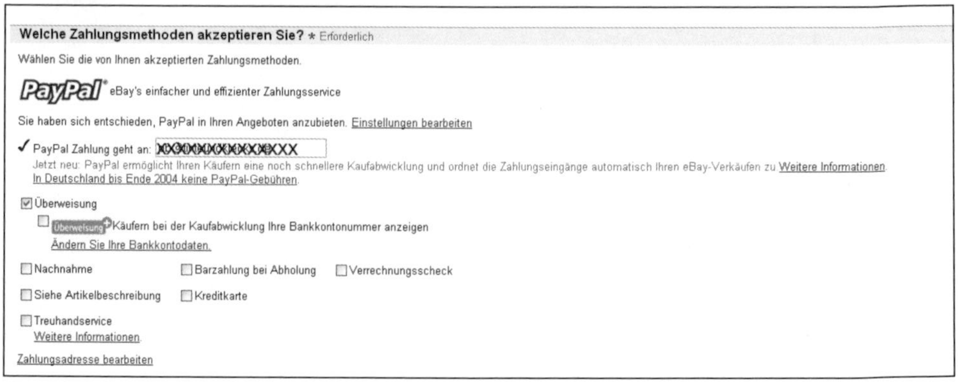

Abbildung 7.14: Sie haben die Wahl, welche Zahlungsmethoden Sie Ihren Käufern anbieten.

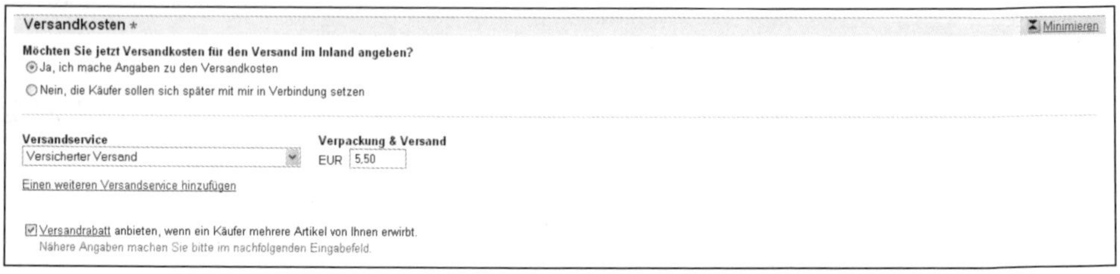

Abbildung 7.15: Die Angabe von Versandkosten ist für den Käufer sehr hilfreich.

Hinweis

Verkaufen Sie eher kleine und leichte Artikel, aktivieren Sie das Kontrollkästchen zum Thema *Versandrabatt*. Der passende Link erlaubt Ihnen Ihre persönliche Definition des Nachlasses. Tatsache ist, dass es beim – für Gewerbetreibende dringend angeratenen – versicherten Versand in aller Regel keinen Grund gibt, mehrere Artikel zum gleichen Preis in einem Paket zu verschicken. Je nach Ware bietet es sich auch an, für jedes zusätzliche Produkt eine Zuzahlung zu erheben.

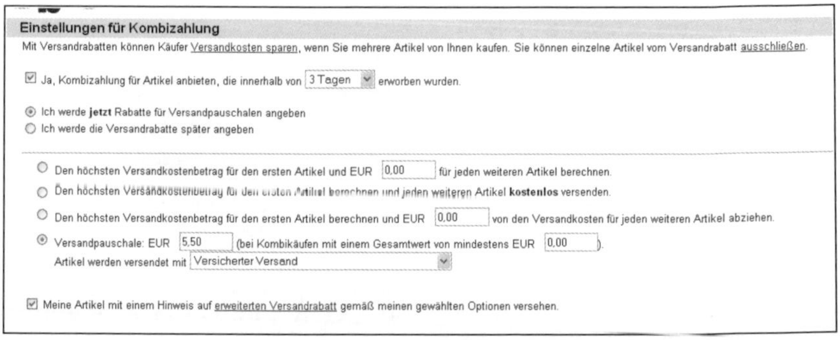

7.7.3 Zusätzliche Informationen und Zielorte

Im letzten Abschnitt dieser Seite legen Sie fest, ob Sie irgendwelche Zusatzvereinbarungen in Ihre Angebote integrieren wollen, beispielsweise ob und in welchem Umfang Sie Artikel zurücknehmen. Des Weiteren definieren Sie, in welche Länder Sie verkaufen – und damit auch versenden.

Hinweis

Informieren Sie sich unbedingt in Kapitel 4 über die gesetzlich vorgeschriebenen Rücknahmebedingungen.

Bestätigen Sie Ihre Eingaben mit *Weiter*.

7.8 Überprüfen des Angebots

Die Seite *Angebot überprüfen und senden* bietet Ihnen eine Kontrollmöglichkeit, um in Ruhe noch einmal die Daten Ihrer Auktion durchzugehen. Stimmen die Bilder, sind die Zusatzoptionen richtig gewählt, ist die passende Kategorie eingestellt? Das alles sind Fragen, die Sie jetzt noch einmal prüfen sollten. Haben Sie einen Fehler gefunden, klicken Sie am rechten Rand auf den entsprechenden *Bearbeiten*-Link. So gelangen Sie in das Fenster, in dem Sie Ihre Angaben korrigieren können. Ein Klick auf *Änderungen speichern* bringt Sie zurück zur Übersicht.

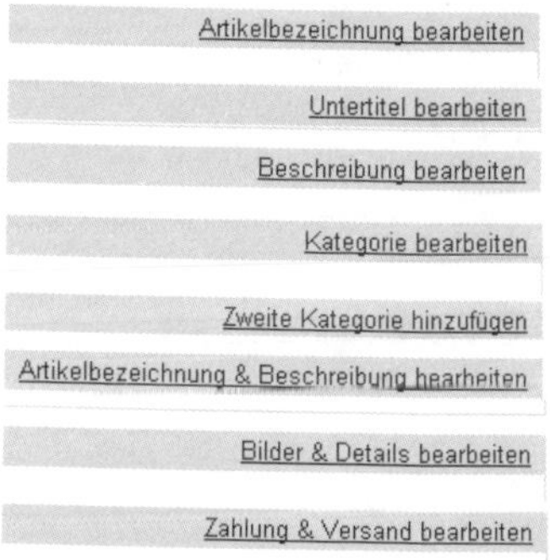

Abbildung 7.16: Die einzelnen Links erlauben eine bequeme Korrektur Ihres Angebots.

Hinweis

Sie haben auch später noch Gelegenheit, einen Fehler zu korrigieren beziehungsweise ergänzende Angaben zu Ihrer Auktion zu machen. Gehen Sie dazu in Ihr Angebot und klicken Sie ganz oben unterhalb der Artikelüberschrift auf den Link *Artikel überarbeiten*. Sie werden dann automatisch in die Angebotsseiten geleitet und können dort Änderungen und Ergänzungen vornehmen. Das funktioniert allerdings nur, solange keine Gebote abgegeben wurden und wenn die Auktion noch mindestens 24 Stunden läuft.

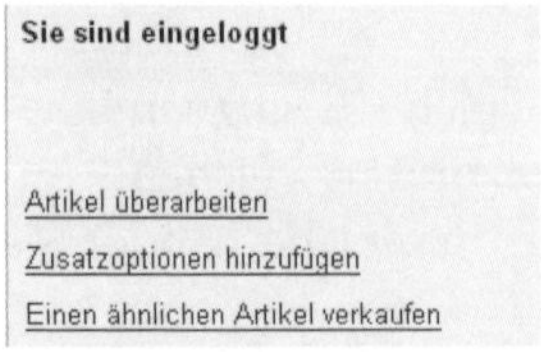

Abbildung 7.17: Auch zu einem späteren Zeitpunkt ist eine Überarbeitung oder Korrektur Ihres Angebots möglich.

Sind alle Angaben überprüft und gegebenenfalls korrigiert, klicken Sie auf *Angebot einstellen*.

Auf der abschließenden Seite haben Sie die Möglichkeit, sofort ein weiteres Angebot zu erstellen oder aber direkt auf die entsprechende URL zu klicken, um sich Ihre Auktion anzuschauen.

8

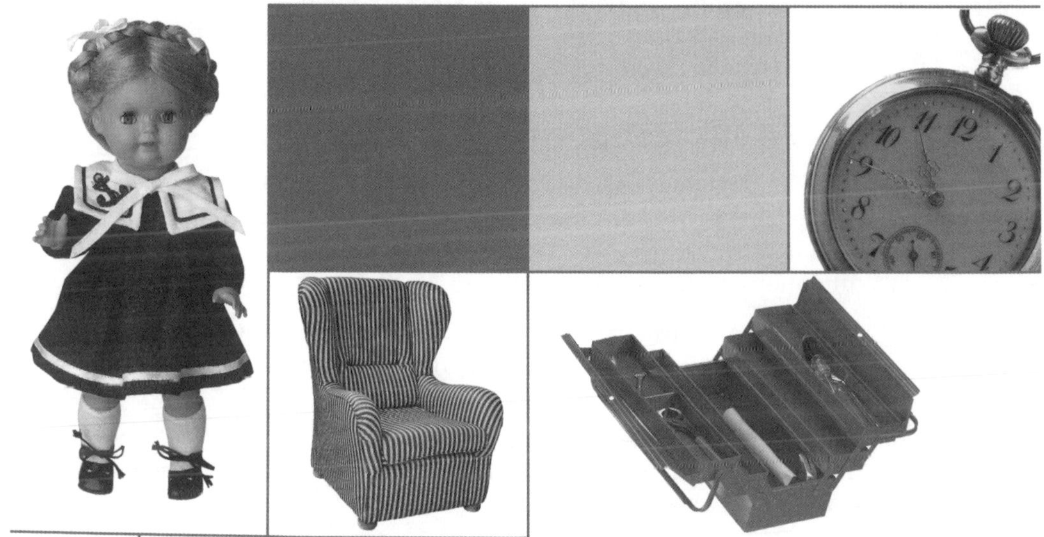

Angebote mit dem Turbo Lister erstellen

Das Einstellen einzelner Artikel ist zwar mittlerweile auch über die Browser-Oberfläche sehr einfach geworden, kostet aber immer noch viel Zeit und damit Onlinegebühren. Wesentlich praktischer ist es, alle Angebote – egal ob für Ihren eBay Shop, für eine Auktion oder als Festpreisangebot – offline fertig zu machen und dann auf einmal zu eBay zu übertragen. Diese Möglichkeit bietet Ihnen das kostenlose Verkäufer-Tool Turbo Lister, das Sie sich auf der eBay-Website herunterladen können.

1. Klicken Sie bei *www.ebay.de* oben in der Menüleiste auf den Punkt *Service* und dort im Abschnitt *Tools zum Einstellen und Verwalten* auf *Tools für Verkäufer.*
2. Klicken Sie unter *Turbo Lister* auf *Turbo Lister herunterladen*. Es stehen Ihnen zwei Varianten zum Download zur Verfügung: Entweder Sie laden das Programm komplett herunter und installieren es dann oder Sie installieren es während einer bestehenden Verbindung. Die Onlinezeit ist bei beiden Varianten in etwa identisch. Wir laden in unserem Beispiel das Programm komplett herunter.
3. Ist der Download beendet, starten Sie mit einem Doppelklick auf die Datei *setup-DE.exe* den Installationsassistenten. Aktivieren Sie am Ende das Kontrollkästchen *Ja, ich möchte Turbo Lister jetzt starten.*

8.1 Das erste Angebot mit Turbo Lister

Wird der Turbo Lister das erste Mal gestartet, müssen Sie einige Daten eingeben, um ihn für sich persönlich einzurichten. Zunächst fragt Sie das Programm nach Ihrem eBay-Mitgliedsnamen und Ihrem Passwort. Anschließend stellt Turbo Lister eine Verbindung zum Internet her und überprüft Ihre Angaben.

1. Bestätigen Sie Ihre Anschrift, die der Turbo Lister automatisch von eBay übernommen hat,, und aktivieren Sie auf der folgenden Seite das Kästchen *Einen neuen Artikel einstellen.*
2. Entscheiden Sie auf der folgenden Seite, welche Art von Angebot Sie erstellen möchten. In unserem Beispiel widmen wir uns zunächst einer normalen Auktion. Beenden Sie Ihre Auswahl mit *Weiter.*
3. Auf der nächsten Seite geben Sie die Artikelbezeichnung ein und wählen die passende Kategorie für Ihr Produkt. Sollten Sie eine bestimmte Referenznummer für Ihr Produkt vergeben wollen, damit Sie in der Flut Ihrer Produkte den Überblick behalten, so können Sie dies ebenfalls auf dieser Seite tun. Die Nummer ist lediglich für Ihre Warenhaltung relevant und spielt für eBay keine Rolle. Bestätigen Sie mit *Weiter.*
4. Des Weiteren haben Sie auf dieser Seite die Möglichkeit, Ihrem Angebot einen Hintergrund zuzuweisen und das Layout festzulegen. Wählen Sie hierfür zunächst mithilfe des Drop-down-Felds links ein Thema, dann darunter ein passendes Muster. Zuletzt entscheiden Sie, wie Text und Bilder angeordnet werden sollen.

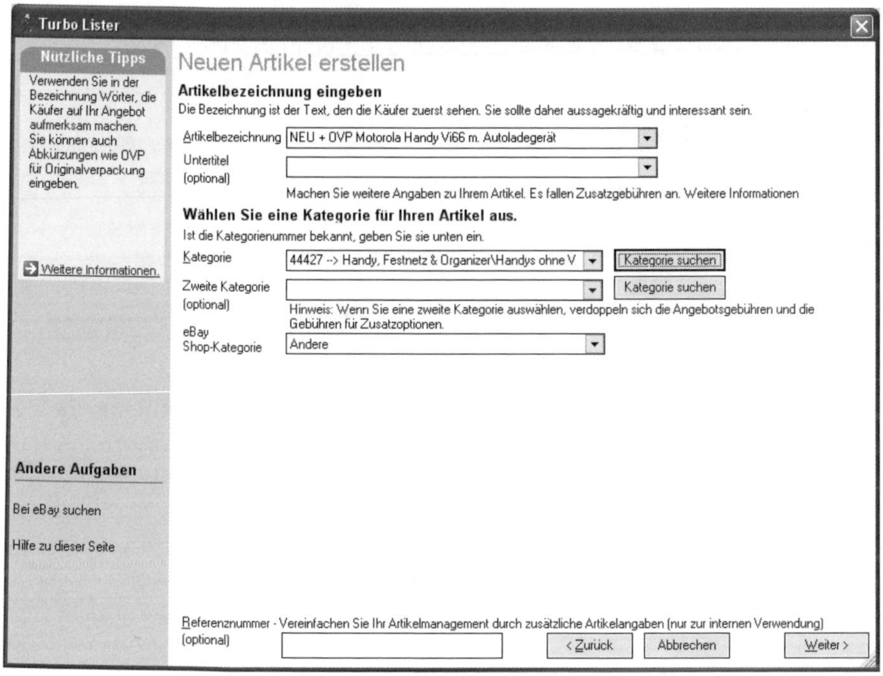

Abbildung 8.1: Beim Turbo Lister haben Sie die gleiche Kategorieauswahl wie bei eBay selbst.

Hinweis

Vermeiden Sie die Layoutvorlage *Bilder unten.* Für Kaufinteressenten sind die Fotos mit das Wichtigste. Kein Käufer sucht erst gerne nach den Bildern, sondern will sie sofort sehen. Aus diesem Grund sind Layouts mit dem ersten Bild oben oder seitlich sehr viel ansprechender.

5. Sie kommen nun wieder zum eigentlichen Kernstück Ihres Angebots, der Beschreibung. Wie Sie diese optimal gestalten, haben Sie bereits in Kapitel 7 gelesen. Klicken Sie einfach in das mit Punkten umrandete Textfeld und geben Sie Ihren Text ein. Mithilfe der Menüleiste darüber können Sie Formatierungen vornehmen oder Ihrem Text Farbe verleihen.
6. Anschließend klicken Sie in das erste Bildfeld und es öffnet sich ein Dialog, der es Ihnen erlaubt, das gewünschte Foto auf Ihrem Computer zu suchen und auszuwählen. Haben Sie mehrere Fotos, verfahren Sie mit den folgenden analog.
7. In dem Register *HTML-Ansicht* haben Sie die Möglichkeit, Bilder von Ihrem eigenen Server einzubinden – genauso, wie Sie es auch bei eBay direkt können (siehe Kapitel 12). Das Register *Vorschau* bietet Ihnen die endgültige Ansicht Ihres Angebots.

8. Scrollen Sie abschließend nach ganz unten und klicken Sie auf das Feld *Zähler*. Wählen Sie einen passenden Besucherzähler aus, beispielsweise *Andale Stil*.

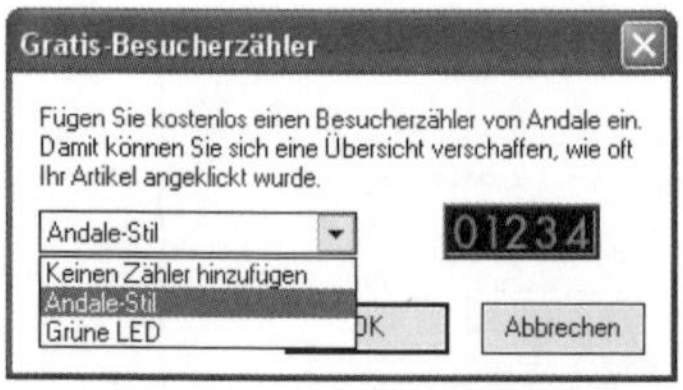

Abbildung 8.2: Mit einem integrierten Besucherzähler können Sie verfolgen, wie viele Interessenten sich Ihr Angebot angesehen haben.

9. Mit *Weiter* gelangen Sie zu Ihren Angebotseinstellungen. Hier definieren Sie zunächst die Laufzeit Ihres Artikels, den Startpreis, einen etwaigen Sofort-Kaufen-Preis und die verfügbare Menge und Sie legen fest, wer den Versand bezahlt. Im Normalfall wird das der Käufer sein.

Hinweis

Je nach Artikel kann es sich lohnen, mit versandkostenfreier Lieferung zu werben, beispielsweise bei Festpreisangeboten, die Sie vorher entsprechend kalkulieren. Bieten Sie »Porto zahlt Verkäufer« an, sollten Sie das unbedingt exponiert bewerben – zum Beispiel direkt in der zweiten Überschriftszeile des Angebots –, da Sie sich damit auf jeden Fall von der Masse der Anbieter abheben.

Die verschiedenen *Ändern*-Felder erlauben es Ihnen, Zahlungshinweise an den Käufer einzugeben, Zusatzoptionen wie die Galerieansicht festzulegen und Zahlungsmethoden zu definieren.

Hinweis

Bei jedem *Ändern*-Fenster haben Sie ganz unten die Möglichkeit, Ihre Einstellungen für zukünftige Angebote zu speichern. Nutzen Sie diese Option, da sie Ihnen viel Zeit sparen kann.

Aber Achtung: Verzichten Sie auf das Aktivieren dieser Funktion bei den *Zusatzoptionen*. Ansonsten haben Sie beispielsweise bei jedem Angebot die *Fettschrift* aktiviert, obwohl Sie diese nur für einen ganz bestimmten Artikel haben wollten.

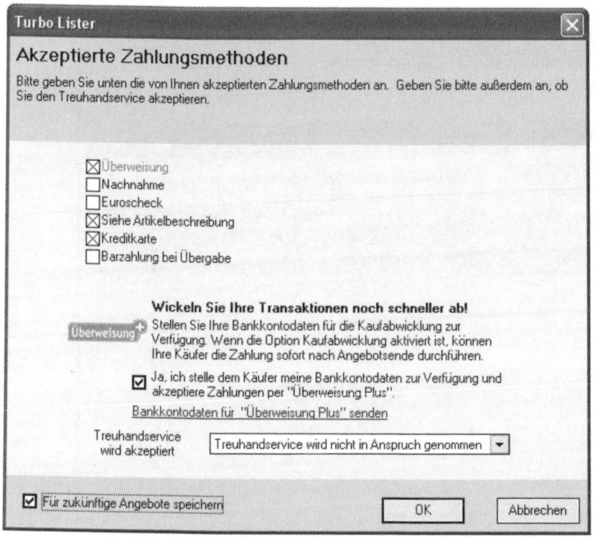

Abbildung 8.3: Auch Optionen wie Überweisung+ können Sie im Turbo Lister festlegen.

Hinweis

Bieten Sie den weltweiten Versand an, achten Sie darauf, in Ihrem Angebot – möglichst auf Englisch – zu vermerken, dass Interessenten aus dem Ausland vor Gebotsabgabe bei Ihnen nach den Versandkosten fragen sollen. Das erspart beiden Seiten böse Überraschungen und Sie müssen nicht im Vorfeld für alle möglichen Länder die Versandkosten ausrechnen.

10. Klicken Sie auf *Speichern*, gelangen Sie in die Übersicht Ihrer fertigen Angebote. Hier sehen Sie die wichtigsten Informationen noch einmal auf einen Blick. Mit einem Doppelklick auf eines der Angebote gelangen Sie wieder in die Detailansicht, in der Sie Änderungen vornehmen können. Sind alle Angebote korrekt, markieren Sie sie und entscheiden Sie, ob die Angebote sofort nach dem Hochladen zu eBay aktiv sein sollen oder ob Sie lieber einen bestimmten Startzeitpunkt festlegen möchten.

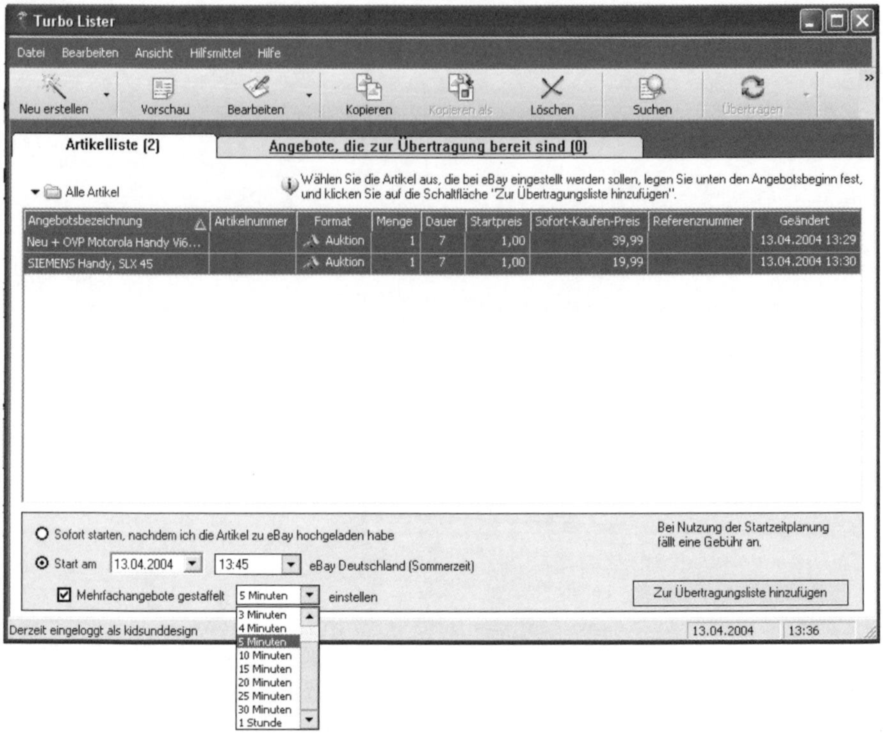

Abbildung 8.4: Der Turbo Lister erlaubt das exakte Timing Ihrer Angebote.

Zur Wahl des Zeitpunkts aktivieren Sie *Start am* und geben den gewünschten Tag und die passende Uhrzeit ein. Aktivieren Sie unbedingt das Kontrollkästchen *Mehrfachangebote gestaffelt einstellen*, da andernfalls Ihre sämtlichen Angebote exakt zur gleichen Uhrzeit auslaufen und somit Käufer, die sich für mehr als eines Ihrer Produkte interessieren, keine Chance haben, auf mehr als eines kurzfristig zu bieten. Sie können wählen, in welchem Abstand Ihre Auktionen eingestellt werden sollen.

Hinweis

Beachten Sie bei der Wahl der Startzeit und dem gestaffelten Einstellen, dass Sie nicht zu viele Artikel auf einmal zu eBay übertragen. Wenn Sie beispielsweise 20.00 Uhr als Startzeit wählen und 50 Artikel mit einer Staffelung von fünf Minuten einstellen, endet Ihr letzter Artikel nach Mitternacht – je nach Produkt nicht unbedingt die ideale Zeit.

Übertragen Sie in diesem Fall besser zweimal 25 Artikel und versetzen Sie die Ausgangsstartzeit um 15 Minuten.

8.2 Angebote zu eBay übertragen

Sind alle Einstellungen vorgenommen, klicken Sie auf *Zur Übertragungsliste hinzufügen*. Sie gelangen nun automatisch in das entsprechende Registerblatt, wo alle Ihre vorbereiteten Angebote aufgelistet sind.

Hinweis

In der Übertragungsliste können Sie keine Artikel mehr bearbeiten oder ändern! Wollen Sie nachträglich ein Angebot modifizieren, müssen Sie den Artikel in der Übertragungsliste löschen, in der Artikelliste ändern und dann wieder zur Übertragungsliste hinzufügen.

1. Klicken Sie auf die Schaltfläche *Alle Artikel zu eBay übertragen*. Standardmäßig ist die Option aktiviert, dass die Gebühren automatisch vor Einstellen der Artikel berechnet werden. Haben Sie diese Funktion nicht bewusst deaktiviert, brauchen Sie die Schaltfläche *Angebotsgebühren berechnen* nicht zu beachten, da Sie ohnehin beim Upload über die entstehenden Kosten informiert werden.

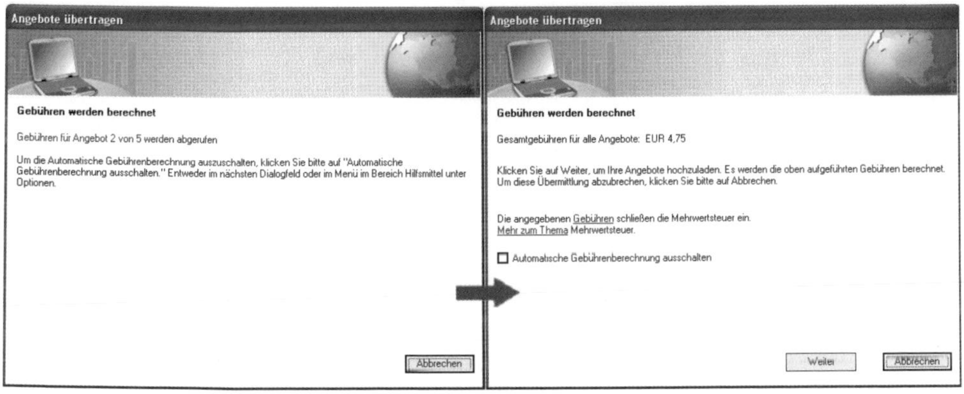

Abbildung 8.5: Haben Sie die Funktion nicht deaktiviert, errechnet Ihnen Turbo Lister zunächst die Gebühren, ehe Sie die Angebote endgültig zu eBay übertragen.

2. Mit der Schaltfläche *Weiter* aktivieren Sie den eigentlichen Upload zu eBay. Sie werden über den Verlauf kontinuierlich informiert und sehen jederzeit den Fortschritt der Übertragung. Ist der Upload beendet, öffnet sich ein Fenster, das Sie per Hyperlink direkt zu Ihren Angeboten bei eBay führt. Unten im Fenster sehen Sie die Schaltfläche *Weiter*, mit der Sie das Programm auffordern, nach Aktualisierungen zu suchen. Diese Schaltfläche ist nur einmal täglich vorhanden, um Turbo Lister immer auf dem aktuellsten Stand zu halten.

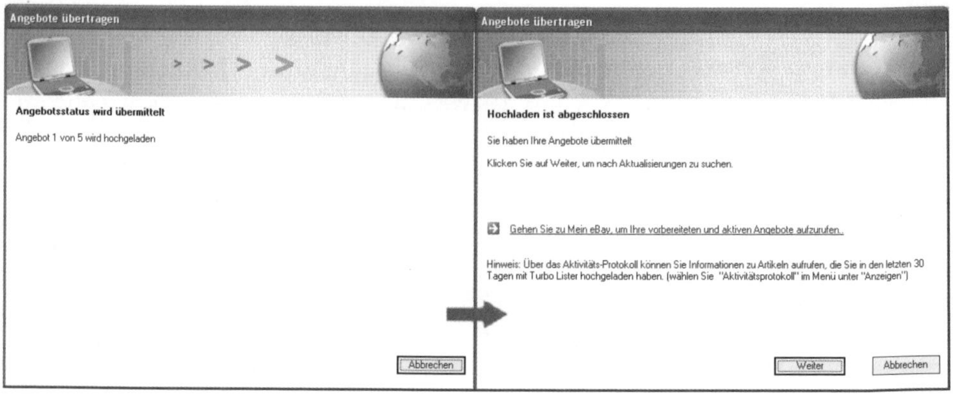

Abbildung 8.6: Ein Infofenster hält Sie über den Fortschritt des Uploads auf dem Laufenden.

3. Sie sollten auf keinen Fall die Updates verschmähen. Zum einen haben Sie so immer die aktuellen Kategorien auf Ihrem Rechner und zum anderen die gültige Gebührenstruktur. Nicht zuletzt sind viele klassische Programmupdates dabei, die das Arbeiten mit dem Turbo Lister noch einfacher machen.

Sie finden Ihre eingestellten Artikel online bei eBay unter *Mein eBay* auf der Registerkarte *Verkaufen* und dort in dem Bereich *Vorbereitete Angebote*. Über die Schaltfläche *Bearbeiten*, die Sie nach jedem Angebot sehen, können Sie die einzelnen Angebote online noch ändern oder korrigieren.

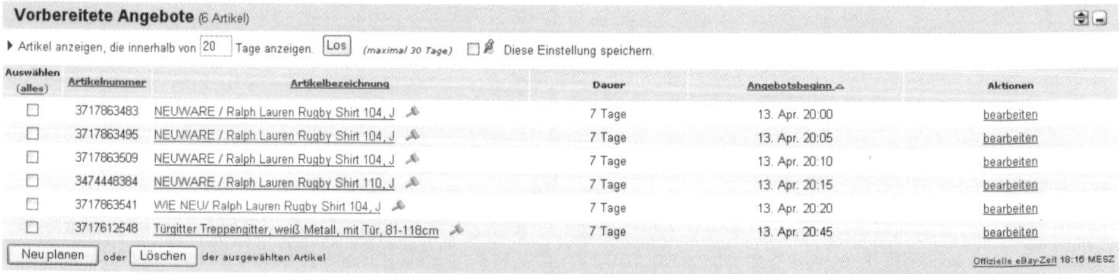

Abbildung 8.7: Unmittelbar nach Ihrem Upload finden Sie Ihre vorbereiteten Angebote alle in der Rubrik Mein eBay aufgelistet.

Hinweis

Um ähnliche Angebote zu erstellen, kopieren Sie ein bereits existierendes und überschreiben Sie es mit den aktuellen Daten.

8.3 Ordnung und Sicherheit mit dem Turbo Lister

Der Turbo Lister ist nicht nur ideal, um Ihre Angebote zu gestalten und zu eBay zu übertragen, das Programm bietet auch zahlreiche Funktionen, um Ihre Angebote zu verwalten und zu sichern.

8.3.1 Ordner strukturieren

Starten Sie den Turbo Lister das nächste Mal, werden Sie feststellen, dass in der Artikelliste noch alle Angebote stehen, die Sie bereits zu eBay übertragen haben. Da bleiben sie auch so lange, bis Sie sie explizit löschen. Das ist aber wenig sinnvoll, wenn Sie künftig ähnliche Artikel einstellen möchten. Um dennoch nicht den Überblick zu verlieren, bietet Ihnen der Turbo Lister eine praktische Ordnerfunktion.

1. Aktivieren Sie die Ordneransicht über *Ansicht, Ordner einblenden*. Sie erhalten links im Fenster eine klassische Explorer-Ansicht, in der sich aktuell nur ein Ordner befindet, nämlich *Alle Artikel*.
2. Klicken Sie mit der rechten Maustaste auf den Ordner *Alle Artikel* und wählen Sie den Punkt *Neuer Ordner*. Auf diese Weise erstellen Sie so viele Ordner, wie Sie für eine nützliche Ordnung Ihrer Artikel brauchen. Die Mappen können Sie – so wie im Windows-Explorer – umbenennen, verschieben, kopieren und so weiter.
3. Haben Sie alle Ordner angelegt und benannt, klicken Sie auf den Ordner *Alle Artikel*. Verschieben Sie nun die einzelnen Angebote in die entsprechenden Ordner und schon ist Übersichtlichkeit gewährleistet.

Hinweis

Neue Angebote können Sie selbstverständlich gleich in den richtigen Ordnern erstellen – das spart das spätere Sortieren.

8.3.2 Datenbanken sichern und laden

Sollte aus irgendeinem Grund Ihr Turbo Lister – oder Ihr ganzer Rechner – den Dienst versagen, ist es gut, eine Sicherheitskopie der relevanten Daten zu besitzen. So bietet auch der Turbo Lister die Möglichkeit, ganz bequem ein Datenbackup zu erstellen.

1. Gehen Sie auf *Datei, Sicherungskopie der Datenbank...*
2. Der Turbo Lister schlägt Ihnen sein Standardverzeichnis vor und als Dateinamen Ihren Mitgliedsnamen mit der Endung *.tla*.
3. Klicken sie auf *OK*, um den Sicherungsvorgang zu starten.

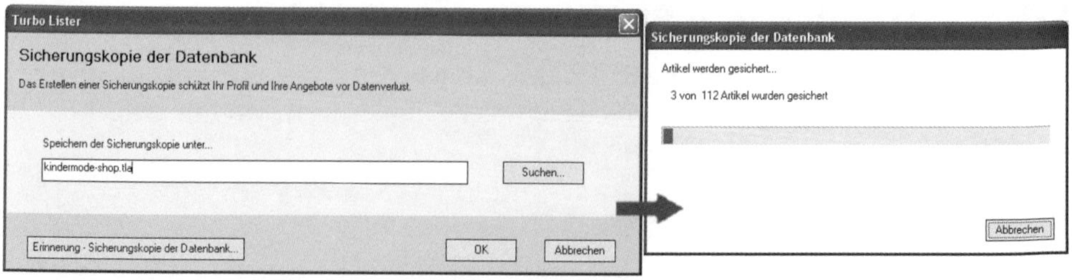

Abbildung 8.8: Auf Knopfdruck erstellt der Turbo Lister Sicherungskopien Ihrer Angebote.

4. Tritt der Super-GAU ein, und Ihre Daten gehen verloren, können Sie über *Datei, Datenbank wiederherstellen* Ihre Angebote bequem wieder laden.

Hinweis

Möchten Sie sichergehen, dass Sie Ihr Backup nicht vergessen, lassen Sie sich vom Turbo Lister daran erinnern! Aktivieren Sie dazu das Kontrollkästchen unter *Hilfsmittel, Erinnerung-Sicherheitskopie der Datenbank...*

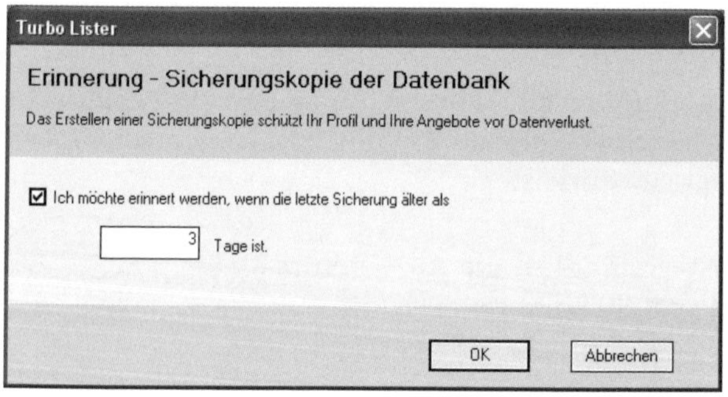

Abbildung 8.9: Mit der automatisierten Erinnerung vergessen Sie garantiert keine Datensicherung mehr.

8.3.3 Das Aktivitätsprotokoll

Haben Sie keine weiteren Hilfsmittel wie den Verkaufsmanager (Pro) zur Verfügung (mehr dazu in Kapitel 9), ist das Aktivitätsprotokoll ideal, um sich einen schnellen Überblick über die aktuellen und vergangenen Angebote zu verschaffen. Sie erhalten das Protokoll über *Ansicht, Aktivitätsprotokoll.* Dort sehen Sie alle relevanten Informationen, inklusive der Einstellgebühren, auf einen Blick.

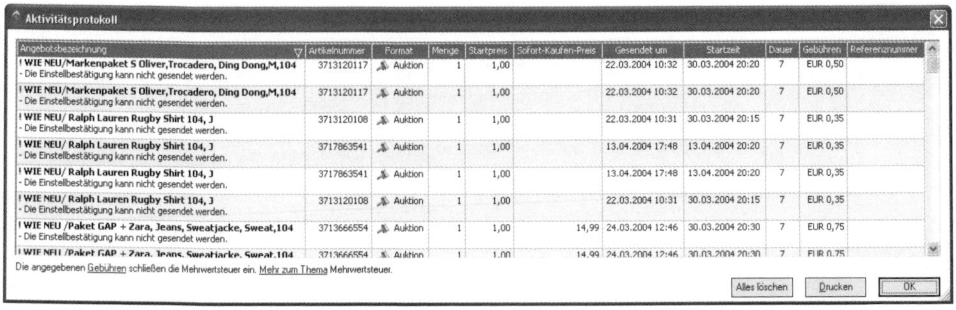

Aktivitätsprotokoll

Angebotsbezeichnung	Artikelnummer	Format	Menge	Startpreis	Sofort-Kaufen-Preis	Gesendet um	Startzeit	Dauer	Gebühren	Referenznummer
! WIE NEU/Markenpaket S Oliver,Trocadero, Ding Dong,M,104 - Die Einstellbestätigung kann nicht gesendet werden.	3713120117	Auktion	1	1,00		22.03.2004 10:32	30.03.2004 20:20	7	EUR 0,50	
! WIE NEU/Markenpaket S Oliver,Trocadero, Ding Dong,M,104 - Die Einstellbestätigung kann nicht gesendet werden.	3713120117	Auktion	1	1,00		22.03.2004 10:32	30.03.2004 20:20	7	EUR 0,50	
! WIE NEU/ Ralph Lauren Rugby Shirt 104, J - Die Einstellbestätigung kann nicht gesendet werden.	3713120108	Auktion	1	1,00		22.03.2004 10:31	30.03.2004 20:15	7	EUR 0,35	
! WIE NEU/ Ralph Lauren Rugby Shirt 104, J - Die Einstellbestätigung kann nicht gesendet werden.	3717863541	Auktion	1	1,00		13.04.2004 17:48	13.04.2004 20:20	7	EUR 0,35	
! WIE NEU/ Ralph Lauren Rugby Shirt 104, J - Die Einstellbestätigung kann nicht gesendet werden.	3717863541	Auktion	1	1,00		13.04.2004 17:48	13.04.2004 20:20	7	EUR 0,35	
! WIE NEU/ Ralph Lauren Rugby Shirt 104, J - Die Einstellbestätigung kann nicht gesendet werden.	3713120108	Auktion	1	1,00		22.03.2004 10:31	30.03.2004 20:15	7	EUR 0,35	
! WIE NEU /Paket GAP + Zara, Jeans, Sweatjacke, Sweat,104 - Die Einstellbestätigung kann nicht gesendet werden.	3713666554	Auktion	1	1,00	14,99	24.03.2004 12:46	30.03.2004 20:30	7	EUR 0,75	
! WIE NEU /Paket GAP + Zara, Jeans, Sweatjacke, Sweat,104	3713666554	Auktion	1	1,00	14,99	24.03.2004 12:46	30.03.2004 20:30	7	EUR 0,75	

Die angegebenen Gebühren schließen die Mehrwertsteuer ein. Mehr zum Thema Mehrwertsteuer.

Alles löschen | Drucken | OK

Abbildung 8.10: Im Aktivitätsprotokoll sehen Sie alle relevanten Daten zu Ihren Angeboten auf einen Blick.

8.4 Mehrere Mitglieder verwalten

Haben Sie mehrere eBay-Accounts – beispielsweise einen für private und einen für gewerbliche Zwecke –, so können Sie beide Accounts mit dem Turbo Lister verwalten. Für jeden Mitgliedsnamen dürfen dabei separate Einstellungen vorgenommen werden.

Hinweis

Achtung! Verschiedene Turbo-Lister-Accounts müssen separat gesichert werden!

1. Möchten Sie einen weiteren Mitgliedsnamen eintragen, gehen Sie auf *Datei, Mitglied ändern*.
2. Im folgenden Fenster klicken Sie auf *Neu* und geben dann eBay-Namen und -Passwort ein.

Achten Sie immer darauf, mit welchem Mitgliedsnamen Sie aktuell Angebote erstellen. Wie Sie eingeloggt sind, sehen Sie unten links in der Statuszeile.

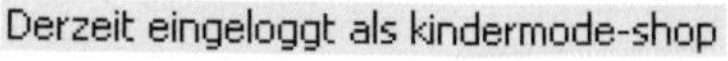

Abbildung 8.11: Die Statuszeile gibt Auskunft darüber, mit welchem Mitgliedsnamen Sie beim Turbo Lister aktiv sind.

Möchten Sie den aktiven Account ändern, klicken Sie auf *Datei, Mitglied ändern*. Wählen Sie aus der Liste den gewünschten Eintrag aus und bestätigen Sie mit *Öffnen*.

9

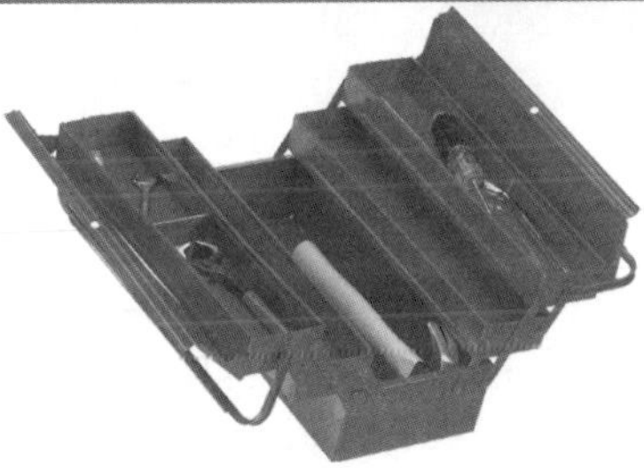

After-Sales-Management

Haben Sie sich ein wenig in eBay etabliert und erste Käufe und Verkäufe getätigt? Vielleicht verfügen Sie bereits über Ware, die Sie künftig professionell auf dem Online-Marktplatz verkaufen wollen? Dann ist jetzt der Zeitpunkt, sich mit dem zu beschäftigen, was nach dem Beenden einer Auktion oder eines Festpreisangebots auf Sie zukommt. Und das betrifft nicht allein das Rechnungsstellen, sondern beinhaltet auch Dinge wie das ordentliche Verpacken der Ware, das korrekte Bewerten des Kunden und die Wahl der Versandart. Beginnen wir damit, was Sie unmittelbar nach dem erfolgreichen Verkauf tun sollten.

9.1 Verkaufsabwicklung mit dem Verkaufsmanager

Mit die wichtigste Arbeit Ihrer Verkaufstätigkeit bei eBay umfasst – neben dem Listen der Artikel – all das, was nach dem erfolgreichen Verkauf kommt. Dann beginnt das so genannte After-Sales-Management. Ein hervorragendes, wenn auch nicht kostenloses Tool, um einen nicht unerheblichen Teil der Routinearbeiten bequem zu erledigen, kommt von eBay selbst: der Verkaufsmanager. Mithilfe dieses Online-Tools können Sie die nach einem Verkauf anstehenden Aufgaben erledigen. Darunter fallen Dinge wie die Auftragsbestätigung und das Versenden der Rechnung an den Käufer, das Nachverfolgen des Geldeingangs, die Kontrolle der ausstehenden Bewertungen, das erneute Einstellen nicht verkaufte Artikel und das Einfordern von Gutschriften wegen unzuverlässiger Käufer. Das Tool bietet zahlreiche Möglichkeiten, die gewährleisten, dass Sie garantiert nichts vergessen oder übersehen. Selbstverständlich lassen sich solche Aufgaben auch mit Excel-Tabellen und Outlook-Erinnerungen bewerkstelligen – aber so einfach wie mit dem Verkaufsmanager ist es mit keinem vergleichbaren System. Das Geheimnis des Verkaufsmanagers liegt unter anderem darin, dass er als eBay-eigenes Modul auf alle Daten im System zugreift. So entfällt jedwede Form des Datenexports in eine andere Anwendung. Darüber hinaus sind viele Daten, mit denen der Verkaufsmanager arbeitet, nicht ohne weiteres öffentlich zugänglich und stehen somit auch nicht einfach zur Weiterbearbeitung zur Verfügung. Beispielsweise listet der Verkaufsmanager auch alle vergangenen Transaktionen – soweit es vor dem Einsatz des Systems schon Verkäufe bei eBay gab – mit auf. Für Statistiken und Verkaufsübersichten ist allein das ein großer Gewinn.

Abbildung 9.1: Sinnvolles Tool für Profiverkäufer: Der Verkaufsmanager

Den Verkaufsmanager gibt es in zwei Varianten, einmal in der Standard- und einmal in der Pro-Version. Es handelt sich bei beiden Anwendungen um Online-Tools, es ist also kein Download erforderlich. Auf die Unterschiede zwischen den beiden Versionen gehen wir im Laufe des Kapitels noch ausführlich ein. Der Verkaufsmanager ist gebührenpflichtig. Nach einer einmonatigen kostenlosen Probenutzung – die allerdings nur für die Standardversion möglich ist – fallen für die Standardversion monatlich 4,99 Euro an, für die Pro-Edition 9,99 Euro. Diese Kosten werden jeweils mit Ihren eBay-Gebühren in Rechnung gestellt. Beide Tools können jederzeit gekündigt werden.

Wir sprechen im Folgenden nur von der Standardversion des Verkaufsmanagers. Der Pro-Version und ihren Funktionen ist am Ende des Kapitels ein eigener Abschnitt gewidmet.

9.1.1 Einrichten des Verkaufsmanagers

Möchten Sie das After-Sales-Tool Verkaufsmanager nutzen, loggen Sie sich bei eBay ein und gehen Sie wie folgt vor:

1. Klicken Sie ganz oben auf den Menüpunkt *Service*. In der rechten Spalte finden Sie unter der Überschrift *Verkaufen* die Zwischenüberschrift *Verkaufsmanager / Pro*. Klicken Sie darauf und auf der folgenden Seite auf den Button *Jetzt anmelden*.
2. Akzeptieren Sie die Nutzungsbedingungen und klicken Sie auf *Jetzt anmelden*.
3. Betätigen Sie die Schaltfläche *Jetzt starten*, gelangen Sie in *Mein eBay* – wo Sie statt des bisherigen Menüpunkts *Artikel verkaufen* links in der Leiste jetzt den Verkaufsmanager sehen.

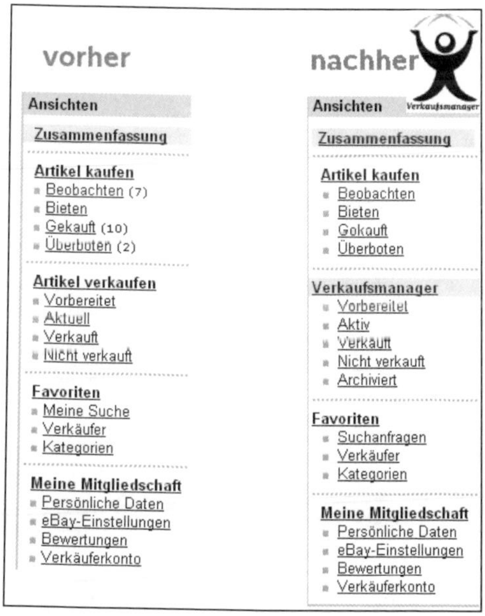

Abbildung 9.2: Mit Aktivieren des Verkaufsmanagers klinkt sich das Tool in die Übersicht in Mein eBay ein.

Hinweis

Geben Sie eBay in bisschen Zeit. Im Laufe der folgenden Stunden werden alle Ihre bisherigen Aktionen in den Verkaufsmanager integriert. Je nach Umfang der Daten kann dieser Vorgang einige Zeit in Anspruch nehmen. Also keine Sorge, wenn nicht alle Transaktionen sofort sichtbar sind. Eine Integration von Daten kann natürlich nur stattfinden, wenn Sie vor Einsetzen des Verkaufsmanagers schon als Verkäufer bei eBay aktiv waren.

9.1.2 Aktualisieren des Verkaufsmanagers

Klicken Sie unter *Verkaufsmanager auf* den Menüpunkt *Verkaufsmanager*, erhalten Sie eine detaillierte Aufstellung von Ihren sämtlichen aktuellen eBay-Aktivitäten.

Übersicht

Letzte Aktualisierung am 29.05.04 15:12:30 MESZ

Statistik	Bruttoumsatz	Anzahl der Angebote
Vorbereitete Angebote		**0**
▪ Beginn innerhalb der nächsten Stunde		0
▪ Beginn heute		0
Aktive Angebote	EUR 1,00	**1**
▪ Ende innerhalb der nächsten Stunde		0
▪ Ende heute		0
Verkaufte Artikel	EUR 1.658,09	**110**
▪ Nicht bezahlt		110
▪ Artikel nicht bezahlt, unzuverlässige Mitglieder verwarnen		18
▪ Bezahlt und versandbereit		0
▪ Bezahlt, Bewertung ausstehend		0
▪ Bezahlt und versandt		0
▪ Nicht bezahlt, Gutschrift der Verkaufsprovision beantragen		1

Abbildung 9.3: In der Übersicht des Verkaufsmanagers sehen Sie alle aktuellen Vorgänge auf einen Blick.

Lassen Sie sich nicht von den vermeintlich unbezahlten Artikeln irritieren – eBay hat Ihre vergangenen Transaktionen der letzten 90 Tage eingelesen und da diese noch nicht mit dem Verkaufsmanager bearbeitet wurden, sind die Daten natürlich auch nicht entsprechend aktualisiert. So kann es durchaus sein, dass Sie in der Rubrik *Artikel nicht bezahlt, unzuverlässige Mitglieder verwarnen* einige Artikel gelistet sehen, die schon längst bezahlt sind. Die Symbole hinter den einzelnen Verkäufen informieren Sie über den systeminternen Stand der Dinge. Haben also verschiedene Transaktionen noch kein aktiviertes Symbol zur Bestätigung des Geldeingangs (Euro-Zeichen), tauchen diese logischerweise in der Nicht-Zahler-Liste auf.

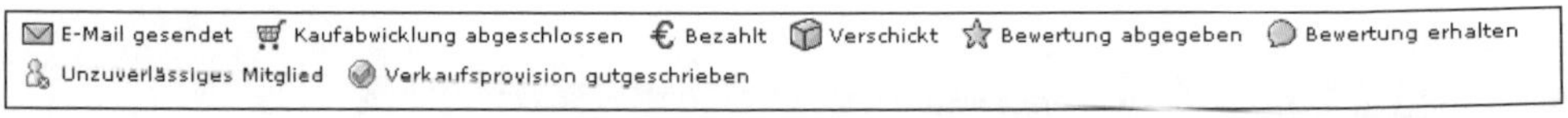

Abbildung 9.4: Die Symbole des Verkaufsmanagers geben zu jeder Transaktion Auskunft über den aktuellen Stand der Dinge.

Um Ihren Verkaufsmanager auf den aktuellen Stand zu bringen, gehen Sie wie folgt vor:

1. Klicken Sie auf den Menüpunkt *Nicht bezahlt*, erhalten Sie eine Liste der vermeintlich säumigen Kunden.
2. Aktivieren Sie vor allen abgeschlossenen Transaktionen das kleine Kontrollkästchen.
3. Wählen Sie am Ende jeder Seite bei dem Feld *Status auswählen* den Punkt *bezahlt und versandt*, klicken Sie auf *Markieren* und im folgenden Fenster auf *Status bestätigen*.

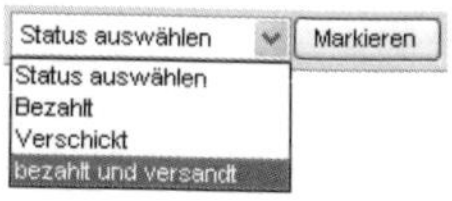

Ihre erledigten Transaktionen werden in die Rubrik *Bezahlt und versandt* verschoben.

4. Wiederholen Sie diesen Vorgang, bis alle erledigten Transaktionen den richtigen Status haben.

Hinweis

Selbstverständlich müssen Sie sich nicht die Arbeit machen, Ihre alten Transaktionen manuell auf den aktuellen Stand zu bringen. Es ist aber empfehlenswert, da ansonsten mit den neu hinzukommenden Verkäufen schnell der Überblick verloren geht und auch die *Übersicht* falsche und irreführende Angaben liefert.

9.1.3 Transaktionen verwalten

Haben Sie neue Artikel bei eBay eingestellt respektive vorbereitete Angebote zu eBay übertragen, sehen Sie diese Aktivitäten sofort im Verkaufsmanager.

Hinweis

Im Verkaufsmanager werden selbstverständlich auch alle Shop-Artikel verwaltet und angezeigt.

Dabei bietet der Verkaufsmanager verschiedene Unterrubriken, die den aktuellen Stand Ihrer Verkaufstätigkeiten kenntlich machen.

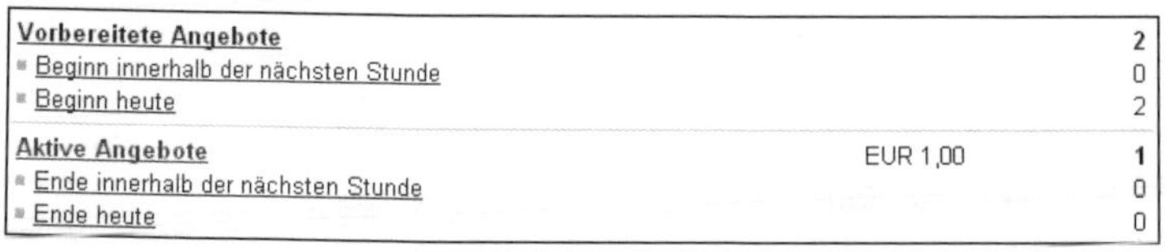

Vorbereitete Angebote		2
Beginn innerhalb der nächsten Stunde		0
Beginn heute		2
Aktive Angebote	EUR 1,00	1
Ende innerhalb der nächsten Stunde		0
Ende heute		0

Abbildung 9.5: Sie sehen auf einen Blick, in welchem Stadium sich Ihre Angebote befinden.

Unter *Vorbereitete Angebote* finden sich all jene Angebote, die bereits erstellt sind – respektive vom Turbo Lister übertragen wurden –, deren Anfangszeitpunkt aber frühestens am nächsten Tag ist. Die beiden folgenden Unterrubriken geben Aufschluss über Auktionen oder Festpreisangebote, die am selben Tag oder sogar innerhalb der nächsten Stunde anfangen. So sehen Sie sofort, wenn sich bei der Startzeitplanung mal ein Fehler eingeschlichen haben sollte.

Neben *Aktive Angebote* sehen Sie zunächst die Gesamtsumme, die Ihre laufenden Angebote zu diesem Zeitpunkt schon sicher erzielt haben, dahinter sehen Sie, wie viele Auktionen / Festpreisangebote derzeit überhaupt am Laufen sind. Die beiden Unterrubriken verraten wiederum, wie viele Angebote wann enden.

Klicken Sie auf eine der Rubriken, sehen Sie eine detaillierte Aufstellung Ihrer entsprechenden Angebote.

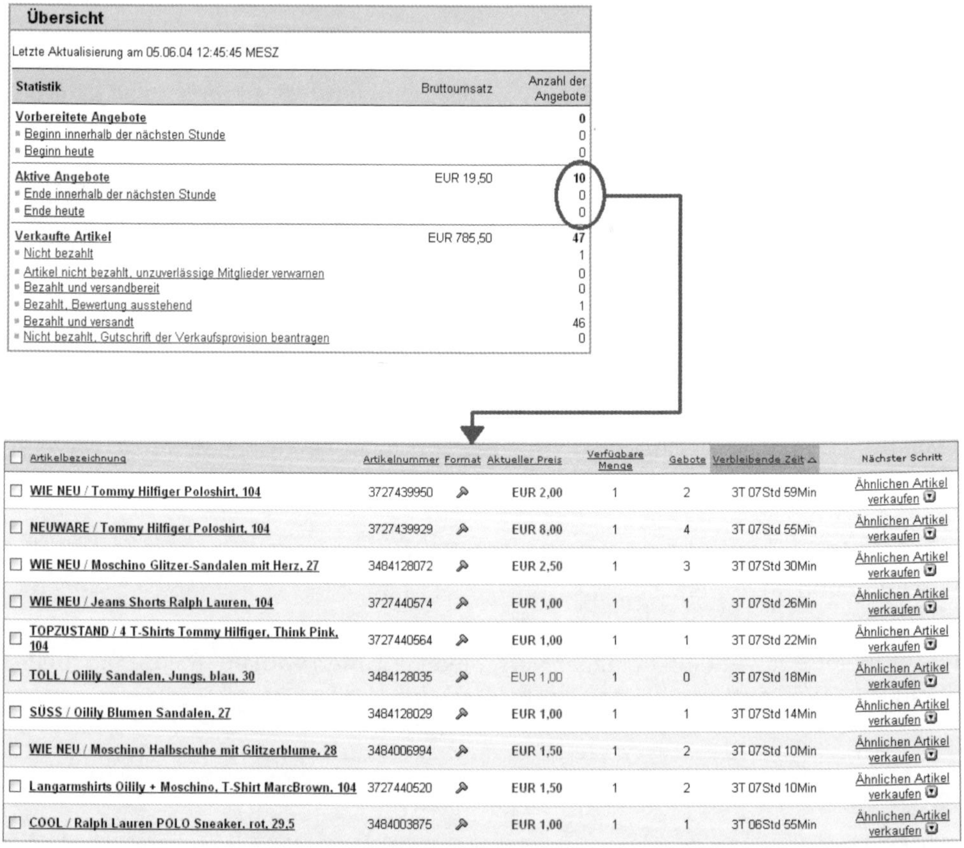

Übersicht

Letzte Aktualisierung am 05.06.04 12:45:45 MESZ

Statistik	Bruttoumsatz	Anzahl der Angebote
Vorbereitete Angebote		**0**
Beginn innerhalb der nächsten Stunde		0
Beginn heute		0
Aktive Angebote	EUR 19,50	**10**
Ende innerhalb der nächsten Stunde		0
Ende heute		0
Verkaufte Artikel	EUR 785,50	**47**
Nicht bezahlt		1
Artikel nicht bezahlt, unzuverlässige Mitglieder verwarnen		0
Bezahlt und versandbereit		0
Bezahlt, Bewertung ausstehend		1
Bezahlt und versandt		46
Nicht bezahlt, Gutschrift der Verkaufsprovision beantragen		0

Artikelbezeichnung	Artikelnummer	Format	Aktueller Preis	Verfügbare Menge	Gebote	Verbleibende Zeit	Nächster Schritt
WIE NEU / Tommy Hilfiger Poloshirt, 104	3727439950		EUR 2,00	1	2	3T 07Std 59Min	Ähnlichen Artikel verkaufen
NEUWARE / Tommy Hilfiger Poloshirt, 104	3727439929		EUR 8,00	1	4	3T 07Std 55Min	Ähnlichen Artikel verkaufen
WIE NEU / Moschino Glitzer-Sandalen mit Herz, 27	3484128072		EUR 2,50	1	3	3T 07Std 30Min	Ähnlichen Artikel verkaufen
WIE NEU / Jeans Shorts Ralph Lauren, 104	3727440574		EUR 1,00	1	1	3T 07Std 26Min	Ähnlichen Artikel verkaufen
TOPZUSTAND / 4 T-Shirts Tommy Hilfiger, Think Pink, 104	3727440564		EUR 1,00	1	1	3T 07Std 22Min	Ähnlichen Artikel verkaufen
TOLL / Oilily Sandalen, Jungs, blau, 30	3484128035		EUR 1,00	1	0	3T 07Std 18Min	Ähnlichen Artikel verkaufen
SÜSS / Oilily Blumen Sandalen, 27	3484128029		EUR 1,00	1	1	3T 07Std 14Min	Ähnlichen Artikel verkaufen
WIE NEU / Moschino Halbschuhe mit Glitzerblume, 28	3484006994		EUR 1,50	1	2	3T 07Std 10Min	Ähnlichen Artikel verkaufen
Langarmshirts Oilily + Moschino, T-Shirt MarcBrown, 104	3727440520		EUR 1,50	1	2	3T 07Std 10Min	Ähnlichen Artikel verkaufen
COOL / Ralph Lauren POLO Sneaker, rot, 29,5	3484003875		EUR 1,00	1	1	3T 06Std 55Min	Ähnlichen Artikel verkaufen

Abbildung 9.6: Ein Klick auf die gewünschte Rubrik führt Sie zur Detailansicht.

Hinweis

Um die Sortierung innerhalb der Anzeigen zu ändern, klicken Sie einfach auf den Kopf der Spalte, anhand derer Sie die Artikel geordnet haben möchten.

In der detaillierten Ansicht sehen Sie Artikel, Artikelnummer, das Angebotsformat, den aktuell erzielten Preis, die Anzahl der abgegebenen Gebote sowie die noch verbleibende Zeit (nur bei Auktionen). Darüber hinaus hat jede Transaktion eine systemeigene Datensatznummer. In der letzten Spalte *Ähnlichen Artikel verkaufen* können Sie per Knopfdruck einen vergleichbaren Artikel anbieten – ohne langwierige erneute Eingaben oder den erneuten Upload aus dem Turbo Lister.

Hinweis

Bei bereits abgeschlossenen Transaktionen haben Sie die Möglichkeit, mehrere Artikel auf einmal wieder einzustellen beziehungsweise ähnliche Artikel zu verkaufen. Markieren Sie dazu den entsprechenden Datensatz und wählen Sie die Schaltfläche *Ähnlichen Artikel verkaufen*.

Die aktuelle Sortierung erkennen Sie an der dunkel hinterlegten Spaltenüberschrift. Hinter der Bezeichnung ist ein kleines gelbes Dreieck, das wahlweise die auf- oder absteigende Sortierung symbolisiert.

9.1.4 Artikel erfolgreich verkauft

Ist eine Auktion oder ein Festpreisangebot zu Ende, erhalten Sie von eBay automatisch eine E-Mail, die Sie darauf hinweist und Ihnen sowohl den Endverkaufspreis als auch die Käuferdaten liefert. Auch ein Link zur Auktion ist dabei, was insbesondere bei vielen gleichzeitigen Auktionen nützlich ist.

Sie haben dann zwei Möglichkeiten: Entweder Sie kontaktieren den Käufer mit einer »normalen« E-Mail oder Sie nutzen die Annehmlichkeiten des Verkaufsmanagers.

Erste Kontaktaufnahme

1. Gehen Sie zu *Mein eBay*, wählen Sie dort *Verkaufsmanager* und klicken Sie auf die Rubrik *Verkaufte Artikel*. Sie sehen alle von Ihnen verkaufte Artikel aufgelistet.

Hinweis

Sollte die Sortierung nicht nach Verkaufsdatum angelegt sein, sollten Sie der Einfachheit halber für die Kaufabwicklung nach diesem Datum absteigend sortieren lassen. So erhalten Sie alle aktuellen Verkäufe am Anfang der Liste.

2. Klicken Sie am Ende der Anzeigezeile auf das noch graue Warenkorbsymbol, gelangen Sie in die so genannte *Kaufabwicklung*.

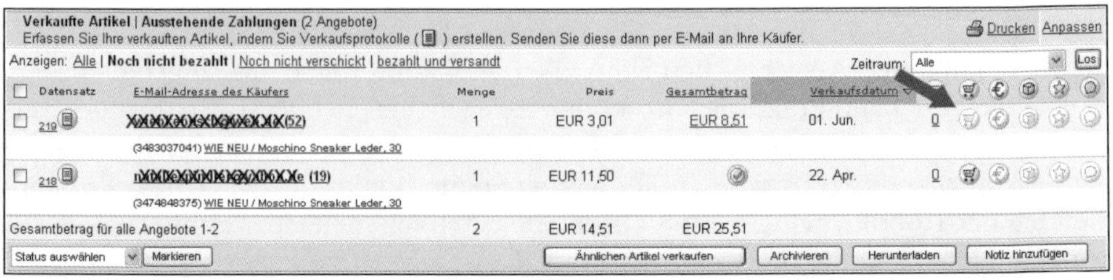

Abbildung 9.7: Das – noch graue - Warenkorbsymbol bringt Sie zur Kaufabwicklung. Haben Sie diese aktiviert, ist der Warenkorb anschließend blau.

3. Sie erhalten ein Verkaufsprotokoll der entsprechenden Transaktion, in der Sie alle Daten wie Käufer, erzielter Preis, Versandkosten usw. aufgelistet sehen.

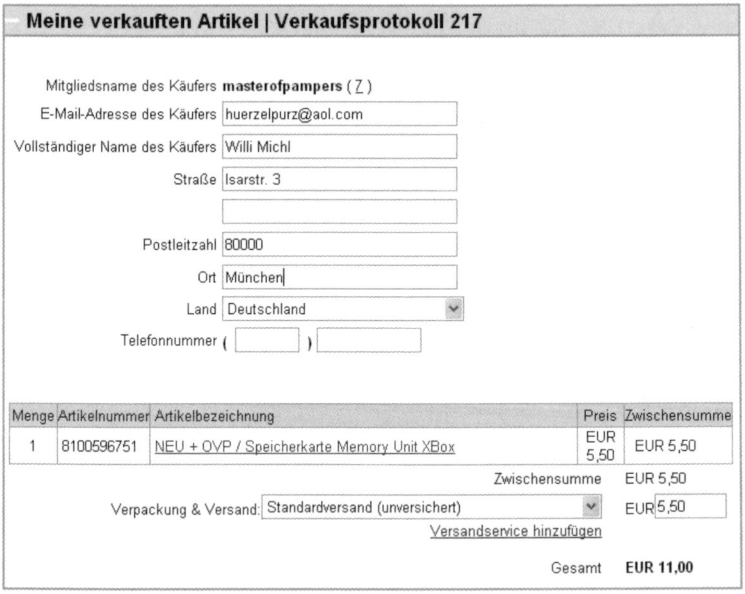

Abbildung 9.8: Die Verkaufskarte gibt Auskunft über den Käufer Ihrer Ware und den zu entrichtenden Gesamtbetrag.

4. Etwas weiter unten sehen Sie Ihr persönliches Kontrollinstrument, den so genannten *Verkaufsstatus*. Hier protokollieren Sie den Verlauf der Abwicklung mit Ihrem Handelspartner.

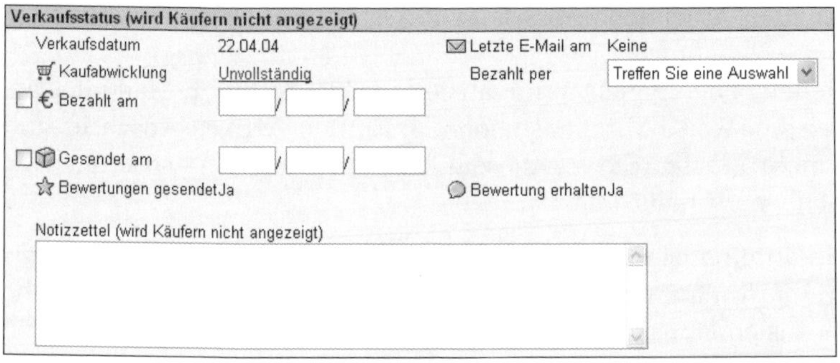

Abbildung 9.9: Mithilfe des Verkaufsstatus protokollieren Sie den Verlauf Ihrer Handelsaktivität mit einem bestimmten Kunden: Wann war die letzte Mail, wann hat der Kunde bezahlt, wann wurde die Ware verschickt usw..

Die Felder des Verkaufsstatus sind zunächst noch unausgefüllt. Für die erste Kontaktaufnahme mit dem Käufer klicken Sie auf die Schaltfläche *E-Mail an Käufer* unmittelbar unter dem Fenster.

5. Sie gelangen in ein Fenster, das Ihnen die Möglichkeit gibt, automatisierte E-Mails an den Käufer zu schicken. Je nachdem, in welchem Stadium der Verkaufsabwicklung Sie sich befinden, wählen Sie oben neben *Vorlage* die passende Mail aus.
6. Zunächst benötigen Sie die Vorlage *Nachricht an den Käufer*. Diese Mail beinhaltet Ihre Bankdaten, die genaue Bezeichnung des Artikels und so weiter.
7. Es ist anzunehmen, dass Ihnen die eBay-Vorlage nicht hundertprozentig zusagt. Wählen Sie daher zunächst den kleinen Link rechts neben der Auswahl *Vorlage bearbeiten*. Damit gelangen Sie in einen Dialog, der Ihnen erlaubt, die Standard-E-Mail Ihren Wünschen anzupassen.

Hinweis

Vergessen Sie nicht, entweder Ihre Bankverbindung anzugeben oder auf gegebenenfalls hinterlegte Kontodaten bei *Überweisung+* zu verweisen.

Des Weiteren entscheiden Sie an dieser Stelle, ob Sie die Option aktivieren möchten, dass Sie immer eine Kopie Ihrer gesendeten Mails erhalten.

Abbildung 9.10: Mit einem Editor können Sie die Standard-E-Mails Ihren Vorstellungen anpassen.

8. Klicken Sie nach dem Anpassen Ihrer Mail auf den Button *Vorlage speichern.*

Hinweis

Sie können beliebig viele automatisierte Felder in Ihre E-Mail integrieren, beispielsweise Mitgliedsnamen, gekauften Artikel, Anschrift und vieles mehr. Machen Sie von diesem Angebot Gebrauch – so können Sie Ihre Mails personalisieren.

Um ein automatisiertes Feld einzufügen, klicken Sie im Editor rechts neben *AutoText* auf den Pfeil und wählen an der entsprechenden Stelle jeweils das gewünschte Feld aus.

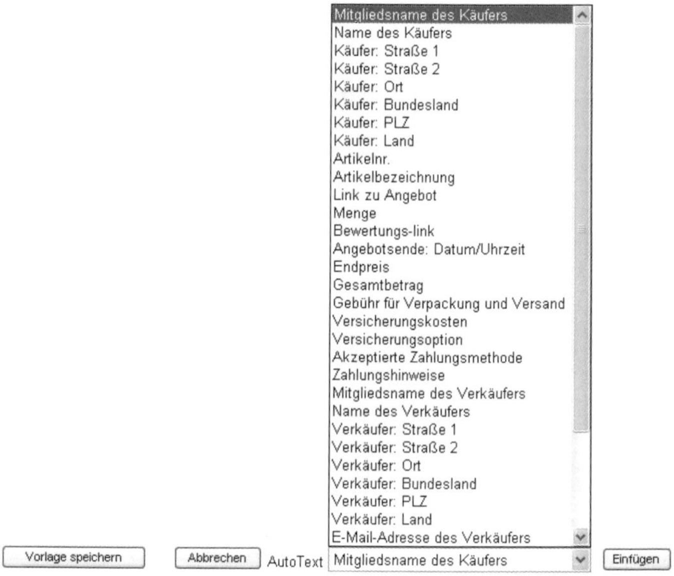

Abbildung 9.11: Mit automatisierten Einträgen personalisieren Sie Ihre Standard-E-Mails.

9. Klicken Sie auf *E-Mail senden,* erhält Ihr Handelspartner die Mail mit den entsprechenden Zahlungsanweisungen.

Hinweis

Sie können selbstverständlich alle Standardmails entsprechend editieren. Eine Liste aller verfügbaren Mails sehen Sie, wenn Sie hinter *Vorlage* auf den Pfeil klicken.

10. Haben Sie die E-Mail verschickt, kehren Sie automatisch wieder auf die Seite *Verkaufsstatus* zurück. Wählen Sie im Dropdown-Menü neben *Bezahlt per* die vereinbarte Zahlungsart. Unmittelbar darüber sehen Sie, wann und wie oft Sie bereits eine System-E-Mail an den Käufer geschickt haben.

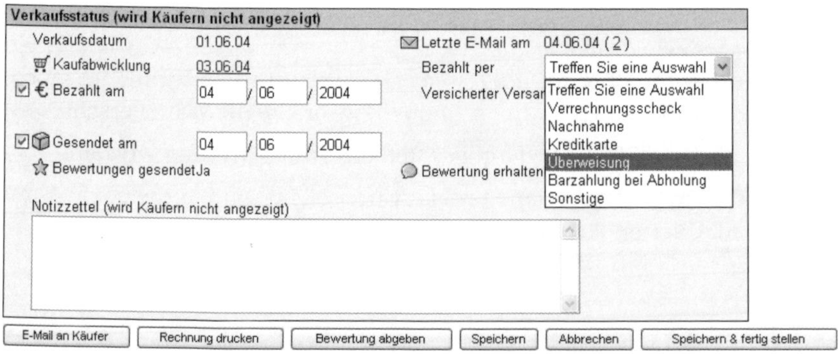

Abbildung 9.12: Der Verkaufsstatus wird sofort Ihren Aktionen angepasst.

11. Klicken Sie abschließend auf die Schaltfläche *Speichern & fertig stellen*, gelangen Sie zurück zur Gesamtübersicht. Sie sehen neben der gerade erledigten Transaktion nun eine 1 (für eine bislang gesendete E-Mail) und dahinter einen blauen Warenkorb, der deutlich macht, dass der erste Schritt, nämlich die Kaufabwicklung, von Ihrer Seite abgeschlossen ist.

Ein Klick auf die Zahl der gesendeten E-Mails – in diesem Fall auf die 1 – öffnet ein Fenster, das Ihnen genau anzeigt, wann welche Mail von Ihnen geschickt wurde.

Abbildung 9.13: Der blaue Warenkorb zeigt, dass die Kaufabwicklung abgeschlossen ist, die 1 symbolisiert eine gesendete E-Mail an den Käufer.

Bezahlung erfolgt

Hat Ihr Kunde die Ware bezahlt, sollten Sie das sofort in dem entsprechenden Verkaufsstatus notieren.

1. Gehen Sie hierfür wiederum in *Mein eBay* in den *Verkaufsmanager* und dort in die Rubrik *Verkauft*.
2. Markieren Sie mit einem Häkchen die entsprechende Transaktion (es können auch mehrere sein, wenn viele Käufer gleichzeitig bezahlt haben) und wählen Sie, wie in Kapitel 8.1 beschrieben, den Status *bezahlt*.
3. In der Gesamtübersicht sehen Sie ein blau gefärbtes Eurozeichen.

Abbildung 9.14:Das blaue Eurozeichen zeigt, dass der Käufer die Ware bezahlt hat.

4. Klicken Sie auf das Eurozeichen, gelangen Sie zum Verkaufsstatus des Kunden. Sie sehen, dass das Feld *bezahlt am* bereits automatisch ausgefüllt wurde. Es liegt nun an Ihnen, ob Sie den Käufer über den Zahlungseingang informieren möchten oder ob Sie erst wieder eine Mail schreiben, wenn Sie die Ware verschicken.

Entscheiden Sie danach, wie Sie selbst am liebsten informiert werden würden.

In der Kurzübersicht im Verkaufsmanager-Hauptfenster sehen Sie die soeben mit dem Status *bezahlt* markierten Artikel in der Rubrik *Bezahlt und versandbereit.*

Verkaufte Artikel	EUR 645,34	**24**
Nicht bezahlt		1
Artikel nicht bezahlt, unzuverlässige Mitglieder verwarnen		0
Bezahlt und versandbereit		5
Bezahlt, Bewertung ausstehend		0
Bezahlt und versandt		0
Nicht bezahlt, Gutschrift der Verkaufsprovision beantragen		0

Abbildung 9.15: Die Kurzübersicht ist ein hilfreiches Tool, um anstehende Aktivitäten jederzeit im Auge zu haben. Hier sehen Sie, welche Artikel zum Versand fertig gemacht werden müssen.

9.1.5 Umgang mit unzuverlässigen Käufern

Haben Sie nach maximal fünf Tagen noch keinen Zahlungseingang verzeichnet und hat sich der Käufer auch nicht bei Ihnen gemeldet, schicken Sie ihm eine Zahlungserinnerung. Das erledigen Sie mit einer Standard-E-Mail im Verkaufsstatus und dort mit der Option *E-Mail an Käufer, Zahlungserinnerung*. Selbstverständlich können Sie auch hier wieder die vorgegebene Mail Ihren Wünschen entsprechend modifizieren. Diese E-Mail ist lediglich eine Erinnerung an die ausstehende Zahlung.

Käufer verwarnen

Bezahlt der Verkäufer nicht innerhalb von sieben Tagen nach Auktionsende, verschiebt der Verkaufsmanager den entsprechenden Datensatz automatisch in die Rubrik *Artikel nicht bezahlt, unzuverlässige Mitglieder verwarnen.*

Verkaufte Artikel	EUR 785,50	**47**
Nicht bezahlt		2
Artikel nicht bezahlt, unzuverlässige Mitglieder verwarnen		1
Bezahlt und versandbereit		0
Bezahlt, Bewertung ausstehend		1
Bezahlt und versandt		45
Nicht bezahlt, Gutschrift der Verkaufsprovision beantragen		0

Abbildung 9.16: Der Verkaufsmanager kümmert sich darum, dass Sie auch unzuverlässige Käufer stets im Blick haben.

Klicken Sie im Hauptfenster des Verkaufsmanagers auf diese Rubrik, sehen Sie den oder die Datensätze der Käufer aufgelistet, die bislang nicht bezahlt haben.

Hinweis

Achtung! eBay listet all jene Käufer als »Nicht-Bezahler«, die in Ihrem Verkaufsstatus nicht als *bezahlt* gekennzeichnet sind. Überprüfen Sie also vor einer Verwarnung, ob nicht Sie selbst vielleicht vergessen haben, dem System mitzuteilen, dass ein Artikel bezahlt ist.

Sie sollten auf keinen Fall einen Käufer »versehentlich« verwarnen. Die offiziellen Verwarnungen werden bei eBay gespeichert und können ab einer gewissen Anzahl zum Ausschluss eines Mitglieds führen.

Um nun einen Käufer nachdrücklich und mit einer offiziellen Verwarnung auf die ausstehende Zahlung hinzuweisen, gehen Sie folgendermaßen vor:

1. Klicken Sie unterhalb des Datensatzes auf den Pfeil neben *Klicken Sie hier, um einen Grund ....* Sie erhalten eine Auswahlliste an Begründungen, warum der Käufer verwarnt werden soll.
2. Wählen Sie *Der Höchstbietende hat keine Zahlung geleistet* und klicken Sie auf die Schaltfläche *Warnung speichern.*
3. In der Gesamtliste sehen Sie ab sofort ein rotes Männchen-Symbol neben der Transaktion.

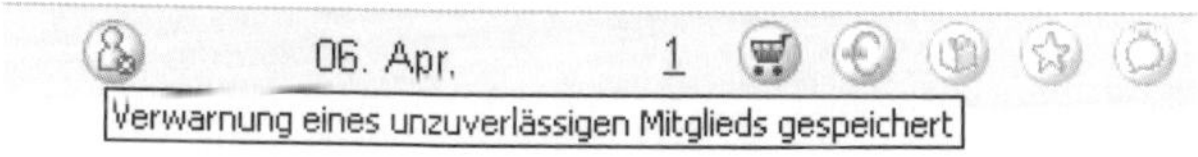

Abbildung 9.17: Das rote Männchen macht es deutlich: Hier ist ein unzuverlässiger Käufer verwarnt worden.

Hinweis

Verwarnen Sie nicht vorschnell! Je nachdem, wann Ihre Auktion geendet hat, können sieben Tage bis zum Geldeingang knapp bemessen sein. Bestätigen Sie die vorgeschlagene Verwarnung im Verkaufsmanager erst, wenn sich der Käufer weder bei Ihnen meldet noch in einem angemessenen Zeitraum überwiesen hat.

Gutschrift der Verkaufsprovision beantragen

Konnten Sie nach weiteren zehn Tagen den Käufer immer noch nicht als *bezahlt* markieren, rutscht die zugehörige Transaktion noch eine Etage tiefer: Sie finden Sie dann in der Rubrik *Nicht bezahlt, Gutschrift der Verkaufsprovision beantragen.*

Hier finden Sie nun – ähnlich wie bei den Verkäuferverwarnungen – eine Dropdown-Liste, aus der Sie wiederum einen Grund auswählen, warum Ihnen die Gutschrift erteilt werden soll. Immer noch wird der primäre Grund sein: *Der Höchstbietende hat keine Zahlung geleistet.*

Hinweis

Die Gutschrift beinhaltet immer nur die Verkaufsprovision, nicht die Gebühren für das Einstellen des Artikels. Auf diesen Kosten bleiben Sie sitzen, wenn ein Käufer nicht bezahlt.

In der Liste enthält diese Transaktion ein grünes Häkchen, die Verkaufsprovision wird auf Ihrer nächsten Rechnung gutgeschrieben.

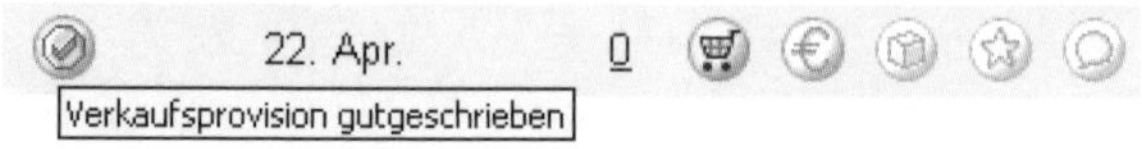

Abbildung 9.18: Ein grünes Häkchen symbolisiert eine Gutschrift, wenn ein Käufer auch nach mindestens 17 Tagen nicht bezahlt hat.

Es gehört nicht gerade zum guten Ton, einen Käufer gleich zu verwarnen oder gar eine Gutschrift zu beantragen, wenn Ihr Handelspartner Sie darauf hingewiesen hat, dass die Zahlung erst zu einem bestimmten Zeitpunkt erfolgen kann. Unabhängig davon, ob Ihnen das gefällt oder nicht, sollten Sie doch bis zum vereinbarten Termin warten, ehe Sie eine Verwarnung bestätigen.

Achten Sie bei Ihren Zahlungseingängen immer darauf, ob der Kauf beispielsweise unmittelbar vor Feiertagen stattfand. Dann kann sich der Geldeingang durchaus ein paar Tage verzögern.

Grundsätzlich gilt hier wie so oft bei eBay: Versuchen Sie mit dem Handelspartner in Kontakt zu treten, ehe Sie zu drastischen – wenn auch legitimen – Mitteln greifen.

9.1.6 Nicht verkaufte Artikel

Ist eine Auktion beendet und der Artikel wurde nicht verkauft, kann das verschiedene Gründe haben, denen Sie auf den Grund gehen sollten.

Vergleichen Sie erneut ähnliche Angebote mit dem Ihren. Ist der Einstiegspreis zu hoch? Sind die Bilder unglücklich gewählt? Gibt es möglicherweise zu viele vergleichbare Angebote von hochwertigeren Produkten?

Haben Sie einen Artikel mit einem Festpreis angeboten, versuchen Sie es bei einem erneuten Verkauf als Auktion. In der Regel sind Festpreisangebote etwas schwieriger zu verkaufen als Auktionsware. Es sei denn, Sie können wirklich einen unschlagbaren Preis für ein bestimmtes Produkt anbieten.

Haben Sie die Ursachen gefunden, stellen Sie den Artikel neu ein. Im Verkaufsmanager finden Sie dazu hinter der entsprechenden Transaktion in der Rubrik *Nicht verkauft* den Link *Wiedereinstellen*.

Abbildung 9.19: In der Rubrik Nicht verkauft finden Sie Produkte, die keinen Käufer gefunden haben.

Beim erneuten Einstellen desselben Artikels haben Sie die Möglichkeit, Bilder, Preise, Laufzeiten etc. zu verändern, müssen dies aber nicht tun. Sie können auch den Artikel in derselben Form erneut zum Verkauf anbieten.

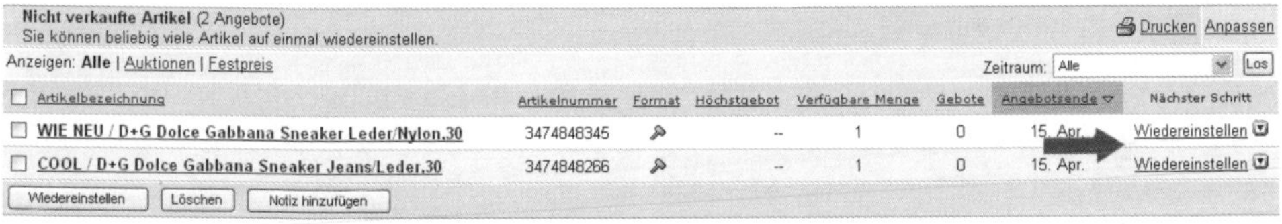

Abbildung 9.20: Mit der Schaltfläche Wiedereinstellen können Sie einen Artikel schnell und bequem erneut zum Verkauf anbieten.

Hinweis

Können Sie den Artikel im zweiten Anlauf verkaufen, fällt keine Einstellgebühr bei eBay an, sondern lediglich die Verkaufsprovision. Sollten Sie jedoch auch beim zweiten Mal keinen Käufer finden, geht die Einstellgebühr, wie auch beim ersten Versuch, zu Ihren Lasten.

9.1.7 Angebot vorzeitig beenden

Manchmal ist es nötig, ein Angebot vorzeitig zu beenden, beispielsweise weil der Artikel beschädigt wurde. Dieses vorzeitige Beenden ist nur in begründeten Ausnahmefällen zulässig, nicht etwa, weil ein Artikel nicht den gewünschten Profit verspricht.

Gründe, um eine einmal angebotene Ware vom Verkauf zurückzuziehen, können beispielsweise sein

- Beim Einstellen des Artikels haben Sie sich bezüglich seiner Beschaffenheit geirrt.
- Die maßgebliche Beschaffenheit des Artikels hat sich in der Zwischenzeit verändert.
- Sie können den Artikel nicht mehr verkaufen, da er in der Zwischenzeit zerstört wurde.

Sollte einer dieser Gründe zutreffen, folgen Sie dem entsprechenden Link unten links auf der Seite Ihrer aktiven Angebote.

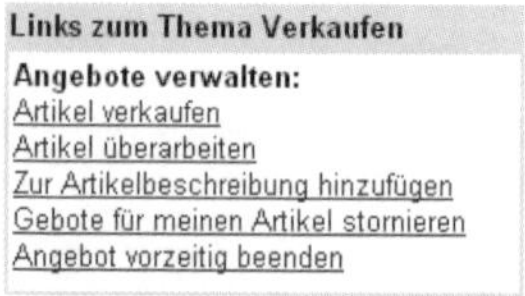

Abbildung 9.21: Links unten auf der Seite Ihrer aktiven Angebote finden Sie den Link, um einen Artikel aus dem laufenden Verkauf zu entfernen.

Sollten bereits Gebote abgegeben worden sein, wird der aktuell Höchstbietende über das beendete Angebot informiert und erfährt auch den von Ihnen angegebenen Grund.

Hinweis

Die von Ihnen vorzeitig beendeten Angebote werden in der Rubrik *Nicht verkauft* aufgeführt.

9.2 Versand der Ware

Hat Ihr Kunde die Ware bezahlt, sollten Sie ihn nicht zu lange darauf warten lassen. Überlegen Sie sich vor dem Verkauf, ob Sie die Artikel gleich nach Zahlungseingang verschicken oder ob Sie feste Versandtage bevorzugen. In beiden Fällen sollten Sie das in Ihrem Angebot vermerken. Ein Kunde ist weniger ungeduldig, wenn er schon im Vorfeld weiß, dass Sie nur Montags und Freitags Ware verschicken.

9.2.1 Verpackungsmaterial

Wählen Sie das Verpackungsmaterial entsprechend der Ware. Wer teure Produkte verkauft, sollte diese nicht in schon mehrfach benutzen und zerschlissenen Kartons verschicken, sondern sich neue Kartons im Bürohandel besorgen.

Abbildung 9.22: Gutes Verpackungsmaterial ist insbesondere bei hochpreisigen Artikeln ein Muss.

Hinweis

Immer häufiger finden sich in Auktionen der Hinweis, dass neben den Portokosten auch eine Verpackungspauschale beim Kauf fällig wird. Das ist zwar legitim, aber nicht unbedingt nett. Insbesondere bei teuren Artikeln sieht es sehr nach Abzocke aus, den Kunden auch noch für einen vernünftigen Karton bezahlen zu lassen.

Möchten Sie dennoch eine Verpackungspauschale ansetzen, sollten Sie wenigstens auf mehrfach benutzte Kartons verzichten!

Insbesondere bei Verkäufen von Kleinteilen oder niedrigpreisigen Artikeln spricht aber nichts dagegen, Verpackungsmaterial wiederzuverwenden. Fangen Sie deshalb zeitig mit dem Sammeln an! Bekommen Sie Lieferungen, betrachten Sie die Außenhüllen auf ihre Wiederverwertbarkeit. Es versteht sich allerdings von selbst, dass sämtliche Etiketten und Reste des innenliegenden Verpackungsmaterials entfernt werden, ehe die Schachteln zu einem neuem Einsatz kommen.

Denken Sie immer daran: Der Verkauf ist für Sie erfolgreich, wenn das Geld eingetroffen ist – für Ihren Kunden dagegen erst, wenn er die Ware in Händen hält und sich auch darüber freut und nicht schon bei der Verpackung einen negativen Eindruck bekommt.

Haben Sie eine geeignete Verpackung gefunden, sorgen Sie dafür, dass der Inhalt nicht beschädigt werden kann. Bei Kleidern oder Ähnlichem ist das nicht schwer, versenden Sie aber zerbrechliche oder empfindliche Ware, dann sollten Sie sich einen Vorrat von Styroporflocken oder Ähnlichem anlegen, um Ihr Handelsgut so gut wie möglich zu schützen.

Kleben Sie die Schachteln ordentlich zu! Ein Streifen Klebeband mehr macht Sie nicht wirklich ärmer, das Paket aber möglicherweise sicherer.

Abbildung 9.23: Gut verpackte Ware sollte eine Selbstverständlichkeit sein.

Hinweis

Sparen Sie nicht beim Klebeband! Wer viel verschickt, freut sich zwar über das Packband vom Discounter zum Niedrigpreis, kann sich aber in der Apotheke auch gleich Oropax besorgen ... Billige Klebebänder sind beim Abrollen wahnsinnig laut! Spätestens beim zweiten Päckchen, das Sie nach 20 Uhr fertig machen wollen, haben Sie Glück, wenn sich kein Nachbar beschwert, von Mitbewohnern ganz zu schweigen. Achten Sie also beim Kauf auf den Zusatz »leise«.

9.2.2 Versand

Machen Sie sich am besten schon im Vorfeld Gedanken darüber, wie Sie die Ware später verschicken wollen. Nur dann können Sie auch die Versandkosten in Ihrem Angebot korrekt benennen.

Wichtig ist, dass Sie als gewerblicher Verkäufer unbedingt eine versicherte Versandart wählen sollten. Lassen Sie sich auf keine Diskussionen mit Interessenten ein, die die teurere Versandart umgehen wollen. Sie haften – und nur bei einem versicherten Versand haben Sie einen Beleg zur Nachverfolgung einer Sendung. Dabei spielt es keine Rolle, ob Sie sich für den Versand mit der Gelben Post entscheiden oder einen privaten Dienstleister bevorzugen.

Beim Versand im Inland und bei kleineren Gegenständen unter 2 kg ist das Verschicken mit einem privaten Unternehmen günstiger. DPD bietet beispielsweise den Versand bis 2 kg schon für unter 4,50 Euro an (Stand zum Zeitpunkt der Drucklegung), Pakete bis 4 kg schlagen mit knapp 5,50 zu Buche. Im Vergleich dazu: Die Post bietet keine versicherte Versandvariante bis 2 kg an, die Kosten für Pakete bis 4 kg belaufen sich auf 6,90.

Ein zusätzliches »Zuckerl« ist auch, dass Firmen wie DPD die Sendungen ab einem bestimmten monatlichen Volumen (derzeit 30 Pakete im Monat) bei Ihnen abholen und Sie sich so den Weg zur Post oder zu einer Annahmestelle sparen.

Der Versand ins Ausland hingegen ist mit der Post am bequemsten und in der Regel am günstigsten. Die Formalitäten halten sich – verglichen mit privaten Firmen – in Grenzen und solange Sie nicht häufig ins Ausland versenden, lohnen sich teure Verträge mit internationalen Paketdiensten kaum.

eBay-Versandservice

Insbesondere für große, sperrige Güter ist der eBay-Versandservice ideal. Er ermittelt den für Sie günstigsten Anbieter für komplizierte Transporte – selbst wenn Sie ein Auto verschicken möchten. Sie finden einen entsprechenden Link ganz unten in der linken Menüleiste auf der Seite *Verkaufte Artikel*.

1. Klicken Sie auf *Nutzen Sie den eBay-Versandservice*.

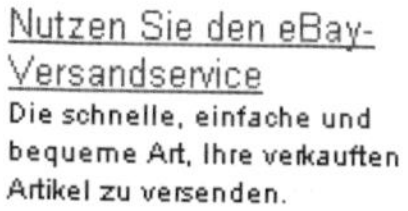

Abbildung 9.24: Der eBay-Versandservice findet den günstigsten Versender.

2. Im folgenden eBay Versandcenter wählen Sie links im Menü den Preiskalkulator.

Abbildung 9.25: Das Versandcenter führt Sie zum Preiskalkulator, einem Modul, das den günstigsten Versender ermittelt.

3. Geben Sie die geforderten Daten im folgenden Fenster ein, beispielsweise ob es sich um ein Paket oder eine Europalette handelt und welche Größe Ihr Handelsgut hat. Bestätigen Sie mit *Preis berechnen* Ihre Angaben.

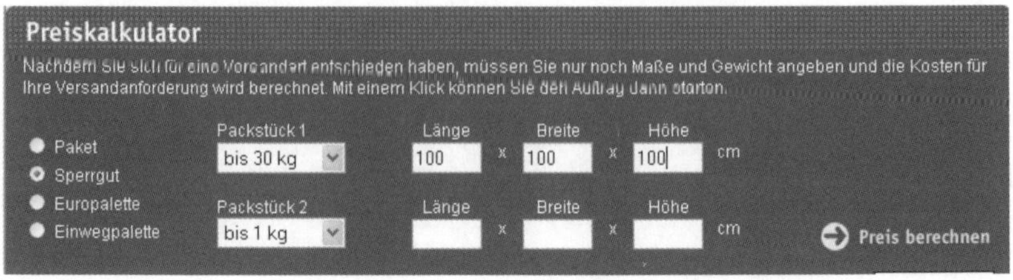

Abbildung 9.26: Je präziser die Eingaben im Preiskalkulator, desto genauer die Ermittlung des besten Versand-Dienstleisters.

4. Im Ergebnisfenster sind der oder die in Frage kommenden Dienstleister mit Preisangaben aufgelistet.

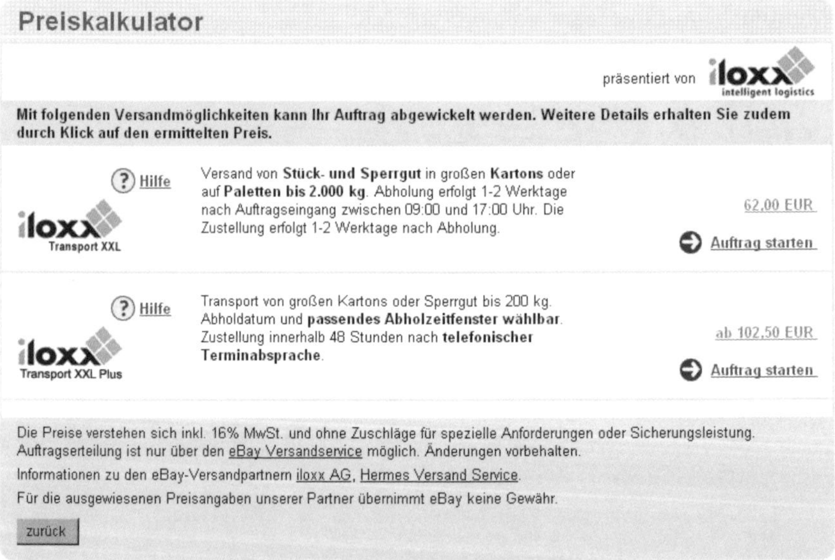

Abbildung 9.27: Schnell und einfach ermitteln Sie den idealen Dienstleister für Ihre Anforderungen.

9.2.3 Protokollieren des Versands

Haben Sie das Paket versendet, sollten Sie den Versand unbedingt im Verkaufsmanager vermerken.

Klicken Sie dazu auf das Häkchen vor dem entsprechenden Datensatz und wählen Sie als Status *Bezahlt und versandt*.

Als Ergebnis sehen Sie in Ihrer Übersichtsliste nun auch das Paket in blau statt wie bislang in grau.

Abbildung 9.28: Das blaue Päckchen zeigt es an: Die Sendung ist verschickt.

Es bleibt Ihnen überlassen, dem Käufer mitzuteilen, wann Sie das Paket verschicken. Empfehlenswert ist es auf jeden Fall und zeugt nicht zuletzt von einem guten Service. Für die Mitteilung steht Ihnen wieder eine standardisierte Mail zur Verfügung.

Hinweis

Sie können den Status auch aktualisieren, indem Sie auf das graue Päckchen klicken. Sie gelangen in den Dialog *Verkaufsstatus*, in dem Sie einfach das Versanddatum aktualisieren. Schließen Sie das Fenster mit *Speichern & fertig stellen*, werden die Symbole und der Status ebenfalls aktualisiert.

9.3 Bewertung abgeben

Zu jeder Transaktion finden Sie bei den Symbolen einen – noch grauen – Stern. Das bedeutet, dass Sie bislang keine Bewertung für Ihren Käufer abgegeben haben. Erledigen Sie das, indem Sie zunächst auf den Stern klicken.

1. Sie gelangen in den Verkaufsstatus des Käufers.
2. Klicken Sie auf die Schaltfläche *Bewertung abgeben*, gelangen Sie in den Bewertungsdialog des Verkaufsmanagers. Hier haben Sie die Möglichkeit, entweder eine der vorgefertigten Bewertungen abzugeben, diese Ihren Wünschen anzupassen oder – wie üblich – eine eigene Beurteilung zu verfassen.

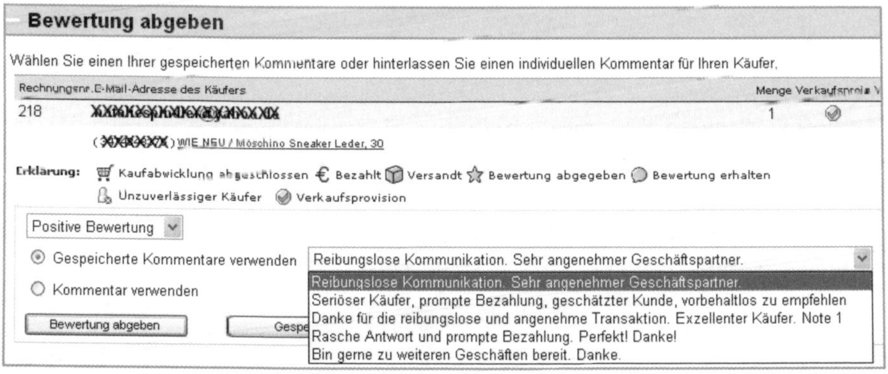

Abbildung 9.29: Im Bewertungsdialog des Verkaufsmanagers geben Sie schnell und einfach Ihr Feedback ab.

3. Editieren Sie eine vorgegebene Bewertung, indem Sie auf die Schaltfläche *Gespeicherte Kommentare bearbeiten* klicken. Im folgenden Fenster können Sie Feedbacks ändern und Ihre eigenen Bemerkungen als Vorlagen hinzufügen.

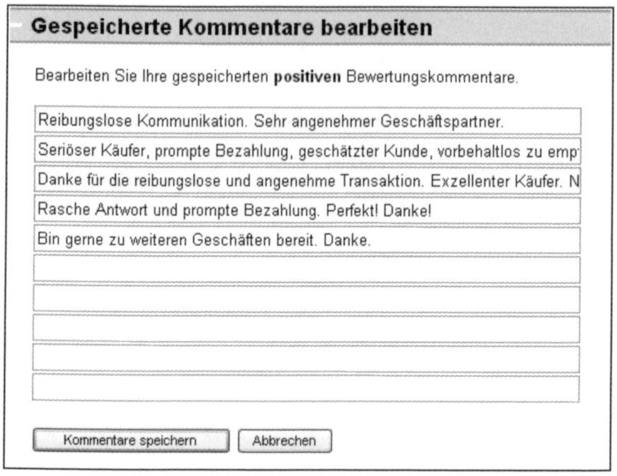

Abbildung 9.30: Mit dem integrierten Editor können Sie selbst Bewertungsvorlagen erstellen.

4. Haben Sie Ihre Bewertung hinterlassen, wird auch der Stern in der Statusanzeige der Transaktion blau gefärbt.

Abbildung 9.31: Der blaue Stern verdeutlicht, dass Sie bereits eine Bewertung für Ihren Handelspartner abgegeben haben.

Zu guter Letzt möchten natürlich auch Sie bewertet werden. Sollte also rund eine Woche nach Versand des Artikels noch keine Bewertung für Sie hinterlassen worden sein, können Sie im Verkaufsmanager eine standardisiertes E-Mail an den Käufer senden, um ihn an die Bewertung zu erinnern.

Hinweis

Bewertungen sind immer freiwillig. Sie haben keinen Anspruch darauf, dass ein Handelspartner eine Bewertung für Sie hinterlässt.

Hat Sie Ihr Handelspartner bewertet, sind alle Symbole der Statusübersicht blau geworden. Sie wissen nun: Transaktion abgeschlossen.

Abbildung 9.32: Transaktion beendet: Das machen die blau gefärbten Symbole deutlich.

9.4 Daten archivieren

Mit der Zeit wird die Liste Ihrer verkauften Artikel immer länger und immer unübersichtlicher. Um dem vorzubeugen, haben Sie im Verkaufsmanager die Option, die Daten zu archivieren.

1. Versehen Sie alle abgeschlossenen Transaktionen in der Übersicht mit einem Häkchen und klicken Sie auf die Schaltfläche *Archivieren.*
2. Schließen Sie das folgende Fenster mit *Archivierung bestätigen.*

Sie finden nun alle archivierten Angebote in der Rubrik *Archiviert.* Dort verbleiben sie für vier Monate und können jederzeit abgerufen werden.

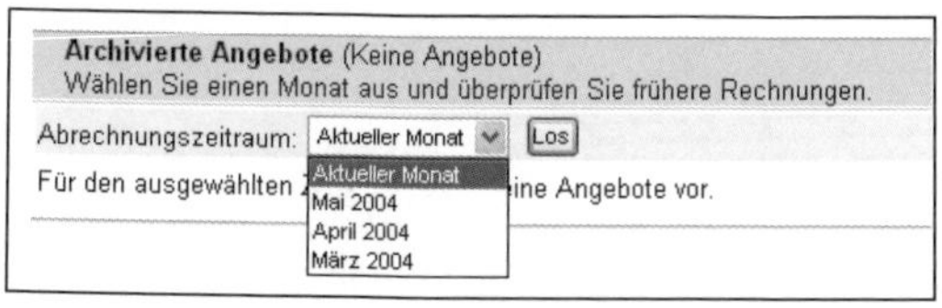

Abbildung 9.33:Im Archivierungsmenü haben Sie vier Monate lang Zugriff auf Ihre abgeschlossenen Transaktionen.

Hinweis

Möchten Sie Ihre Angebote länger als vier Monate archivieren, stellt Ihnen eBay die Funktion *Verkaufsprotokoll* zur Verfügung. Sie finden das Tool links im unteren Drittel der Hauptseite von *Mein eBay.*

Klicken Sie auf den Link und folgen Sie den Anweisungen, so werden alle von Ihnen archivierten Daten als CSV-Datei exportiert. Diese Datei lässt sich problemlos in ein Tabellenkalkulationsprogramm, beispielsweise Excel, importieren.

9.5 Verkaufsmanager Pro

Wünschen Sie noch mehr Komfort beziehungsweise müssen Sie viele Angebote verwalten, dann sollten Sie sich die Pro-Variante des Verkaufsmanagers genauer anschauen. Dort stehen Ihnen noch ein paar mehr Funktionen als beim normalen Tool zur Verfügung. Insbesondere was Bestandsverwaltung und Automatisierung angeht, bietet die Pro-Variante vielfältigere Möglichkeiten zum bequemen Abwickeln und Protokollieren Ihrer Transaktionen.

9.5.1 Postenverwaltung

Um eine größere Lieferung gleicher Artikel einfach zu verwalten, gehen Sie folgendermaßen vor:

1. Klicken Sie im Hauptmenü des Verkaufsmanager Pro auf *Neuen Posten erstellen.*

2. Geben Sie im folgenden Fenster alle relevanten Daten ein, insbesondere bei welcher noch vorhandenen Mindestmenge Sie benachrichtigt werden möchten.
3. Beenden Sie das Fenster mit *Speichern und Angebot erstellen*.

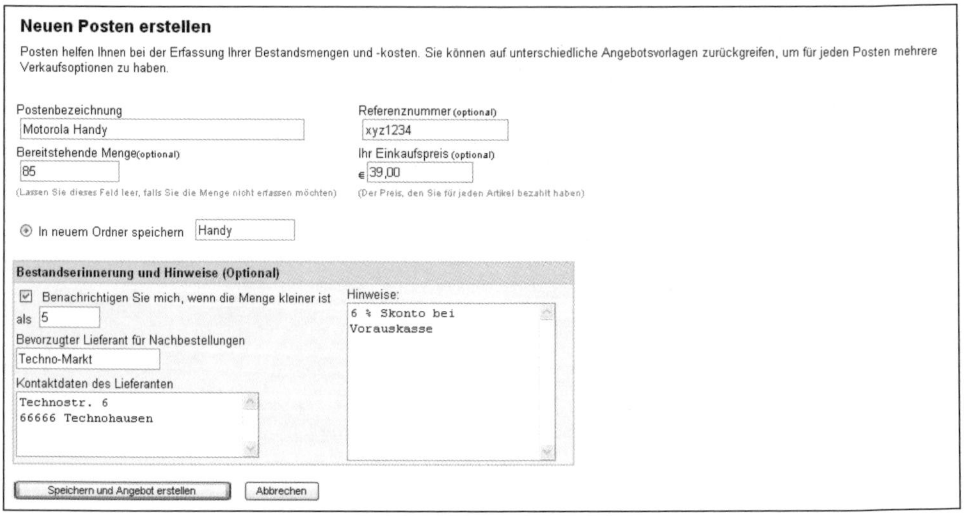

Abbildung 9.34: Praktisch: Im Verkaufsmanager Pro können Sie größere Posten bequem verwalten.

4. Legen Sie im folgenden Fenster fest, mit welcher Angebotsart Sie den entsprechenden Artikel anbieten möchten.

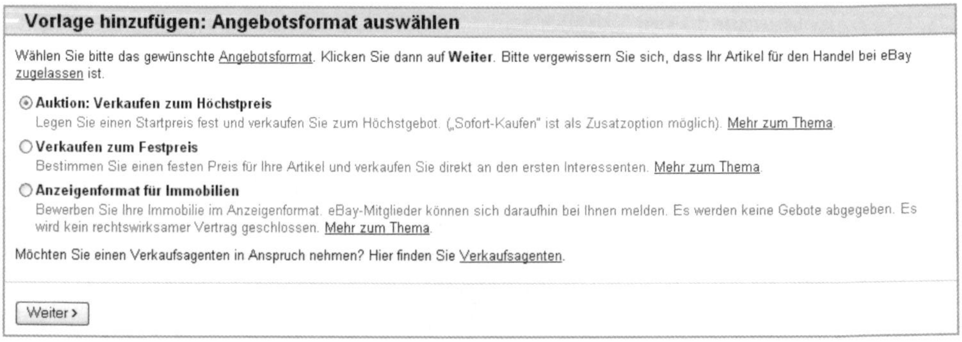

Abbildung 9.35: Entscheiden Sie, wie Sie den aktuellen Posten verkaufen möchten.

5. Mit *Weiter* gelangen Sie in die gewohnte Artikeleinstell-Routine, wo Sie für den entsprechenden Posten eine Angebotsvorlage erstellen, die zum Tragen kommt, sobald Sie einen Artikel aus diesem Bestand zum Verkauf anbieten.

Hinweis

Über das Fenster *Schnellstart*, das sich auf der Hauptseite des Verkaufsmanager Pro befindet, können Sie schnell und einfach neue Auktionen zu bestehenden Posten erstellen und Ihre Ware verwalten.

6. Um einen Artikel anzubieten, wählen Sie im Schnellstart-Fenster den Link *Verkaufen mithilfe der gespeicherten Angebotsvorlage...*

9.5.2 Automatisierte E-Mails

Eine weitere, sehr praktische Funktion zum Verwalten vieler Verkäufe ist die Option, E-Mails, beispielsweise für Zahlungsbenachrichtigungen etc., automatisch versenden zu lassen, sobald beispielsweise eine Transaktion als *bezahlt* markiert ist.

1. Gehen Sie im linken Menü von *Mein eBay* in die Rubrik *Meine Mitgliedschaft, eBay-Einstellungen.*
2. Im folgenden Fenster scrollen Sie ganz nach unten zum Abschnitt *Einstellungen für Verkaufsmanager Pro.*
3. Dort sind alle Automatisierungsfunktionen standardmäßig ausgeschaltet. Möchten Sie, dass beispielsweise eine Mail zur Bestätigung des Zahlungseingangs automatisch versendet wird, sobald Sie der Transaktion den entsprechenden Status zuweisen, klicken Sie hinter der entsprechenden Option auf *Ändern.*

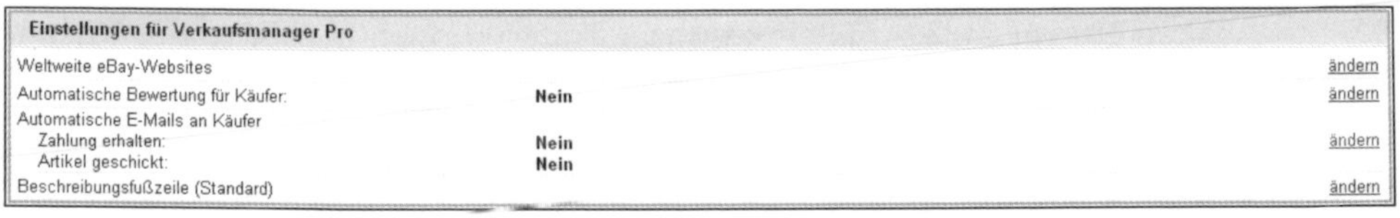

Einstellungen für Verkaufsmanager Pro		
Weltweite eBay-Websites		ändern
Automatische Bewertung für Käufer:	Nein	ändern
Automatische E-Mails an Käufer		
Zahlung erhalten:	Nein	ändern
Artikel geschickt:	Nein	
Beschreibungsfußzeile (Standard)		ändern

Abbildung 9.36: Die Einstellungen des Verkaufsmanager Pro erlauben das automatische Senden von E-Mails.

4. Im nächsten Fenster können Sie sowohl für den Zahlungseingang als auch für den Versand die Automatisierungsfunktion aktivieren.

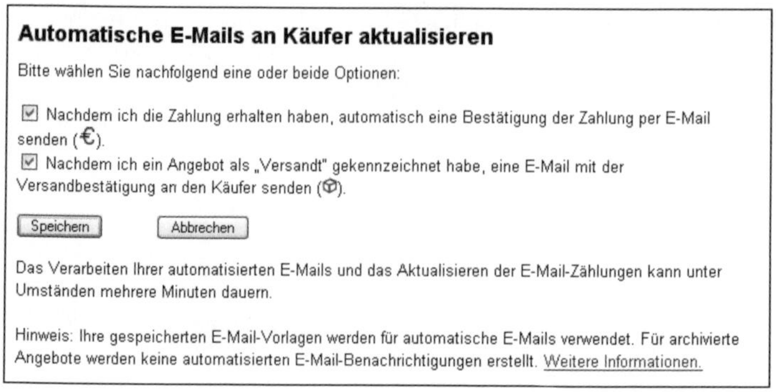

Abbildung 9.37: Mit zwei Mausklicks erledigt eBay künftig selbstständig die Benachrichtigung Ihrer Kunden.

Auf die gleiche Weise können Sie eine automatische Bewertung veranlassen oder Ihren Angeboten eine standardisierte Fußzeile hinzufügen.

9.5.3 Berichtswesen

Der Verkaufsmanager Pro bietet Ihnen zahlreiche Funktionen, um schnell und problemlos ein Berichtswesen zu generieren beziehungsweise eine Gewinn- und Verlustrechnung zu erstellen.

1. Wählen Sie im Schnellstart-Fenster den Link *Verkaufsprotokoll des aktuellen Monats anzeigen.*
2. Wählen Sie in der folgenden Dropdown-Liste den entsprechenden Monat und bestätigen Sie mit *Los.*
3. Sie erhalten eine genaue Aufstellung Ihrer Transaktionen inklusive der Kosten und Erlöse.
4. Klicken Sie rechts auf der Menüleiste des Verkaufsprotokolls auf *Detailansicht,* erhalten Sie die Kosten genau aufgeschlüsselt nach eBay-Gebühren, Einkaufspreisen und Versandkosten. Gegenüber stehen in Rechnung gestellte Versandkosten und der Verkaufspreis.

Hinweis

Achtung: Wenn Sie buchhaltungsrelevante Statistiken mit dem Verkaufsprotokoll erstellen möchten, achten Sie darauf, dass Sie bei allen Artikeln den Einkaufspreis angeben! Vergessen Sie das, sind die Kosten und Gewinne völlig unrealistisch dargestellt.

9.6 Professionelle Powerseller Tools

Neben dem Verkaufsmanager haben sich mittlerweile zahlreiche Werkzeuge etabliert, die das eBay-Management für Verkäufer geradezu revolutionieren und automatisieren, wo es geht. Mit Tools wie AuctionWeb oder Afterbuy lassen sich auch große Stückzahlen von vielen hundert Sendungen am Tag alleine handeln.

Wenn Sie wissen wollen, welche Tools Powerseller verwenden, schauen Sie sich unter *www.nortica.com/UserArea* mal die erfolgreichsten Powerseller an und suchen Sie deren Angebote. Dort sehen Sie dann gleich, welches Werkzeug verwendet wurde.

Online eBay Powerseller-Software finden Sie unter

- www.auctionweb.de
- www.afterbuy.de
- www.speedsell.de
- www.lsx.de
- www.metasale.net

9.7 Komplettes Fullfillment

Ein ganz anderer Trend ist die Weiterentwicklung zum Product-Broker. Dieser handelt nur noch virtuell mit den Waren. Versand, Lagerung und Fakturierung übernehmen andere. DHL, das klassische Logistik-Unternehmen der Deutsche Post World Net bietet wie zahlreiche andere Anbieter der Branche die komplette Abwicklung von der Anlieferung über die Auftragsabwicklung bis hin zu Verpackung, Versand und Retourenmanagement – vorausgesetzt, das Volumen stimmt. 10000 Sendungen pro Jahr, also bei einer typischen 7-Tage-Woche im eBay-Gewerbe durchschnittlich 28 Auktionen am Tag, sollen es schon sein. Einschließlich aller Leistungen kommt man kaum teurer weg, als das typische Porto bei einem der konventionellen Paketdienste kostet. Und zudem fallen keine Personal-, Verpackungs- und vor allem Lagerkosten an. eBay Fullfillment-Unternehmen finden Sie unter anderem unter

- www.df-ds.de
- www.ilopack.de
- www.servicelogiq.de
- www.enlog.de

10

Der eBay Shop

Sind Sie mit eBay vertraut und haben Sie das Ihren Anforderungen angemessene Aftersales-Tool eingerichtet, können Sie einen Schritt weitergehen: zum eBay Shop, in dem Sie ausschließlich Festpreis-Angebote einstellen können. Konkret heißt das, Shop-Artikel werden nicht versteigert, sondern mit feststehenden Verkaufspreisen angeboten.

Um die wichtigste Information gleich vorauszuschicken: Ein eBay Shop für sich allein bringt so gut wie nichts. Was die Sache interessant macht, ist die Kombination aus attraktiven Auktionen und Shop. So könnten Sie Ihr bestehendes Warenangebot um Zusatzartikel erweitern – bieten Sie beispielsweise Digitalkameras als Auktionsware an, ist es praktisch und vielversprechend, die zugehörigen Speicherkarten, Kamerataschen etc. in einem Shop zu verkaufen. Das spart Einstellgebühren und Zeit und ist gleichzeitig äußerst effektiv, weil Käufer in der Regel eine solche Karte brauchen. Und weil sie auch die bei Ihnen erhalten, sparen sie sich die doppelten Versandkosten, weshalb durchaus mal ein paar Euro mehr als Verkaufspreis in Kauf genommen werden.

Sehen Sie sich also einmal Ihr Warensortiment an. Bestimmt gibt es einige Add-ons, die sich bequem zusätzlich verkaufen lassen. Bei Herrenhemden könnten es Krawatten und Manschettenknöpfe sein, bei Kinderkleidung passende Schuhe, verkaufen Sie Handys, sind unter anderem Freisprecheinrichtungen und Autoladegeräte ein sinnvolles Add-on – die Liste ließe sich beliebig fortführen.

Abbildung 10.1: Die ideale Plattform für Zusatzartikel: die eBay Shops

Sie können Ihren eBay Shop aber auch als eine Art »Einstiegs-Medium« verwenden, um herauszufinden, ob sich bestimmte Artikel überhaupt gewinnbringend an den Mann und die Frau bringen lassen. Starten Sie gleich mit einem Profi-Shop-Produkt – was das genau ist, erfahren Sie etwas später in diesem Kapitel –, kostet das schnell etliche Tausend Euro, zudem obliegt die technische Wartung etc. Ihnen. Das kostet dann nicht nur Zeit, sondern erfordert darüber hinaus auch Know-how. Haben Sie das nicht, fallen auch hierfür wieder Kosten an.

Beim eBay Shop haben Sie – wie bei einem »normalen« Shop auch – eine eigene Webadresse, profitieren aber von Anfang an von den Millionen eBay-Besuchern jeden Tag. Und für das effektive Marketing stellt Ihnen eBay auch gleich die passenden Tools zur Verfügung, dazu später mehr.

Haben Sie das geeignete Produkt gefunden, kann es losgehen mit dem eigenen virtuellen Ladengeschäft.

10.1 Was ist ein eBay Shop?

Die eBay Shops bieten eine zusätzliche Plattform, um Produkte zu verkaufen, unterscheiden sich aber in einigen wesentlichen Merkmalen von »normalen« Festpreisangeboten. So werden beispielsweise Käufer zu Ihrer persönlichen Internetadresse weitergleitet. Dennoch bleiben Sie und auch die Käufer den eBay-Grundsätzen und -Richtlinien verpflichtet. Das heißt, beide Seiten verfügen über die gleichen Tools und Sicherheiten wie auch beim klassischen eBay-Handel.

Darüber hinaus haben Sie die Möglichkeit, Artikel für eine sehr viel geringere Einstellgebühr bei einer Laufzeit von 30 Tagen einzustellen (mehr dazu in Kapitel 10.1.2).

Der integrierte und in der Monatspauschale enthaltene Cross-Promotion-Manager bietet Ihnen auch die Option, Ihre Shop-Angebote ganz bequem in Ihren Artikelbeschreibungen bei Auktionen, bei Ihren Gebotsbestätigungen und bei den Kaufbestätigungen zu bewerben.

Es steht Ihnen frei, ein eigenes Logo in Ihren Shop einzubinden. Alternativ können Sie eines aus der Galerie von eBay auswählen. Die Gestaltung Ihres Shops können Sie mithilfe von HTML-Code ganz an Ihre Wünsche und Vorstellungen anpassen. Des Weiteren gelten Ihre eigenen Allgemeinen Geschäftsbedingungen. Es versteht sich jedoch von selbst, dass sie im Einklang mit den eBay-Grundsätzen stehen müssen (siehe Kapitel 4).

Ohne irgendwelchen Aufwand Ihrerseits sorgt eBay mit der Eröffnung Ihres Shops für die erste Werbung: Ab sofort sind Ihre sämtlichen Angebote mit einem Verweis auf Ihren Shop versehen, zudem taucht neben Ihrem Mitgliedsnamen das Shop-Logo auf.

Abbildung 10.2: Das Shop-Logo hinter dem Mitgliedsnamen verweist auf Zusatzangebote des Verkäufers.

Hinweis

Ihre laufenden Auktionen werden auch in Ihrem Shop angezeigt, nicht aber Ihre Shop-Artikel bei den laufenden Auktionen unter der Rubrik *Andere Artikel des Verkäufers*.

10.1.1 Voraussetzungen

Um einen eBay Shop eröffnen zu können, müssen Sie über ein Bewertungsprofil von mindestens zehn positiven Feedbacks als Verkäufer verfügen oder geprüftes Mitglied sein.

Sehr viel schärfere Voraussetzungen gelten, wenn Sie einen Premium-Shop eröffnen wollen – mehr dazu im folgenden Abschnitt.

10.1.2 Shop-Arten und -Kosten

Es gibt drei Arten von eBay Shops: Basis-, Top- und Premium-Shops. Die beiden erstgenannten können Sie online eröffnen (und auch jederzeit von einem Basis- auf einen Top-Shop umsteigen und umgekehrt), für den Premium-Shop müssen Sie sich vorab mit eBay in Verbindung setzen.

Die drei Varianten unterscheiden sich insbesondere durch die Platzierung bei den Suchergebnissen und die Vielfältigkeit der verschiedenen im Preis inbegriffenen Marketinginstrumente.

Info

Basis- und Top-Shop sind die ersten 30 Tage kostenlos, danach fallen die entsprechenden Gebühren an. Für den Premium-Shop gibt es keine kostenlose Testphase.

Basis-Shop

Die Grundversion der eBay Shops kostet monatlich knapp 10 Euro. Dafür erhalten Sie sämtliche Funktionen der Verkaufsplattform (siehe auch Kapitel 8.1) sowie eine hervorgehobene Platzierung bei den Shop-Suchergebnissen. Allerdings bedeutet die »hervorgehobene Platzierung« nicht sehr viel ... Da alle Shop-Inhaber mindestens über eine Basis-Variante verfügen, gibt es massenhaft »hervorgehobene« Shops.

Hinweis

Sie können die Reihenfolge, an welcher Stelle Sie innerhalb einer Rubrik gelistet werden, dennoch beeinflussen: Je mehr Artikel Sie in der gleichen Rubrik eingestellt haben, desto weiter vorne werden Sie platziert. Das heißt, Sie können beispielsweise identische Artikel in separaten Angeboten anbieten und so Ihre Produktanzahl erhöhen. Dadurch ergeben sich zwar auch höhere Einstellgebühren, diese relativieren sich allerdings durch den höheren Abverkauf in der Regel sehr schnell.

Der Basis-Shop ist ideal für Einsteiger, die eine günstige Plattform für den Onlinehandel suchen.

Top-Shop

Die nächste Stufe wäre ein so genannter Top-Shop, der jeden Monat mit zirka 50 Euro zu Buche schlägt. Selbstverständlich sind alle Funktionalitäten des Basis-Shops enthalten, aber es gibt noch einige Features mehr. So erhalten Sie beispielsweise eine vorrangige Platzierung auf den Seiten der Shop-Suchergebnisse. Das heißt, Ihre Produkte werden oben am Beginn der Ergebnisliste dargestellt.

Ebenso ist Ihnen eine bessere Platzierung bei Seiten mit übergeordneten Kategorien sicher, die sich mit Ihrer Ware decken.

Der Top-Shop ist eine gute Lösung für kleine und mittelständische Betriebe, die ihre Produkte auch im Internet präsentieren möchten, um so ihre Umsätze zu steigern und neue Märkte zu erschließen.

Premium-Shop

Der Premium-Shop ist mit zirka 500 Euro pro Monat eine echte Investition. Dafür hat er aber auch einiges zu bieten. Mit einem Premium-Shop nutzen Sie alle Vorteile der Basis- und Top-Shops, erhalten darüber hinaus aber eine Platzierung Ihres Shop-Logos auf den eBay-eigenen Übersichtsseiten sowie auf den Kategorieseiten. Letzteres natürlich nur bei den Rubriken, für die Sie auch Ware anbieten.

Zusätzlich gibt es jeden Monat 200.000 garantierte Einblendungen Ihres Shops auf der eBay-Startseite.

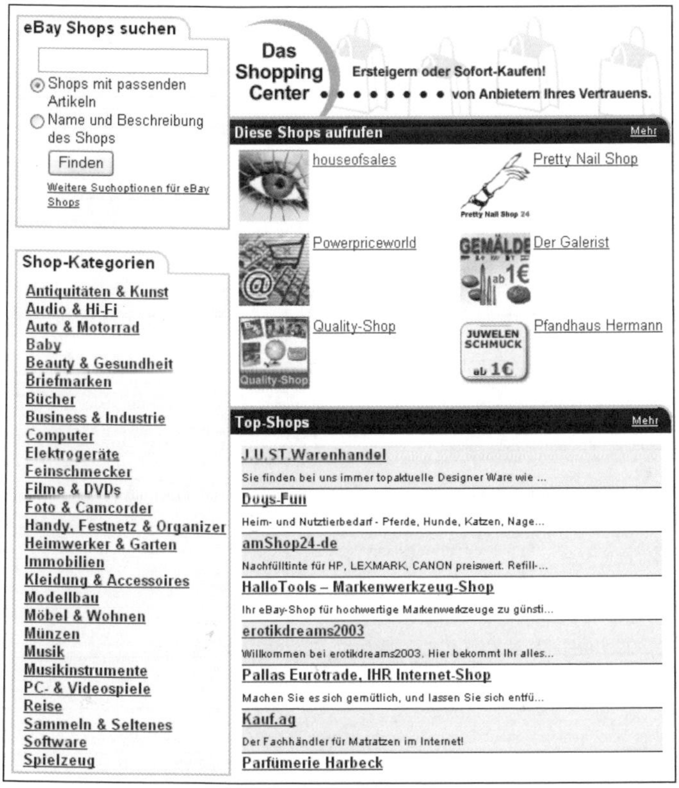

Abbildung 10.3: In der Shop-Übersicht wird es deutlich: Mit Logo die Premium-Varianten, darunter die Top-Shops und links daneben, noch hinter den Kategorien verborgen, die Standard-Shops.

Anders als bei den anderen beiden Varianten müssen Sie zur Eröffnung eines Premium-Shops sehr viel strengere Voraussetzungen erfüllen. Sie müssen 98% positive Bewertungen haben, die sich aus mindestens 500 Bewertungspunkten ergeben. Darüber hinaus müssen Sie in den letzten drei Monaten mindestens 50 Artikel pro Monat verkauft sowie permanent mindestens 50 aktuelle Angebote haben.

Erfüllen Sie diese Bedingungen, können Sie sich unter *premiumshops@ebay.de* um einen Premium-Shop bewerben.

Die Premium-Shops bieten sich für Verkäufer an, die über ein umfangreiches Warenangebot verfügen und ihre Umsätze bei eBay maximieren möchten.

Abbildung 10.4: Auch innerhalb der Rubriken stehen die Premium- und Top-Shops an prominenter Stelle.

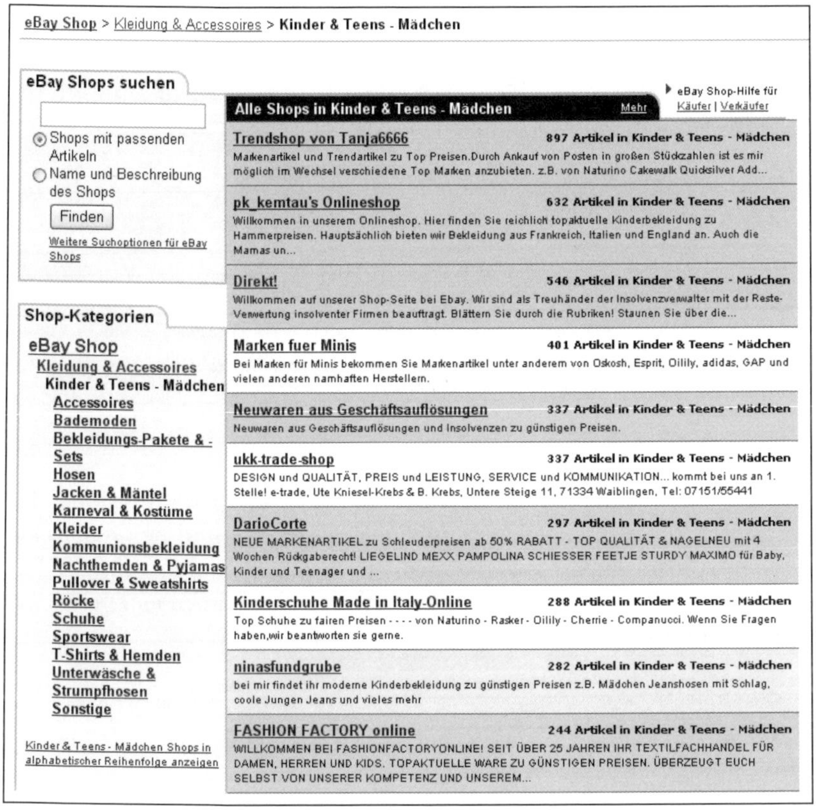

Abbildung 10.5: Innerhalb der untersten Kategorie sind die Shops nach Anzahl der eingestellten Artikel (in der entsprechenden Rubrik) geordnet.

10.1.3 Einstellgebühren und Laufzeit der Artikel

Stellen Sie eine normale Auktion oder ein Festpreisangebot online, so beträgt die maximale Laufzeit zehn Tage. Bei Shop-Artikeln können Sie das Angebot so lange aufrechterhalten, wie Sie wollen, beziehungsweise so lange, bis das letzte Stück eines Produkts verkauft ist. Die Preise staffeln sich für Angebote, die maximal 30 Tage, 90 Tage oder bis auf Widerruf laufen. Bei Letzteren werden alle 30 Tage die entsprechenden Einstellgebühren fällig.

Hinweis

Haben Sie einen Artikel mit einer befristeten Laufzeit (30 oder 90 Tage) eingestellt, können Sie ihn nicht innerhalb des Angebotszeitraums auf »bis auf Widerruf« ändern. Diese Option haben Sie nur bei Artikeln, die Sie neu zum Verkauf anbieten oder nach Ablauf der Laufzeit wieder einstellen.

Einstellgebühren

Die jeweiligen Angebotsgebühren gelten je Angebot, egal ob Sie ein Stück oder 1000 Stück desselben Artikels einstellen. Als Berechnungsgrundlage dient lediglich die Laufzeit, die das Angebot in Ihrem Shop stehen soll.

Angebotsdauer	Angebotsgebühr
30 Tage	EUR 0,05
90 Tage	EUR 0,15
Gültig bis auf Widerruf	EUR 0,05/ 30 Tage

Abbildung 10.6: Die Einstellgebühren für Shop-Artikel richten sich ausschließlich nach der Dauer des Angebots.

Verkaufsprovision

Wie beim normalen eBay-Handel fallen auch hier bei einem Verkauf Provisionen für eBay an. Diese richten sich nach der Höhe des Verkaufspreises und beinhalten zudem mindestens 0,10 Euro, die pauschal die niedrigen Einstellgebühren ausgleichen sollen. Wird ein Artikel nicht verkauft und aus dem Shop genommen, entstehen außer den Einstellgebühren keine weiteren Kosten.

Verkaufspreis	Verkaufsprovision
EUR 1,00 – EUR 50,00	EUR 0,10 plus 5 % des Verkaufspreises
EUR 50,01 – EUR 500,00	EUR 2,60 plus 4 % des restlichen Verkaufspreises über EUR 50,01
Über EUR 500,01	EUR 20,60 plus 2 % des restlichen Verkaufspreises über EUR 500,01

Abbildung 10.7: Die Verkaufsprovisionen im Überblick

Zusatzoptionen

Wie beim regulären eBay-Handel stehen Ihnen auch für die Shop-Artikel verschiedene Hervorhebungen zur Verfügung, mit denen Sie Ihre Angebote besonders prominent darstellen können. Die Preise sind auch hier deutlich niedriger als beispielsweise bei Auktionen.

	30 Tage	90 Tage	Gültig bis auf Widerruf* (Verlängerung des Angebots alle 30 Tage)
Zusatzoptionen			
Galerie	EUR 0,01	EUR 0,03	EUR 0,01
Untertitel	EUR 0,01	EUR 0,03	EUR 0,01
Angebotsvorlagen	EUR 0,05	EUR 0,15	EUR 0,05
Fett	kostenlos	kostenlos	kostenlos
Highlight	kostenlos	kostenlos	kostenlos
Top-Angebot in Kategorie und Suche	EUR 5,95	EUR 15,95	EUR 5,95
eBay-Bilderservice			
Zusätzliche Bilder (Das erste Bild ist kostenlos)	EUR 0,15	EUR 0,45	EUR 0,15
XXL-Fotos	EUR 1,50	EUR 2,25	EUR 1,50
Dia-Show	EUR 1,50	EUR 2,25	EUR 1,50
Bilderpaket	EUR 1,25	EUR 3,75	EUR 1,25

*Für Angebote mit der Option "Gültig bis auf Widerruf" werden die entsprechenden Gebühren alle 30 Tage berechnet, so lange, bis Sie Ihr Angebot beenden.

Abbildung 10.8: Die Zusatzoptionen für Angebote sind ebenfalls deutlich niedriger als bei Auktionen.

10.1.4 Suchfunktion

Die Artikel, die in Ihrem Shop gelistet sind, werden nicht über die normale eBay-Suche gefunden. Sucht also ein Käufer nach einem bestimmten Produkt, muss er explizit auch in der Shop-Suche recherchieren, wenn er dort die passenden Artikel finden möchte.

Abbildung 10.9: Die eBay Shops verfügen über eine eigene Suchmaschine.

Als Ergebnis wird wiederum eine Liste angezeigt, die nach der Anzahl der passend eingestellten Artikel absteigend sortiert ist.

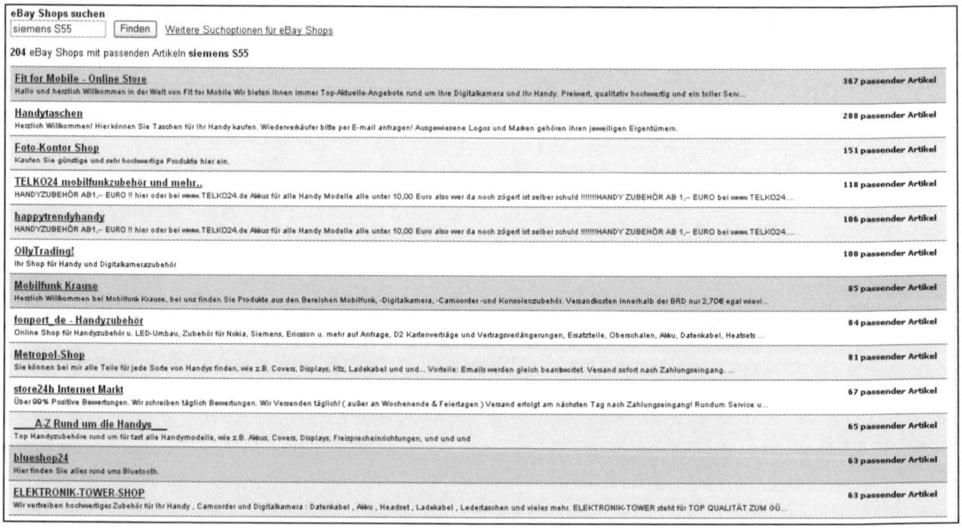

Abbildung 10.10:Die Sortierreihenfolge richtet sich nach der Anzahl der passenden Suchergebnisse.

10.2 Shop eröffnen

Da die einfachen eBay Shops im ersten Monat kostenlos sind, sollten Sie sich gleich der Praxis zuwenden, um erste Erfahrungen mit diesem zusätzlichen Marketinginstrument zu sammeln.

10.2.1 Anmelden

Möchten Sie einen Shop eröffnen, gehen Sie zunächst zur eBay-Startseite.

1. Links unten unter *Spezialseiten* klicken Sie auf *eBay Shops.*

Abbildung 10.11: Der Link führt Sie schnell zu den eBay-eigenen Shops.

2. Auf der folgenden Seite finden Sie rechts oben den Link *Eröffnen Sie jetzt Ihren Shop.*

Abbildung 10.12: Ein Link führt Sie zu Ihrem künftigen Shop.

3. Bestätigen Sie die Allgemeinen Geschäftsbedingungen auf der folgenden Seite mit der Schaltfläche *Ich erkläre mich...*
4. Im folgenden Fenster legen Sie fest, wie sich Ihr Shop präsentieren soll. Sie haben hierfür die Wahl zwischen verschiedenen Farb- und Layoutvarianten. Beachten Sie bitte, dass Sie nur die Vorlagen aus den Rubriken *minimal* und *klassisch* farblich Ihren Vorstellungen anpassen können.

Bestätigen Sie Ihre Wahl mit *Weiter*.

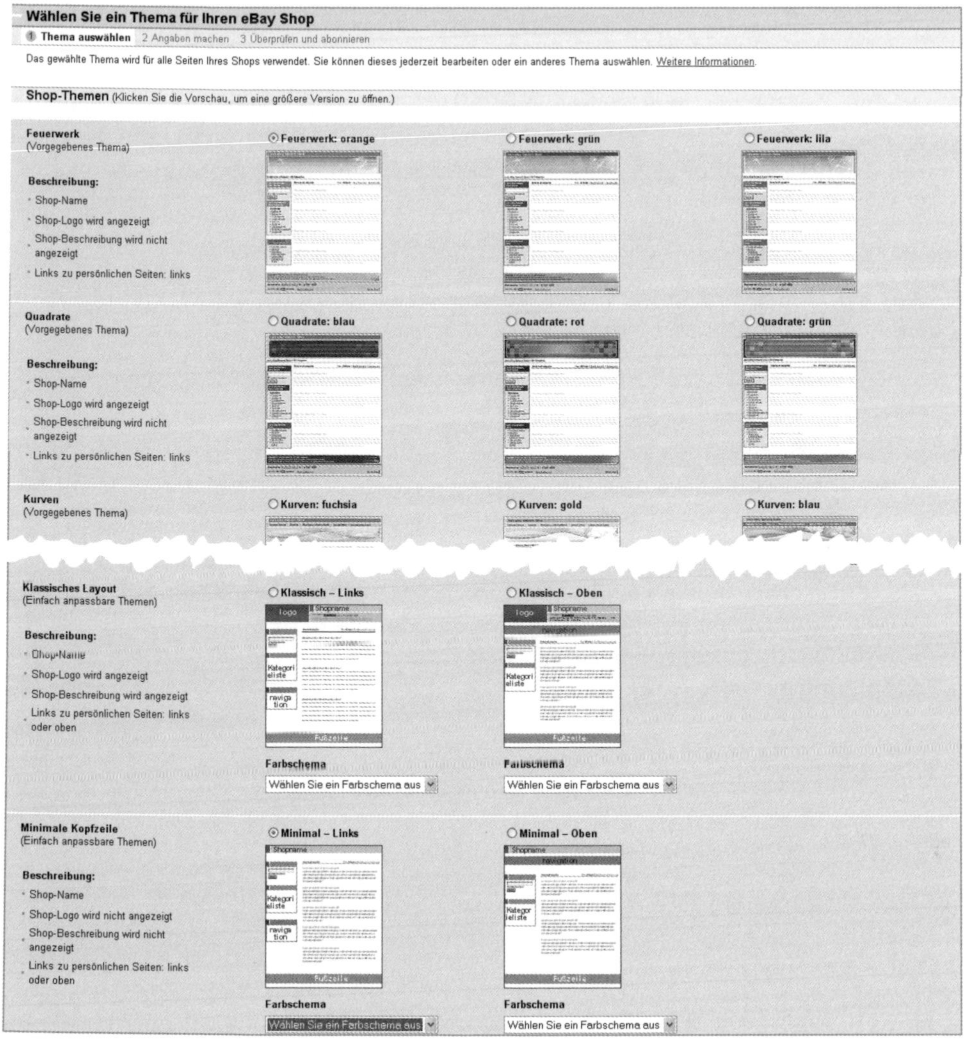

Abbildung 10.13: Zahlreiche Vorlagen tragen dazu bei, Ihrem Shop eine individuelle Note zu geben.

Hinweis

Das Shop-Thema, also die Gestaltung selbst, kann später jederzeit geändert werden.

5. Haben Sie sich bereits einen Namen für Ihren Shop überlegt? Dann geben Sie ihn im nächsten Fenster oben ein.

Achten Sie darauf, dass der Name den eBay-Richtlinien entspricht und folgende Kriterien erfüllt:

Der Shop-Name

- muss mit einem Buchstaben oder einer Zahl beginnen und enden.
- darf am Anfang maximal dreimal den Buchstaben *A* enthalten und darf nicht mit einem *E* in Kombination mit einer Zahl beginnen. Des Weiteren ist es nicht zulässig, die Buchstabenfolgen *www* oder die einer gültigen Webendung zu wählen (z.B. com oder net).
- darf weder <, > noch @ enthalten, ebenso wenig das Wort *eBay*.
- darf kein Markenname sein oder einem solchen in irreführender Weise ähneln, außer der Shop-Besitzer ist Inhaber der Marke.

Es spricht nichts dagegen, Ihren eBay-Namen auch als Shop-Namen zu benutzen.

Hinweis

Wie Sie schon mit dem Namen beitragen können, später in den Suchmaschinen leichter gefunden zu werden, erfahren Sie in Kapitel 10.3.4.

6. Unter dem Namen folgt die Beschreibung der von Ihnen angebotenen Waren. Dieser Text ist später auch für Kunden sichtbar – achten Sie also darauf, hier alles Wesentliche zu nennen, beispielsweise die Marken der von Ihnen angebotenen Produkte. Außerdem wird dieser Text auch den Internet-Suchmaschinen zur Verfügung gestellt.

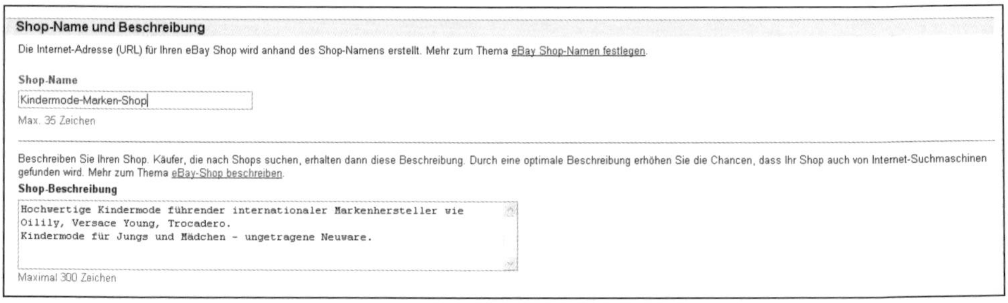

Abbildung 10.14: Name und Beschreibung sind – auch für die Suchmaschinen – das Aushängeschild Ihres Shops

Für die Beschreibung stehen Ihnen maximal 300 Zeichen zur Verfügung. Nutzen Sie diese gut. Verwenden Sie keine unnötigen Füllwörter, keine Mehrzahl und vermeiden Sie auch das Genitiv-s. Überlegen Sie immer, nach welchen Wörtern Sie selbst suchen würden.

7. Entscheiden Sie im nächsten Schritt, ob Sie ein eigenes Logo einbinden möchten oder lieber ein Standardlogo von eBay verwenden. Haben Sie ein eigenes, dann geben Sie in der entsprechenden Zeile die URL – also die Internetadresse – des Bildes an. Dazu muss sich Ihr Logo bereits an anderer Stelle im Internet befinden – etwa auf einer eigenen Homepage oder wie in Kapitel 7.5 beschrieben auf den Seiten eines (kostenlosen) Webspace-Anbieters. Die Internetadresse, etwa *http://www.kids-anddesign.de/images/logod.gif*, geben Sie dann (ohne vorangestelltes http://) in das Eingabefeld ein. Sie können aber auch komplett auf ein Logo verzichten.

Abbildung 10.15: Ein passendes Logo wird auch von eBay zur Verfügung gestellt.

8. Mit *Weiter* gelangen Sie in das nächste Fenster. Legen Sie hier fest, welchen Shop Sie einrichten möchten und bestätigen Sie Ihre Wahl mit *Shop abonnieren*. Herzlichen Glückwunsch! Sie sind ab sofort stolzer Besitzer eines eigenen Shops!

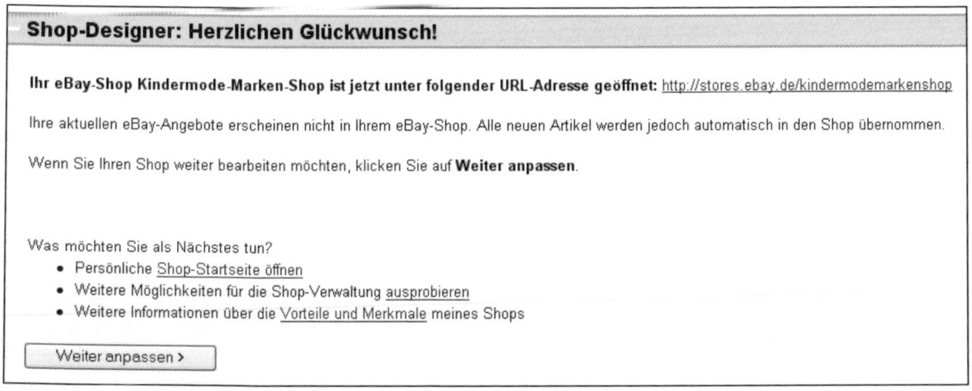

Abbildung 10.16: Geschafft! Der Shop ist eingerichtet und für Sie reserviert!

9. Auf der nächsten Seite sehen Sie die Internetadresse Ihres Shops, der sich aus *http://stores/ebay.de/* und Ihrem Shopnamen zusammensetzt, wobei natürlich sämtliche Leerzeichen und Bindestriche gelöscht wurden. Des Weiteren haben Sie die Möglichkeit, einige weitere Anpassungen vorzunehmen.
10. Ab sofort steht übrigens nach Ihrem Mitgliedsnamen das kleine rote Logo, das Sie als Shop-Besitzer kennzeichnet und mit einem Mausklick direkt zu Ihrem Angebot führt.

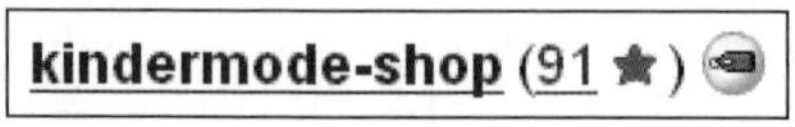

Abbildung 10.17: Das rote Symbol kennzeichnet Sie ab sofort als Shop-Besitzer.

10.2.2 Shop modifizieren

Möchten Sie Ihren Shop weiter anpassen oder anfangs definierte Einstellungen ändern, klicken Sie in *Mein eBay* auf das Shop-Logo hinter Ihrem Mitgliedsnamen. Sie gelangen in Ihre Shop-Übersicht.

Klicken Sie rechts unten auf *Shop-Verwaltung durch Verkäufer* und bestätigen Sie im folgenden Fenster Ihr Passwort. Das nächste Fenster ist quasi Ihre »Schaltzentrale« für alle Einstellungen, die Ihren Shop betreffen.

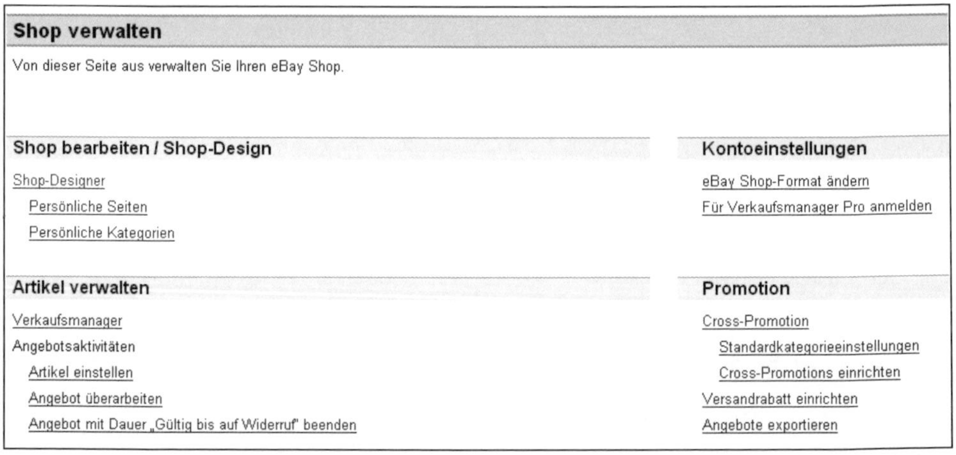

Abbildung 10.18: Auf einen Blick präsentieren sich alle Optionen, mit denen Sie Ihren Shop an Ihre Wünsche anpassen können.

Hinweis

Wenn Sie sich neu bei eBay einloggen, sehen Sie im ersten Fenster die Option *Meinen Shop verwalten*.

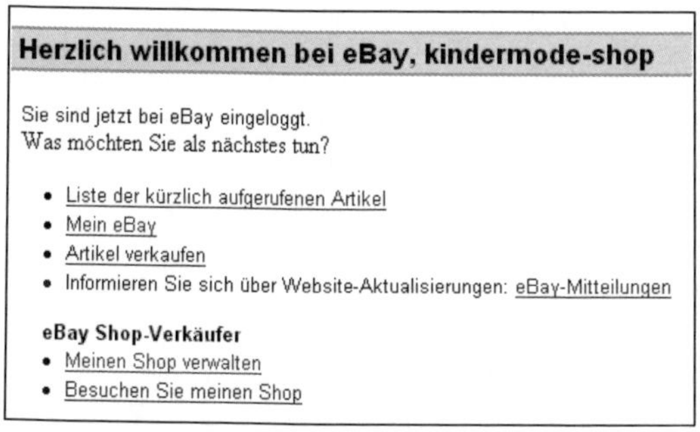

Seiten hinzufügen

In der Rubrik *Shop Designer, Persönliche Seiten* haben Sie die Möglichkeit, beispielsweise Ihre Allgemeinen Geschäftsbedingungen zu definieren oder neue Infoseiten zu Ihrem Shop zu erstellen.

1. Klicken Sie auf *Persönliche Seiten.* Im folgenden Fenster sehen Sie eine Übersicht bislang aktiver respektive inaktiver Seiten. Die Rubriken sind noch leer.

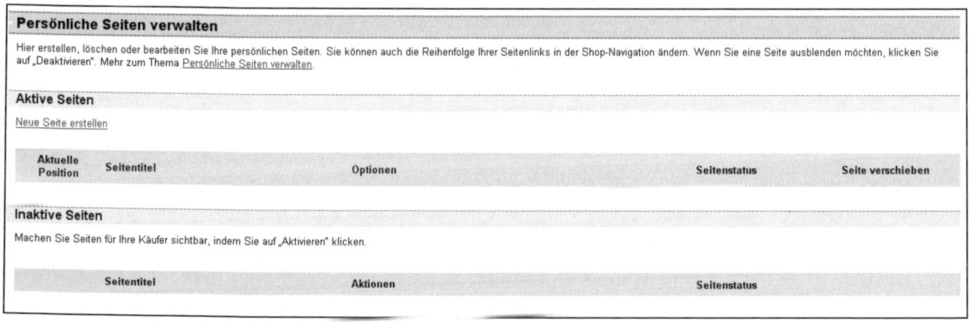

Abbildung 10.19: In dieser Übersicht sehen Sie Ihre aktiven respektive inaktiven Seiten.

Hinweis

Möchten Sie Seiten vorübergehend für Kunden unsichtbar machen oder ganz löschen, erledigen Sie das ebenfalls auf der Seite *Persönliche Seiten*. Entsprechende Schaltflächen erledigen die gewünschte Aufgabe für Sie.

2. Wählen Sie die Schaltfläche *Neue Seite erstellen* und wählen Sie im nächsten Fenster das gewünschte Vorlayout. Für die Erstellung der AGBs ist die erste Vorlage in der zweiten Zeile gut geeignet.

3. Mit *Weiter* gelangen Sie in die Eingabemaske, wo Sie Informationen Ihren Wünschen entsprechend eingeben. Hier können Sie erneut ein Logo oder Bild einfügen, indem Sie die Webadresse des Fotos eintragen. Formatieren Sie Ihren Text mit dem integrierten HTML-Editor. Sind alle Eingaben erfolgt, klicken Sie auf *Weiter*.
4. Auf der folgenden Seite sehen Sie eine Vorschau Ihrer Allgemeinen Geschäftsbedingungen. Sind Sie zufrieden, bestätigen Sie mit *Speichern und veröffentlichen*, andernfalls wählen Sie *zurück*, um weitere Änderungen vorzunehmen.

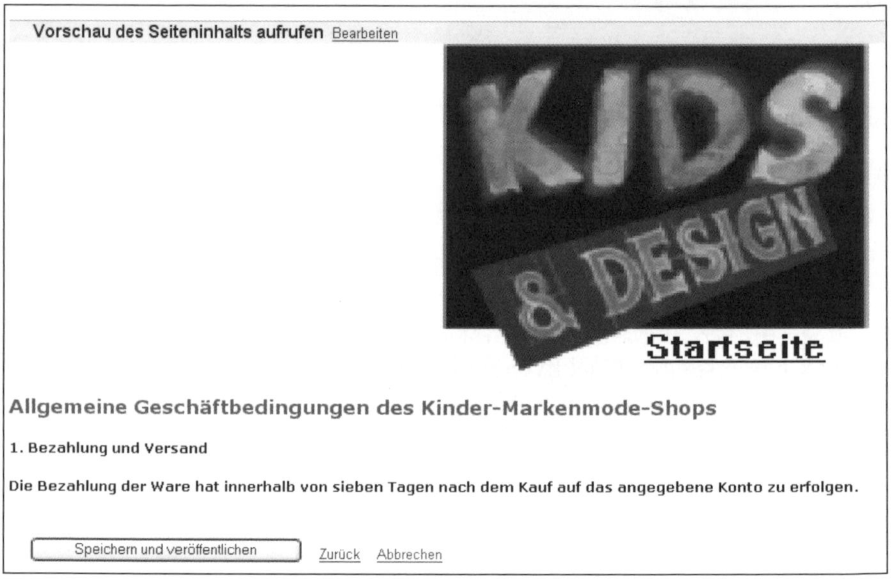

Abbildung 10.20: Eine Vorschau zeigt, wie Ihre persönliche Seite später dargestellt wird.

5. In der Übersicht sehen Sie nun Ihre erste erstellte Seite unter *Aktive Seiten* aufgelistet.

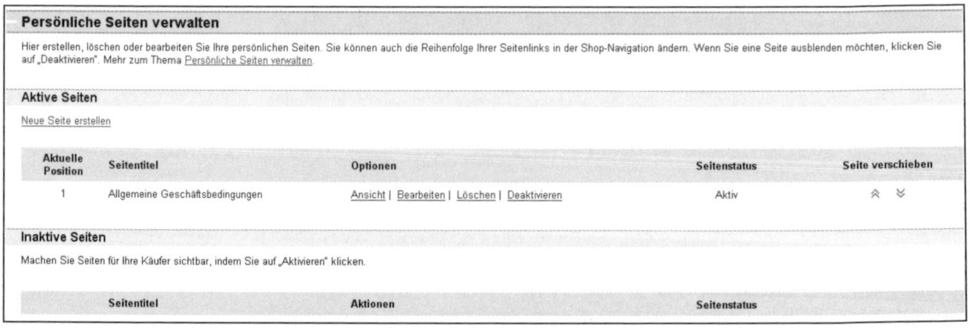

Abbildung 10.21: Ihre erste personalisierte Informationsseite ist online!

6. Die Schaltfläche *Zurück zum Shop-Designer* bringt Sie zur Auswahl zurück, um weitere Modifikationen vorzunehmen.

Ihre Allgemeinen Geschäftsbedingungen sehen Sie ab sofort links in der Shop-Übersichtsseite in der Rubrik *Shop-Seiten*.

Artikeldarstellung

1. Wählen Sie in der Übersicht *Darstellung der eingestellten Artikel, Ändern*.
2. Aktivieren Sie die Galerieansicht, um Ihre Angebote möglichst prominent darzustellen.
3. Im Dropdown-Menü *Sortierreihenfolge* wählen Sie die Option *Bald endende Angebote zuerst*.
4. Bestätigen Sie Ihre Auswahl mit *Einstellungen speichern*.

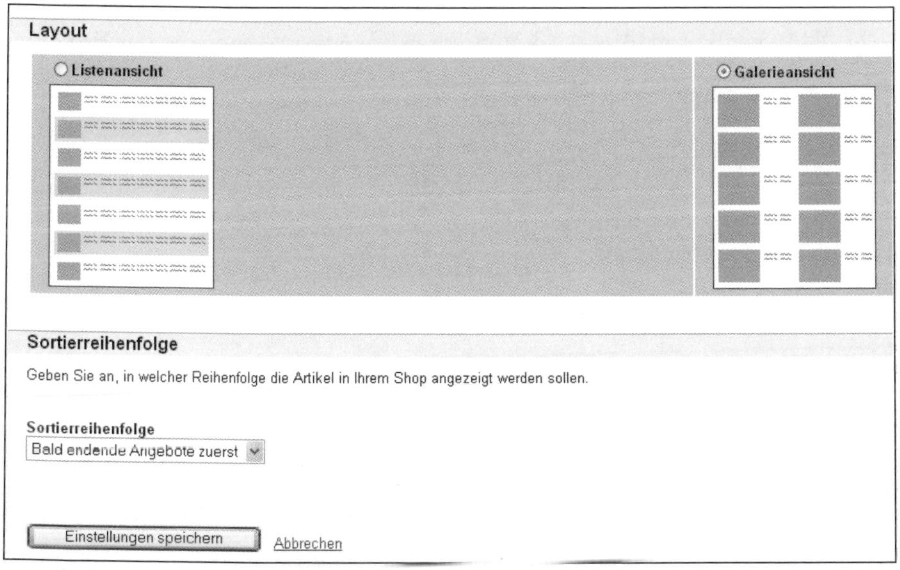

Abbildung 10.22: Mit der Galerieansicht stellen Sie Ihre Angebote prominenter dar.

Kategorien anpassen

1. Wählen Sie nun in der Rubrik *Ihre Kategorien* den Link *Umbenennen*.
2. Geben Sie im nächsten Fenster die Namen ein, die am besten zu den von Ihnen angebotenen Produkten passen. Verkaufen Sie Handys, ist eine Unterteilung nach Marken und Modellen sinnvoll. Veräußern Sie Antiquitäten, bietet sich eine Klassifizierung nach Jahrgängen an. Und Modeartikel sind gut nach Geschlecht, Größen und Marken sortiert.

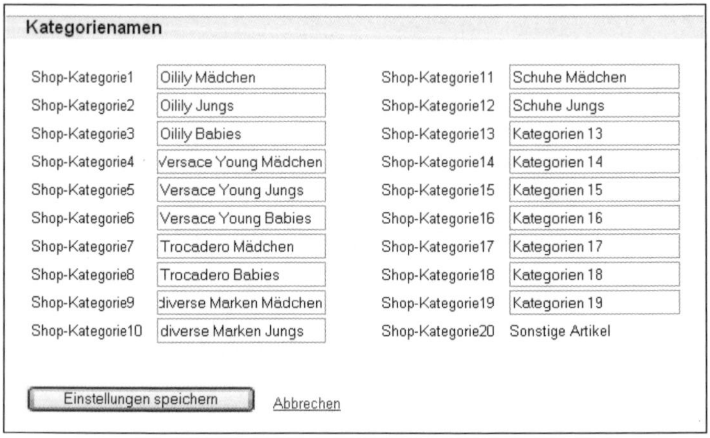

Abbildung 10.23: Kategorien machen es Besuchern leicht, sich in Ihrem Shop schnell zurechtzufinden.

Haben Sie alle Einstellungen Ihren Vorstellungen angepasst, sehen Sie das Ergebnis auf der Shop-Startseite.

Beachten Sie, dass alle Artikel, die beim Einstellen keinen Kategorien zugeordnet wurden, in der Rubrik *Sonstige Artikel* erscheinen.

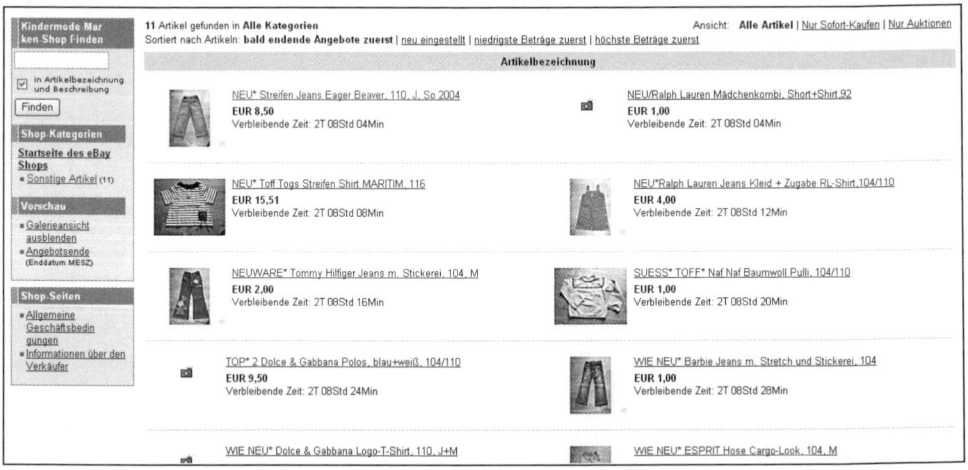

Abbildung 10.24: In der Shop-Übersicht sehen Sie Ihren Shop, wie ihn auch Kunden zu Gesicht bekommen.

10.3 Shop vermarkten

Wenn Ihr Shop eingerichtet ist und Sie vielleicht schon erste Artikel eingestellt haben, kommt ein wichtiges Thema auf Sie zu: das optimale Marketing für den Shop – schließlich sollen so viele Kunden wie möglich auf Ihre Angebote aufmerksam werden. Und das natürlich über die eBay-Grenzen hinweg.

Für ein effektives Marketing stellt Ihnen eBay einige Mittel zur Verfügung, aber Sie können noch mehr dazu beitragen, um Ihren Shop erfolgreich werden zu lassen.

Hinweis

Vergessen Sie bei all den Online-Marketingmöglichkeiten nicht die traditionellen Varianten! So sollten Sie auf jeden Fall auf Ihren Visitenkarten die Shop-Seite aufnehmen und sich eine passende E-Mail-Adresse besorgen, beispielsweise *Kindermode-Markenshop@t-online.de.*

10.3.1 Verlinkungen

Ein wichtiges Tool, um den Bekanntheitsgrad Ihres Shops zu steigern, sind Verlinkungen. Allerdings gibt es strenge Regeln seitens eBay, wie verlinkt werden darf. Haben Sie beispielsweise noch einen separaten Shop mit einer eigenen Domain, ist die Versuchung groß, diesen mit Ihrem eBay Shop zu verlinken und umgekehrt. Es spricht nichts dagegen, von Ihrer Domain zu eBay zu verlinken, der umgekehrte Fall ist dagegen absolut tabu. eBay erlaubt keinerlei Verbindungen zu externen Webseiten, egal ob es sich um einen externen Shop oder um eine Infoseite handelt.

Es bleiben trotzdem eine Menge Möglichkeiten, auf Ihren Shop aufmerksam zu machen!

Sie dürfen beispielsweise von Ihren aktuellen Auktionsangeboten aus mit einem direkten Link zu Ihrem Shop verlinkenverlinken. Dazu müssen Sie lediglich die folgende HTML-Anweisung in Ihre Angebot integrieren:

```
<A href="http://www.stores.ebay.de/NAME DES SHOPS ENTSPRECHEND IHREM SHOP-LINK"
target?_blank?><STRONG><EM>NAME DES SHOPS IN BELIBIEGER SCHREIBWEISE</EM>
</STRONG></A>
```

Das Ergebnis ist ein entsprechender Link in Ihrem Angebot, der neben dem Shop-Symbol beim Mitgliedsnamen noch mal auf Ihre Shop-Angebote hinweist. Dasselbe gilt natürlich auch für einen Link auf Ihrer *Mich*-Seite.

Des Weiteren sind Verlinkungen zu offiziellen eBay-Service-Anbietern gestattet. Das sind Afterbuy, Andale, A.T.U. (Car-Check), AuctionWeb, Auctionworks, Deutsche Post/DHL, Filsinger (Fahrzeuglister), HGS (Hermes Versand Service), Iloxx, Mediabeam (Telefonbieten), PayPal, SpeedSell und SquareTrade.

Auch Verweise zu externen Bildern oder Videos sind zulässig.

Alle anderen Links im Namen, in der Beschreibung, im Logo, in den einzelnen Angeboten, aber auch bei Ihren Allgemeinen Geschäftsbedingungen sind tabu und können zum eBay-Ausschluss führen.

10.3.2 Cross-Promotion

Ein weiteres sehr effektives Tool, das Ihnen eBay zur Vermarktung zur Verfügung stellt, sind die so genannten *Cross-Promotions*. Diese Funktion steht exklusiv Shop-Besitzern zur Verfügung und bedeutet, dass sie innerhalb ihrer Angebote auf andere von ihnen angebotene Artikel verweisen können. In welcher Art und Weise das geschieht, ist per Voreinstellung definiert, kann aber selbstverständlich von Ihnen angepasst werden. Sinnvoll ist beispielsweise ein Hinweis bei Ihrem Angebot für ein Handy, dass Sie auch Autoladegeräte im Sortiment haben. Entsprechend sollte dann die Cross-Promotion eingerichtet sein.

Was ist Cross-Promotion?

Cross-Promotion bezeichnet Hinweise, die am Ende eines Angebots stehen und auf weitere passende Artikel aus dem Sortiment hinweisen. Das geschieht mit Bildern und Artikelüberschriften, ebenso wird der aktuelle Preis respektive der Verkaufspreis angezeigt.

Abbildung 10.25: Cross-Promotion macht Interessenten auf Ihre weiteren Angebote aufmerksam.

Hinweis

Sind Sie als Shop-Besitzer angemeldet, steht Ihnen die Cross-Promotion-Funktion auch bei Ihren normalen Auktionen zur Verfügung.

Die ausgewählten Hinweise werden auch nach dem Kauf angezeigt bzw. unterlegenen Bietern in einer entsprechenden Info-Mail von eBay automatisch übermittelt.

Cross-Promotions einrichten

In *Mein eBay* finden Sie auf der Seite Ihrer aktiven Angebote einen Kasten, der alle Links zum Anlegen und Verwalten Ihrer persönlichen Cross-Promotion-Einstellungen beinhaltet.

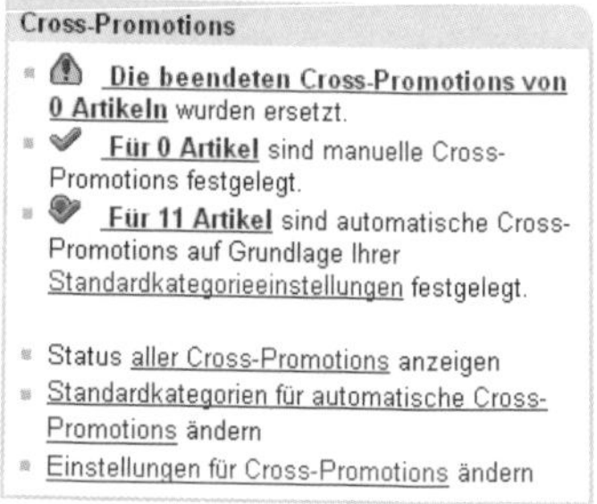

Abbildung 10.26: Die Schaltzentrale, um effektive Cross-Promotions für Ihre Artikel zu definieren

1. Klicken Sie auf *Einstellungen für Cross-Promotions ändern*. Wählen Sie im folgenden Fenster aus, ob Sie überhaupt entsprechende Hinweise wünschen und wenn, welche Ihrer Artikel bevorzugt angezeigt werden sollen, je nachdem, ob es sich um aktive Angebote handelt oder um die Anzeigen nach Beenden der Auktion. Hierbei handelt es sich um die Auswahl nach logistischen Gesichtspunkten, beispielsweise ob Angebote mit kurzer oder langer Laufzeit bevorzugt behandelt werden sollen.

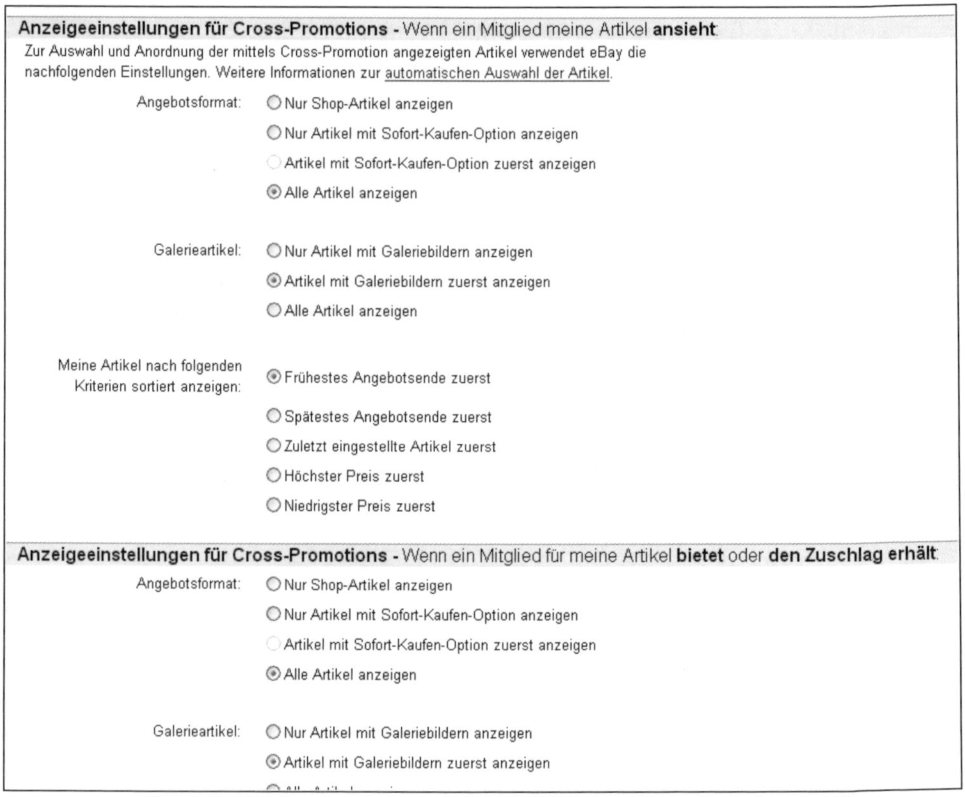

Abbildung 10.27: Definieren Sie, mit welcher Priorität auf Ihre Artikel verwiesen werden soll.

2. Bestätigen Sie Ihre Einstellungen mit *Änderungen speichern* und gehen Sie zurück ins Cross-Promotion-Menü.
3. Wählen Sie den Menüpunkt *Standardkategorien für automatische Cross-Promotions ändern*, um dem System mitzuteilen, welche Kategorien wie miteinander verknüpft werden sollen.
4. Sie sehen im nächsten Fenster detailliert aufgelistet, welche Voreinstellungen eBay vorgenommen hat. Sind diese sinnvoll, ist alles bestens. Wenn nicht, klicken Sie auf den Link *Standardkategorien ändern*, der hinter jeder Zuordnung steht.
5. Um eine Kategorie zu ändern, klicken Sie auf das entsprechende Dropdown-Menü und weisen eine passende Kategorie zu.

Abbildung 10.28: Vorsortiert: eBay hat eine vorläufige Zuordnung Ihrer Kategorien vorgenommen.

Dieses Vorgehen lässt sich für jede Kategorie beliebig wiederholen und bei Bedarf jederzeit ändern.

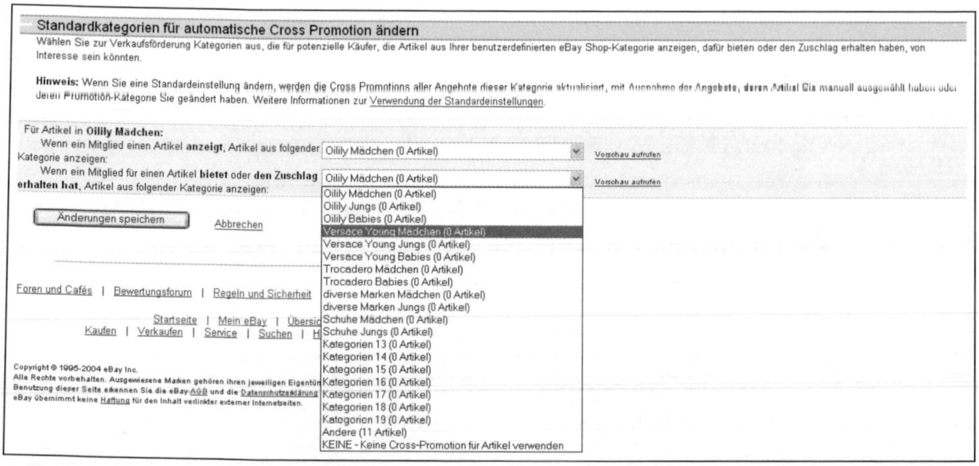

Abbildung 10.29: Die Zuordnung der Cross-Promotions liegt ganz in Ihren Händen.

6. Mit *Änderungen speichern* schließen Sie die Einstellungen für jeweils eines Kategorie ab.

Hinweis Sie haben über das Cross-Promotion-Menü jederzeit die Möglichkeit, für bestimmte Auktionen manuelle Einstellungen vorzunehmen, die dann nur für diesen Einzelfall gelten.

10.3.3 Vermarktung über Dritte

Für viele Shop-Eigner ist es lohnend, eine Partnerschaft mit Dritten einzugehen und so ihre Angebote beispielsweise auf Websites mit Angebotsvergleichen zu integrieren. Um den Datentransfer zu Dritten so einfach wie möglich zu machen, bietet eBay ein Tool, mit dem Sie aus Ihren aktuellen Angeboten eine XML-Datei erstellen, die dann von dem anderen Shop-Betreiber bequem in seine Produktpalette und in die Suchmaschine integriert werden kann.

Möchten Sie einem Dritten Ihre Daten zur Verfügung stellen, klicken Sie auf der Seite *Shop-Designer* auf den Link *Eine Kopie meiner Shop-Artikel zur Verfügung stellen* und anschließend auf *Weiter*.

Innerhalb von zwölf Stunden stellt eBay die Datei für Sie zusammen und stellt sie auf einer Internetseite, die auf dem Namen Ihres Shops basiert, zum Download bereit.

Hinweis Zwölf Stunden dauert die Bereitstellung nur beim ersten Mal. Ist die Datei einmal erstellt, bleibt sie für unbegrenzte Zeit bestehen und wird fortlaufend automatisch aktualisiert.

Die Webadresse lautet *http://essl.ebay.de/GetListings/IHRSHOPNAME*, in unserem Beispiel also *http://essl.ebay.de/GetListings/kindermodemarkenshop*. Geben Sie Ihrem Handelspartner diesen Link, kann er sich die Liste selbst herunterladen, so dass auch ein langwieriger Dateitransfer entfällt.

Hinweis Die Datei kann maximal 50 Mal pro Tag heruntergeladen werden. Greifen Sie öfter darauf zu, kann es vorkommen, dass eBay Sie für diese Funktion sperrt. Brauchen Sie also die Datei häufiger, sollten Sie sie lokal auf Ihrem Rechner speichern und per Mail verschicken.

Die Liste, die Ihnen eBay zur Verfügung stellt, enthält folgende Informationen: Artikelbezeichnung, -beschreibung, -nummer, URL der Artikelseite, aktueller Preis, Verfügbarkeit, Versandkosten, Menge und Währung. Darüber hinaus wird das Galeriebild – falls vorhanden – ebenfalls als Miniatur integriert.

10.3.4 Fit für Google & Co.

Jenseits von eBay haben Sie noch eine Menge Möglichkeiten, um auf Ihren Shop aufmerksam zu machen. Ganz wichtig ist natürlich, dass Sie von Suchmaschinen – allen voran Google – gefunden werden.

Der richtige Name

Insbesondere bei der Namensgebung Ihres Shops sollten Sie schon an die Relevanz für Suchmaschinen denken – schließlich erscheint Ihr Shop-Name in der URL. So ist es beispielsweise wichtig zu wissen, dass eBay den schönsten Namen immer komplett in Kleinschreibung umwandelt und – viel wichtiger – alle Bindestriche weglässt. Google beispielsweise erkennt in dem zusammenhängenden Wort »ingoshandyundzubehoershop« aber weder den Suchbegriff *Handy* noch die Kombination *Handy und Zubehör.*

Achten Sie also bei der Namensgebung darauf, dass der Name so eindeutig wie möglich ist und verzichten Sie auf Fantasienamen.

Der Text macht's

Der Text auf Ihren persönlichen Shop-Seiten und auch der Text, den Sie innerhalb der Artikelbeschreibungen verwenden, ist äußerst relevant für die Suchmaschinen. Versuchen Sie daher, so viele Suchbegriffe wie möglich unterzubringen. In Kapitel 11 erfahren Sie, wie Sie ganz einfach herausfinden, nach welchen Wörtern in Zusammenhang mit Ihren Produkten tatsächlich gesucht wird.

Gekaufte Suchbegriffe

Ein gerade zu Beginn sinnvolles Tool, den Shop populär zu machen, sind gekaufte Suchbegriffe beispielsweise bei Google. Ihr Eintrag erscheint dann bei den entsprechenden Suchanfragen auf jeden Fall an prominenter Stelle mit dem Zusatz *Sponsored Link.* Klickt ein Interessent darauf, zahlen Sie einen vorher festgelegten Betrag. Klickt niemand, fallen auch keine Kosten an. Mehr dazu lesen Sie in Kapitel 11.

10.3.5 Besucherstatistiken

In dem Menü *Shop verwalten* finden Sie unter *Kontoeinstellungen* einen Link namens *Besucherberichte aufrufen.*

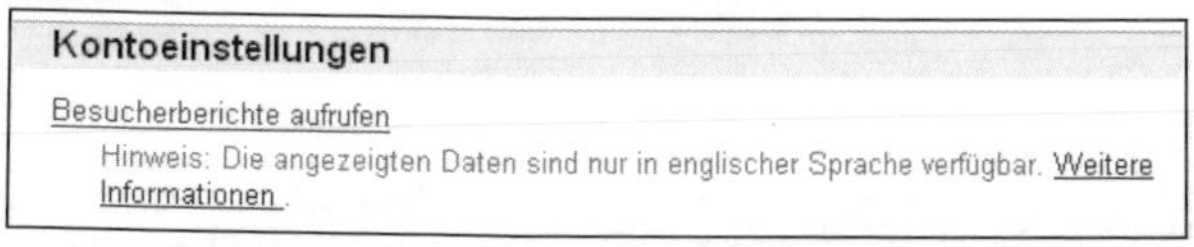

Abbildung 10.30: eBay stellt Ihnen einen Besucherbericht zur Verfügung.

Klicken Sie auf den Link und folgen Sie den Anweisungen auf dem Bildschirm, werden Sie zu einem ausführlichen grafischen Bericht weitergeleitet, der Ihnen Ihre Besucherzahlen anzeigt.

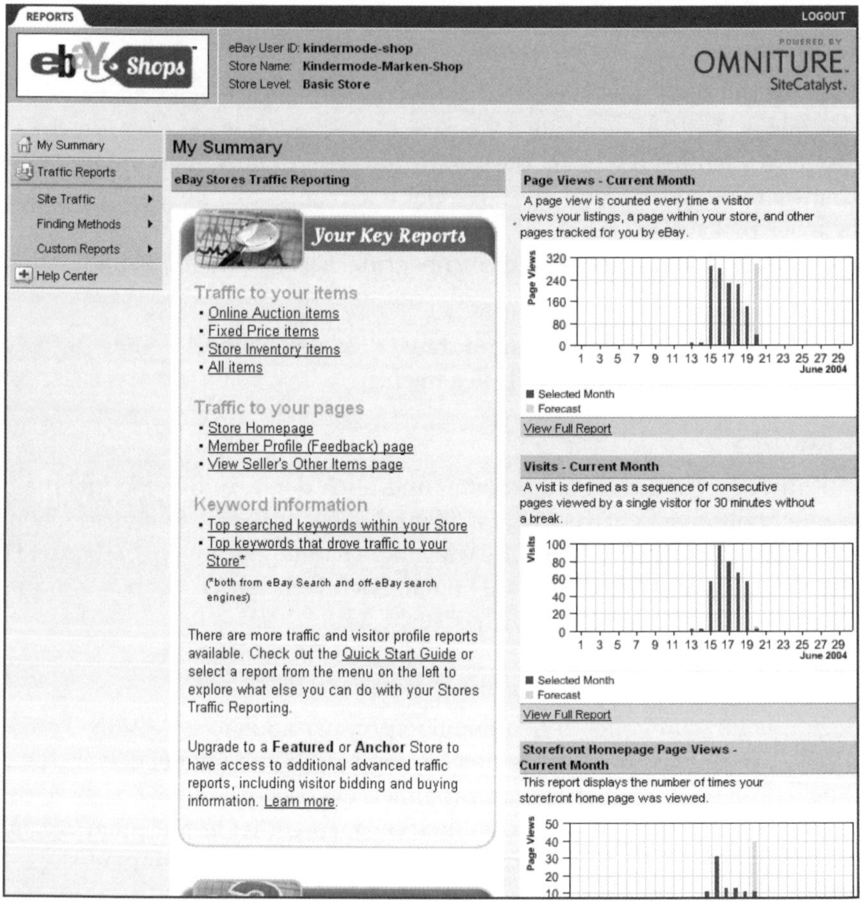

Abbildung 10.31: Die Besucherstatistiken sind ein wertvolles Hilfsmittel, um Ihre Shop-Präsenz einschätzen zu können.

Noch detaillierte Besucherinformationen erhalten Sie über *www.utrack.de*. Das genaue Vorgehen erläutert Kapitel 3.

10.4 Shop schließen

Um Ihren eBay Shop zu schließen, bedarf es keiner Fristeinhaltung. Klicken Sie einfach in der Shop-Übersicht auf den entsprechenden Link.

II

Promotion Ihrer eBay Angebote

eBay-Auktionen über die Grenzen von eBay hinaus zu bewerben, ist im Grunde nicht nötig. eBay-Auktionen sind schnelllebig und das Vermarkten fällt naturgemäß schwer. Sinnvoll ist Werbung allerdings für einen eBay Shop. Hier bleiben die Angebote für 30 oder mehr Tage enthalten. Interessenten von außen auf eine solche Seite zu locken, kann sich als sehr ertragreich erweisen. In diesem Kapitel können wir Ihnen natürlich nicht das gesamte Spektrum des eMarketings bis in seine Feinheiten erklären – das ist auch nicht nötig, weil sehr viele Bereiche bei eBay gar keine Anwendung finden. Zumindest möchten wir Ihnen einen Einblick geben, welche Möglichkeiten Ihnen zur Verfügung stehen, Ihr Business noch bekannter zu machen und prominenter zu präsentieren. Dabei zeigen wir Ihnen sowohl kostenlose Aktionen als auch Werbestrategien, bei denen Sie für erfolgte Shop-Besuche oder für Käufe, die getätigt wurden, prozentual bezahlen.

11.1 Ihre eigene Website

Bevor Sie irgendeine Form von Werbung oder Marketing planen, sollten Sie sich auf jeden Fall eine eigene Webseite mit einer eigenen Internetadresse (*URL*) zulegen. Damit haben Sie die Möglichkeit, Inhalte im Internet zu präsentieren. Mit einem Trick können Sie Ihren gesamten eBay Shop auf diese Seite übernehmen. Und mit ein paar kleinen Klimmzügen bekommen Sie sogar für jedes neu angemeldete eBay-Mitglied einen gewissen Geldbetrag von eBay als Dankeschön.

11.1.1 Suche nach dem passenden Domainnamen

Am Anfang steht die Suche nach einem geeigneten, noch freien Domainnamen. Die zu finden ist heutzutage gar nicht mehr so einfach, aber immer noch möglich. Nehmen Sie sich zunächst ein Blatt Papier und schreiben Sie alle Begriffe auf, die Ihnen zu Ihrem Business einfallen, beispielsweise Kindermode, Shop, Online, kaufen, exklusiv usw. Als Nächstes kombinieren Sie die Begriffe zu möglichen Domainnamen, beispielsweise »Kindermode-Shop.de« oder »Shop-Kindermode.de«. Schreiben Sie sich ein bis zwei Dutzend Namenskombinationen auf und sortieren Sie diese nach der Priorität. Nun gehen Sie daran, zu überprüfen, welche Domainnamen noch frei sind.

1. Öffnen Sie die Seite *www.denic.de* in Ihrem Browser.
2. Geben Sie oben in dem Textfeld unter *Domainabfrage* Ihren ersten Wunschnamen ohne die Endung *.de* ein, beispielsweise »Kindermode-Shop«. Klicken Sie dann rechts daneben auf die Schaltfläche mit dem nach rechts weisenden Dreieck.
3. Nun heißt es hoffen! Auf der Ergebnisseite sehen Sie, dass dieser Domainname leider schon vergeben ist. Klicken Sie auf die Schaltfläche *Akzeptieren*, sehen Sie auch, wem er gehört.
4. Nehmen Sie dann den nächsten Namen auf Ihrer Liste und prüfen Sie, ob er noch frei ist. Irgendwann werden Sie hoffentlich die Information »Die Domain xyz.de ist nicht registriert« erhalten.

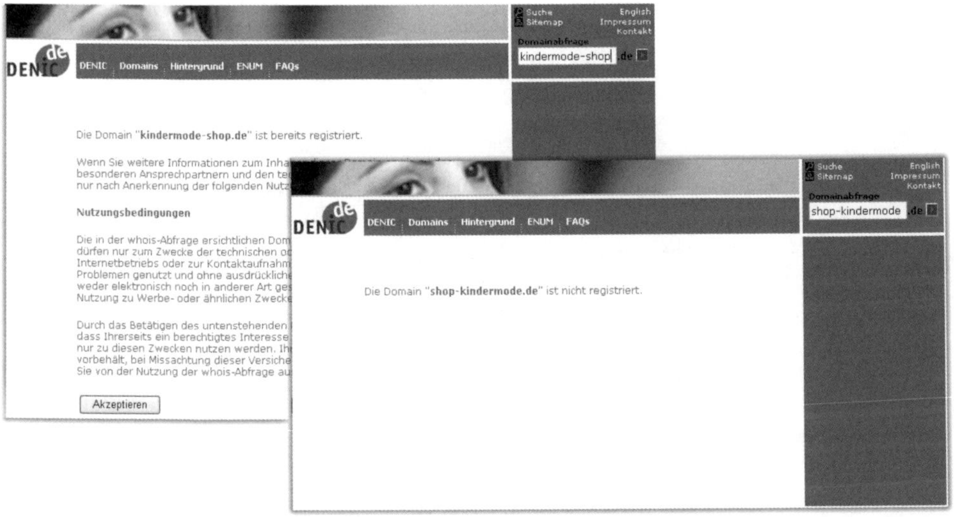

Abbildung 11.1: Bei der Domainnamen-Registratur Denic.de können Sie nach freien Domainnamen suchen

11.1.2 Domainnamen und Website einrichten

Nun wissen Sie, dass ein on Ihnen gewünschter Domainname noch frei ist. Als Nächstes müssen Sie bei einem Internet Service Provider (ISP) den Domainnamen auf Ihren Namen registrieren lassen und einen tatsächlichen Platz im Internet buchen. Dies ist in der Regel – wenn Sie nicht über einen eigenen physikalischen Rechner im Internet verfügen – ein kleiner Teil einer Festplatte bei einem großen Anbieter. Suchen Sie am besten bei *www.google.de* nach dem Begriff »Webhosting«. In der Anzeigenleiste rechts sehen Sie zahlreiche kommerzielle Anbieter. Achten Sie bei dem Angebot darauf, dass in der monatlichen Gebühr ein eigener Domainname und ausreichend Speicherplatz und Traffic – also der Datentransfer, den Ihre Besucher verursachen – enthalten ist. Sinnvoll sind mindestens 50 Mbyte Speicherplatz und ein bis zwei Gigabyte für den Datentransfer. Selbst in Deutschland, wo die Preise noch recht teuer sind, sollte dies nicht mehr als ein bis zwei Euro pro Monat kosten. Empfehlenswert ist auch, dass Ihr Server *PHP* und *mySQL* unterstützt. Ersteres benötigen Sie im folgenden Abschnitt dieses Kapitels. Letzteres ist sinnvoll, weil es sich dabei um ein Datenbanksystem handelt, das Sie brauchen, wenn Sie Ihren Internetauftritt einmal erweitern wollen, beispielsweise um einen Newsletter. PHP und mySQL sind zwar mittlerweile nahezu als Standard für Webhosting-Angebote anzusehen, achten Sie jedoch trotzdem darauf!

Info

Wie Sie wissen, sind zusätzliche Bilder bei eBay kostenpflichtig. Wenn Sie jedoch einen Internetserver mit genügend Speicherplatz besitzen, können Sie die Bilder auf Ihrem eigenen Server speichern und bei eBay aufrufen.

Wie das funktioniert, haben Sie bereits in Kapitel 7 erfahren. Im Zweifelsfall sollten Sie also eher ein Paket bei einem Provider mieten, das ein paar Mbyte mehr bietet, damit Sie genügend Platz haben, um eigene Bilder abzulegen.

Nachdem Sie ein Paket gebucht haben, dauert es ungefähr einen Tag, bis von überall auf der Welt auf Ihre Internetseite zugegriffen werden kann, da Ihr Domainname zunächst in die so genannte Nameserver-Datenbanken eingetragen werden muss.

Exkurs

Nameserver-Datenbanken

Wann immer Sie in Ihrem Internetbrowser einen Domainnamen eingeben, wird eine Datenbank im Internet abgefragt. In dieser Datenbank ist eine Tabelle enthalten, in der eine Verbindung zwischen dem Domainnamen und der zugehörigen IP-Adresse des entsprechenden Internetservers dargestellt ist. Diese IP-Adresse wird an Ihren Browser zurückgeliefert, und erst dann kann er die entsprechende Webseite genau lokalisieren und ihren Inhalt darstellen.

Sobald Sie einen eigenen Domainnamen einrichten und diesen mit Ihrem Angebot bei einem Internet Service Provider verbinden, wird in der Nameserver-Tabelle genau diese Verbindung eingetragen.

11.1.3 Zugriff auf Ihren Webserver

Von Ihrem Internet Service Provider erhalten Sie drei Angaben, die Sie benötigen, um auf Ihren Server zuzugreifen:

- die FTP-Host-Adresse
- den FTP-Benutzernamen
- das Passwort

Mit diesen Daten können Sie im Internet Explorer direkt auf Ihren Webserver zugreifen und beispielsweise Bilder hochladen.

1. Öffnen Sie den Internet Explorer und geben Sie in der Adresszeile folgende Adresse ein: ftp://USERNAME@HOSTADRESSE, wobei Sie für USERNAME natürlich Ihren eigenen Benutzernamen eingeben und für HOSTADRESSE die FTP-Adresse Ihres Webservers. In der Praxis kann das beispielsweise folgendermaßen aussehen: ftp://user1242@ftp.trocadero-shop.de
2. Als Nächstes öffnet sich ein Dialog, in dem Sie nach dem Passwort gefragt werden. Geben Sie dieses ein. Wollen Sie künftig ohne die Passwortabfrage auf Ihren Webserver zugreifen, markieren Sie das Kontrollkästchen *Kennwort speichern*.

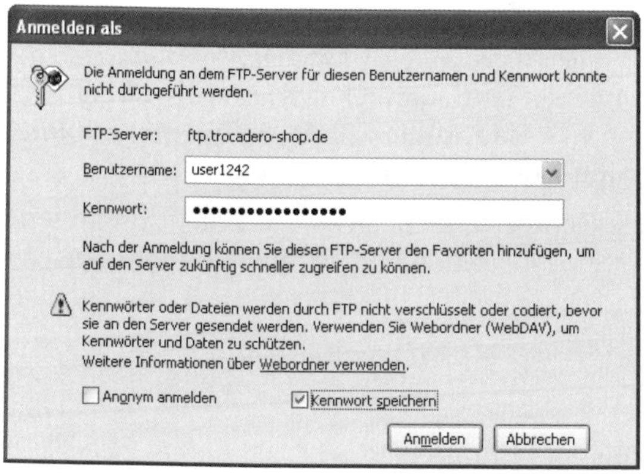

Abbildung 11.2: Bei dem Versuch, auf Ihren FTP-Server zuzugreifen, werden Sie nach Benutzername und Kennwort gefragt.

3. Klicken Sie auf *Anmelden*, ändert sich das Aussehen des Internet Explorer und er sieht dem normalen Windows-Explorer täuschend ähnlich. Sehen Sie einen Ordner, der *htdocs* oder *html* heißt, führen Sie darauf einen Doppelklick aus. Nun befinden Sie sich dort, wo sämtliche Dateien Ihres Internetauftritts abgelegt sind. Hier können Sie nun Dateien hinkopieren oder auch Dateien löschen.

11.1.4 Ihr eBay Shop auf Ihrer Webseite

Nun ist Ihre eigene Internetadresse kein reiner Selbstzweck. Vielmehr wollen Sie ja an dieser Stelle Ihren eBay Shop präsentieren. Keine Sorge! Sie müssen jetzt nicht Ihre ganzen Auktionen und Shop-Einträge erneut erfassen. Vielmehr können Sie die eBay-Shop-Seite einfach auf Ihrer Webseite einbinden.

1. Erstellen Sie auf Ihrem Desktop einen neuen Ordner und öffnen Sie ihn.
2. Wählen Sie im Explorer *Datei, Neu, Textdokument* und geben Sie dem Dokument den Namen *index.php*. Achten Sie dabei auf die Kleinschreibung!
3. Öffnen Sie die Datei *index.php* mit einem Doppelklick. Sollte Ihr System nicht wissen, welches Programm zugeordnet werden soll, wählen Sie aus der Liste der installierten Anwendungen den Windows-eigenen Editor.
4. Tippen Sie den folgenden Code ein. Vergessen Sie dabei kein Zeichen!

```
<html>
<head>
<title>mein Titel</title>
</head>
<body>
<h1>Meine Überschrift</h1>
Mein Vorspann
<? readfile("http://stores.ebay.de/XXX"); ?>
</body></html>
```

Statt Mein Titel tragen Sie den Titel ein, der in der Internet-Explorer-Titelzeile erscheinen soll, also beispielsweise *Kindermode Designer Marken Shop*. Genauso gehört zwischen <h1> und </h1> Ihr eigener Text, nämlich das, was als Überschrift (<h1> stets symbolisch für Headline 1 (= Hauptüberschrift) im Internet Explorer angezeigt werden soll. Dasselbe gilt für den Text, der </h1> folgt.

Bei der Zeile <? readfile ... ist es wichtig, dass Sie genau auf die Schreibweise achten. Statt XXX muss natürlich Ihr Shop-Name stehen. Nehmen wir das Beispiel aus Kapitel 10, würde die Zeile

```
<? readfile("http://stores.ebay.de/Kindermode-Marken-Shop"); ?>
```

lauten.

5. Als Nächstes speichern Sie die Datei im Editor.
6. Ist Ihr FTP-Fenster aus dem Abschnitt 8.1.3 noch offen? Wenn nicht, öffnen Sie es erneut. Nehmen Sie dann die Datei *index.php* und schieben Sie sie mit der Maus vom Explorer in das FTP-Fenster.
7. Öffnen Sie ein neues Fenster des Internet Explorer und geben Sie die Internetadresse *www.ihredomain.de/index.php* ein, wobei Sie natürlich statt *www.ihredomain.de* Ihren Domainnamen angeben. Das, was Sie nun sehen, ist eine Kombination aus Ihrem Beschreibungstext und Ihrem Internet-Shop bei eBay.

Abbildung 11.3: Mit nur wenigen Zeilen erstellen Sie einen eigenen Webauftritt, der den kompletten eBay Shop enthält, aber Platz für eigenen, suchmaschinenrelevanten Content lässt.

Nun gibt natürlich niemand eine Internetadresse gefolgt von *index.php* ein. Geben Sie jedoch nur *www.ihredomain.de* ein, wird *index.php* gar nicht erst angezeigt. Der Grund hierfür liegt darin, dass der Webserver zunächst schaut, ob es Dateien mit den Endungen *htm* oder *html* gibt, also beispielsweise *index.htm* oder *index.html*. Schauen Sie nun noch einmal im FTP-Fenster, ob dort eine *index.htm* oder *index.html* zu sehen ist. Ja? Dann löschen Sie sie!

Geben Sie nun erneut Ihre eigene Internetadresse ein, wird dieselbe Seite angezeigt, für die Sie vorher *www.ihredomain.de/index.php* eingeben mussten.

Info

Häufig wird im eigenen Webauftritt eines eBay-Shop-Händlers eine so genannte Weiterleitung installiert. Wählt man dessen Internetseite *www.xyz.de* an, wird man automatisch auf seinen Shop *http://stores.ebay.de/xxx* weitergeleitet. In HTML-Code sieht das beispielsweise so aus:

```
<head>
<meta http-equiv="Refresh" content="0;url= http://stores.ebay.de/xxx">
</head>
... usw.
```

Das hat allerdings zwei Nachteile. Zum einen können Sie keinen eigenen Text auf der Seite unterbringen. Dieser ist aber – das werden Sie im Folgenden sehen – für Suchmaschinen relevant. Zum anderen ignorieren Suchmaschinen diese Form der Weiterleitung. Somit wird Ihre Shop-Seite nicht indiziert! Also: Finger weg von Weiterleitungen!

11.1.5 Impressum nicht vergessen!

Jede Webseite in Deutschland muss ein Impressum aufweisen. Dieses muss mit drei Mausklicks erreichbar sein. Darin muss Ihr Namen, Ihre Telefonnummer und eine E-Mail-Adresse zu finden sein, über die elektronisch mit Ihnen Kontakt aufgenommen werden kann. Sollten Sie diese Informationen nicht zur Verfügung stellen, können Sie von einem Mitbewerber abgemahnt werden! Und glauben Sie mir: Es gibt unzählige Neider, die nur darauf warten, Ihnen das Leben mit Abmahnungen und einstweiligen Verfügungen schwer zu machen. In unserem Beispiel die einfachste Variante ist, vor dem `</body></html>` Ihre komplette Firmenadresse zu nennen. Dann benötigen Sie kein separates Impressum.

11.2 Suchmaschinen Optimierung

Wer nicht gerade ausschließlich bei eBay sucht, wird normalerweise für die Recherche nach Inhalten und Produkten im Internet eine Suchmaschine verwenden. Aus diesem Grund ist es wichtig, dass die eigene Seite – und damit meinen wir sowohl die Shop-Seite als auch Ihren Internetauftritt, der auf Ihr eBay-Shop-Angebot verweist – in Suchmaschinen aufgenommen und dort leicht gefunden wird.

11.2.1 Google – Die Nr. 1

Wer heute von der Suche im Internet spricht, meint Google! Das war nicht immer so. Im Jahr 2000 hatte beispielsweise Yahoo einen Anteil von 30 Prozent bei den Suchanfragen. Auch AltaVista, Fireball und wie sie alle heißen, waren damals noch in der Riege der Großen vertreten. Heute werden knapp 75 Prozent aller Suchanfragen unter Google (Quelle: *www.webhits.de*) gestellt. Der nächstgrößte Dienst – Yahoo – bringt es gerade einmal auf 6 Prozent und sogar der deutsche Bolide T-Online wirkt mit seinen zwei Prozent ziemlich mickrig.

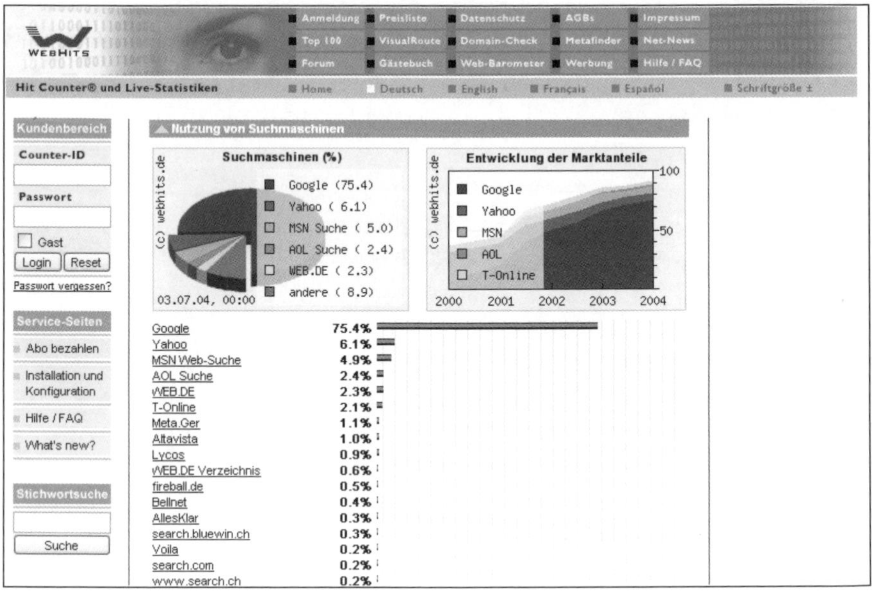

Abbildung 11.4:Bei den Suchmaschinen die ungeschlagene Nummer 1: www.google.de.

Die Frage, warum Google so viel Zuspruch findet, ist schnell beantwortet. Google ist simpel. Google zeigt keine Nachrichten an, überflutet den Suchenden nicht mit Inhaltsseiten und Werbung und hat keine Community. Google ist eine Suchseite. Eine schnelle Suchseite! Wer *www.google.de* in der Adressezeile seines Browsers eingibt, bekommt gerade einmal 10 Kbyte Daten übertragen, bis die Seite steht. Bei T-Online ist das mit 110 Kbyte mehr als das Zehnfache. Aber nicht nur die Ladezeit ist ausschlaggebend, sondern auch die Dauer, bis das Ergebnis auf dem Bildschirm erscheint. Und auch hier ist Google unschlagbar. Entscheidend ist aber der letzte Grund: die Qualität der Ergebnisse! Und dies war seit jeher das herausstechende Merkmal von Google, auch wenn die anderen Suchmaschinen in den letzten Jahren deutlich an Qualität gewonnen haben.

Daher ist es interessant zu wissen, wie Google es schafft, den Inhalt einer Webseite qualitativ zu bewerten. Die Suchmaschine geht dabei zweistufig vor. Zum einen wird die Durchdringung des Seiteninhalts mit Keywörtern bewertet. Kommt also auf der Seite das Wort *Kindermode* häufig vor, scheint die Seite etwas mit Kindermode zu tun zu haben. Dabei sind die Algorithmen – also die Verfahren, mit denen die Seite analysiert wird – durchaus so intelligent, dass sie erkennen, wenn Kindermode einfach zwanzigmal hintereinander geschrieben wird. Ein weiteres Kriterium ist die Platzierung des Suchbegriffs. So ist ein Suchbegriff im Titel oder in einer Überschrift mehr Wert als einer im Fließtext.

Hinweis

Früher wurde häufig mit weißem Text auf weißem Hintergrund so genanntes Keyword-Spamming betrieben. Da der weiße Text auf weißem Hintergrund nicht sichtbar war, konnte man schreiben, was man wollte, und der Besucher erkannte es nicht – wohl aber die Suchmaschinen. Heutzutage führt so etwas zum Ausschluss aus dem Suchindex! Versuchen Sie also nicht, mit so banalen Mitteln ein besseres Ranking zu erreichen! Es gibt intelligentere Methoden! Da diese jedoch häufig wechseln, geben wir im Leserbereich unserer Webseite *www.321-buch.de* zahlreiche, stets aktualisierte Insider-Tipps, wie Sie wichtige Wörter in Ihren eBay-Seiten und den auf die Suchmaschinen optimierten Seiten unterbringen können.

Mit dieser Bewertung der wichtigen Schlagwörter in Kombination mit modernen Algorithmen ist Google zwar den Suchmaschinen vergangener Jahre voraus, entscheidend ist jedoch der so genannte Pagerank. Dies ist eine Google-interne Bewertung der Wichtigkeit einer Seite. Die Einteilung geht von 0 (unbekannt) bis 10 (an Wichtigkeit nicht zu übertreffen). So hat Google selbst beispielsweise einen Pagerank von neun. eBay bringt es gerade einmal auf sieben – unsere Homepage zum Buch *www.321-buch.de* bringt es bereits vor der Drucklegung des Buchs auf vier!

Und dieser Pagerank wird zum größten Teil durch das Prinzip »Sage mir, wer dich kennt, und ich sage dir, wie wichtig du bist« gebildet. Das bedeutet im Klartext, dass die Wichtigkeit einer Seite zunimmt, wenn andere Seiten auf sie verweisen – wenn also ein Hyperlink auf sie zeigt. Nun reicht es aber nicht, sich einfach in Tausenden von Linklisten eintragen zu lassen oder in Gästebüchern die Adresse seines eBay Shops zu hinterlassen. Denn genau wie im richtigen Leben ist der Leumund auch von jenem abhängig, der ihn bezeugt. Wenn Ihnen der Bundespräsident die Hand auf die Schulter legt und sagt: »Der Typ ist in Ordnung«, hat das sicher mehr Gewicht als das fröhliche Gejohle eines Stammtischs, dem Sie gerade eine Runde Bier spendiert haben. Genauso ist auch das Ansehen renommierter Webseiten wie Yahoo mehr Wert als das Gästebuch von »DJ Pünktchen«. Anders gesagt, wenn eine Seite wie Yahoo, die selbst einen Pagerank von acht hat, auf Ihre Shop-Seite verweist, bringt Ihnen das gleich zwei bis drei Pagerank-Punkte ein. Sind Sie hingegen bei 100

Gästebüchern oder Linklisten mit Ihrer Homepage vertreten, können Sie froh sein, wenn Sie dadurch eine Ebene höher rutschen.

Die tatsächliche Position innerhalb des Suchergebnisses wird von einem äußerst komplizierten Algorithmus, der von Google strengstens geheim gehalten wird, ermittelt. Und auch wenn einige selbst ernannte Fachleute sagen, sie würden den Algorithmus kennen, ist dies definitiv nicht der Fall. Auch sie können– wie auch die Autoren dieses Buchs, deren tägliche Arbeit zu einem nicht unerheblichen Teil aus Suchmaschinen-Optimierung besteht – nur empirisch aus den Google-Ergebnissen lernen.

11.2.2 Die Google Toolbar

Jetzt werden Sie sich vielleicht fragen, woran man den Pagerank einer Seite erkennt. Hierzu benötigen Sie ein Softwarewerkzeug, die so genannte *Google Toolbar*. Dabei handelt es sich um ein kleines Modul, welches sich unter die Menüleiste des Internet Explorer einklinkt. Der eigentliche Zweck dieser Toolbar ist es, Ihnen die Google-Suchmaschine zur Verfügung zu stellen, ohne dass Sie dazu auf die Seite *www.google.de* gehen müssen. Stattdessen finden Sie unter der Symbolleiste Ihres Internet Explorer ein Eingabefeld, in dem Sie die Suchbegriffe eingeben und mit der Schaltfläche *Web-Suche* absenden können. Das Suchergebnis wird Ihnen wie gewohnt im Browser angezeigt.

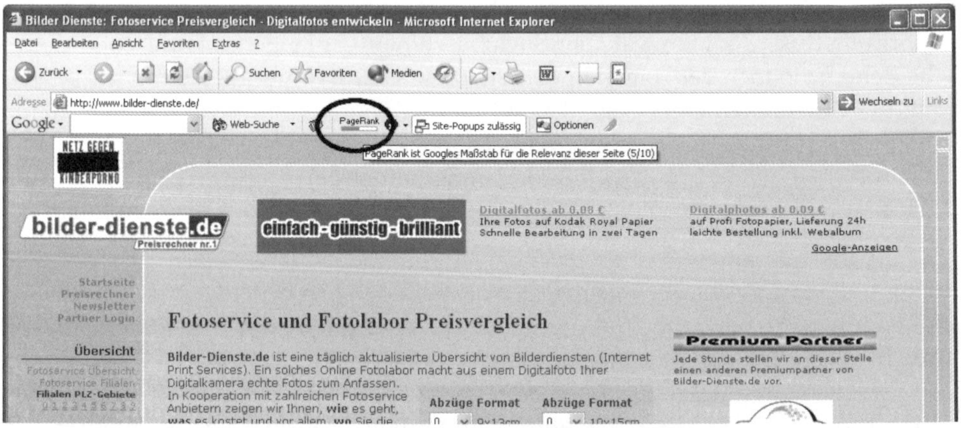

Abbildung 11.5: In der Google Toolbar können Sie den Pagerank als Maßstab der Wichtigkeit einer Webseite ablesen.

Daneben bietet die Toolbar noch andere Funktionen und Informationen. Für dieses Kapitel die wichtigste Information ist die Anzeige des Pagerank. Der kleine grüne Balken bezieht sich dabei auf die Webseite, die gerade im Browser angezeigt wird.

Geben Sie also beispielsweise in der Adresse *www.Bilder-Dienste.de* ein, bezieht sich der Pagerank auf genau diese Seite. Überfahren Sie die Anzeige mit der Maustaste, wird in einem Tooltipp-Fenster der genau Pagerank-Wert dargestellt.

Info

Die Google Toolbar, die neben der Suche und den Informationen über den Pagerank der angezeigten Seite noch zahlreiche weitere Funktionen, beispielsweise einen Popup-Blocker, bietet, erhalten Sie kostenlos unter *http://toolbar.google.com/intl/de*.

Hinweis

Wird der Pagerank nach der Installation nicht angezeigt, müssen Sie ihn über die Toolbar-Optionen einschalten.

11.2.3 Wichtige Suchphrasen ermitteln

Nach welchen Begriffen suchen potenzielle Käufer? Diese Frage werden Sie nicht so leicht beantworten können. Sie wissen lediglich was und wie Sie selbst suchen – vielleicht ist aber gerade Ihre Art des Suchens nicht repräsentativ. Optimieren Sie dann den Text auf Ihrer Seite nach Begriffen, die Sie suchen würden, liegen Sie wahrscheinlich meilenweit daneben. Das kann am persönlichen Sprachgebrauch liegen, aber auch an der Region, aus der Sie kommen. So ist beispielsweise in Bayern der Begriff *Gockel* für Hahn, also das männliche Huhn, gängig. Dass ein Berliner nach diesem Begriff sucht, ist eher unwahrscheinlich. Daher ist es gut, dass es im Internet verschiedene Dienste gibt, die Aufschluss über generelle Suchverfahren der Surfer liefern.

Suchbegriffe assoziieren

Zunächst einmal sollten Sie für Ihren Bereich wichtige Wörter aufschreiben. Verkaufen Sie beispielsweise Kinderkleidung, gehören auch Kindermode, Kinderbekleidung und die dazugehörigen Marken auf Ihre Liste. Und dann lassen Sie sich weiterhelfen. Dazu gibt es beispielsweise an der Universität Hannover ein Projekt, den *MetaGer-Web-Assoziator*. Hierbei handelt es sich um eine Datenbank, die assoziative Begriffe ermittelt, also Wörter, die in irgendeiner Form mit einem Suchbegriff in Verbindung stehen. Öffnen Sie die Seite *www.metager.de/asso.html* und geben Sie im Eingabefeld beispielsweise *Kindermode* ein. Klicken Sie dann auf die Schaltfläche, erhalten Sie eine Liste von Wörtern, die mit diesem Begriff assoziiert werden, wobei – theoretisch, denn es handelt sich schließlich um eine Maschine – weiter oben stehende Begriffe enger mit dem Wort verwandt sind als weiter unten stehende. Auf jeden Fall erhalten Sie so ein reichhaltiges Sammelsurium an Wörtern, die etwas mit Ihrem eBay-Shop-Angebot zu tun haben.

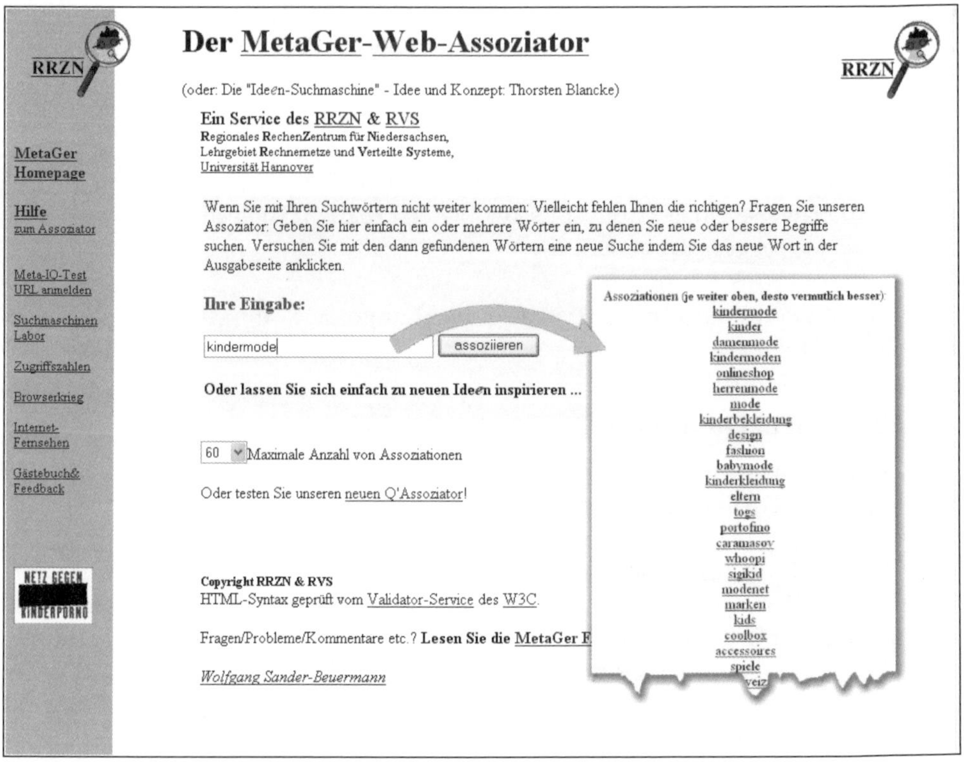

Abbildung 11.6: Der MetaGer-Web-Assoziator hilft Ihnen bei der Auswahl brauchbarer Suchbegriffe.

Suchbegriffe nach Relevanz sortieren

Dass Sie nun wissen, welche Wörter Sie verwenden können, sagt Ihnen natürlich noch nichts über die Relevanz der Wörter. Aber auch hier hilft Ihnen das Internet weiter. Einer der besten Services wird vom Marketingunternehmen *Overture Services GmbH* kostenlos zur Verfügung gestellt. Bei diesem Unternehmen kann man Suchergebnisse in verschiedenen Suchmaschinen und Katalogen kaufen, so genannte *Sponsored Links* (mehr dazu später). Unter der Adresse *http://inventory.de.overture.com/d/searchinventory/suggestion* bietet das Unternehmen eine Suchmaske, mit deren Hilfe Sie ermitteln können, wie oft welche Suchbegriffe recherchiert werden. Öffnen Sie die Seite in Ihrem Browser und geben Sie eines Ihrer Schlagwörter ein. Klicken Sie dann auf die kleine Schaltfläche rechts neben der Eingabe, erhalten Sie eine Tabelle mit Suchbegriffskombinationen sowie die Häufigkeit ihres Vorkommens. Ermitteln Sie auf diese Weise die wichtigsten Suchbegriffe und vor allem Kombinationen. Optimal ist es, wenn Sie sämtliche Begriffe überprüfen und die Overture-Ranking-Tabelle über die Zwischenablage in eine Excel-Tabelle kopieren. Dann können Sie später leicht nach der Häufigkeit sortieren lassen.

Abbildung 11.7: Mit Hilfe des Search Term Suggestion Tools von Overture erfahren Sie, nach welchen Begriffen Suchmaschinen wie oft befragt werden.

Hinweis

Natürlich haben die Autoren dieses Buchs keinen Einfluss darauf, ob die hier angezeigten Dienste auch in Zukunft kostenlos sind. Auf unserer Webseite zum Buch werden wir uns jedoch bemühen, gegebenenfalls auf ähnliche Dienste zu verweisen.

Nun konzentrieren Sie sich auf die am häufigsten recherchierten Wortkombinationen. Sind dies beispielsweise:

online shop kindermode, kindermode cakewalk, festliche kindermode, kindermode pampolina, kinderkleidung maedchen, kinderkleidung jungen, kinderkleidung großhandel

formulieren Sie daraus zum Beispiel den folgenden Text:

In unserem Online Shop für Kindermode, in dem wir Kindermode von Take Wort, festliche Kindermode und Kindermode von Pampolina führen, finden Sie Kinderkleidung für Mädchen und Kinderkleidung für Jungen. Unsere Kinderkleidung beziehen wir direkt vom Großhandel ....

In diesem Satz kommen alle wichtigen Suchbegriffe insbesondere vor – und zwar in der Reihenfolge, in der gesucht wird. Wie Sie an den Ergebnissen bei Overture erkennen können, unterscheiden Suchmaschinen zwischen »online shop kindermode« und »kindermode online shop«. Füllwörter wie *für* oder *in dem* werden vom Algorithmus der Suchmaschine herausgefiltert.

Info

Während in Deutschland häufig nur nach einem Wort gesucht wird, verwenden Suchende aus dem angloamerikanischen Raum in der Regel zwei oder mehr Wörter. Der Grund liegt in einer Besonderheit der deutschen Sprache. Ein Wort wie *Donaudampfschifffahrtsgesellschaft* wird in nahezu allen anderen Sprachen durch eine Aneinanderreihung mehrerer Wörter gebildet. Im Deutschen lassen sich Wörter zu so genannten Komposita zusammensetzen. So finden Sie das Wort *Kinderfahrrad* zwar nicht im Duden, aber es ist eine mögliche Kombination. Im Englischen heißt es hingegen *bicycle for kids* oder *kids bicycle*. Entsprechend suchen Deutsche nach dem Wort *Kinderfahrrad* und Engländer nach den Wörtern *kids bicycle*. Und da es im Englischen Usus ist, nach mehreren Wörtern zu suchen, verfeinern Suchende ihre Abfragen auch mit weiteren Attributen, wie beispielsweise der Farbe. Da wir in Deutschland jedoch häufig nur nach einem – wenn auch zusammengesetzten - Wort suchen, ist es für viele absolut ungewohnt, in der Suche weitere Attribute anzugeben.

11.2.4 eBay-Shop-Seite und eigene Seite optimieren

Sowohl auf Ihrer eBay-Shop-Seite als auch auf der Seite, die Sie mithilfe von Abschnitt 8.1.4 entwickelt haben, haben Sie die Möglichkeit, den Inhalt individuell mit HTML-Tags zu formatieren. Ihre eBay-Shop-Seite könnten Sie dabei beispielsweise so aufbauen:

```
<h1>Online Shop für Kindermode</h1>
... der aus den Keywörtern formulierte Text, wobei Sie wichtige Begriffe in der Form
<b>Begriff</b> fett hervorheben sollten ...
<h2>Unterabschnitt mit Keywörtern</h2>
text, mit <b>keywörtern</b> durchsetzt ...
usw.
```

Bei Ihrer eigenen Seite haben Sie noch mehr Möglichkeiten, Google von Ihrer Wichtigkeit zu überzeugen. Dazu nehmen Sie das Grundgerüst aus Abschnitt 8.1.4. Was Sie unbedingt als Erstes machen sollten, ist, den Seitentitel mit den wichtigsten Suchbegriffen zu versehen:

```
<title> Online Shop Kindermode - Versand Grosshandel </title>
```

Dieser so genannte Title-Tag ist aus zwei Gründen besonders wichtig. Zum einen stellt er die Quintessenz Ihrer Seite dar, und das sieht auch Google so. Deshalb wird dem Title-Tag – zumindest den ersten 50 bis 70 Zeichen – eine besondere Wichtigkeit beigemessen. Der zweite Grund ist der, dass in den Suchergebnissen bei der Google-Recherche als Überschrift der einzelnen Fundstellen immer der Title-Tag steht.

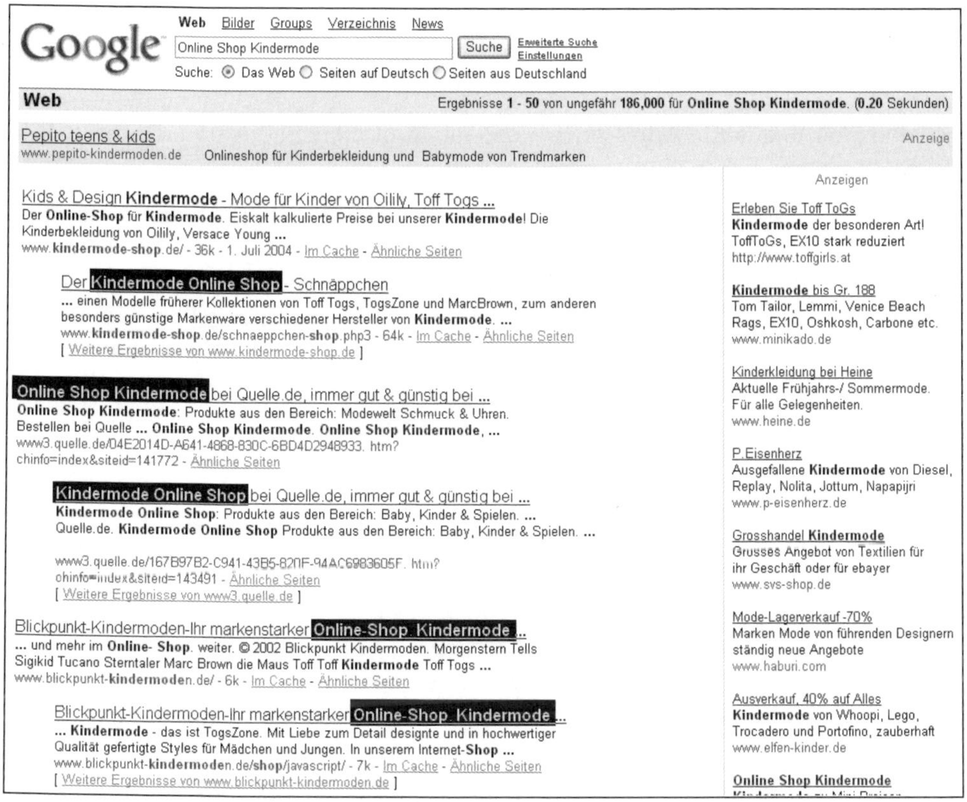

Abbildung 11.8: Wer nach Online Shop Kindermode sucht, findet primär Seiten, die im Titel diese Wortkombinationen aufweisen.

Info

Auf dem Feld der Suchmaschinen-Optimierung tummeln sich genauso viele angebliche Fachleute wie allgemein im Computerbereich. Einige vertreten auch heute noch die Meinung, dass mit so genannten Metatags – konkret dem Metatag *Keywords* – der Suchmaschine versteckte Suchbegriffe untergejubelt werden könnten. Das ist Unfug. Bereits seit mehr als vier Jahren ignorieren nahezu sämtliche Suchmaschinen diese versteckten Informationen, weil in den frühen Jahren der Suchmaschinen damit viel Schindluder getrieben wurde. Heutzutage verlassen sich Suchmaschinen nur auf den tatsächlichen Inhalt einer Webseite.

11.2.5 Bei Google anmelden

Um als Webseite in das Google-Verzeichnis aufgenommen zu werden, müssen Sie Ihre URL, also die Internetadresse Ihres Shops, anmelden. Öffnen Sie dazu die Seite *www.google.de/intl/de/addurl.html* und geben Sie die Adresse Ihres Shops ein. Zu dieser Adresse gehört auch das *http://*. Für Ihren eBay Shop lautet die Eingabe also bei-

spielsweise *http://stores.ebay.de/XXX* (wobei XXX für Ihren Shop steht), für Ihre Webseite entsprechend *http://www.ihredomain.de/*. Den Kommentar können Sie getrost leer lassen. Den liest sowieso niemand und er hat keinerlei Auswirkungen.

Melden Sie ruhig beide Adressen an, also die Ihres eBay Shops und die Ihrer Webseite. Für Google haben sie nichts miteinander zu tun.

Nach der Anmeldung wird Ihre Seite auf einen großen Stapel gelegt. Von diesem Stapel holt sich der Google-Roboter – der so genannte *Googlebot* – von Zeit zu Zeit die neuen Einträge, prüft, ob diese bereits in der Google-Datenbank enthalten sind, und durchforstet die dazugehörigen Seiten. Dabei durchsucht er nicht nur die angemeldete Seite, sondern auch alle Seiten, die von der Hauptseite aus mit einem Hyperlink verbunden sind. Vielleicht nicht beim ersten Mal, doch er wird immer wieder kommen und das zunehmend häufig tun, je mehr Seiten auf Ihr Angebot verweisen.

Hinweis

Wenn Sie es erreichen, dass gut besuchte und angesehene Webseiten, die bereits von Google indiziert sind, auf Ihre Seite verweisen, müssen Sie Ihren Shop nicht extra anmelden. Beim nächsten Besuch des Google-Roboters wird automatisch auch der Link zu Ihrer Seite überprüft. Da der Roboter merkt, dass Ihre Seite noch nicht indiziert ist, nimmt er sie automatisch auf. Allerdings kann es etwas dauern, bis deren Relevanz wirklich so groß ist, dass sie auch im Suchergebnis erscheint.

11.2.6 Mit gekauften Partnerlinks das Google-Ranking verbessern

Es dauert erfahrungsgemäß einige Tage, bis Ihre Webseite erstmalig vom *Googlebot* besucht wird. Schneller geht es, wenn eine renommierte Seite auf Sie verweist. Das können Sie beispielsweise erreichen, wenn Sie sich auf einer bekannten Seite einen Partnerlink kaufen. Üblich ist das beispielsweise bei Yahoo. Dort kostet die Express-Registrierung knapp 300 Euro. Dafür können Sie dann fast sicher sein, dass Sie schon am Folgetag bei Google zu finden sind.

Ob Ihre Seite bereits bei Google gelistet ist, erfahren Sie, wenn Sie bei Google selbst als Suchbegriff »*"www.ihredomain.de"*« (inklusive der Anführungszeichen) eingeben. Wollen Sie wissen, wer auf Ihre Seite verlinkt, lautet die Suchanfrage »*link:http://www.ihredomain.de*«.

11.2.7 Bei weiteren Suchmaschinen anmelden

Das können Sie praktisch vergessen und die Zeit für andere Marketingaktionen besser nutzen. Zum einen gibt es kaum noch Suchmaschinen, die kostenlos Ihren Link aufnehmen. Zum anderen haben kleinere Suchmaschinen verglichen mit Google nahezu keine Besucher. Daher ist es natürlich sinnvoller, sich auf den 75-Prozent-

Dienst einzuschießen, um dort ein besseres Ranking zu erreichen. Einzige Ausnahme sind Spezialsuchdienste. Vertreiben Sie beispielsweise DVDs, kann der Eintrag in einer Spezial-Suchmaschine zu diesem Thema natürlich wirkungsvoll sein, weil von vornherein nur thematisch interessierte Besucher hier recherchieren. Und lieber 1000 Besucher, die potenzielle Kunden sind, als 10 Millionen im Trüben fischende Surfer!

11.2.8 Linklisten und Shop-Verzeichnisse

Durchforsten Sie selbst das Internet. Überprüfen Sie, wo Ihre Mitbewerber eingetragen sind. In Linklisten und Shop-Verzeichnissen sollten auch Sie versuchen, Einzug zu finden. Konzentrieren Sie sich aber zunächst auf die kostenlosen Verzeichnisse. Mit Ihrem Geld können Sie an anderer Stelle mehr für Ihre Promotion ausrichten!

11.3 Marketingmaßnahmen

In der Regel wird im Internet mit Grafikbannern geworben. Diese Banner haben Standardgrößen, beispielsweise 234 x 60 Pixel oder 468 x 60 Pixel. Doch solche Bannerwerbung kann sehr teuer sein. Die meisten Themenportale verkaufen ihre Werbung zum so genannten *Tausender Kontakte Preis* (TKP). Das bedeutet, dass Ihr Banner zu einem festen Preis 1000 Mal eingeblendet wird. Aber selbst wenn Ihr Banner hervorragend gestaltet ist, Ihre Werbestrategie aufgeht und die Zielgruppe hundertprozentig passt, werden Sie kaum mehr als ein bis zwei Prozent der Besucher dazu bewegen, auf dieses Banner zu klicken. In der Regel liegt die Click-Through-Rate (CTR = Verhältnis von Klicks zu Bannereinblendungen) eher bei 0,1 Prozent!

Erreichen Sie beispielsweise eine CTR von 0,5%, bringen 1000 Einblendungen fünf Besucher. Liegt der TKP beispielsweise bei 10 Euro, kostet Sie jeder einzelne Besucher 2 Euro. Bei den sowieso schon engen Margen im eBay-Handel eine völlig uninteressante Form der Werbung.

11.3.1 Partnerprogramme nutzen

Eine günstigere und vor allem kalkulierbarere Variante sind Partnerprogramme. Hierbei handelt es sich um Vermittlungsagenturen, die auf der einen Seite mit Homepage-Betreibern – so genannte Affiliates – und auf der anderen Seite mit Werbetreibenden – den Merchants –, beispielsweise Ihnen, zusammenarbeiten. Die Partnerprogramme bieten lediglich die Plattform, auf der die Merchants ihre Werbebanner anbieten. Homepage-Besitzer können sich um diese Werbebanner bewerben und – wenn die Homepage dem Merchant gefällt – das Werbebanner einblenden. Abgerechnet wird nach verschiedenen Modi. Die simpelste Form ist das *Pay-per-Click*-Verfahren. Dabei zahlte der Merchant nur dann, wenn auf der Seite des Homepage-Besitzers jemand auf das Banner des Merchant klickt. Den Preis für jeden Click legt der Merchant – also Sie – fest. Ist der Preis jedoch zu niedrig, werden weniger Affiliates Ihre Banner einblenden. Dass der Homepage-Betreiber sich selbst hinsetzt

und permanent Klicks produziert, wird von den Partnerprogramm-Betreibern mithilfe verschiedener Techniken verhindert.

Die zweite Variante ist das *Pay per Lead*. Hierbei zahlte der Merchant nur dann, wenn der weitergeleitete Besucher irgendeine Aktion ausgeführt hat, die zuvor in der Beschreibung des Werbemittels festgelegt wurde, beispielsweise den Eintrag in einen Newsletter. Dafür werden allerdings in der Regel auch Preise zwischen 50 Cent und mehreren Euro bezahlt.

Und als Letztes können Sie theoretisch nach dem *Pay-per-Sale*-Verfahren vergüten. Dabei partizipiert der Affiliate am tatsächlichen Verkauf. Er erhält sozusagen eine Vermittlungsprovision, wodurch der Merchant auch nur dann zahlen muss, wenn er Umsatz gemacht hat. Dieses Verfahren ist allerdings am kompliziertesten umzusetzen und im Bereich des eBay Shops quasi nicht einsetzbar.

11.3.2 Partnerprogramme im Überblick

In diesem Buch möchten wir keine qualitative Beurteilung der verschiedenen Partnerprogramm-Anbieter vornehmen, wenn sie sich auch erheblich unterscheiden. Die Autoren beobachten die hier vorgestellten Dienste ständig, und zwar sowohl als Affiliate als auch als Merchant. Konkrete Kritik finden Sie im Internet auf unserer Webseite *www.321-buch.de*.

www.affili.net

Anbieter mit vielfältigem Angebot an über 600 Werbetreibenden. Gut strukturierte und einfach zu bedienende Oberfläche. Hervorragende Statistikfunktion.

www.tradedoubler.com

Partnernetzwerk mit nur wenigen Werbekunden. Keine Suchfunktion. Hervorragende Werbemittelvorschau aller Anbieter.

www.zanox.de

Partnernetzwerk mit zirka 300 nationalen und internationalen Werbekunden. Programmsuche nur nach Rubriken und Stichwörtern. Sehr ausgefeilte und flexible Statistik.

www.partnerprogramm.de

Übersichtlicher Anbieter mit vielfältigem Angebot an über 900 Werbeprogrammen. Gute Suchfunktion auch nach Werbeform. Einfach zu bedienende Oberfläche. Passable Statistik. Qualitätsindex der Werbetreibenden anhand einer Berechnungsformel.

11.3.3 eBay-Partnerprogramm

eBay wächst ständig. Nicht nur, dass stündlich mehr Produkte den Besitzer wechseln. Nicht nur, dass Tag für Tag das Umsatzvolumen steigt. Es kommen auch täglich neue eBay-Mitglieder hinzu. Was würden Sie davon halten, wenn Sie nicht nur Ihre eigenen Waren bei eBay verkaufen könnten, sondern auch noch für jedes neue Mitglied einen gewissen Betrag – sagen wir einmal vier Euro – erhalten? Es gibt keinen Grund, dieses Geld nicht mitzunehmen, wenn Sie sowieso einen eigenen Internetauftritt, also eine eigene Homepage, besitzen.

Bewerben beim eBay-Partnerprogramm

Das Prinzip der Partnerschaft mit eBay ist simpel.

1. Zunächst melden Sie sich und Ihre URL bei einem der Partnerprogramme, die mit eBay kooperieren, als Affiliate. Das ist beispielsweise *www.affili.net*.
2. Dort klicken Sie auf der Startseite auf *Zur Registrierung* und melden Sie sich mit Ihren persönlichen Daten und der URL Ihrer Webseite an.

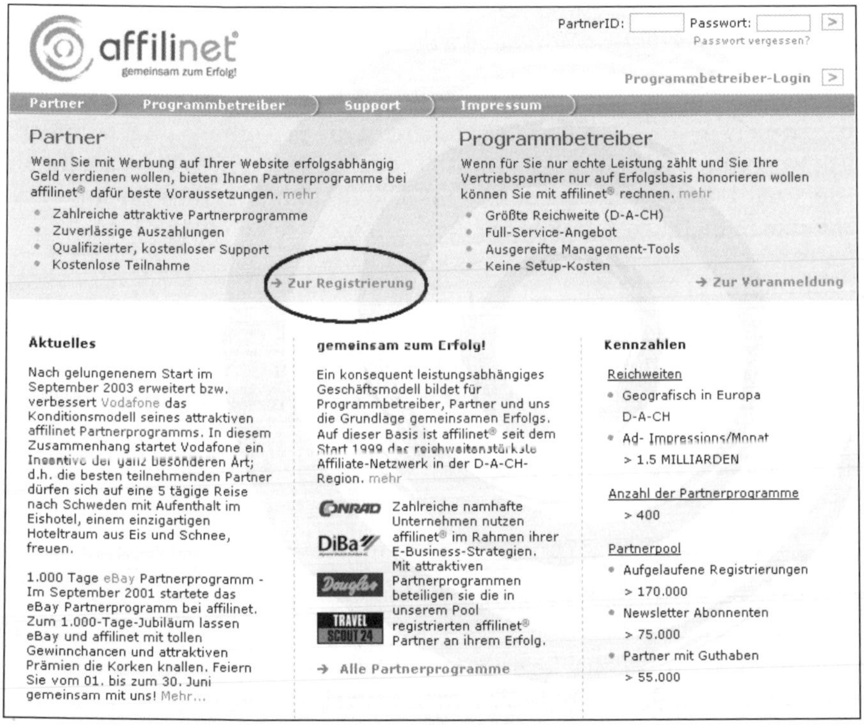

Abbildung 11.9: Beim Partnerprogramm affili.net können Sie sich kostenlos registrieren lassen und dann mit eBay eine Partnerschaft eingehen.

3. Sie erhalten nach der Anmeldung eine E-Mail, mit der Sie die Registrierung bestätigen müssen. Zusätzlich erhalten Sie Ihre Partner-ID sowie das Zugangspasswort, mit dem Sie sich bei *www.affili.net* anmelden.
4. Als Nächstes loggen Sie sich bei *www.affili.net* ein, klicken auf den Link *Programme* und geben danach im Suchfeld den Begriff *eBay* an. Schicken Sie dann Ihre Suche ab.
5. In der Ergebnisliste sehen Sie das eBay-Partnerprogramm. Klicken Sie darauf, gelangen Sie zur Detailansicht.

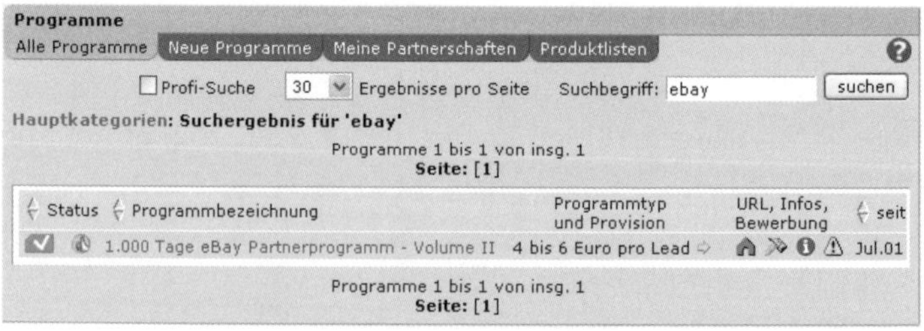

Abbildung 11.10: Mit der Suche gelangen Sie schnell zum eBay-Partnerprogramm, bei dem Sie für jedes neu angemeldete Mitglied einen Betrag zwischen vier und sechs Euro erhalten.

6. Ganz unten sehen Sie die Schaltfläche *bewerben*. Klicken Sie sie an, wird Ihre Bewerbung zu eBay geschickt. Normalerweise wird die Bewerbung angenommen. Lediglich wenn Ihre Webseite pornografische oder gewaltverherrlichende Inhalte darstellt, wird die Bewerbung abgelehnt. Die Bestätigung, dass Sie am Partnerprogramm teilnehmen, erhalten Sie vom Affilinet-Netzwerk per E-Mail.

E-Bay-Werbemittel erzeugen

Eine Variante, für eBay zu werben, sind natürlich Banner. Allerdings ist hier die Konversionsrate, also das Verhältnis von angezeigten Einblendungen des Werbebanners und weitergeleiteten Besuchern, sehr schlecht. Um Klassen besser geeignet sind dynamische Inhalte, also konkrete Angebote, die es bei eBay zu kaufen gibt – beispielsweise auch Angebote Ihres eigenen Shops! So können Sie zwei Fliegen mit einer Klappe schlagen.

1. Loggen Sie sich bei affili.net an und gehen Sie auf die eBay-Partnerseite.
2. Ganz oben sehen Sie drei Reiter. Der mittlere lautet *Linkauswahl und HTML-Code*. Klicken Sie diesen an.
3. Unter der Grafik sehen Sie den Text *Editor-Kit für* ... Klicken Sie rechts daneben wahlweise auf Deutschland, Österreich oder Schweiz.
4. Wählen Sie auf der nächsten Seite ganz oben noch einmal den Link *Editor-Kit*. Nun befinden Sie sich auf der Editor-Kit-Seite, auf der Sie sich eine individuelle dynamische eBay-Artikelliste zusammenstellen lassen können.

5. Geben Sie als Suchbegriff ein Sternchen (*) ein und tragen Sie rechts neben *Artikel von folgenden Verkäufern anzeigen* Ihren eigenen eBay-Mitgliedsnamen ein. Deaktivieren Sie die beiden Zusatzoptionen *Nur Artikel mit Galeriebildern anzeigen* und *Nur Sofort-Kaufen-Artikel anzeigen.*

Hinweis

Alle weiteren Angaben im eBay-Editor-Kit dienen lediglich dem Layout und Sie können Sie vorerst so belassen. Wollen Sie später die Schriftart oder die Hintergrundfarbe ändern, können Sie jederzeit zurückkehren.

6. Klicken Sie auf *Vorschau, sehen* Sie eine Liste all Ihrer Artikel. Darüber befindet sich ein Textfeld mit Javascript-Code. Markieren Sie diesen und kopieren Sie ihn mit Strg+C in die Zwischenablage.

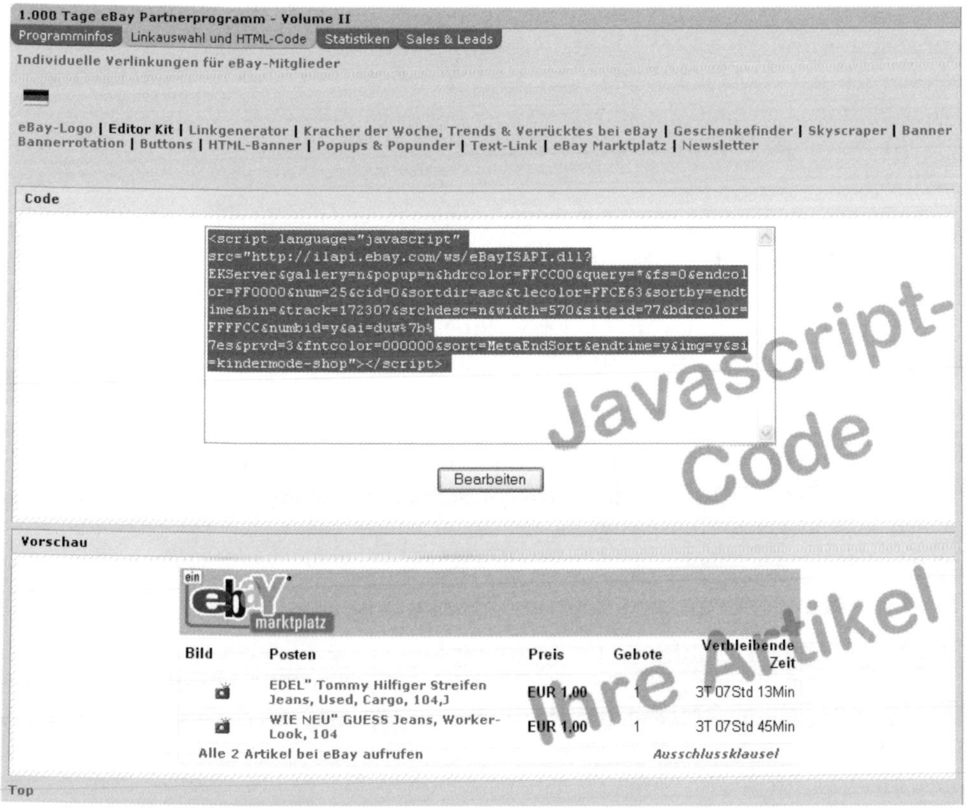

Abbildung 11.11: Mit dem kryptisch aussehenden Javascript-Code erzeugen Sie auch auf Ihren eigenen Webseiten außerhalb von eBay Ihre Angebotsliste sämtlicher Auktionen und Shop-Artikel.

7. Öffnen Sie nun mit einem Editor oder Homepage-Tool (etwa Frontpage oder Dreamweaver) Ihre Webseite und fügen Sie den gerade kopierten Javascript-Code mit Strg+V an der passenden Stelle ein.

Das war nicht viel Arbeit und Sie können sich nun – neben Ihren eBay-Aktivitäten – darauf konzentrieren, Ihre Homepage zu vermarkten. Denn neben den Verkaufserlösen Ihres eigenen Shops partizipieren Sie nun auch noch am generellen Erfolg von eBay.

11.4 Weitere Marketing-Maßnahmen

Abschließend wollen wir nur noch zwei weitere Varianten ansprechen, wie Sie Werbebudgets sinnvoll einsetzen können.

11.4.1 Google-Anzeigen

Wenn Sie bei Google suchen, sehen Sie rechts recht unauffällig eine Liste mit Anzeigen. Diese Anzeigen kosten so lange nichts, bis der Suchende darauf klickt. Was ein solcher Klick dann kostet, hängt von der Position der Anzeige ab. Sie selbst sagen, wie viel Ihnen ein Klick maximal wert ist – beispielsweise 20 Cent. Je nachdem was Ihre Mitbewerber bereit sind zu zahlen, wird Ihre Anzeige mehr oder weniger weit oben dargestellt.

Das Programm, mit dem Sie solche Anzeigen schalten können, heißt Google Adwords. Sie können sich unter *https://adwords.google.de* bei diesem Programm registrieren. Sind Sie einmal Werbepartner, können Sie beliebige Kampagnen erstellen. Jede Kampagne ist mit verschiedenen Suchbegriffen verknüpft. Werden sie bei Google eingegeben, erscheint auch Ihre Anzeige auf der rechten Seite.

Info

Jede Google-Kampagne kann budgetmäßig begrenzt werden. Geben Sie an, dass Sie maximal fünf Euro am Tag für Werbung ausgeben wollen, werden Ihre Textanzeigen seltener eingeblendet, sobald Ihr Budget an seine Grenzen stößt.

11.4.2 Newsletter und Banner-Marketing bei eBay

Eine weitere gute Anlaufstelle für Werbung finden Sie auch bei eBay. In der Kategorie *Computer > Bannerwerbeplatz* gibt es zahlreiche, zum Teil sehr günstige Werbeformen. Insbesondere Newsletter-Werbung wird immer wieder gern genommen, wobei Sie darauf aufpassen sollten, dass es sich um seriöse Anbieter handelt, die ausdrücklich nur solche Newsletter-Abonnenten beliefern, die explizit dem Newsletter zugestimmt haben. Steht davon nichts in der Auktion, sollten Sie die Finger davon lassen.

Hinweis

In dieser Kategorie finden Sie auch Pagerank-Vermietung. Damit können Sie Ihre eigene Webseite von prominenter Seite aus verlinken lassen. Beachten Sie jedoch, dass insbesondere Seiten mit einem Pagerank von 5 oder höher meist als Monatsmiete versteigert werden! Sie ersteigern damit also nicht einen Link auf Lebenszeit, sondern nur für einen gewissen Zeitraum. In den ersten Monaten – wenn Sie den Wert Ihrer Seite bei Google steigern wollen – kann es jedoch durchaus sinnvoll sein, auch solche Angebote ins Auge zu fassen.

Alle Kategorien
Alle Kategorien
Antiquitäten & Kunst
Audio & Hi-Fi
reise!

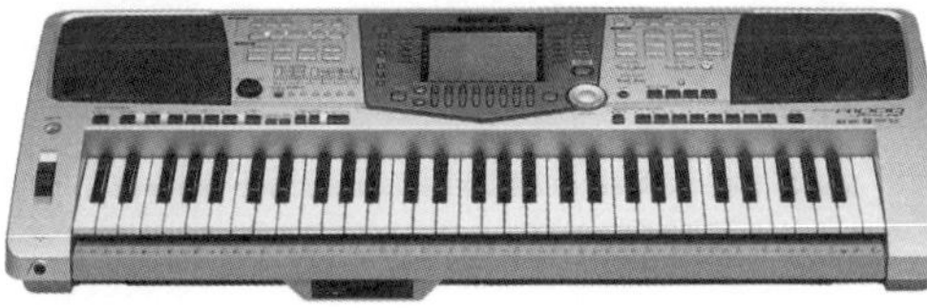

Anhang

In diesem Abschnitt finden Sie Themen, die im Laufe des Buchs erwähnt wurden, aber nicht als eigenes Kapitel Einzug fanden.

A.1 HTML-Grundlagen

Keine Angst! Hier geht es nicht um Programmierung. Wenn manche Menschen sagen »Ich programmiere in HTML«, ist das ausgemachter Mumpitz. HTML ist eine so genannte Seitenbeschreibungssprache. Es handelt sich dabei um normalen Text, den Sie beispielsweise mit dem Windows-Editor (*Start, Alle Programme, Zubehör, Editor)* direkt in der eBay-Oberfläche oder auch im Turbo Lister eingeben können. Dieser Text ist mit speziellen Markierungen – so genannten Tags – formatiert. So kann beispielsweise ein Text fett dargestellt werden, indem man ihn in das Bold-Tag einbettet (bold = fett hervorgehoben).

Info

Vielleicht fragen Sie sich an dieser Stelle, warum Sie händisch eingeben sollten, was sowohl in der eBay-Oberfläche als auch im Turbo Lister bereits in Form von Word-ähnlichen Menüpunkten vorhanden ist und einfach ausgewählt werden kann. Zum einen ist es gut, das Prinzip zu verstehen. Denn auch wenn Sie im Turbo Lister auf das Icon für Fettschrift klicken, passiert nichts anderes, als dass das Programm diesen Befehl in HTML-Tags umwandelt. Daher ist das Verständnis von HTML wichtig, wenn einmal etwas nicht so angezeigt wird, wie Sie es gerne hätten. Und außerdem benötigen Sie HTML, wenn Sie auf Ihrer eigenen Homepage, die Sie nach der Anleitung in Kapitel 11 erstellen, mehr als nur eine unübersichtliche Bleiwüste darstellen möchten ... dann bleibt Ihnen nichts anderes übrig, als sich an HTML zu wagen.

Ein Tag von HTML besteht immer aus einem Start- und einem Ende-Tag. Im Fall der Fettschrift lautet der Tag-Bezeichner `b` (für **b**old). Jedes Tag ist in spitze Klammern eingefasst. Das Start-Tag lautet in diesem Falle `<b>` und wird vor dem Text eingegeben, der fett hervorgehoben werden soll. Das Ende-Tag hingegen erhält zusätzlich einen /, im Beispiel also `</b>`. Es wird an der Stelle eingefügt, ab der der Text wieder normal dargestellt werden soll. Lautet der HTML-Text beispielsweise

```
Das Gerät ist <b>neu und mit 24 Monaten</b> Garantie
```

wird es im Browser so dargestellt:

Das Gerät ist **neu und mit 24 Monaten** Garantie

Auf diese Weise können Sie ganz leicht in Ihren Angeboten verschiedene Informationen hervorheben, die dem Interessenten sofort ins Auge stechen sollen. Übertreiben Sie es aber nicht! Denn wenn nahezu Ihr gesamter Beschreibungstext hervorgehoben ist, stechen lediglich die nicht hervorgehobenen Bereiche heraus.

Hinweis

Bei eBay können Sie sowohl im Turbo Lister als auch beim Einstellen über die normale eBay-Oberfläche mit HTML-Tags formatieren. Weitere Informationen hierzu erhalten Sie in den Kapiteln 7 und 8.

Im Folgenden gehen wir auf die wichtigsten Tags ein, die bei eBay erlaubt sind.

A.1.1 Zeichenformatierung

Wie auch in Microsoft Word unterscheidet man bei HTML zwischen Zeichenformatierung und Absatzformatierung.

Fett, kursiv und unterstrichen – <b>, <i> und <u>

Genauso wie Sie mit `<b> ... </b>` einen Text fett markieren, stellen Sie ihn mit `<i> ... </i>` kursiv dar. Und auch unterstrichen wird nach demselben Schema: `<u>... </u>`

Hinweis

HTML-Tags können auch geschachtelt werden. Das heißt, dass ein Textabschnitt sowohl fett als auch kursiv als auch unterstrichen werden kann. Dazu wird der Textbereich zunächst mit dem `<b>`-Tag formatiert und der gesamte Text wiederum in `<i> ... </i>` eingebettet. Die HTML-Zeile

```
... egal ob <b>fett</b> oder <i>kursiv </i>oder <u>unterstichen</u>
oder <b><i><u>alles</u> zusammen</i></b>...
```

wird dann als

> ... egal ob **fett** oder *kursiv* oder unterstrichen oder ***alles zusammen***...

dargestellt.

Schriftart, -farbe und -größe -- <font>

Um die Schrift zu formatieren, gibt es das `<font>`-Tag. Nur mit `<font>...</font>` eingefasster Text wird jedoch genauso dargestellt, als würden Sie das `<font>`-Tag weglassen. Bei diesem Tag müssen Sie erstmals so genannte Parameter einsetzen. Hierbei handelt es sich um Eigenschaften der Schriftart, die innerhalb des Tags bestimmt werden. Standardmäßig wird ein HTML-Text im Browser in der Schriftart Times Roman dargestellt. Soll stattdessen Arial verwendet werden, lautet der Tag `<font face="Arial">`. Die Anführungszeichen oben sind nicht zwingend vorgeschrieben. Allerdings gibt es Schriftarten, deren Name aus mehreren Wörtern besteht. Das wiederum kann den einen oder anderen Browser verwirren, wenn der Parameterwert – also der Name der Schriftart – nicht in Gänsefüßchen eingefasst ist. Das Ende-Tag bleibt übrigens von diesen Parametern unberührt und lautet auch in diesem Fall `</font>`.

```
Standardtext wird als Times dargestellt <font face="Arial">aber auch Arial ist
möglich</font>
```

sieht beispielsweise so aus

Standardtext wird als Times dargestellt,aber auch Arial ist möglich

Info

Man ist leicht versucht, mit witzigen Schriftarten wie Cosmic oder Handschriftenfonts ein wenig Leben in Auktionsbeschreibungen zu bringen. Lassen Sie sich nicht verführen! Zum einen wirken mit unterschiedlichen Schriftarten überladene Angebote kindisch, und zum anderen sind viele Schriftarten gar nicht auf allen Rechnern vorhanden. Denn das `<font>`-Tag sagt im Browser nur, welche Schriftart verwendet werden soll. Ist diese auf dem entsprechenden System nicht vorhanden, liegt es am Browser, welchen Ersatz er verwendet. Und das kann zuweilen ziemlich in die Hose gehen! Insbesondere wenn als Ersatzschrift beispielsweise die Symbolsammlung *Wingdings* verwendet wird.

Auch die Schriftgröße lässt sich über einen Parameter des `<font>`-Tags bestimmen. Dieser lautet `size` und kann – wie alle Parameter – in Kombination verwendet werden, beispielsweise:

```
<font face=Arial size=4>
```

Die Schriftgröße entspricht dabei nicht jener, die Sie vielleicht von Ihrer Textverarbeitung gewohnt sind. Vielmehr haben Sie sieben Größenvarianten zur Verfügung, über die Sie mit `<font size=1>` bis `<font size=7>` die Schriftgröße steuern:

Standardtext

Font der Größe 1
Font der Größe 2
Font der Größe 3
Font der Größe 4
Font der Größe 5
Font der Größe 6
Font der Größe 7

Auch die Schriftfarbe wird mit dem `<font>`-Tag und dessen Parameter `color` bestimmt. Dabei haben Sie für den Wert einerseits die Wahl aus den Farbnamen `aqua`, `black`, `blue`, `fuchsia`, `gray`, `green`, `lime`, `maroon`, `navy`, `olive`, `purple`, `red`, `silver`, `teal`, `yellow` *und* `white`. Auf der anderen Seite können Sie Farbwerte eingeben und so alle Nuancen darstellen. Dieser Farbwert setzt sich aus den drei Grundfarben Rot, Grün und Blau zusammen. Jeder einzelne Farbton kann dabei Werte von 0 (nicht vorhanden) bis 255 (reine Grundfarbe) annehmen. Die drei Werte für die Grundfarben werden dann aneinander gereiht – allerdings nicht im uns geläufigen Zehner- sondern im Hexadezimalsystem. FF0000 bedeutet reines Rot, 00FF00 entsprechend Grün und FFFF00 eine Mischung aus Rot und Grün: Gelb. Da die hexadezimale Schreibweise jedoch für die meisten Nicht-Programmierer etwas ungewohnt ist, gibt es zahlreiche Farbtabellen im Internet, bei denen die jeweiligen HTML-Farbcodes dabeistehen. Suchen Sie einfach unter Google nach den Wörtern »html farbcode«.

So lässt sich beispielsweise der eBay-Schriftzug in der Form

```
<font color=red>e</font><font color=blue>B</font><font color="#FBCB68">a</font>
<font color=green>y</font>
```

schreiben.

A.1.2 Zeilenschaltungen und Leerzeichen –

Wenn Sie im HTML-Quelltext eine Zeilenschaltung vornehmen, wird diese im Browser nicht angezeigt. Stattdessen müssen Sie einen Zeilenumbruch einfügen. Das zugehörige Tag lautet `<br>` (engl. **br**eak = Umbruch). So wird der Text

```
JOOP Jeans<br>nagelneu<br><br>Schauen Sie sich die Details an!
```

in der Form

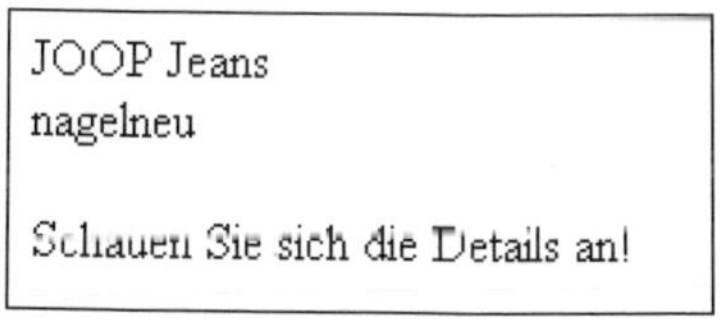

im Browser erscheinen.

Auch wird Ihnen sicher aufgefallen sein, dass mehrere Leerzeichen in einem HTML-Text nur als eines dargestellt werden. Das hat den Vorteil, dass sie lange Formatierungen und Texte auch über mehrere Zeilen verteilen können, um den Überblick zu behalten. Der Nachteil ist allerdings, dass Sie keine größeren Abstände einfügen können. Hier hilft das Sonderzeichen * * (Achten Sie auf das Semikolon am Ende!). Diese kryptische Anweisung steht für **n**on **b**reakable **sp**ace und bedeutet, dass dieses Leerzeichen auf jeden Fall dargestellt werden muss.

In den beiden Zeilen

```
Dies ist          ein Text.
Dies ist       auch einer.
```

werden dementsprechend einmal die Leerzeichen ignoriert und im zweiten Fall dargestellt.

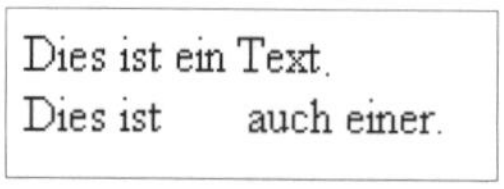

Hinweis

Es gibt zahlreiche dieser Sonderzeichen, etwa `©` für das Copyright-Symbol oder `®` für Registered Trademark. Auch hier finden Sie im Internet die passenden Infos, wenn Sie bei Google nach den Wörtern »html sonderzeichen« suchen.

A.1.3 Horizontale Linie – <hr>

Um ein Angebot zu unterteilen, wird gerne die horizontale Linie verwendet; dazu dient das `<hr>`-Tag. Auch dieses Tag kann über Parameter verändert werden, etwa in seiner Farbe (`color` = *farbwert*), seiner Höhe (`size` = *Höhe in Pixeln*) oder in seiner Breite (`width` = Breite in Pixeln). So breitet sich der Text

```
Mehrere<hr>horizontale<hr color=red>Linien<hr size=15 width=100>;-)
```

über vier Zeilen aus, die jeweils durch eine horizontale Linie getrennt sind

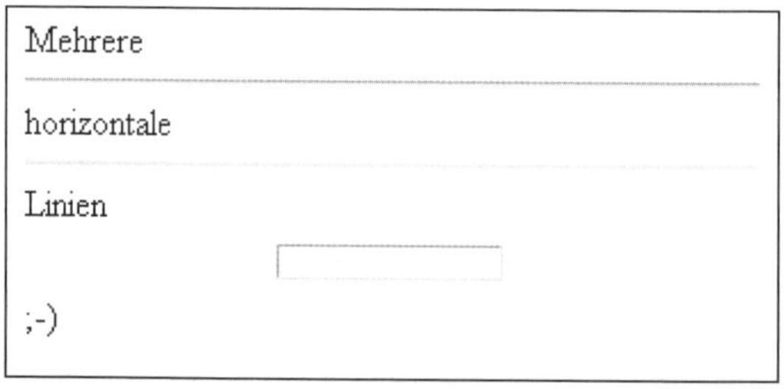

A.1.4 Zentriert, Blocksatz und rechtsbündig

Auch auf die Ausrichtung des Textes haben Sie in HTML Einfluss. Dazu verwenden Sie das `<div>`-Tag und steuern die Ausrichtung über den Parameter `align`.

linksbündig	`<div align=left>`
rechtsbündig	`<div align=right>`
Blocksatz	`<div align=justify>`
zentriert	`<div align=center>`

A.1.5 Überschriften – <h1> bis <h6>

Überschriften sind in zweifacher Hinsicht wichtig. Zum einen, weil den Wörtern, die Sie im Überschriftenbereich verwenden, von Suchmaschinen besondere Relevanz zugeschrieben wird. Das ist bei reinen Auktionen wegen der Kürze der Laufzeit kaum von Interesse. Bei einem eBay Shop hingegen ist die Platzierung in einer Suchmaschine wichtig, um auch von extern Besucher zu erhalten.

Zudem sind Überschriften eine einfache Möglichkeit, Angebote hierarchisch zu strukturieren. Verwenden Sie dabei für die oberste Hierarchie das Überschriften-Tag `<h1>...</h1>`, für die folgende Unterebene `<h2> ... </h2>` usw.

A.1.6 Bilder und Hyperlinks – <img> und <a>

eBay erlaubt, dass innerhalb von Angeboten auch Bilder eingefügt werden, die sich nicht auf dem eBay-Server befinden. Dazu zählen beispielsweise Bilder, die Sie bereits auf Ihrem eigenen Festplattenplatz im Internet (Webspace) liegen haben. Um solche Bilder anzuzeigen verwenden Sie das `<img>`-Tag. Das `<img>`-Tag ist eines der wenigen, das nicht mit </...> abgeschlossen werden muss, sondern ohne Ende-Tag steht. Gesteuert wird es genauso wie beispielsweise `<font>` über Parameter. Der wohl wichtigste ist `src`. Mit diesem Parameter legen Sie fest, wo sich das Bild befindet. Haben Sie beispielsweise die Domain *www.humpelpumpf.de* und dort im Ordner *images* das Bild *produkt1.jpg* abgelegt, können Sie es über

```
<img src=http://www.humpelpumpf.de/images/produkt1.jpg>
```

einbinden. Sind Ihnen Höhe und Breite des Bildes bekannt, können Sie diese ebenfalls als Parameter angeben, also beispielsweise

```
... images/produkt1.jpg width=450 height=200>
```

Das führt dazu, dass die Angebotsseite vom Browser sehr viel schneller aufgebaut wird.

Ganz ähnlich ist der Aufbau eines Hyperlinks, also eines Querverweises, den man im Internet anklicken kann, um auf die Seite zu gelangen, auf die verwiesen wird. Generell ist es bei eBay verboten, Besucher beispielsweise auf die eigene Homepage zu leiten. Es gibt nur einige wenige Webadressen, auf die man verlinken darf, unter anderem den eigenen Shop. Ein solcher Querverweis wird mit dem Tag `<a>` gebildet, das wiederum über Parameter gesteuert wird. Der wichtigste Parametern ist `href`. Mit diesem geben Sie an, wohin der Hyperlink führen soll, etwa zu Ihrem Shop. Heißt Ihr Shop *Kindermode Marken Shop*, lautet das Hyperlink-Ziel *http://stores.ebay.de/Kindermode-Marken-Shop*. Zwischen dem Anfangs-Tag `<a href= http://stores.ebay.de/Kindermode-Marken-Shop>` und dem Ende-Tag `</a>` fügen Sie den Text ein, der hervorgehoben und als Link markiert in Ihrem Angebot stehen soll, beispielsweise:

```
Besuchen Sie auch <a href= http://stores.ebay.de/Kindermode-Marken-Shop> meinen
Shop</a>!
```

Was im Browser so aussieht:

Besuchen Sie auch meinen Shop!

Statt eines Textes können Sie auch ein Bild – beispielsweise Ihr Firmenlogo – über das <img>-Tag in der Form

```
<a href=...><img src=...></a>
```

einblenden. Hier empfiehlt es sich, beim <img>-Tag zusätzlich den Parametern border=0 einzufügen, weil sonst ein schwarzer Rand um das Bild gemalt wird.

A.1.7 Das Statistik-Tag von utrack.de

Haben Sie sich bei *www.utrack.de* angemeldet, um kostenlos Ihre Auktionen überwachen zu lassen, erhalten Sie für jede neue Auktion, die Sie überwachen wollen, einen neuen Code, wenn Sie links im Menü auf *Neue Auktion* klicken. Auch hierbei (siehe Abbildung A.1) handelt es sich um ein <img>-Tag, also im Grunde genommen um ein Bild. Schauen Sie sich die Parameter jedoch etwas genauer an,

```
<img src="http://www.utrack.de/stat.php?id=PPYRNHDJ" width="1" height="1">
```

erkennen Sie mit dem neu erworbenen Wissen, dass dieses Bild gerade einmal die Größe eines Pixels hat. Das genau ist der Clou an der Geschichte. Denn der Besucher Ihre Auktionen sieht dieses Bild nicht. Durch den Aufruf des Bildes werden verschiedene statistische Informationen, allen voran Datum und Zeit, gesammelt, die über die ID – im Beispiel PPYRNHDJ – Ihrem Angebot zugeordnet sind. So kann Ihnen utrack.de zeitnah Informationen über alle Besucher Ihrer Auktionen liefern.

A.1.8 Weitere HTML-Tipps online

Es gibt einige Tricks und Kniffe, um bei eBay die eigene Seite suchoptimiert zu gestalten. Da wir nicht wissen, ob diese Techniken nicht in der nächsten Zeit von eBay verboten werden, erklären wir Ihnen diese Kniffe online unter *www.321-buch.de* im geschützten Leserbereich.

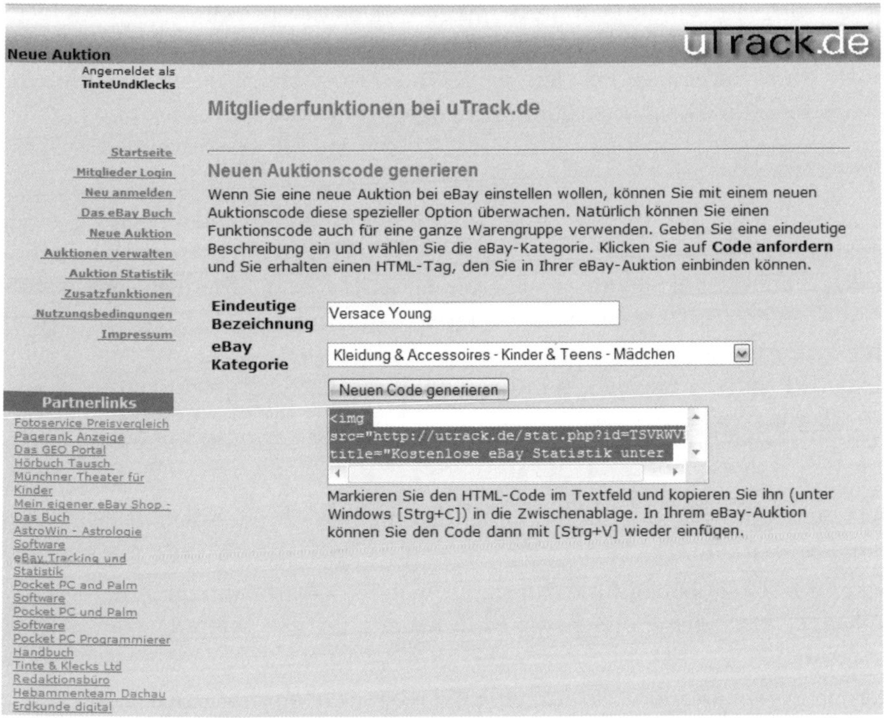

Abbildung A.1: Auch zur Überwachung Ihrer Auktionen mit utrack.de erhalten Sie einen <img>-Tag, das Sie mithilfe der Zwischenablage in eigene Auktionen einbauen können.

A.2 Externe Bilder auf kostenlosem Webspace im eBay-Angebot

Bereits in Kapitel 7 über die Gestaltung von Angeboten haben wir kurz erwähnt, dass man – statt bei eBay für jedes einzelne Bild zu zahlen – sehr kostengünstig viele Bilder in eigenen Auktionen unterbringen kann. In diesem Abschnitt wollen wir Ihnen zeigen, wie das in der Praxis funktioniert.

Zunächst einmal suchen Sie sich einen Anbieter, der kostenlos Webspace anbietet. Geben Sie bei Google die Suchbegriffe »*kostenloser webspace*« ein, werden Sie sicherlich einen finden. Allerdings sollten Sie bei dem jeweiligen Anbieter sofort in den Allgemeinen Geschäftsbedingungen nachschauen, ob diese Form der Webspace-Nutzung auch erlaubt ist. So schließt beispielsweise *www.webspace4free.biz* in seinen AGBs ausdrücklich aus, dass der Platz für Download oder Bilder, die auf externen Seiten eingebunden werden, verwendet werden darf. Daher kann es etwas dauern, bis Sie einen passenden Anbieter gefunden haben. Zum Zeitpunkt der Drucklegung war *www.freehost.ag* ein geeigneter Partner.

Hinweis

Um ungewollte Aufmerksamkeit seitens der Betreiber zu vermeiden, was das Benutzen und Einbinden von Bildern angeht, sollten Sie auch Ihre Homepage bei dem gewählten Free-Webspace-Betreiber einrichten. Auf diese Weise können Sie beliebige Bilder hochladen und parallel auf Ihrer Homepage und in Ihren eBay-Auktionen verwenden.

Als Erstes prüfen Sie auf der Startseite, welche Subdomain-Namen noch frei sind. Wir hatten Glück, *ebay* war noch nicht registriert. Im Folgenden verwenden wir diesen Benutzernamen, und Sie müssen überall da, wo *ebay* steht, Ihren eigenen Benutzernamen eintragen. Klicken Sie nach erfolgreicher Prüfung auf *Jetzt registrieren* und füllen Sie das Antragsformular aus. Sie erhalten dann per E-Mail eine Bestätigung samt einer URL, auf die Sie klicken müssen um Ihren Account zu aktivieren.

Nachdem Ihr Zugang freigeschaltet wurde, ist auch die Homepage unter *http://ebay.freehost.ag* freigeschaltet.

1. Als Erstes loggen Sie sich mit Ihrem Benutzernamen – im Beispielfall *eBay* – und Ihrem Passwort ein.
2. Klicken Sie dann oben auf die Rubrik *Dateien*. Sie sehen dann den internen Dateimanager, also jenen Bereich, der es Ihnen erlaubt, von Ihrem PC aus Dateien upzuloaden.

Der internen Dateimanager ist so aufgebaut, dass ganz oben jene Dateien stehen, die sich bereits auf Ihrem Webserver-Platz befinden. Im unteren Bereich haben Sie die Möglichkeit, Dateien von Ihrem PC hochzuladen.

Info

Auf dem virtuellen Server *ebay.freehost.ag* ist bereits eine Datei mit dem Namen *index.html* vorhanden, Sie sehen sie in der Übersicht. Mit dem internen Editor – rechts neben dem Dateinamen das zweite Icon – können Sie diese Datei bearbeiten. Es handelt sich dabei um die HTML-Datei, die automatisch aufgerufen wird, wenn Sie die Internetadresse *http://ebay.freehost.ag* eingeben. Das Besondere ist jedoch, dass Sie keinerlei HTML-Kenntnisse benötigen. Stattdessen wird ein Editor aufgerufen, in dem Sie Ihre Startseite beliebig formatieren und sogar Bilder einbauen können.

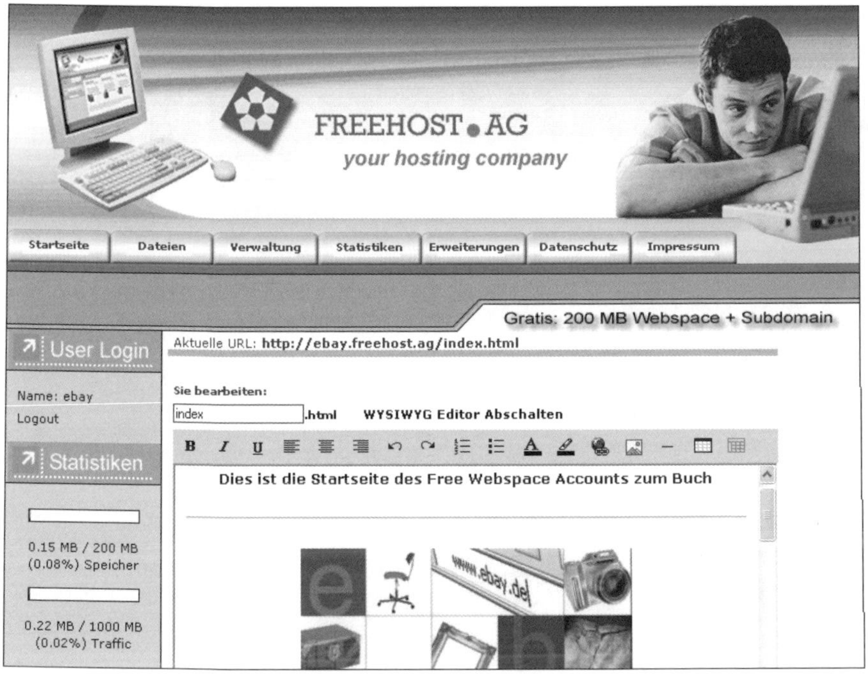

Abbildung A.2: *Mit dem visuellen Editor von freehost.ag können Sie schnell und ohne HTML-Kenntnisse eine Startseite zusammenstellen.*

3. Klicken Sie auf die Schaltfläche *Durchsuchen* und wählen Sie die Datei, die hochgeladen werden soll. Wiederholen Sie diese Auswahl für bis zu zehn unterschiedliche Dateien.
4. Klicken Sie dann auf die Schaltfläche *Hochladen* und sämtliche Bilder werden auf den freehost.ag-Server geladen.

Hinweis

Achten Sie darauf, dass die Dateien, die Sie hochladen, bereits fürs Internet optimiert und nicht zu groß sind. Achten Sie zudem darauf, dass die Dateinamen in Kleinbuchstaben geschrieben sind, weil im Internet zwischen Klein- und Großschreibung unterschieden wird.

Abbildung A.3: Über die Browser-Oberfläche können Sie Dateien von Ihrem PC auf den virtuellen Server laden.

Wir haben beispielsweise das Bild *cover-small.jpg* auf *ebay.frehost.ag* geladen. Soll dieses Bild nun in einer Auktion angezeigt werden, lautet der HTML-Tag

```
<img src=http://ebay.freehost.ag/cover-small.jpg>
```

Hinweis

Der Weg über einen kostenlosen Webspace-Provider ist natürlich nur für jene gedacht, die nicht täglich unzählige Auktionen einstellen.

Sobald Sie zum professionellen eBay-Händler avancieren, werden Sie sich auch ein automatisiertes Upload-Verfahren wünschen. Hierzu wird im Internet eine Technik verwendet, die FTP (File Transfer Protokoll) heißt. Diese Übertragungstechnik ist nur und ausschließlich darauf spezialisiert, Dateien auf einen Server zu übertragen. Die Möglichkeit besteht jedoch bei den meisten Freespace-Providern nicht. Die wenigen, die es gibt, finden Sie bei Google über die Suchbegriffe »webspace free ftp upload«.

Es sollte Ihnen jedoch die Gebühr von 1 bis 5 Euro pro Monat nicht zu viel sein, die Sie bei einem kommerziellen Provider zahlen. Dort erhalten Sie zumeist auch noch einen eigenen Domainnamen, was insbesondere in Hinblick auf eine suchmaschinenoptimierte Webseite sinnvoll ist. Zudem ist der Datenzugriff auf die Bilddateien sehr viel schneller, wodurch Ihre Angebote auch schneller dargestellt werden.

Und um neue oder veränderte Bilder automatisiert auf Ihren FTP-fähigen Webspace zu bringen, finden Sie auf unserer Webseite *www.321-buch.de* im Leserbereich exklusiv ein Tool, das diesen Upload – egal ob für 5 oder 5000 Bilder – mit zwei Mausklicks automatisiert durchführt. Das Programm erkennt dabei all die Bilder, die Sie verändert oder neu hinzugefügt haben, und schließt diese automatisch in den Upload mit ein.

A.3 eBay-Software und -Tools

Natürlich darf in einem Buch wie diesem eine Übersicht über die eBay-Software nicht fehlen. Das hatten wir uns jedenfalls beim ersten Entwurf des Buchs gedacht. Doch seitdem gibt es so viele Änderungen und neue Programme, dass wir uns entschlossen haben, die Synergie zwischen diesem Buch und unserer Webseite *www.321-buch.de* zu nutzen und die Software nur dort vorzustellen, weil wir dann auch stets auf die aktuellste Version Bezug nehmen können. In einem Buch wären die Beschreibungen binnen weniger Wochen – wahrscheinlich schon bis zur Drucklegung – veraltet. Die Webseite zu aktualisieren, geht weitaus schneller.

A.4 Die eBay University

Als wir erstmals von der eBay University hörten – das ist schon ein paar Jahre her –, hielten wir uns vor Lachen den Bauch. Ein Ausbildungszentrum für eine Webseite! Komik pur!

Nun, Anfang 2004, als die Planung zu diesem Buch in vollem Gang war, haben wir die eBay University in München besucht ... und alle Vorurteile wurden auf einen Streich widerlegt. Selten war eine Veranstaltung informativer. Das Wissen, das wir innerhalb von wenigen Stunden sammelten, war umfassender, als eine tagelange Recherche mit allen uns zur Verfügung stehenden Mitteln hätte sein können.

Grundsätzlich ist die eBay University eine Veranstaltung sowohl für Käufer als auch für Verkäufer. Einsteiger bei eBay können für einen sehr geringen Preis einen Tag lang alle Tricks beim Steigern erlernen. Sie erfahren, wie sie Produkte finden, wo man Schnäppchen vermuten kann und vieles mehr. Selbst wenn man ganz ohne eBay-Kenntnisse kommt, zieht man als gewiefter Bieter wieder von dannen. Man lernt, wie man seriöse Anbieter erkennt, erfährt Interna über die Möglichkeiten und Grenzen, die das eBay-Team hat, um zu helfen, und wird sensibilisiert für das komplexe Thema Bewertungen. Aber auch das Verkaufen kommt nicht zu kurz, und man erfährt, wie ein erfolgreiches Angebot formuliert wird. Alles in allem für Neulinge gut investiertes Geld (Mitte 2004 war der Eintrittspreis für eBay-Einsteiger 30 Euro). Dass auch Getränke, ein Mittagessen sowie Kaffee und Kuchen im Eintrittspreis enthalten sind, rundet das Ganze angenehm ab.

Das Doppelte müssen professionelle Verkäufer bezahlen, die sich für speziellere Themen wie Wettbewerbsrecht oder Steuern interessieren. Und auch hier hat eBay Dozenten gefunden, die die staubtrockene Thematik lebendig rüberbringen. Prinzipiell können Sie den gesamten Inhalt der eBay University in diesem Buch nachlesen. Aber vielleicht haben Sie noch eine Frage? Die können Sie natürlich auch in unserem Forum unter *www.321-buch.de* stellen, aber viele Dinge lassen sich mündlich besser klären.

Das gesamte Programm und die Veranstaltungsorte der eBay University sind im Internet unter *www.ebay.de/university* gelistet. Dort finden Sie auch eine umfangreiche Bildergalerie sämtlicher Veranstaltungen.

Abbildung A.4: Auch wir haben bei der eBay University noch vieles gelernt, was wir im Rahmen dieses Buchs an Sie weitergeben.

Info

Zusätzlich zur eBay University gibt es auch noch die eBay Workshops für Existenzgründer. Das sind Seminare, die speziell auf die Fragen und Bedürfnisse all jener eingehen, die beabsichtigen, sich mit eBay in die Selbständigkeit zu wagen.

Stichwortverzeichnis

A
Abschreibung 83
Adobe Acrobat 130
Adwords 314
Affiliate 309
After-Sales-Management 239, 240
AG 147
AGB 101, 117
Allgemeinen Geschäftsbedingungen 101
AltaVista 300
Angebot
  Einstellen 102
  Rücknahme 103
  Sofort-Kaufen 102
Angebot formulieren 213
Angebot gestalten 209
Angebot vorzeitig beenden 253
Angebotsarten 30
Anleitungen 50
Anmelden 22
Annuitätskredit 96
Arbeitslose 92
Arbeitslosengeld 92
Arbeitslosenhilfe 92
Artikel
  verbotene 107
Artikel verkaufen 209
Artikel wieder einstellen 252
Artikelsuche 30
Artikelverwaltung 132
Auftragsbestätigung 240
Auktionen 30, 65
Auktions-Tools 78
Auktionstools
  PayPal 76

B
B2B 109
B2C 109
Backup 235
Banner 309
Basiskonto 76
Basis-Shop 270
Bewertung 259
Bewertungen 118, 240
Bewertungspunkte 24
BGB 112
Bietagenten 32, 106
bieten 32
Bilderdienste 162
Bildrauschen 153
Blende 166, 175
Bruttopreis 127
Buchführung
  doppelte 135
Businesskonto 76

C
C2C 109
CCD 161
CMOS 161
Coachingmaßnahme 95
CompactFlash 167
CorelDRAW 196
Cross-Promotion 269, 286

D
Dunkelkammer 194

E
EA-Rechnung 135
eBay
  Editor-Kit 312
eBay Partnerprogramm 311
eBay Shop 243, 268
eBay University 113, 329
eBay-Gebühren 86, 104
eBay-Konto 22
eBay-Versandservice 257
Editor 318
Editor-Kit 312
Einkommen 89
eMarketing 294
Endzeitpunkt 59
ePaying 72
  Vorteil 74

EXIF 192
Existenzgründungsseminar 95
Existenzgründungszuschuss 93

F
Farbstich 199
Farbtemperatur 171
Fernabsatzgesetz 111, 112
Fernabsatzrecht 111
Festpreisangebot 269
File Transfer Protokoll 328
Financial Services Authority 75
Fireball 300
Förderungsprogramme 95
Fotolabor 194
Fototisch 179
FTP 328

G
Gebühren
  eBay 104
geprüftes Mitglied 269
Geringwertige Wirtschaftsgüter 84
Gewährleistung
  ausschließen 110
Gewährleistungspflicht 109
Gewerbetreibender 100
Gewinn- und Verlustrechnung 84
Gigadrive 168
GmbH 147
Google 159, 300, 314
  Adwords 314
Google Toolbar 302
Googlebot 308
Grundfarben 321
Gutschrift der Verkaufsprovision 251
Gutschriften 240

H
Handels Magazin 44
HBCI 139
Hebesatz 148
Hexadezimalsystem 321
Hochsteigern 104
HTML 318
  Tags 318
Hyperlink 323

I
Ich-AG 93
IHK 96
Impulse 97
Inkasso 81
Internet Print Service 162
Internet Service Provider 295
Internetadresse
  eigene 294
interpoliert 173

J
JPEG 195, 206

K
Kalkulation
  Kosten 81
Kapitalbeschaffung 90
Kategorie auswählen 210
Kategorien 211
Kaufabwicklung 34
Käuferschutz 75, 80
Keyword Spamming 215
Keywörter 301
KG 147
Kontenplan 136
Kontoauszug 135
Kontokorrentkredit 95
Konversionsrate 312
Kostenkalkulation 81
Krankenversicherung 94
Kredit
  Annuität 96
  Kontokorrent 95
  Raten 96
Kreditkarte 72

L
Lagerüberhänge 65
Lastschrift 71
Linklisten 309

M
Mangel 109
Markennamen
  Missbrauch 115
Marketinginstrumente 270
Mehrwertsteuer 82
Mehrwertsteuersatz
  Halbe 128
Mein eBay 23
Memory Stick 167
Merchant 309
Metatags 307

- Mich-Seite 117
- Mitglied
  - geprüftes 269
- MMC 167
- Monatsverdienst
  - kalkulatorischer 89
- Moneybookers 72
- Multi Media Card 167
- Mustervorlagen
  - juristische 113
- mySQL 295

N

- Nettopreis 83, 127
- Newsletter 295

O

- Objektiv 160
- OHG 147
- OpenOffice 52, 82, 134
- Overture 304

P

- Pagerank 301
- Paintshop Pro 195
- Partnerprogramm
  - eBay 311
- Partnerprogramme 309
- Pay per Click 309
- Pay per Lead 310
- Pay per Sale 310
- PayPal 35, 72
  - Auktions-Tools 78
  - Auktionstools 76
  - Basiskonto 76
  - Businesskonto 76
  - Käuferschutz 75, 80
  - Logo einfügen 78
  - Premiumkonto 76
  - Verifiziertes Mitglied 78
- Paypal Treuhandservice 36
- Photoimpact 196
- Photopaint 192, 194
- Photoshop 194
- Photoshop Elements 195
- PHP 295
- PIN 139
- Powerauktion 218
- Powerauktionen 31
- Premiumkonto 76
- Premium-Shop 270, 271
- Produktfoto
  - Automatikkorrektur 199
  - beschneiden 197
  - Detailansicht 204
  - Farbstich entfernen 199
  - Größe anpassen 203
  - Helligkeit und Kontrast 200
  - retuschieren 201
  - scharfzeichnen 203
  - Weißabgleich 199
- Produktfotografie 151
  - Fehler 152
- Promotion 269
- Provider
  - kostenlos 328

Q

- QIF 146
- Querverweis 323
- Quicken 134, 137
- Quicken Interchange Format 146

R

- Ratenkredit 96
- RAW 174
- Rechnung schreiben 133
- Rechnungsformular 130
- Restposten 65
- Retuscheprogramme 194
- Retuschesoftware 19
- Rezepte 50
- Rückgaberecht 114
- Rücksendung
  - Versandkosten 114

S

- Sales-Management 239
- Schriftart 319
- Schriftfarbe 321
- Schriftgröße 320
- SD 167
- SE Optimierung 299
- Secure Digital 167
- Selbstauslöser 166
- Shill-Bidding 104
- Shop
  - Basis 270
  - eröffnen 276
  - erweitern 281
  - Premium 271
  - Top 270

Shop-Verzeichnisse 309
SmartMedia 167
Sniper 106
Sofort-Kaufen 30
Sofort-und-Neu 31
Software 192
Spam 107
Sponsored Links 304
Startgeld 97
Startzeitplanung 218
Stativ 170
Steuerberater 146
Suchmaschinen 299

T
Tags 318
Tausender Kontakte Preis 309
Tiefenschärfe 154, 166
TIF 174, 195
Tischstativ 170
Title-Tag 306
TKP 309
T-Online 300
Top-Shop 270
Treuhandservice 35
Turbo Lister 228

U
Überbrückungsgeld 94
Überweisung 35
  Bank 71
  E-Mail 72
Überweisung Plus 24
Überweisung+ 24, 231, 247
Überziehungskredit 95
Umsatzsteuer-Identifikationsnummer 22, 123
Umsatzsteuer-Voranmeldung 82, 126
  ausfüllen 143
unzuverlässige Käufer 240, 250
Upload
  automatisch 328
Urheberrechtsverletzung 116
URL 294
USt-IdNr 124
UStVA
  Formular 143

V
Verbotene Artikel 107
Verkäuferkonto 23
Verkaufsagent 29
Verkaufsmanager 240
Verkaufsmanager Pro 261
Verkaufsmanager, aktualisieren 242
Verkaufsstatus 246
verlinken 285
Verpackungspauschale 255
Verrechnungsscheck 71
Versand
  Haftung 111
Versandkosten
  Rücksendung 114
Versandservice 37
Verwarnung 251
Vorsteuer 82, 126

W
Webhosting 295
Webspace
  kostenlos 325
Weißabgleich 165
  manuell 178
  Programm 177
Werbung 269, 314
  Google 314
Widerrufsrecht 114
  Fristen 112
Willenserklärung 102
Windows-Editor 318
Wirtschaftsgüter
  Geringwertige 84

X
xD Card 167

Y
Yahoo 300

Z
Zahlungserinnerung 250
Zahlungssysteme 70
Zeilenschaltungen 321
Zeilenumbruch 321
Zeitautomatik 166, 174
Zentralmarkt 44
Zoom 162